# 인간심리의 이해

**송관재**
연세대학교 심리학과(박사)
사회 및 조직심리학 전공
연세대 인간행동연구소 전임연구원

**김범준**
연세대학교 심리학과(박사)
사회심리학 전공
연세대 인간행동연구소 전임연구원
현재 경기대학교 대우교수

증보판
**인간심리의 이해**

2007년 8월 15일 초판 1쇄 발행
2010년 3월 12일 초판 3쇄 발행
2013년 8월 20일 증보판 1쇄 발행
2016년 8월 29일 증보판 2쇄 발행

지은이 | 송관재 · 김범준
펴낸이 | 이찬규
펴낸곳 | 선학사
등록번호 | 제10-1519호
주소 | 13209 경기도 성남시 중원구 사기막골로 45번길 14
우림2차 A동 1007호
전화 | (02) 704-7840
팩스 | (02) 704-7848
홈페이지 | www.북코리아.kr
이메일 | sunhaksa@korea.com
ISBN | 978-89-8072-251-8 (93320)

값 17,000원

인간심리의
이해
송관재 · 김범준
선학사

# 머리말

심리학은 대학에서 교양과목으로 꽤 인기 있는 과목이다. 인간의 행동과 사고를 폭넓게 다루기 때문에 자신을 이해하고 타인을 행동을 이해하는 데 많은 도움을 준다. 대학에서 오랫동안 심리학을 가르치면서 느꼈던 것은 학생들이 심리학에는 흥미를 갖고 있고 관심이 있지만 교재를 읽으면 딱딱하거나 이해하기 어렵다고 생각한다는 것이었다. 심리학의 용어들이 주로 한자어를 사용하여 전문용어를 만들어냈기 때문에 심리현상은 이해하지만 그 현상을 심리학 전문용어로 나타내면 모른다는 것이다. 그래서 쉽게 읽혀질 수 있는 심리학 교재를 쓰고자 하였다.

현재 심리학 개론 수준의 교재들이 다양하게 출판되어 있다. 대부분 훌륭한 교재들이다. 그러나 대부분의 심리학 개론서에는 심리학의 전공 영역을 중심으로 다양한 분야를 다루다 보니 교양과목의 교재로 사용하기에는 몇 가지 문제가 나타난다. 심리학 개론을 가르치는 교수님들이 자신의 전공과 다른 분야를 다루어야 하기 때문에 부담을 갖는 부분이 있고, 다양한 분야를 다루다 보면 특정한 분야를 깊이 있게 다루지 못하는 경우가 있다. 심리학을 전공하는 학생들에게는 심리학의 전체분야를 폭넓게 다루어줄 필요가 있지만 교양 과목으로 심리학을 수강하는 학생들에게는 부담이 되는 부분이 있다. 이 책은 학생들이 교양수준에서 필요하다고 판단되는 심리학의 주제들을 중심으로 다루었다.

심리학의 영역 중에서 사회심리 분야를 중심으로 대인관계와 관련된 주제를 다루었다. 초반에는 자아개념과 타인지각의 원리가 포함되어 있고 후반에는 다양한 대인관계 상에서 나타나는 심리현상과 그에 따른 사회현상에 대한 심리학적 이론과 개념들을 포함시켰다. 실용적인 심리학의 적용에 관심이 있는 사람들에게 도움이 되는 주제들을 다루었기 때문에 학생들뿐만 아니라 심리학에 관심 있는 일반인들에게도 도움이 될 것이다.

끝으로 이 책이 출판되기까지 힘써 주신 출판사 관계자 여러분께 감사드립니다.

2007년 8월

송 관 재

# 차 례

# 인간심리에 대한 연구방법 1

심리란 단어의 의미는 마음의 이치를 의미한다. 그렇다면 심리학은 마음의 이치를 연구하는 학문이라고 간주할 수도 있다. 그러나 인간의 마음은 제삼자가 객관적으로 관찰하기가 어렵고 접근하기도 어렵다. 심리학이 과학적인 학문이 되기 위해서는 객관적인 접근이 가능하고 반복관찰이 가능한 인간의 행동과 사고를 연구하는 것이 바람직하다. 그래서 현재 심리학에 대한 정의는 인간의 행동과 사고를 연구하는 학문이라고 한다.

사람들을 만날 때 전공이 심리학이라고 하면 대개 자신의 심리를 읽는 것은 아닌지 혹은 자신이 노출되는 것은 아닌지 경계하곤 한다. 심리학을 전공하고 잘 알고 있다고 해서 인간의 내면을 들여다볼 수 있는 것은 아니다. 그러나 심리학을 전공하는 사람들은 사람들의 행동과 심리현상을 보통 사람들보다는 더 많이 생각하고 연구하다 보면 인간에 대한 민감성이 증가하고 일반인들보다는 인간의 심리를 읽는 눈이 정확해진다. 사람들을 대하면서 그 얼굴을 보면 어떤 성격의 소유자인지, 살아오면서 고생을 많이 하였는지, 곱게 자랐는지 짐작할 수 있다. 개인에 따라 인간을 많이 접하고 그들을 분석하는 일에 종사하는 사람들도 인간의 심리를 읽는 눈이 심리학자들 못지않게 정확할 수 있다.

심리학자들은 인간의 행동과 심리현상에 대해 기초적인 연구를 하기도 하고 사회생활에서 나타나는 실제적인 심리현상에 대해 분석하기도 한다. 인간의 기본적인 특성인 생리현상이나 지각과정, 성격형성과정, 발달과정 등과 관련하여 기초적인 이론을 만들어내고 이러한 이론적인 틀에 기초하여 사회적인 현상에 반영된 인간의 심리를 분석하기도 한다. 제1장에서는 심리학 분야에서 연구할 때 사용하는 접근방법에 대해 살펴보고자 한다. 심리학자들이 자료를 분석하고 해석할 때 제기하는 질문들이 무엇인지를 살펴보면서 심리학의 연구방법에 대한 이해를 높이고자 한다.

## 1
## 주장하는 바가 무엇인가

정보화 사회에서는 다양한 정보가 홍수처럼 쏟아져 나온다. 그러한 정보들 중 자신들의 주장이 정확하다는 객관적인 증거도 없이 진실이라고 주장하는 경우가 있다. 이를 단언(assertion)이라고 한다. 때로 어떤 것을 단언하는 진술문은 불완전한 정보에 근거하거나 혹은 어떤 증거가 있더라도 그것을 부분적으로만 분석하거나 아예 잘못 분석한 것에 근거하기도 한다. 최근 한 친구가 자신의 절친한 친구인 영오가 “그의 애인을 속이고 딴 짓을 했다”고 말해주었다. 그는 영오가 주말에 애인이 아닌 다른 여자와 함께 극장에 들어가는 것을 보았다고 했다. 이 단언의 정확성을 결정하기 위해서는 부가적인 증거를 더 수집하여 분석해야 한다. 이 경우, 영오는 동료 여직원과 함께 회사의 판매촉진 행사를 하기 위한 대형 행사장을 찾고 있었고 행사가 가능한지를 알아보기 위해 여직원과 함께 그 극장에 들른 것에 불과했다.

다양한 주장이나 단언을 겉보기에 근거하여 받아들이기 전에, 들은 내용을 가능한 몇 가지 설명 중의 하나로 취급하고 주장한 내용을 세부적으로 점검해 보아야 한다. 이때 전해들은 주장이 어떤 유형인지부터 규명해 보는 것이 필요하다. 단언은 네 가지 종류로 나눌 수 있으며 이들 각각이 장점과 단점을 갖고 있다.

### 1) 단언의 네 가지 유형

#### (1) 두 개 혹은 그 이상의 사건들이 서로 관련되어 있다

때로 당신은 두 개 혹은 그 이상의 사건이 연합되어 있거나 혹은 서로 관련되어 있다는 이야기를 듣게 되는 경우가 있을 것이다. 최근 한 신문은 비활동적인 사람보다 활동적인 삶을 사는 사람들이 더 오래 산다는 기사를 게재하였다. 이 예에서 관련된 사건은 '활동적인 것'과 '오래 사는 것'이다. 두 사건이 서로 연합되어 있기 때문에 한 사건(활동적인 것)이 다른 사건(오래 사는 것)의 원인이라는 결론으로 비약하지 않도록 하는 것이 중요하다.

비슷한 일이 '연합의 법칙'에서 일어난다. 사람들은 어떤 개인에 대해 추측을 할 때 그 사람의 친구들을 보고 추론하기도 한다. 만약 친구들이 교양 없고 사려 깊지 못한 행동을 한 경우(술을 먹고 동네에서 고성방가를 한 경우) 그때 같이 있지도 않은 다른 친구들을 그들과 같은 종류의 사람으로 취급한다.

### (2) 한 사건이 다른 사건을 일으킨다

최근 한 잡지에 '마인드 컨트롤'이라는 오디오 테이프 광고가 실렸다. 광고는 그 테이프가 인간 두뇌의 주파수를 '깊은 명상과 각성을 높여주는 최상의 심리적 상태'로 만들어 준다고 주장하였다. 실제로 그 테이프는 가청주파수 이하로 만들어진 혹은 잠재의식을 자극하는 메시지를 담고 있었다. 따라서, 그 광고는 "당신은 실제로 아무것도 들을 수 없습니다. 그러나 분명히 느낄 수 있을 것입니다. 이 테이프는 불가사의하지만 당신의 머릿속에서 천사들이 날아다니는 것 같은 느낌이 들게 해줄 것입니다" 이 광고를 접한 사람들은 이 상품이 성적 충동을 증가시키고, 심리적인 기능을 촉진시키며, IQ를 향상시키고, 학습과 기억을 증가시키고, 정신적인 각성을 증진시키고, 지각을 더욱 선명하게 해주며, 공포와 불안을 자기 확신으로 변화시키며, 무엇보다도 고통과 질병을 치유한다고 생각하게 되었다. 여기서 인과적인 단언은 '오디오 테이프를 듣는 것'이 앞에서 나열한 모든 놀라운 일을 '일으킨다'는 것이다.

'원인과 효과(cause-and-effect)'의 관계가 있다고 결정하기 위해서는 그 주장이 다음에 나열된 네 가지의 기준을 충족시켜야 한다. '마인드 컨트롤'이 좋은 결과를 일으키는지를 다음의 기준을 적용하여 검토해 보자.

① 두 사건이 공변해야 한다. 즉, 한 사건에서의 변화가 연합된 혹은 관련된 다른 사건을 변화시켜야 한다. '만족한 사용자'의 주장에 따르면 표면적으로는 '마인드 컨트롤'의 사용이 놀라운 변화이다.

② '원인'으로 가정되는 사건이 '효과'가 발생하기 전에 일어나야 한다. 광고는 자신의 제품을 사용해야만 생활에서의 변화가 일어

나는 것처럼 꾸며져 있다. 그러나 주어진 정보에 따르면 그렇다 고 확증할 방법이 없다.

③ '효과'는 '원인'이라고 규명된 요소가 있을 때만 발생하고, 그 '원인'이 없거나 제거되면 사라져야 한다. 분명히 사람들은 '마인드 컨트롤'을 사용할 때 생활에 어떤 좋은 변화가 일어났다고 보고한다. 이러한 좋은 변화가 만일 어떤 테이프의 사용을 중지한다면 사라지는지에 관해서는 증명할 방법이 없다. 물론, 사람들이 음악과 같은 다른 테이프를 듣는 경우에도 똑같은 효과가 발생한다면 그 테이프의 가치는 의문스러워진다. 이 경우 '특별한 테이프'의 존재는 어떤 특별한 효과도 일으키지 못한다고 할 수 있다.

④ 다른 그럴 듯한 대안적인 설명이 배제되어야 한다. 예를 들어 어떤 제품을 사는 사람들은 보통 그 제품이 도움이 될 것이라는 기대를 갖고 구입한다. 아마도 그들은 생활을 변화시키고자 동기화된 사람들일 것이다. 따라서 여러 가지 이로운 변화가 그 테이프의 내용 때문인지, 혹은 "이 테이프가 도움이 될 것이다"는 기대 때문인지, 아니면 변화를 원하는 사용자의 동기 때문에 발생했는지의 경우가 생긴다. 사용자의 생활에서 달라진 단 한 가지 요인이 그 테이프의 내용만은 아니다.

### (3) 두 개 혹은 그 이상의 사람, 제품 혹은 사건이 동일한 특성을 공유해야 한다

보세제품의 광고는 "실제 동일 브랜드의 제품과 똑같지만" 1/3가격밖에 되지 않는다고 선전한다. 국회의원 후보자는 자신의 의견이 유권자들의 의견과 동일하다고 확신시키고자 한다. 따라서 어떤 사람이 두 가지가 동일하다고 당신을 확신시키려 든다면 사과와 오렌지를 생각해 보자. 일상생활에서 다른 여러 가지 경우들처럼 사과와 오렌지는 일부 비슷한 점이 있다(예: 둘 다 과일이고 나무에서 자란다). 그러나 사과와 오렌지는 중요한 점에서 서로 다르다. 두 가지 대상이 서로 다를 가능성이 있는 측면을 탐색해 보기 전까지는 절대로 그 두 대상이 서로 같다는 단언을 받아들이면 안 된다.

### (4) 두 개 혹은 그 이상의 사람, 제품 혹은 사건이 서로 다르다고 주장한다

동일한 회사에서 만든 비염 약과 알레르기 약의 성분을 소비자 단체에서 비교하였다. 그 제품들의 이름은 같지만 색깔과 효과를 보이는 증세가 서로 달랐다. '초록색 약'은 비강의 충혈이나 코골이, 열, 지엽적인 통증 등 대부분의 경미한 통증에 효과가 있었다. '노란색 약'은 일반적인 증상보다는 비염으로 고생하는 사람들을 위하여 시판되었다. '노란색 약'은 '초록색 약'보다 1,000원 더 비싸게 판매되었다. 이러한 사실을 바탕으로 소비자 단체는 이 두 가지 약이 서로 다른 작용을 하며 다른 종류의 통증에 민감하게 작용한다고 결론을 내렸다.

두 가지 대상이 서로 다르다는 어떤 사람의 주장은 그 대상들이 중요한 방식으로 충분히 다르다는 증거를 갖고 있는지 평가해 보아야 한다. 앞의 경우 두 가지 약의 성분이 동일하지는 않는지, 단지 판매 전략상 색과 가격을 달리한 것은 아닌지 살펴보아야 한다.

## 2
## 주장이나 단언을 지지하는 증거는 무엇인가

제기된 단언(예: 한 사건이 다른 사건을 일으켰다든가 혹은 한 사건이 다른 것과 다르다는 등)의 유형이 무엇인지를 구분해 보는 것은 주어진 정보를 이해하는 좋은 방법이다. 그러고 나서 단언, 주장을 지지하는 증거라고 제안된 증거의 원천이 무엇인지에 대해 살펴보아야 한다. 어떤 증거의 원천은 다른 것보다 더 믿을 만하며 이러한 신뢰성은 주장의 타당성을 검증하는데 좋은 단서를 제공해 준다. 대부분의 사람들은 일상생활에서 다음과 같은 증거원들을 접하고 있다. 각 증거원은 나름대로 단점을 갖고 있다.

### (1) 사적인 경험과 의견

사람들의 다양한 사적 경험과 정보관찰이 주장의 정확성에 대한 지지증거로 사용된다. 어느 학교의 한 국어선생님이 『*Academic Computing*』이라는 잡지에 매킨토시(Macintosh) 컴퓨터로 작성된 학생들의 보고서가 아이비엠(IBM) 컴퓨터로 작성된 학생들의 보고서보다 열등하다는 글을 기고하였고 이는 미국에서 전국적인 논쟁을 불러일으켰던 적이 있다(Levy, 1990). 매킨토시 컴퓨터로 작성된 논문은 오자가 많았고 구두점을 부정확하게 찍었으며, 문법을 어긴 부분도 있었다. 또한 단순한 단어와 속어를 많이 사용하였다.

선택한 주제도 다르게 나타났다. 아이비엠 컴퓨터를 사용한 학생들은 벌금형이나 핵전쟁과 같은 무게 있는 주제를 다룬 반면, 매킨토시 컴퓨터를 사용한 학생들은 데이트나 패스트푸드와 같은 주제를 다루었다. 분명히 매킨토시 컴퓨터를 사용한 학생들은 락 비디오 수준의 논문을 작성하였다.

문제는 이러한 현상이 단지 일회적인 것에 불과하다는 점이다. 게다가 개인적인 편견이 이런 현상의 관찰을 왜곡시켰다는 점이다. 특정 컴퓨터 브랜드나 상품을 선호하는 사람은 그 제품의 장점을 심리적으로 더 부각시키려 한다. 따라서 그 사람은 다른 상품의 장점을 깎아내리기 쉽다.

### (2) 증 언

우리는 다양한 매스미디어를 통해 프로 운동선수, 영화배우, 탤런트, 의사 그리고 잘 알려진 다른 사회적 명사들이 운동화에서부터 의복, 전자제품 그리고 국회의원 후보자에 이르기까지 특정상품의 장점을 지지하는 광고를 접한다. 그들의 진솔한 호소는 그 주장을 더 신뢰롭게 만든다. 왜냐하면 이런 사람들은 편견을 갖고 있지 않으며 합리적이라고 생각하기 때문이다. 여기에서 제기하고자 하는 논리는 많은 사람들이 사회적인 명사들은 실제로 그 제품이 광고내용과 일치하지 않으면 광고출연을 거부할 것이라고 여긴다는 점이다. 그러나 대부분의 경우, 그들은 광고출연을 통하여 심리적 혹은 재정적인 이익을 얻는다.

### (3) 전문가의 의견

때로는 주장의 타당성을 증가시키기 위해 전문가들이 언급된다. "전문가의 의견에 따르면" 혹은 "이 주제에 관한 과학적인 연구에 따르면"과 같은 내용이 종종 어떤 주장을 지지하기 위하여 사용된다. 그러나 주의할 필요가 있다. 대부분 전문가 의견은 거의 진열품에 불과하다. 즉 이는 정보를 주기보다는 깊은 인상을 심어주기 위해 사용되는 것에 불과하다. 또한 그 전문가가 자신이 전공분야에 대하여 말하고 있는지를 점검해야 한다. 그 전문가가 노벨상을 받은 사람일 수도 있다. 그러나 그 사람이 유전공학으로 노벨상을 받았다면 그 사람의 정치적인 관점이나 건강식품에 관한 의견은 그 중요성에서 일반사람들의 의견과 별 차이가 없다.

### (4) 연구결과

사람들은 종종 정치가들이 자신의 견해를 정당화하거나 혹은 그들의 유명세에 대한 증거로 제시하는 설문조사의 결과를 아무런 의심 없이 받아들인다. 자신들의 상품을 더 많이 팔기 위하여 식품이나 음료수 제조업자들은 종종 소비자들이 자신들의 상품을 시장점유율이 높은 다른 브랜드의 상품보다 2배가량 선호한다는 것을 보여주는 결과를 자랑스럽게 선전한다. 이런 제품들 간의 비교는 “다양한 검증을 거친 결과”라든가 “실제조사에 근거한 통계수치를 사용하였다”고 하면서 자신들의 주장을 뒷받침한다. 이런 자료에 위협받지 않는 것이 중요하다. 컴퓨터 프로그래머들의 좌우명인 “쓰레기가 들어가면 쓰레기가 나온다”는 말을 명심하라. 즉 조사결과나 수치들은 그것이 나오게 된 방법, 과정, 절차들이 적절해야만 적절한 결과를 얻을 수 있다는 것을 의미한다. 다음에 제기될 여섯 가지 질문에 대한 대답은 연구의 결과로 나온 사실과 수치를 정확하게 해석하는 데 필요한 정보를 제공해 줄 것이다.

# 3
# 비교는 적절하게 이루어졌는가

선전이나 신문기사 그리고 정보들은 대개 비교의 형식으로 제공된다. 한 담배광고는 자회사의 담배가 다른 회사 제품보다 타르와 니코틴을 더 감소시켰음을 강조한다. 특정 당의 당보는 자기 정당의 경제정책이 다른 정당 것보다 더 훌륭하다고 주장한다. 세탁기 광고는 똑같이 더러운 옷 두 벌을 세탁해 보니 자회사의 세탁기로 빤 옷이 다른 회사의 세탁기로 빤 옷보다 더 깨끗하였다고 선전한다. 그리고 연료첨가제를 만드는 회사는 연료첨가제를 넣은 자동차가 넣지 않은 다른 자동차보다 더 먼 거리를 간다고 광고한다. 이러한 광고들이 주장하는 결론을 받아들이기 위해서는 그 비교가 적절한 것인지를 결정해야만 한다.

광고나 정치가, 신문의 여론조사 그리고 다른 대중매체가 '연구자료'에 근거하여 결론을 내리는 경우 그 연구들은 각기 다른 방법을 사용하여 실시된 경우가 대부분이다. 연구자료의 결론을 공정하게 평가하기 위해서는 비교를 하는 데 관련되어 있는 용어나 원칙을 이해할 필요가 있다. 다음의 제안이 도움이 될 것이다.

### (1) 이미 차이가 존재하는 집단에 대한 비교를 평가하기

예를 들어 고등학교들의 대학진학률이 지역별로 신문에 게재되었다. 혹은 신문에 여러 버스회사의 정시운행기록이 실렸다. 고등학교와 버스회사들을 집단변인이라고 한다. 그 집단은 인위적으로 만들어진 집단이 아니라 자연발생적인 집단이다. 집단을 비교하는 자료는 여러 가지 측면으로 상당한 영향을 미친다. 진학률이 좋지 않은 학교는 질책당하고, 교육개혁의 필요성이 역설되고, 교사들은 학생들을 잘 교육시키지 못했다고 문책당한다. 정시운행기록이 좋은 버스회사는 자신들의 서비스가 가장 좋았다고 승리의 환호성을 지르고 다른 버스회사들이 일을 제대로 못한다고 비난한다.

이미 존재하는 특성에 근거하여 나뉜 집단을 비교하는 문제는 이(異)집단이 모든 요소에서 동일한 경우가 거의 없다는 점이다. 각 학교의 선생들은 비슷한 교육과 훈련을 받았을 것이다. 그러나 지역에 따라 가난한 가정의 학생들이 많은 경우도 있고, 공부하는 데 적합하지 않은 다른 환경에 처해 있는 사람들이 더 많을 수도 있다. 더 좋은 환경에 있는 학교의 선생들은 이러한 문제를 갖고 있지 않은 학생들을 가르친다. 마찬가지로 가장 좋은 정시운행기록을 기록한 버스회사는 교통소통이 잘 되는 구간을 운행하거나 운행거리가 짧아 시간을 잘 맞출 수 있는 노선을 운영하는 회사일 수 있다.

### (2) 의도적으로 집단 간의 차이가 나도록 만들어진 집단에 대한 비교를 평가하기

한 집단의 자동차에는 연료첨가제를 넣은 반면 다른 자동차들에는 넣지 않은 경우를 예로 들어 보자. 차이를 검증하기 위한 실험적인 상황을 구성해 보자. 실험연구에서는 두 변인 간의 차이를 이해하는 것이 중요하다. 실험 상황에서 효과를 보기 위해 조작하는 변인을 독립변인이라고 하고, 이 변인의 효과를 측정하는 데 사용되는 변인을 종속변인이라 한다.

실험집단과 통제집단의 구분: 어떤 독립변인(예: 연료첨가제의 투입)이 종속변인(예: 주행거리)에 영향을 주는지를 결정하기 위해서는 또 다른 조건이 필요하다. 독립변인이 조작된 집단을 실험집단이라고 하는데 실험집단의 효과를 평가하기 위해서는 독립변인을 달리 조작하거나 아예 조작하지 않은 집단, 즉 통제집단이 필요하다.

통제집단의 수행은 독립변인이 실제로 종속변인 혹은 측정치에서의 차이를 일으켰는지를 결정하는 데 도움을 준다. 적절한 통제집단은 두 개의 특성 중 한 개의 특성을 갖는다. 즉, 통제집단은 독립변인 이외의 다른 변인, 즉 연구되는 사람, 사건 혹은 제품의 모든 속성이 실험집단과 동일하게 처치된다(예: 자동차회사, 배기량, 기어방식 등). 혹은 통제집단은 독립변인의 양을 다르게 처치 받는다. 독립변인을 조작하지 않는다는 것은 아무런 효과도 일어나지 않는다는 것을 의미한다. 예를 들어 속독법을 배우는 데 얼마나 연습이 필요한가에 대한 연구는 연습 없는 조건이 불필요하다. 왜냐하면 속독법은 연습 없이는 배울 수 없기 때문이다.

위약효과(placebo effect)가 발생할 가능성이 있는지를 고려하라. 심리적인 처치나 약물이 행동에 미치는 영향에 관한 연구에서 특히 고려해야 하는 것이 있다. 바로 위약효과이다. 만일 실험집단으로 참가한 사람이 진통제로 개발된 새로운 약물을 투여할 것이라는 설명을 들으면 그 사람은 "이 약이 두통을 덜어줄 것이다"라고 생각할 것이다. 따라서 약 자체의 효능이 아니라 그러한 기대가 두통의 강도를 감소시킬 수 있다. 결과적으로 약물의 효과를 검증하기 위해서는 통제집단에게 가짜로 중성적인 물질(설탕정제 등)을 투여해야 한다. 이렇게 하면 실험참가자들에게 영향을 미친 것이 기대인지, 약물인지, 혹은 둘 모두가 영향을 주었는지를 알 수 있다.

위약효과는 꽤 강력하기 때문에 어떤 제품이 의학적인 혹은 심리적인 도움을 준다고 주장하는 경우에는 반드시 고려해야만 하는 인과적인 요인이다. 예를 들어, 두통이나 고혈압, 불안 그리고 다른 경미한 통증이 있었던 사람들의 1/3이 위약효과로 인해 자신들의 증상이 감소되었다고 보고하였다는 연구결과가 있다. 또한 긍정적이거나 낙관적인 정신자세를 가지고 있는 사람들은 질병에서 더 빨리 회복한다. 한 연구에서는 낙천적인 마음가짐을 갖고 있는 사람들과 비관적인 관점을 갖고 있는 사람들을 비교하였다. 감기나 독감에 걸린 경우 비관론자들은 회복하는 데 8일이 걸린 반면 낙관론자들은 평균 4일 정도 만에 회복하였다.

## 4
## 선정된 표집이나 표본이 갖는 문제점

자료를 수집하는 목적 중의 하나는 많은 사람들에게 적용할 수 있는 내용을 만드는 데 있다. 따라서 검증대상이 되는 사람들이나 제품들은 큰 모집단을 대표해야만 한다. 이들은 특정관점이나 결과에 편파되지 않아야 한다. 만일 특정대학교에 대한 사람들의 이미지를 살펴보고자 한다면 그 대학교에 다니지 않는 사람들에게 물어보아야 한다.

적절한 표본을 얻는 두 가지 일반적인 방법이 있다. 하나는 검사할 사람이나 제품을 무선적으로 선택하는 방법이다. 다른 하나는 사전에 결정된 특성을 고려하여 선택하는 것이다. 무선표본은 항아리에서 눈을 감은 채 이름이 적힌 종이를 꺼내는 것과 같다. 연구대상을 선정하는 데 어떤 편파도 개입되어서는 안 된다. 한 가지 방법은 전화번호부나 제품번호에 숫자를 부여하는 것이다. 사람이나 제품을 무선적으로 뽑기 위해서는 모든 숫자를 상자 속에 넣은 뒤 숫자를 뽑으면 된다. 실제로 대규모표본이 필요한 경우 이 작업은 컴퓨터로 한다. 무선표본은 전집의 모든 대상이 선택될 기회를 동일하게 갖는다는 것을 보장한다.

두 번째 방법은 관심이 있는 어떤 특성을 가진 사람이나 물건을 선택하는 것이다. 머리카락을 새로 돋아나게 하는 약물의 효과를 검증하기 위해서는 머리숱이 적거나 대머리인 사람들이 대상이 된다. 결과적으로 표본은 그러한 특성을 가진 사람들 중에서 무선적으로 뽑힌 사람들이 된다. 고립된 지역에 사는 사람들의 심리적인 특성이 관심의 대상인 경우 고립의 효과는 가족 간의 상호작용이나 선택하는 레저 활동의 유형에서 나타날 수 있다. 이때는 고립된 지역에 사는 사람들의 표본이 필요하다.

무선표본을 선정할 때에는 대상이 되는 모든 사람들이 비슷한 특성을 가지고 있어야만 한다. 이것은 얻어진 정보나 관찰치가 더 큰 표본이 사람들이나 제품을 대표한다는 것을 보증하기 위해 중요한 사실이다. 이렇게 해서 얻은 결과는 표본의 어떤 특성 때문이라고 할 수 없다. 무선표본의 자료는 얻어진 정보를 공평하고 정확하게 해석하는 데 도움을 준다.

## 5
## 판단기준이 적절하게 적용되었는가

때로 특정상표의 담배를 피우면 타르와 니코틴이 체내로 적게 흡수된다고 선전하는 담배광고가 있다. 이러한 결과는 흡연 시 흡수되는 타르와 니코틴을 측정하도록 특별하게 고안된 기계를 사용하여 얻은 결과이다. 이 기계는 30초마다 담배를 한 모금 빨고 담배연기를 완전히 흡입하지는 않는다. 이 기계의 '흡연'습관은 인간과는 다르다. 따라서 타르와 니코틴에 대한 자료는 그 기계가 타르와 니코틴을 얼마나 흡입하는가에 대한 자료이지 인간에 대한 자료는 아니다. 실제로 담배별로 타르와 니코틴의 흡수율을 비교하려면 한 개인에게 담배를 피우게 하고 그 사람의 피를 분석해 보면 더 정확하게 알 수 있다.

어떤 결과를 일반화하는 데 있어서 상호작용효과를 고려해야 한다. 이 효과는 매우 일상적으로 일어난다. 왜냐하면 제품과 행동에 영향을 미칠 수 있는 변인들이 모든 조건에서 동일하게 영향을 미치지는 않기 때문이다. 예를 들어, 연료첨가제는 평지에서는 소형차나 대형차에 상관없이 동일하게 주행거리를 증가시킬 수 있다. 그러나 산악지방에서는 소형차에서만 기능을 발휘할 수 있다. 대형차는 짐을 더 싣고, 경사가 급하며 산소가 적은 지형에서는 연료를 비효율적으로 소비하며 이런 경우 첨가제를 사용하여도 효과가 없을 수도 있다.

어떤 연구결과에서 상호작용효과가 발생하면 그것을 어떻게 해석할 것인가가 중요하다. 얼굴인식을 다룬 한 연구에서 유럽계 미국인과 아프리카계 미국인 그리고 스페인계 미국인의 얼굴 사진을 실험에 참가한 사람들에게 보여주었다. 그리고 여러 개의 사진들 중에서 앞서 봤던 사진을 찾아내도록 하였다. 실험에 참가한 모든 학생들이 자신과 같은 인종집단에 속하는 사람들의 사진을 다른 집단에 속하는 사람들의 사진들보다 더 잘 찾아냈다. 이러한 얼굴 재인에서의 차이는 아마도 다른 인종집단 구성원들과의 긴밀한 상호작용이 부족하기 때문일 가능성이 있다. 다른 문화나 인종집단과 같이 생활하거나 일한 경험이 더 많은 사람들은 다른 인종에 속하는 사람들 사이에서 나타나는 얼굴 특징에 더 민감하다는 연구결과가 이를 입증해 준다.

## 6
## 가외변인이 통제되었는가

연구할 때 실험방법을 적절하게 잘 사용하면 결과가 살펴보고자 한 독립변인의 효과인지의 여부를 평가할 수 있다. 이렇게 하기 위해서는 가외 혹은 원하지 않는 변인의 효과를 통제하여야 한다. 가외변인(extraneous variables)은 연구대상인 변인의 효과를 방해하거나 독립변인을 사용하지 않아도 우리가 원하는 결과를 얻게 해주는 것이다. 앞에서 언급한 마인드 컨트롤의 경우, 변화하고자 하는 사람들의 동기나 그 테이프가 도움이 될 것이라는 기대는 '만족한 사용자'들이 증언하는 긍정적인 효과를 일으킬 수 있다. 만일 그러한 변인들이 검증하고자 하는 제품이나 사람들에게 공통적으로 동일한 영향을 주면—혹은 연구를 시작하기 전에 그 효과를 없앴다면—가외변인의 효과가 통제된 것으로 간주한다.

인간행동을 연구대상으로 삼는다면 반드시 고려해야 하는 가외변인이 있다. 사람들은 자신이 연구대상이라는 것을 알면 실험자가 원하는 방향으로 행동하기 쉽다. 이것을 호손효과라고 한다. 이 효과는 이제는 고전적인 연구인 심리학자 엘턴 메이요와 트리츠 뢰슬리버거(Elton Mayo & Fritz Roethlisberger)가 1924~1933년 시카고 웨스턴 전기회사(Chicago Western Electric Company)의 호손공장에서 실시한 연구에서 처음 밝혀졌다(Bramel & Friend, 1981). 메이요와 뢰슬리버거는 생산환경의 변화가 생산성과 직무만족도에 미치는 영향을 연구하였다. 그들은 공장조명의 밝기나 작업시간, 휴식시간, 무료식사 그리고 더 많은 제품을 생산하기 위한 실적수당 계획을 도입하여 그 효과를 보고자 하였다. 연구결과를 보면 실험조건을 어떻게 하는가에 상관없이 생산성이 증가하였음을 보여주었다. 심지어 작업환경이 원래보다 더 나빠진 경우에도 작업자들은 더 열심히 더 효율적으로 일했다.

그러나 생산성이 향상된 이유는 물리적인 작업환경의 변화가 아니었다. 대신, 연구자들과 연구와 관련된 모든 사람들이 사원들에게 보인 관심이 중요한 요인이었다. 각 연구조건들은 연구자와 작업자가 더 유연하고 긴밀한 스타일로 상호작용하게 만들었다. 따라서 특별한 대접을 받고 관찰대상임을 아는 것이 작업자들의 생산성을 증가시키는 가장 중요한 요인이었다. 호손효과는 부수적으로 밝혀진 가외변인에 불과했음에도 불구하고 경영에 있어서 사원들과 좋은 인간관계를 발전시키는 것이 상당히 긍정적인 효과를 가져온다는 것을 보여주었다. 이 연구결과는 작업팀제나 작업환경에 대한 의사결정시 고용인의 폭넓은 참여 등 공장에서 '인간관계'운동이 일어나게 만들었다.

사람들은 저마다 특별한 특성을 갖고 있고 그 특성에 따라 행동한다. 지능이나 동기, 갖고 있는 자원 그리고 성격적인 자질이 사람마다 서로 다르다. 따라서 어떤 특성을 갖고 있는 사람과 없는 사람을 연구하고자 하는 모든 조건에 골고루 퍼져 있게 하는 것이 중요하다. 그렇지 않으면 우리는 '새로운 학습방법'이나 '자기동기화 프로그램'이 효과적이라고 잘못 결론 내릴 수 있다. 다양한 개인적인 자질을 통제하는 가장 좋은 방법은 사람들을 각 조건에 무선할당하는 것이다.

심리학자인 피터 매코널드(Peter McConald)와 에드거 오닐(Edgar O'-Neal, 1980)은 심리학개론을 듣는 209명의 대학생들에게 반 학기 동안 수업시간에 앉을 자신의 좌석을 마음대로 선택하도록 하였다. 중간고사 이후 다시 무선적으로 좌석을 배정하였다. 그리고 50점 만점의 객관식 시험으로 실시한 중간고사와 기말고사 성적을 비교하여 좌석배치의 효과를 평가하였다. 교실의 좌석을 앞에서 맨 뒤까지 모두 6개 지역으로 나누었다. 앞자리에 앉은 72명의 학생과 뒷자리에 앉은 87명 학생들의 성적을 비교한 결과 자신이 자리를 선택한 경우 앞좌석에 앉은 학생들이 뒷자리에 앉은 학생들보다 성적이 더 우수하였다(34점 대 31.7점). 그러나 좌석을 무선 배정한 경우 앞자리에 앉은 학생들과 뒷자리에 앉은 학생들의 성적에는 차이가 없었다(32.2점 대 32.8점). 자신이 좌석을 선택한 경우 더 능력 있는 학생들이 앞좌석에 앉았고 시험결과도 당연히 더 좋았다. 그러나 좌석을 무선 배정한 경우 앞좌석과 뒷좌석 학생 사이의 평균 시험점수의 차이는 크게 줄어들었다.

앞에서 예로 든 연료첨가제의 경우 가외변인은 통제되었는가? 연료첨가제 이외에 다른 요인이 어떤 자동차가 다른 자동차보다 더 먼 거리를 주행하게 만들었을 가능성이 있다. 두 가지 조건에 할당된 사람들이 서로 다른 특성을 가질 수 있는 것처럼 제품도 그럴 수 있다. 예를 들어 둘 중의 한 자동차가 엔진이 더 작고, 타이어의 공기압이 적당하고, 엔진이 잘 조정되어 있으며, 창문을 닫았다면 더 먼 거리를 달릴 것이다. 만일 이런 조건이 다르다면 가외변인이 개입했다고 할 수 있으며 특정 자동차가 더 짧은 거리를 주행하게 된 원인일 수 있다.

## 7
## 사건이 얼마나 자주 일어났는가?

자료를 점검할 때는 반드시 연구대상인 사건이 얼마나 자주 발생하는가를 점검해 보아야 한다. 만일 그 사건이 지속적으로 발생하면 독립변인이 그 효과를 일으켰다고 주장할 수 있다. 만일 특정상표의 커피를 선택한 10명의 손님 중 5명이 늘 그 상표의 커피를 선택한다면 또, 특정치약을 선택한 10명의 치과의사 중 9명이 늘 그 치약을 고른다면 당신은 이를 어떻게 설명하겠는가? 확률의 일반적인 개념을 이해하면 그러한 현상을 이해하는 데 도움이 될 것이다.

한 사건이 다른 사건보다 일어날 가능성이 더 많거나 적은 경우 이는 확률을 다루고 있는 것이다. 학교나 직장으로 출근하기 전에 오늘은 비올 확률이 90% 라는 일기예보를 듣는다고 가정해 보자. 물론 때로 비가 전혀 오지 않을 수도 있다. 확률적인 진술은 어떤 것도 보장하지는 않는다. 그것은 어떤 사건이 일어날 기회에 대한 최선의 평가나 추정에 불과하다. 그러나 적절하게 사용하면 이런 추정 덕분에 비를 맞지 않을 수 있다.

비옷을 입을지를 결정하거나, 4지선택형 시험에서 몇 번을 택할지를 결정하거나, 어떤 행동을 할지를 결정하려면 먼저 중요한 질문에 답할 수 있어야 한다. 운이나 눈먼 행운에 근거하여 관심 있는 사건이 발생할 가능성이나 확률이 얼마인가? 만일 그 확률을 안다면 그 사건이 우연히 발생하는 확률에 비하여 실제로 관찰한 내용이나 보고된 사실을 비교해 볼 수 있다.

어떤 사건이 얼마나 자주 발생하는지를 평가하기 위해서는 그 사건에 영향을 주는 다른 요인(반응편파, 한 쪽이 무거운 주사위, 불공평간 비교 등)이 없을 때 그 사건이 얼마나 자주 발생하는가를 알아야 한다. 그러고 나서 이것을 가능한 사건의 총수로 나눈다. 이 절차를 어떻게 수행하면 되는지가 아래 예로 제시되어 있다.

a. 4지선다형 시험에서 정답이 1가지라면 2번이나 다른 항목이 정답일 가능성은 0.25이다. 확률은 1(정답의 총수)을 4([사건가능한 답]의 총수)로 나눈 것이다; 1/4=.25
b. TV선전에 나온 어떤 사람이 3개의 컵 중에서 모카커피가 든 한

개의 컵을 골라낼 확률은 0.33이다. 1(모카커피가 든 컵의 수)을 3(사건의 총수[사용된 커피컵])으로 나누면 된다; 1/3=.33

사건이 우연히 발생할 확률을 알면 그 확률에 근거하여 사건이나 제품, 사람이 나타나는 횟수를 결정할 수 있다. 예를 들어 만일 당신이 100개의 문제로 된 4지선다형 시험을 치른다면 우연에 근거하여 맞출 수 있는 문제는 25개이다(0.25×100=25). 만일 500명의 여자들이 모카커피가 든 컵을 골라내는 실험을 한다면 우연히 그 커피가 들어 있는 컵을 골라낸 사람의 수는 몇 명인가?

확률이 주는 한 가지 교훈은 이 세상에서 일어나는 모든 일이 자신이 알 수 없는 운에 따라 일어난다는 점이다. 이것은 핵전쟁이 일어날 가능성이나 당신이 다음번에 탄 비행기가 사고로 추락을 할 가능성, 혜성이 지구와 부딪쳐 엄청난 재해를 몰고 올 가능성, 한 원숭이가 이 책을 쓸 가능성 등을 포함한다. 다행스러운 것은 이러한 사건들이 발생할 가능성은 매우 적다는 것이다. 그러나 일상생활에서 우연성이 일어날 가능성은 너무나 많다.

대다수 사람들은 눈먼 행운이나 우연이 일상생활에서 늘 일어나는 사건이라는 것을 받아들이기 힘들어한다. 사람들은 무선적으로 발생하는 사건에서 어떤 패턴을 규명해내거나 혹은 그 사건을 설명하려고 시간과 노력을 낭비한다. 그 이유 중의 하나는 우리의 통제권 밖에서 사건들이 일어나는 세상에서는 사는 것이 힘들기 때문이다. "이 일에는 반드시 어떤 설명이 있을 거야"라고 우리는 자신에게 말한다. 설명을 찾아내기 위하여 어떤 사람은 점성술이나 신비주의에 의존하기도 한다. 혹은 '신의 뜻'이라고 결정하기도 한다.

운이나 눈먼 행운을 설명으로 받아들이기 어려운 또 하나의 이유는 우연성이 어떤 형태로 나타나는가에 대한 정보가 부족하기 때문이다. 예를 들어 다음과 같은 동전을 연속해서 던졌을 때 나타날 수 있는 앞뒷면의 두 가지 순서 중에서 어느 것이 우연성이 일어날 가능성이 더 많아 보이는가?

① 앞뒤앞뒤뒤앞뒤앞뒤앞뒤앞앞뒤앞뒤뒤앞뒤앞뒤앞뒤앞뒤앞뒤뒤앞뒤앞뒤앞뒤앞뒤
② 앞뒤뒤뒤뒤앞앞뒤뒤뒤앞뒤앞뒤앞앞앞앞뒤앞뒤앞뒤앞앞뒤뒤뒤뒤뒤뒤앞뒤앞앞뒤

둘 중 하나를 선택하게 하면 대부분의 사람들이 윗줄을 선택한다고 스콧 플라우스(Scott Plous, 1993)는 말하였다. 실제로는 아랫줄이 무선적인 순서로 나타나는 경우에 더 가깝다. 사람들은 진짜 무선적인 순서보다 '앞면과 뒷면'이 더 자주 바뀌어 나타나리라고 기대한다. 무선적인 사건은 연속적으로 발생할 수도 있다. 그리고 이런 사실은 잘 알려져 있지 않다. 많은 도박사나 스포츠팬들은 어떤 팀이 계속 이기거나 좋아하는 선수가 계속해서 안타를 치거나 골을 넣으면 이것을 행운 이상의 것이 작용한 결과로 여긴다. 연구에 의하면 사실은 연속해서 3골을 성공하거나 실패한 프로 농구선수나 대학 농구선수가 4번째 슛을 성공할 확률은 실패할 확률과 동일하다. 마찬가지로 계속 오르거나 계속 내린 후의 주가가 오를 확률은 내릴 확률과 똑같다. 그러나 이러한 자료는 "내 운이 이제 바뀔 거야"라는 신념 때문에 무시당한다. 따라서 연속적인 성공에 대해 그것이 아주 특별한 통찰능력이나 뛰어난 기술 때문이라거나 아니면 다른 논리적인 설명을 만들어낸다. 즉 눈먼 행운 때문이라는 설명을 받아들이는 것을 빼놓고는 모든 것이 수행에 주요한 역할을 한다고 여긴다

(Gilovich et al., 1985).

우리 삶에서 '우연성'의 역할을 무시하면 불행한 결과가 발생할 수 있다. 때로 연속되는 불행을 겪게 되면 사람들은 대개 "내 운이 바뀔 때가 됐어, 곧 모든 일이 순조롭게 풀릴 거야"라고 한다. 이런 신념을 도박사의 오류라고 한다. 똑같은 기술을 가지고 있는 두 사람이 속임수를 쓰지 않고 포커를 할 때 두 사람은 각각 전체 게임 중 절반은 이길 수 있다. 단기간에는 한 사람이 더 많은 판을 이길 수 있다. 두 사람이 각각 이기는 게임의 수는 천 번이나 그 이상 게임을 해야만 똑같아진다. "내 운이 이제 바뀔 거야"라고 믿으면서 '행운의 여신'이 자신에게 미소 짓기를 기다리는 동안 자신이 가진 모든 것을 던져 넣어야 한다. 때로는 운이 바뀔 때까지 오랜 시간이 걸리는 수도 있다. 그러나 우리 모두는 복권을 사거나, 좋지 않은 관계나 투자를 지속할 때, 혹은 싫어하는 직업에 계속해서 매달릴 때면 언제나 '행운의 여신'이 결국 우리에게 미소를 던질 거라고 믿는 도박사의 오류에 빠져 있다. 이러한 경우 행운의 여신을 기다리기보다는 상황을 개선하기 위한 건설적인 행동을 하는 것이 오히려 더 낫다.

사람들이 관찰한 행동이나 다른 재미있는 사건들이 만일 우연하게 일어난 것에 불과하다면 이에 대해 더 이상 무슨 말을 할 수 있을 것인가? 어쨌든 가능하면 우연이나 눈먼 행운으로 설명하지 않는 편이 더 나을 것이다. 다음의 조언을 따르면 적어도 네 가지 할 수 있는 행동이 있다.

① 매우 빈번하게 발생하는 사건은 우연에 근거하지 않는다. 객관식 시험 100문제 중 95문제를 정확하게 맞추었다면 이는 운이라기보다는 공부를 열심히 한 결과이다. 10가지 상표의 비누가 진열되어 있는 선반에서 특정상표의 비누가 전체 판매량 중 70%를 차지한다면 이것은 분명히 우연이 아니라 사람들이 그 상표

의 비누를 더 좋아할 가능성이 크다. 아마도 선전을 잘했거나 제품의 질이 실제로 좋을 수도 있다. 그러나 이러한 해석을 할 때 유의해야 할 사항이 있다. 사례수가 적거나 표본의 크기가 작으면 어떤 사건이 우연하게 매우 자주 발생할 수도 있다는 것이다. 동전을 열 번 던졌을 때 사람들은 앞면이 5번 나오기를 기대하지만 8번 혹은 10번 모두 앞면이 나올 수도 있다. 마찬가지로 설문조사한 사람들 중 66%가 특정상표의 치약을 더 좋아했다는 선전도 듣기에는 그럴듯하다. 그러나 단지 3명에게만 물어보면 어떤 일이 일어날까? 3명 중 2명이면 1000명 중의 666명처럼 66%가 된다. 우연이란 눈먼 행운에 근거하여 어떤 일이 일어나리라고 기대하는 것을 의미하기도 한다. 따라서 매우 빈번하게 일어나는 사건이 우연 때문이 아니라고 확신하기 위해서는 상당히 큰 크기의 표본이 필요하다.

② 그 사건이 우연히 얼마나 자주 발생할 수 있는지를 계산하라. 이를 위해서는 제1장의 앞부분에서 배운 것을 사용하라. 가장 중요한 원칙은 어떤 사건이 우연에 근거하여 기대할 수 있는 횟수보다 15% 정도 더 자주 발생하면 그 사건은 우연 이외의 다른 요인이 작용한 결과로 받아들여라. 그러나 앞에서 표본크기에 대하여 논의했던 것을 기억하라. 사람이나 제품 혹은 사건의 수가 많을 때 이 원칙을 따라야 한다.

③ 도움이 되는 통계적인 검증절차를 사용하라. 어떤 행동 혹은 두 행동 간의 차이가 우연 때문인지를 알고 싶다면 통계적인 검증절차를 사용하는 것이 도움이 된다. 이러한 검증절차는 "그 행동 혹은 다른 관찰한 사건이 우연 때문이라고 할 수 없다"라고 결정하는 데 도움이 된다. 이는 당신이 통계적으로 유의한 사건을 관

찰했음을 의미하며, 발생한 사건이 우연이 아닌 다른 요인 때문이라는 것을 의미한다.

④ 노인들처럼 행동하라. 어떤 결과를 해석하고 평가하는 데 성급해서는 안 된다. 자료에 대한 결정을 내리려면 반드시 조심스런 태도를 취해야 한다.

## 8
## 통계적인 정보가 적절하게 제시되고 사용되었는가

제품이나 사람에게 영향을 미치는 어떤 변인도 모든 조건에서 똑같은 방식으로 영향을 주지는 않는다. 다양한 형태로 영향을 미친다. 연료첨가제는 주행거리를 증가시킬 수 있다. 그러나 테스트하는 자동차의 종류에 따라 그 효과가 약간씩 다를 것이다. 또한 시험 준비를 한 기간이 동일한 두 학생의 성적도 다를 것이다. 한 사람이 95점을 받아도 다른 사람은 85점을 받을 수 있다.

이 같은 수행차이는 여러 가지 제품 혹은 사람들이 실제로 어떻게 작용하였는가를 해석하는 데 어려움을 가져다준다. 예를 들어 "만약 당신이 학교선생님이고, 가르치는 반 학생들은 이번 시험을 어떻게 보았습니까?"라는 질문을 받으면 당신은 무엇이라고 대답할 것인가? 모든 학생의 점수를 일일이 다 가르쳐 줄 수는 없다. 그 대신 전체적인 점수를 요약할 어떤 방법을 찾는 것이 더 현명할 것이다. 당신은 "모두 잘 친 것 같습니다" 혹은 "모두 망친 것 같습니다"라고 대답하거나 다른 방식으로 대답할 것이다. 그러나 무슨 일이 일어났는지를 말로 대충 요약할 때 생기는 문제점은 대부분의 사람들이 "아주 잘 했다" 혹은 "망쳤다" 등이 무엇을 의미하는지를 잘 모른다는 것이다. 사실 한 반의 성적을 표현하는 방식은 매우 다양하며 이런 표현을 사람들이 서로 다르게 해석할 수 있다.

자료를 분석하고 요약하고 표현하는 데 도움이 되는 수학적인 기법이 있다. 이러한 방법을 통계라고 한다. 그리고 통계는 사람이나 제품의 성과를 더 정확하게 표현하고 요약할 수 있다는 이점이 있다. 사람들이 잘 알고 있고 일상적으로 사용하는 통계용어로는 '평균' '퍼센트' '서열' '상관관계' 등이 있다. 이런 통계치들은 잡지나 신문, TV와 같은 데서 흔히 볼 수 있다. 통계치를 해석할 때 조심해야 한다. 왜냐하면 통계치는 단지 설명하는 방식으로 제공되거나 의도적으로 사람들의 의견을 왜곡하거나 조작할 목적으로 제시되기도 하기 때문이다. 사건에 잘못된 결론을 내리지 않기 위해서는 통계치가 적절히 사용되었는지를 확인해야만 한다.

### 1) 평균치

평균치(Average)는 종종 잘못 사용된다. 왜냐하면 이 용어를 사용할 때 어떤 '평균치'를 사용했는지를 명시하고 있지 않기 때문이다. 다음의 사례를 통해 평균치가 갖고 있는 의미를 살펴보자.

**사례**: 삼대주식회사에서의 파업이 4주째 계속되고 있다. 경영진과 노동조합은 임금협상에서 큰 의견 차이를 보이고 있다. 노동조합의 대변인은 노동자들에게 지급되고 있는 임금은 평균시간당 6500원이라고 주장하고 생계비 이외에 시간당 1000원의 임금을 더 지급해야 한다고 주장하였다. 그러나 회사 측에서는 노동조합이 평균임금을 지나치게 낮게 평가하였다고 주장하였다. 평균임금은 시간당 8700원이므로 노동조합

측의 요구는 터무니없는 것이라고 하였다.

양측은 계속 타협점을 찾지 못하였으며 노동자들은 가족을 부양하는 데 필요한 최소한의 임금도 받지 못하였고 노동자와 경영자는 모두 어려움을 겪었다. 왜? 그 이유는 양측 모두 자신들이 계산한 평균임금이 정확하다고 주장했기 때문이다. 누가 정확한가를 어떻게 판가름지을 수 있을까? 이를 결정하기 위해서는 더 많은 정보가 필요하다. 지금 9명의 시간당 임금내역을 갖고 있다고 가정해 보자. 9명은 각각 시간당 5,000원, 5,500원, 6,500원, 6,500원, 7,500원, 7,800원, 8,000원, 1만 3,500원 그리고 1만 8,000원의 임금을 받고 있다고 가정하자. 평균을 놓고 양측이 논쟁을 벌이는 대다수 경우와 마찬가지로 양측 모두 옳다. 단지 누가 옳은가는 어떤 '평균치'를 사용하는가에 달려있다. 평균치에는 세 가지가 있다.

① 평균(mean): 수리적인 평균은 단순히 모든 개별 값의 합을 점수의 총수로 나누면 된다. 평균임금을 구하기 위해서는 노동자들의 시간당 임금을 모두 합한 뒤 9로 나누면 된다. 그러면 시간당 8,700원이 평균임금이 되고 이것이 회사경영진이 주장하는 평균임금이다.

② 중앙치(median): 중앙치는 점수의 50%가 그 점수의 하위에 위치하고 나머지 50%가 상위에 위치하는 점수 값이다. 임금분포에서 이 기준에 맞는 시간당 임금은 7,500원이다. 노동조합은 이 평균치가 평균보다 더 적기 때문에 이 값을 평균임금이라고 주장할 수도 있었을 것이다. 그러나 그렇게 하지 않은 이유는 이 값보다 더 적은 평균치가 있기 때문이다.

③ 최빈치(mode): 분포에서 가장 많이 발생하는 값이 최빈치이다.

시간당 6,500원의 임금을 받는 노동자가 2명이고 다른 임금을 받는 노동자는 각각 1명씩이다. 따라서 6,500원이 최빈치이다. 이 값이 노동자들이 저임금을 받고 있다는 것을 가장 잘 보여주기 때문에 노동조합에서는 이 평균치를 사용하였다.

앞에서 묘사된 상황은 일상생활에서 흔히 접할 수 있는 상황이다. 대부분의 사람들이 '평균'이라는 단어를 자주 사용할 뿐만 아니라 여러 평균치 중에서도 자신에게 이득이 되는 것을 선택하여 사용할 수 있다. 만약 어떤 한 중년남자가 병원에 갔는데 의사로부터 암에 걸려 6개월밖에 살지 못한다는 설명을 들었다고 가정해 보자. 그 6개월이라는 수치는 동일한 암에 걸린 사람들의 평균수명일 수도 있고 중앙치일 수도 있으며 최빈치일 수도 있다. 만약 6개월이 중앙치를 의미한다면 그 사람은 6개월을 살 수도 있지만 그보다 더 오래 수년 동안 살 수도 있다. 평균을 어떻게 받아들이느냐에 따라 삶의 희망을 가질 수도 있고 자포자기할 수도 있다. 만약 그 사람이 평균에 대한 올바른 지식을 갖고 있다면 질병을 극복하는 데 도움이 되는 긍정적인 정신자세를 가질 수 있을 것이다. 그러나 그러한 지식이 없다면 그는 아마 우울해졌을 것이고 질병과 싸워 이길 수 있다는 희망을 갖지 못할 것이다. 평균이라는 단어의 의미를 정확하게 파악하기 위해서는 어떤 평균치가 사용되었는지를 알아야 한다.

어느 것이 가장 사용하기 좋은 평균치라고 할 수 있는가? 일반적으로 평균치와 중앙치가 최빈치보다 더 좋은 평균값이다. 최빈치는 안정적이지 못하다. 왜냐하면 한 점수의 분포위치가 어떻게 달라지는가에 따라 최빈치는 달라진다. 또한 가장 빈도수가 많은 점수가 한 개만 있는 경우도 드물다. 이 경우 분포는 한 개 이상의 최빈치를 갖게 되고 자연 어떤 값을 최빈치로 선택할지가 문제가 된다. 예를 들어 고등학생의 수능점수

분포에서 가장 빈도수가 높은 점수는 보통 2개 이상이 나온다. 이런 경우 중앙치나 평균을 '평균값'으로 선택하는 것이 더 낫다.

위에서 살펴본 시간당 임금의 분포에서와 같이(한 사람이 시간당 1만 8,000원을 받았다) 극단적인 점수나 이상한 점수가 있는 경우 중앙치를 '평균값'으로 선택하는 것이 바람직하다. 따라서 중앙치가 '평균값'에 대한 더 좋은 추정치이다. 그러나 보통 평균이 대부분의 상황에 잘 적용될 수 있다. 점수가 낮은 점수에서 높은 점수로 순차적으로 증가하는 상황에서는 평균이 '평균값'에 대한 더 좋은 추정치이다. 누군가가 자신들이 옳다는 것을 증명하기 위해 자료를 사용할 때 평균 이외의 다른 값을 사용할 수 있다. 평균을 사용하지 않았다고 해서 그들이 반드시 틀린 것은 아니다. 단지 사람들이 자신의 '기호에 맞게 사용하는 평균'을 조심해야 한다.

분포에서 극단적으로 높거나 낮은 점수가 시간에 걸쳐 변하는 경향을 평균으로의 회귀라고 한다. 시간이 흐를수록 극단적인 점수들은 덜 극단적으로 변하고 상대적으로 평균에 가깝게 이동한다. 정보를 해석하고 판단하는 데 있어서 이러한 경향을 염두에 두어야 한다. 중간고사 시험은 잘 쳤는데 기말고사 시험을 잘못 친 경우를 생각해 보자. 왜 그러한 차이가 일어났을까? 사람들에게 이런 질문을 하면 보통 잘하고자 하는 동기의 수준이 달랐다거나 공부한 시간과 노력 그리고 시험볼 때 얼마나 불안해했는지 등을 이유로 든다. 그리고 두 번 이상의 시험에서 똑같은 수준의 점수를 유지한다는 것이 얼마나 어려운 일인지를 이야기한다. 예를 들어 가장 좋은 점수를 받은 후에는 학생들은 보통 좀 나쁜 점수를 받았다고 이야기하고, 나쁜 점수를 받은 다음에는 좀 더 좋은 점수를 받았다고 이야기한다.

이런 현상이 발생하는 이유 중 하나는 아주 좋은 점수나 나쁜 점수를 받게 만든 요인이 다음 시험에서도 동일한 수준으로 유지되는 일이

거의 없기 때문이다. 그런 요인들은 시간에 따라 무선적으로 변한다. 따라서 동기수준이 변하거나 노력 양이 변하거나 시험에 대한 불안이 강해지거나 약해지면 그에 따라 행동도 변한다. 이런 현상을 잘 이해하지 못하면 사건을 정확하게 해석하지 못하게 된다.

예를 들어 어떤 운동선수가 세계신기록을 수립하여 스포츠 신문의 표지를 장식하고 나면 보통 다시 기록이 저조해진다. 그의 스포츠팬들은 자신이 좋아하는 선수가 '국민적인 성원'의 희생양이 되었다고 생각한다. 또한 초감각적 지각(ESP)을 테스트 받는 사람이 처음에는 우연이라고 볼 수 없는 놀라운 결과를 보여주었다 하더라도 다시 재검사를 해보면 언제나 그 사람의 '심리적인 파워'는 사라진다. 초감각적 지각을 신봉하는 사람들은 분명히 "그 파워는 왔다갔다' 한다고 주장한다. 그리고 그러한 '감각파워'가 발생하기 위해서는 조건이 맞아야만 한다고 한다. 뿐만 아니라 대부분의 영화팬들이 입증하는 것처럼 유명한 영화의 속편이 원작만큼 인기를 끄는 경우는 거의 없다. 그리고 형편없는 각본이나 연기로 혹평을 받는다. 그리고 축구경기에서도 경기 전반에 아주 예외적으로 저조한 경기를 한 팀들은 나머지 경기 후반에서는 분명히 보다 나은 경기를 펼친다. 그러나 스포츠 해설가는 곧 그 팀의 코치가 하프타임에 험악한 잔소리를 선수들에게 한 것이 힘이 되었을 것이라고 해설한다.

실제로 앞에서 언급한 현상들은 대부분 회귀현상 때문에 발생한다. 전반전에서 못한 축구팀은 후반전에서 더 잘할 가능성이 더 높으며, 유명한 운동선수는 스포츠 신문 표지를 장식한 것과는 무관하게 기록이 저하되거나 아니면 그 기록을 회복할 것이다. 그러나 사람들은 보통 이런 기록의 향상이나 저하를 극단적 수행 이후에 나타나는 자연스러운 경향으로 해석하지 않는다. 대신 무슨 일이 일어났는지를 설명해주는 그럴듯한 이유를 찾는다. 하지만 그런 이유들은 부정확할 때가 많다. 그리고 사람들은 단순히 선수들이 더 좋은 경기를 할 때가 됐기 때문이라는 이유보다는 원인이라고 생각해낸 요인(코치가 하프타임에 선수들에게 한 말)을 더 신뢰롭다고 생각한다. 따라서 극단적인 점수가 시간이 지나감에 따라 변하는 것을 보았을 때는 그 변화 이유를 해석하는데 매우 조심해야 한다.

## 2) 퍼센트

다음과 같은 글을 접한 적이 있을 것이다: "본 조사에 응답한 의사들 중 80%가 두통에는 ○○ 두통약을 처방한다." "출석한 사람들 중 60%가 낙태를 합법화하는 데 찬성표를 던졌다." 퍼센트(Percentage)로 사건이 발생할 가능성을 나타내는 경우 유의해야 할 것이 있다. 그것은 그 퍼센트 수치가 근거로 하는 사람, 제품, 사건의 수를 알아야만 한다는 것이다. 1,000명 중 800명의 의사와 1,000명 중 600명처럼 10명 중 8명이나 10사람 중 6사람도 각각 80%와 60%를 의미한다. 이런 경우 어느 수치를 더 믿겠는가?

퍼센트와 관련된 다른 문제는 때로 %수치를 제시하는 것이 더 적절한 경우에도 불구하고 어떤 사건이 발생한 실제수치를 사용하는 경우가 있다는 점이다. 만약 어떤 새로운 제품이나 서비스 이용자가 7,000명이라고 한다면 상당히 많은 수의 사람들이 그 제품이나 서비스를 이용하는 것처럼 들린다. 그러나 만일 전체 시장의 총규모가 2,000만 명이라면 그 시장에서 점유율이 큰 제품이나 서비스는 다른 것일 수 있다. 그 제품이나 서비스를 사용하는 7,000명의 사람들은 총 시장규모의 1%도 안 된다. 어떤 일을 하는 '사람 수'를 이야기하는 경우에는 언제나 그 %가 얼마인지를 알아보도록 해야 한다.

### 3) 순 위

사람들은 흔히 인기순위 10위 안에 드는 인기가요에 대하여 이야기하거나 가장 잘 던지는 3명의 투수, 혹은 가장 훌륭한 테니스 선수, 반에서 가장 공부를 잘하는 학생에 대하여 이야기를 하곤 한다. 사람들은 가장 훌륭하거나 가장 나쁜, 맨 처음과 맨 나중 그리고 최상위와 최하위, 모든 것의 대부분을 차지하는 것이나 거의 차지하지 않는 것 등을 알고 싶어 한다. 다른 통계치들과 마찬가지로 순위(Ranks)는 잘못 사용될 수 있다. 순위를 사용할 때 두 가지 문제점이 발생할 수 있다.

첫째, '가장 최고'와 '가장 최악'은 단지 상대적인 용어라는 것을 명심하라. 백화점에 있는 것 중 세 가지 최상급 상품은 할인점에 있는 세 가지 최상급 상품보다 더 질이 좋은 경우가 대부분이다. 동일한 최상의 상품이라도 똑같지 않기 때문이다. 따라서 "우리는 최고의 상품만을 판매합니다"라는 광고는 핵심을 찌르는 것이다. 두 번째로 어떤 근거에서 순위를 매기는지를 고려해야 한다. 생산자들은 효과적으로 실험조건을 조작하여 자신들의 제품을 1위로 만들어 놓을 수 있다. 정치가들도 마찬가지이다. 정치가들은 여론조사기관에 의뢰하여 특정문제나 특정유형의 투표자들을 대상으로 조사하여 자기 정당의 후보자가 많은 지지를 얻고 있음을 보여주거나 가장 유력한 후보자의 뒤를 바싹 좇아가고 있다고 믿게 만든다. 후보자 진영에서도 그 후보가 얼마나 대중적인지를 보여주려고 부정한 방법으로 지지자들을 모아 대규모 집회를 열기도 한다.

### 4) 상관관계

어떤 한 사건의 변화가 다른 사건의 변화와 연합되어 있는 경우 이 두 사건은 상관관계(correlation)를 가진다. 상관관계는 두 가지 사건이 공변하거나 연합되어 있음을 의미한다. 사건 간의 공변을 탐지하는 능력은 살아가는 데 매우 중요하다. 따라서 아는 것과 공부하는 것 그리고 시험성적은 서로 관련되어 있다. 술을 마시고 차를 모는 것은 위험하다. 또한 시간을 잘 관리하는 것은 생산성을 높여주고 우리가 적응하는 데 도움이 된다. 결과적으로 상관관계가 언제 있고 없는지에 대한 이해를 하는 것은 매우 중요한 일이다.

상관관계는 다양한 방식으로 발생한다. 한 사건의 증가가 다른 사건의 증가와 연합되기도 한다(예: 출석횟수가 많으면 시험점수가 높다). 이런 경우를 정적인 상관관계라고 한다. 때로 한 사건의 증가가 다른 사건의 감소와 연합되기도 한다(예: 실패경험의 증가는 자신감의 감소와 연합된다). 이것은 부적인 상관관계라고 한다. 또한 한 사건의 변화가 다른 사건의 변화와 아무런 관련이 없을 수가 있다(예: 체중과 그 사람의 권력에 대한 욕구의 관계). 이 경우 이 두 사건은 서로 상관관계가 없다고 한다.

두 개 혹은 그 이상의 사건들 간의 상관관계는 수학적으로 나타낼 수 있다. 상관관계를 수학적으로 계산해내면 상관계수라는 통계치가 만들어진다. 이 수치를 문자 $r$로 나타낸다. 상관계수는 $r=-1.0$(예: 부적인 상관관계를 의미함)부터 $r=1.0$(예: 정적인 상관관계를 의미함)까지 있다. 정적이거나 부적인 방향으로 상관계수가 클수록 두 사건은 더 강한 상관관계를 가진다. 또한 $r=0$은 상관관계가 없음을 의미하나 실제로 $r$이 정확하게 0으로 나타나는 경우는 드물다. 사건들이 서로 관련되어 있는지 혹은 없는지를 결정하기 위해서는 각 상관계수의 통계적인 유의성(statistical significance)을 평가하여야 한다. 보통 상관계수의 크기가 작으면 통계적으로 유의하지 않다. 따라서 이 사건들은 서로 관련성이 없다고 추론한다. 이런 상관계수를 해석할 때 유의해야 할 몇 가지 사실이 있다.

상관관계는 한 사건이 다른 사건의 원인임을 의미하지는 않는다. 아이스크림 판매량과 범죄율 간의 상관관계를 살펴보면 아이스크림 판매가 증가할수록 범죄 또한 증가한다. 이러한 자료에 대해 대부분의 사람들은 아이스크림 판매와 범죄가 어떤 관련이 있는가 하고 의아해할 것이다. 실제 아이스크림 판매를 증가시키는 것은 날씨이다. 대개 여름철에 기온이 올라가면 아이스크림 판매량도 증가하고 범죄율도 증가한다. 아이스크림 판매량의 증가가 범죄율 증가의 원인은 아니다.

상관과 관련해서 유의해야 할 또 다른 것은 상관이 가져다주는 환상을 조심하라는 것이다. 사람들은 어떤 일들이 틀림없이 서로 관련되어 있을 것이라고 기대한다. 이런 지식은 실제 경험에 근거하거나 다른 사람이 해준 이야기에 근거하기도 한다. 사실, 우리는 두 개 혹은 그 이상의 사건들이 어떻게 서로 관련되는지에 관한 비공식적인 이론 혹은 '직관'을 갖고 있다. 이런 신념이 가져올 수 있는 한 가지 결과는 실제로는 존재하지 않는 상관관계가 존재한다고 여기거나 혹은 실제로 존재하는 것보다 상관관계를 더 크게 과장하는 것이다.

예를 들어 어떤 증권거래인들은 여성의 치마길이가 짧아지면 주식값이 오른다고 믿는다. 그들은 치마길이가 발목에서 10~15인치까지 올라갔을 때 주식으로 많은 돈을 벌었다(Allesandra, 1991). 또 다른 사람들은 긍정적인 정신자세가 성공을 가져다준다고 믿는다 — 긍정적인 정신자세는 사람들이 인생에서 성공하게 만든다. 이 두 경우 모두 사람들은 그들의 관점을 지지하는 연구결과를 실은 신문기사나 친구들의 말에 집중하기가 더 쉽다. 왜 그 사람들은 치마길이가 변해도 주식가격은 그대로인 경우를 무시하는가? 혹은 왜 부정적인 관점을 가진 사람들이 성공하는 사례는 잊어버리는가? 그들은 아이디어를 정확하게 평가하기 위해서는 적절한 비교를 해야 한다는 원칙을 무시하는 것이다.

크리스 울프(Chris Wolff, 1933)는 두 가지 사건이 연합되어 있는지를 검증해보는 한 가지 전략을 제안하였다. 이것은 〈그림 1〉에서 볼 수 있듯이 2×2의 유관표(contingency table)를 만들어 보는 것이다. 이 표는 관심 있는 요인이 존재하거나 존재하지 않을 때 사건이 얼마나 자주 일어나는지를 결정할 수 있게 해준다. 상관관계가 있기 위해서는 두 가지 형태로 일어나는 사건에 대한 정보가 필요하다. 유관표는 상관관계가 있다고 믿는 사건들이 발생하는 빈도(예: 착각상관을 일으키는 칸)에만 주의를 집중하는 대신 다른 사건의 빈도와 비교할 수 있게 해준다. 즉, 유관표는 우리가 "이야기의 나머지 부분"을 고려할 수 있게 해준다 — 이 경우, 얼마나 자주 낙관적인 관점이 성공이나 실패와 연합되어 발생하는지.

| | | 성공적인 삶 | | 성공적인 삶 | | 성공적인 삶 | |
|---|---|---|---|---|---|---|---|
| | | 예 | 아니오 | 예 | 아니오 | 예 | 아니오 |
| 낙관적인 관점 | 예 | 70 | 10 | 40 | 10 | 25 | 25 |
| | 아니오 | 10 | 10 | 10 | 40 | 25 | 25 |
| | | 착각상관 | | 상관관계 | | 상관관계 없음 | |

〈그림 1〉 100명의 사람들에게서 정신자세가 성공적인 삶과 관련이 있는지를 검증해 보는 데 유관표를 사용하는 이론적인 예.

〈그림 1〉에서 제일 왼쪽 그림은 상관의 환상에 대한 예를 보여주고 있다. 낙관적인 관점을 갖고 있고 성공적인 삶을 사는 사람들이 70명이나 된다는 점이 이 두 가지 요인이 서로 관련되어 있다고 판단하기 쉽게 만든다. 이 자료는 이 결론을 지지하지 않는다. 만일 긍정적인 정신자세가 성공적인 삶에 중요하다면 낙관적인 관점을 갖고 있지 않는 사람들 중에서 실패한 삶을 사는 사람들이 더 많아야 한다. 즉 하단의 오른쪽 칸에 10명 이상의 사람이 해당되어야만 한다. 중간에 있는 유관표는 긍정

적인 정신자세와 성공 간에 분명한 상관이 있는 경우를 대표적으로 보여주는 표이다. 오른쪽에 있는 표는 상관관계가 없는 경우를 보여준다.

사람들이 유관표의 네 칸에 집어넣을 실제 자료를 갖고 있는지의 여부는 중요한 문제가 아니다. 크리스 울프(Chris Wolff)는 유관표를 작성하는 행동이 두 개의 사건이 관련되어 있는가를 정확하고 공정하게 결론 내리는 데 필요한 증거유형에 초점을 맞추게 만든다고 하였다. 특히 이런 경향은 사건이 발생하지 않는 경우보다 발생하는 경우에 더 많은 주의를 기울이는 자연스러운 경향을 감소시킨다. 〈그림 1〉에서 살펴보았듯이 어떤 일이 얼마나 자주 발생하지 않았는가(예: 낙관적인 관점이 성공하지 못한 것과 연합되는 사건)는 낙관주의가 성공과 같이 발생하는 횟수만큼이나 두 사건들이 관련되었는지를 결정하는 데 중요하다.

상관관계에 대한 환상을 이해하면 부정확한 결론을 피하는 데 도움이 된다. 실제 존재하지 않는 상관관계가 있다고 보는 것의 다른 측면은 실제로는 존재하는 상관관계를 규명해내지 못하는 것이다. 상관관계의 환상은 사람들이 두 사건이 서로 관련될 것이라고 기대하기 때문에 발생한다. 그러나 보이지 않는 상관관계(invisible correlations)는 두 변인이 상관이 있을 것이라는 기대를 못한 결과로 발생하다. 결과적으로 삶에 도움이 되거나 나쁜 효과를 미칠지도 모르는 사건 간의 관계를 못 알아내게 된다.

최근까지도 간접흡연과 폐암, 다이어트 식이섬유와 결장암 간에 관련성이 있다는 것을 알지 못하였다. 또한 사람들은 동성애나 여러 사람과 아무런 사전보호 조치 없이 성관계를 하는 것이 에이즈를 일으키는 바이러스에 감염될 확률이 높다는 것을 쉽게 인정하지 않는다. 대개 사람들은 "그런 일은 나에게는 일어나지 않을 거야"와 같은 신념을 갖고 있으며, 이러한 신념이 정확한 관계파악을 하지 못하게 만든다.

이런 관계성을 알아차리지 못하는 이유는 다양하다. 제니퍼 크로커(Jenifer Crocker, 1981)는 정보 부족, 어떤 사건이 우리 삶에 영향을 준다는 사실을 거부하는 것 그리고 우리에게 영향을 주는 사건을 적절하게 선별하고 분류하는 능력의 부족 등이 그 이유라고 제안하였다. 보이지 않는 상관관계를 규명하는 것은 우리가 파악할 수 있는 상관관계를 적절하게 해석하는 것만큼이나 중요하다.

상관관계를 해석할 때, 다른 요인에 책임이 있는지를 언제나 확인해야 한다. 한 뉴스기사는 커피를 많이 마시는 경영인이 심장마비를 일으킬 확률이 높다고 주장하였다. 그 기사를 읽고 한 친구는 “나는 이제 커피를 그만 마시려고 해. 그러면 심장마비를 일으키지 않겠지”라고 하였다. 나는 커피를 많이 마시는 경영인들이 보통 매우 바쁘게 살며, 스트레스를 많이 받는 생활을 한다는 것을 지적해 주었다. 아마도 커피를 마시는 것 자체가 문제라기보다는 스트레스를 많이 받는 그들의 생활양식이 문제일 것이다. 이 경우 커피를 줄이고 스트레스에 더 잘 대처하는 방식을 배우는 것이 중요하다.

# 대인지각 2

살아가면서 우리는 많은 사람들과 상호작용을 한다. 우리가 상호작용을 할 때 상대방에게 어떻게 반응하는가 하는 것은 우리가 상대방을 어떻게 지각하고 판단하는가에 달려 있다. 우리가 다른 사람을 어떻게 지각하는가 하는 것이 바로 우리가 사회생활에 잘 적응할 수 있는 중요한 요소가 되는 것이다. 제2장에서는 타인에 대한 지각에 대한 원리를 살펴봄으로써 대인관계의 기본과정을 이해하도록 하겠다.

## 1 지각과정

인간의 지각은 환경 속에서 여러 요인을 받아들여(selection) 나름대로 그것을 조직화(organization)하고, 그것이 어떠한 의미가 있는지 해석 · 이해(interpretation)하는 심리적인 과정이다. 즉 보고, 듣고, 느끼고, 냄새맡고 하는 과정을 통해 우리에게 전달되는 여러 가지 정보를 나름대로 특정한 형태로 조직화하고 그것들이 어떠한 의미가 있는지 해석해서 이해하는 과정이 지각하는 과정이다. 이 과정은 바로 인간들이 주위 환경적인 요인들의 자극에 어떠한 반응을 보일 것인가를 결정하는 첫 단계이므로 인간행동의 출발점이라고 할 수 있다. 따라서 이는 인간행동의 이해를 위한 기초이고 인간관계에서 일어나는 현상의 이해를 위한 바탕이 되는 매우 중요한 개념이다.

사람들은 모든 환경적인 자극에 반응을 보이는 것이 아니다. 인간은 어떠한 자극을 받아들일 때도 그 자극에 대해 선택적으로 받아들인다. 다시 말해 똑같은 자극이 다른 두 사람에게 주어졌을 경우, 한 사람은 그것을 자극으로 받아들이고 다른 사람은 그러한 자극이 있었는지조차 모르고 지나갈 수 있다. 또한 자극을 동시에 받아들인다 해도, 받아들이는 과정에서 사람들은 나름대로의 새로운 정보도 첨가시키고, 자신의 사고의 틀 속에 맞추어 생각하여 자기 식대로 그 자극에 의미를 부여하고 이해한다. 즉 사람들이 동일한 사건을 접하고 동일한 상황에서 살아간다고 해도 사람에 따라 그 사건을 보고 나름대로 이해하는 데는 엄청난 차이가 있다. 이러한 차이는 바로 지각의 과정에서 일어난다. 이 지각의 과정은 앞에서 정의한 바와 같이 크게 선택, 조직화, 해석의 세 단계로 나누어 생각할 수 있다.

### 1) 지각의 선택과정

우리 주위에서는 여러 가지 사항이 동시에 벌어진다. 학생들이 강의실에서 강의를 듣는 동안 강의실 밖에서는 학생들 떠드는 소리, 차소리, 기타 여러 가지 잡음들이 들려온다. 우리는 이러한 모든 정보전체를 동시에 받아들일 수 없다. 우리는 이 무수한 정보들 중 교수가 하는 강의를 선택해 우리의 관심을 집중시킨다. 때로 우리는 여러 사람들과 만나 대화를 통해 서로의 주변 이야기 또는 자기들의 관심사를 주고받는다. 이 과정에서 주고받은 정보의 모두가 우리의 기억 속에 남아 있는 것은 아니다. 단지 우리는 우리에게 가장 강하게 닿는 정보나 특히 자신의 흥미를 끄는 일부만을 기억할 뿐이다. 또한 우리는 종종 우리에게 불리한 정보나 우리의 의견과 상반되는 의견은 무시하고 그냥 흘려보내는 경우가 있다. 이처럼 여러 가지의 정보들 중 일부의 정보만을 택해 선별적으로 받아들이는 지각의 과정을 선택과정이라고 한다. 예를 들어 한 부부가 어린아이와 함께 백화점에 가서 같이 쇼핑을 했다고 하자. 세 사람이 손을 잡고 같은 시간에 같은 종류의 상품을 둘러보았다 해도, 세 사람은 각기 자신이 관심 있는 상품을 보았을 뿐 같은 상품을 본 것이라고 할 수 없다. 어린아이는 장난감에만 눈을 팔았을 것이고, 부인은 사고 싶은 옷의 종류, 가격, 디자인 등에만 관심을 두었을 것이며 남편은 운동기구에 정신이 팔려 다른 코너들은 안중에도 없었을 것이다. 따라서 한 백화점을 같은 시간에 같이 돌아다녔어도 보고 오는 내용은 각기 다르다. 우리의 지각 과정에서 지각대상을 선택할 때 영향을 미치는 요소는 다음과 같다.

### (1) 강 도

첫째는 지각대상이 가지고 있는 외부적 특징인 소리, 색깔 등의 강도(intensity)이다. 즉 들려오는 소리가 클수록, 색깔이 진할수록 우리의 이목을 끌기 쉽다. 여러 가지 잡음 속에서 가장 큰 소리에 관심이 가고 여러 사람들이 모여 있는 가운데 진한 빨강색 옷을 입은 사람이 눈에 띄게 된다. 이것은 바로 소리의 크기, 색깔의 강도에 따라 우리의 관심의 정도도 달라지기 때문이다. 강도가 강하다고 중요한 것도, 강도가 약하다고 해서 덜 중요한 것도 아니다. 단지 대상의 외부적인 특성은 그 대상을 지각할 때 선택과정에 영향을 주어 강도가 높은 것이 먼저 선택의 대상이 될 확률이 높다는 것이다. 중요도로 따진다면 아마 전혀 우리에게 강하게 와 닿지 않지만 놓쳐서는 안 될 사항들도 있을지 모른다. 하지만 우리의 지각대상에서는 제외될 수 있다. 이와 같이 지각대상의 강도의 강약은 시각의 정확성이나 그 대상과 관련된 것을 이해하는 데 도움을 주는 것과는 전혀 무관하다. 단지 그것은 그 대상의 선택확률을 그렇지 않은 것보다 높게 하므로 현상을 왜곡해서 지각하게 할 수 있을 뿐이다.

### (2) 빈도수

얼마나 자주 반복적으로 같은 정보를 계속적으로 제공하느냐에 따라 그 정보가 우리의 지각의 대상으로 부각되는가의 여부가 결정된다. 우리가 어떠한 사항을 계속해서 반복적으로 이야기할 경우에 우리의 관심도를 증가시킬 수 있는 가능성이 높다. 예를 들어 환경보호가 반복적으로 강조되고 교통안전이 반복적으로 강조될 경우, 우리는 무의식적이라도 이러한 사항에 주의를 기울일 수 있다. 하지만 빈도수(frequency) 자체가 그 정보를 정확하게 받아들이고 올바르게 이해하는 데 도움을 준다고는 볼 수 없다. 어쩌면 한번 스쳐지나간 소리가 중요한 의미를 담고 있는 사항일지 모른다. 이렇게 빈도수가 높은 지각대상은 지각과정에서 선택의 가능성을 증가시켜 줌으로써 그렇지 않은 정보보다 더 많이 받아들이게 되어, 현실을 왜곡해서 받아들일 가능성을 높게 해줄 뿐이다. 또한 어떠한 사항을 반복적으로 들어야 할 때, 듣는 입장에서 싫증을 느끼게 된다면 역효과를 일으킬 수도 있다. 예를 들어 어린이에게 계속해서 공부를 열심히 할 것을 강조할 경우, 반발심을 일으켜 오히려 그런 이야기를 무시해 버리는 경우도 있을 수 있다. 이 경우 또한 지각상의 선택과정에 영향을 주어 그 사항을 놓치게 할 수 있다.

### (3) 기대감

사람들은 자신이 기대했던 것만을 보고 자신이 기대했던 대로 이해하는 경향이 있다. 만일 우리가 기대했던 바와 다를 경우 그것과 관련이 없는 사항들은 무의식적으로 누락시키고 필요한 부분들은 첨부시켜서 본다. 우리가 보는 세상, 우리가 사실이라고 믿는 것들은 단지 우리가 기대했던 대로 마음속으로 지어서 만든 것인지도 모른다. 이러한 요소 이외에도, 우리 눈에는 정지해 있는 것보다는 움직이는 것이 눈에 빨리 들어오고 큰 것이 작은 것보다 눈에 띄기 쉬우며 주위에 어떠한 것이 있느냐에 따라 같은 물건이라도 달리 보이고 지각의 대상으로 선택의 가능성이 다르다. 따라서 지각 상에 선택의 과정부터 사실에 대한 굴절의 가능성이 잠재해 있음을 우리는 알 수 있다.

## 2) 지각의 조직화 과정

사람들은 일단 한 사건이나 사물을 접하면 그것을 우리의 경험이나 이미 우리의 사고의 틀에 따라 특정형태로 묶고 이를 특정한 것으로 규정하고 이해하고자 한다. 우리들의 지각과정에서 사물을 특정한 형태로 묶고자 하는(categorizing) 현상 때문이다. 이렇게 묶고 특정한 형태로 패턴화시키는 현상을 지각과정에서의 조직화현상이라고 한다.

이러한 지각의 조직화과정에서 알 수 있는 것은 첫째, 우리는 주어진 사물을 조직화하는 과정에서 사실을 있는 그대로 보지 않고 필요하다고 생각되는 것만 첨가해서 묶으려는 경향이 있다. 둘째, 우리는 조직화

과정에서 방해가 되는 사항들은 고려의 대상에서 제외시켜서 가능한 이해하기 쉽도록 간소화시키는 경향이 있다. 셋째로 이렇게 하는 과정에서 우리는 지각한 사실을 구조화시키고 패턴화시켜서 의미 있는 어떠한 형태로 만들려고 하는 경향이 있다. 따라서 다른 사람과 만나서 이야기를 할 때, 그 사람의 말투나 몇 가지의 눈에 띄는 행동만을 보고, 우리 나름대로 필요한 정보는 첨가시키고 부합되지 않는 정보는 제외시키면서, 상대방을 특정한 사람으로 분류한다. 이를테면 그가 좋은 사람이라든지 또는 게으른 사람이라든지 앞으로 사귀어 볼 가치가 있다 · 없다고 단정지을 수 있다는 것이다. 이 지각의 조직화과정은 우리에게 사실을 왜곡시키고 굴절시켜서 자기가 생각한 대로 지각하도록 만든다.

### 3) 지각의 해석과정

우리는 선택적으로 받아들인 어떤 사항을 묶은 다음 그 사항을 나름대로 해석해서 판단을 내린다. 이것이 지각의 해석과정이다. 어떠한 사실을 이해하고 해석하는 과정에서 우리 나름대로의 보는 기준이 있고 주위 사항들의 관계 속에서 파악하다보니 그러한 현상이 일어나는 것이다. 이는 달리 말해서 사람에 따라 똑같은 자질과 능력이 있다고 하더라도 그 사람이 처해 있는 상황과 위치에 따라 완전히 다르게 평가되고 해석될 수 있음을 말해 준다.

간단하게 사물을 보고 판단 · 해석하는 과정부터 복잡한 사회현상을 평가하고 이해하는 것은 비교를 통해서만이 가능하다. 빠른 것도 느린 것이 있어야 빠른 것이 되고, 움직이는 것도 정지된 것과의 비교에 의해서 움직인다고 볼 수 있는 것이다. 사물을 판단하고 어떤 현상을 이해하는 데는 이와 같이 비교과정을 통하게 된다. 따라서 무엇이 좋고 나쁨을 판단할 때 항상 우리가 갖고 있는 판단기준을 따르게 되고, 그 판단기준이 무엇이냐에 따라 좋고 나쁨, 크고 작음과 예쁘고 미움도 결정된다. 만약 시속 80km의 속도로 달리던 차가 60km로 달리게 되면 느리게 느껴지지만 시속 20km로 달리다가 60km로 달리게 되면 상당히 빠르게 느껴진다. 바로 비교기준에 따라 똑같은 상황이 달리 해석되는 하나의 예를 들 수 있다. 누구를 평가하거나 행위에 대해 판단하고 나름대로의 해석을 내릴 때도, 우리는 우리의 비교기준에 따라 해석하고 판단할 뿐 그것이 객관적으로 옳다고는 단정 지을 수 없다.

## 2
## 정보처리에 영향을 미치는 것

### 1) 인지적 정보처리: 도식

우리 주변에는 너무도 많은 정보가 존재한다. 하지만 우리는 이 모든 정보를 세세하게 처리할 수 있다. 인지적 한계가 있기 때문에 우리가 가지고 있는 전략을 이용해 주변의 정보를 아주 효과적으로 처리한다. 이것을 도식(Schema)이라고 한다. 도식이라는 용어는 바틀렛(Bartlett, 1932)의 연구에서 처음 사용되었는데 그의 저서 『*Remembering*』(1932)에서 "도식이란 이전 경험을 능동적으로 조직화한 것으로 우리가 자극에 대해서 어떻게 반응할지를 결정한다"고 하였다. 결국 도식이란 어떤 개념에 관한 정보를 묶어주는 틀이라고 할 수 있다.

그렇다면 도식은 어떤 기능을 할까? 이에 대한 해답을 크로커(Crocker), 피스크(Fiske) 그리고 테일러(Taylor, 1984)는 다음과 같이 언급하고 있다. "도식이란 기억 속에 저장되어 있는 추상적이고 일반적인 지식 구조로 이것은 우리가 새로운 정보를 조직화하고 해석하는 것을 도와주며 관련 있는 정보의 부호화와 저장, 출력을 촉진한다. 또한 도식은 추론적 기능을 가지고 있어서 우리가 놓쳐버린 정보를 채울 수 있도록 해준다.

크로커 등의 주장에서 알 수 있듯이 도식은 크게 세 가지 기능을 가지고 있다. 첫째, 부호화시에 제시되는 자극을 조직화하는 기능이다. 도식을 구성하고 있는 여러 요소는 서로 연결되어 있기 때문에 도식은 지각자에게 애매한 상황에서 자극요소 간의 관계를 이해하도록 해준다. 즉, 도식을 활성화하여 제시된 자극을 생각할 때, 도식을 이루는 요소의 관계를 반영하는 방식으로 자극요소의 관계를 표상하게 된다. 이러한 도식의 기능은 외부로부터 들어오는 자극을 범주화하도록 한다. 우리는 이 같은 범주화과정을 통해 들어오는 외부의 자극을 구조화한다. 해밀턴(Hamilton, 1980) 등은 우리가 외부로부터 들어오는 타인에 대한 정보를 조직화한다는 것을 잘 보여주었다. 그들은 실험에 참가한 사람들에게 표적인물이 수행한 행동에 대한 15개의 정보를 제공하였다. 그 결과 인상형성지시를 받은 피험자들은 도식을 이용하여 행동을 범주화하였다. 즉, 주어진 정보를 피험자들이 성격유형에 관한 도식을 사용해서 자극을 구조화하였다.

두 번째 기능은 입력되는 정보 중 어떤 정보를 부호화할지에 영향을 미친다는 것이다. 말하자면, 선택적 정보처리가 이루어지도록 한다. 코언(Cohen, 1981)은 이 같은 도식의 기능을 실험적으로 보여주었다. 그는 일상생활을 하는 표적인물을 찍은 비디오테이프를 보여주기 전에 이 표적인물이 식당종업원 또는 사서라고 말해주고 나서 표적인물에 대한 비디오를 보여주었다. 그 결과 표적인물의 행동 중 자기가 가진 두 종류의 직업도식과 일치하는 행동을 관련 없는 정보보다 더 잘 기억하였다. 바로 이 같은 선택적 정보처리를 통한 편파적 기억이 바로 그 사람에 대한 인상형성에 영향을 미친다. 앞에서 언급한 두 가지 기능은 바로 도식으로 인해 정보에 선택적으로 주의를 기울이기 때문이다. 즉 도식적 신념이나 기대가 타당하다고 생각하는 정보에 직접적으로 주의를 기울이게 만드는 것이다.

마지막 기능은 도식의 추론적 해석적 기능이다. 이 기능은 인물에 누락된 정보를 보충할 수 있게 해주는 역할을 한다. 이러한 기능은 정보가 너무 많고 복잡할 때 발휘된다. 즉, 지각자가 모든 세부사항을 기억할 수 없을 때, 이후에 기억을 재구성하면서 놓쳐버린 세부사항을 이러한 추측에 의해서 채워 넣는다. 이 같은 추론적 기능을 보여주는 연구의 예로 스나이더(Snyder)와 우라노비츠(Uranowitz, 1987)의 연구를 들 수 있다. 이 연구에서는 피험자들에게 베티(Betty)라는 여자의 어린 시절과 대학생활, 부모와의 관계, 직업 등을 소개한 전기를 읽도록 하였다. 1주일 후에 한 집단의 피험자들에게 그녀가 동성연애자로 생활하고 있다고 말해준 반면, 다른 피험자들에게는 그녀가 남편과 함께 살고 있다고 말해 주었다. 그리고 피험자들에게 1주일 전에 본 전기를 기억하라고 했을 때, 동성연애자라고 말해준 집단의 피험자들은 전기에서 실제로 제시되지 않았지만 동성연애자의 이미지에 맞는 사건을 회상하는 오류를 나타냈다. 즉, 그녀가 한 번도 남자친구를 사귄 적이 없고 별로 매력이 없는 여성이라고 보고하였다.

이 같은 도식의 기능 때문에, 우리가 다른 사람에 대해 지각하고 인상을 형성하려고 할 때, 어떤 정보를 선택적으로 기억하고 조직화하고, 존재하지 않는 정보에 대해 추론하고 판단하도록 하는 결정적 역할을 한다. 이 같은 기능은 특히 낯선 사람에 대해 인상형성을 할 때 뚜렷하게 나타난다. 즉, 기존집단에 대한 선입견, 도식의 하나인 고정관념이 인물에 대한 평가에도 영향을 미치게 되어 편파된 판단을 유도하게 될 수도 있다. 인물이 속해 있는 범주에 대한 정보는 지각자가 대상인물에 대한 인상을 개별적인 속성에 근거하여 형성하기 전에 이미 그 접근가능성(accessibility)이 높기 때문에 더 용이하게 쓰일 수 있고, 이 범주의 접근가능성은 이후에 대상인물에 대한 기억이나 판단이 일어나는 데에도 범주와 일치하는 정보를 우선적으로 탐색하고 저장하도록 하기 때문에 인상형성에 미치는 영향이 매우 크다고 할 수 있다. 이처럼, 기존에 존재하는 집단에 대한 선입견이 인물이 가지고 있는 개별속성보다 우선하게 된다면, 똑같은 속성정보를 가지고 있는 인물에 대한 평가가 인물이 속한 범주의 특성에 따라서 다르게 나타날 수 있을 것이다.

주심(Jussim), 넬슨(Nelson), 매니스(Manis)와 소핀(Soffin, 1995)은 고정관념과 편견을 일으키는 주된 원천이 어떤 것인가를 밝히는 모델을 검증하는 한 연구에서 두 사람의 간단한 전기적 정보와 몇 가지 행동샘플 그리고 이들이 실시한 10개의 단어정의를 보여 주었다. 한 인물은 록(rock)음악 연주자로, 다른 하나는 아동학대자라고 명명되었다. 피험자들은 이 두 인물에 대하여 정신질병의 정도, 창의성, 지능, 흥미도 그리고 의존가능성과 편협함에 대하여 평정하게 되었는데, 그 결과, 아동학대자가 더 정신병적이며(mentally ill), 덜 창조적이고, 덜 흥미로운 사람이라고 평정되었다. 이것은, 대상이 가지고 있는 정보의 성질 자체만이 아니라, 대상이 속한 집단의 명명에 영향을 받은 결과로, 사전에 집단에 가지고 있던 신념과 편견이 평가에 개입한 결과라고 해석된다.

이처럼 대상이 속한 집단에 따라서 그 대상을 다르게 해석 평가하고 판단하는 효과를 명명 효과(labeling effect)라고 한다. 특히, 자극인물이 부정적인 명명(label)을 갖게 되면 이것은 지각자들이 대상을 판단하고 평가하는 방식에 영향을 미치게 된다. 예를 들어, 똑같이 다른 사람을 밀치는 행위에, 이것이 백인이 한 것이라고 주어진 경우보다 흑인이 했다는 정보를 접한 사람들은 이 행위를 더 공격적인 것으로 지각하게 된다는 것이다(Duncan, 1976). 이러한 낙인효과는 성, 인종, 사회적 계급, 정신병적 낙인과 같은 다양한 사회적 집단에 광범위하게 나타난다.

크루거와 로스바트(Krueger & Rothbart, 1988)는 한 실험에서, 다양한 사회적 집단에 대한 명명이 인물평가에 어떤 효과가 있는지 검증하였다. 연구자들은 진단성(diagnosticity) 수준이 동일한 정보에 대하여 남성이라는 범주명과 여성이라는 범주명, 그리고 보다 하위 범주로 건설노동자와 가정주부라는 범주명이 주어지는 경우에 묘사된 공격성의 정도를 다르게 지각한다는 사실을 발견하였다. 피험자는 건설노동자라는 범주명이 부여된 정보에 대하여 그 공격성을 가장 심하다고 평정하였으며, 여성이라는 범주명에 대하여 공격성의 정도를 가장 낮게 지각하였다. 특히, 매우 진단적인 행동으로 기술된 정보에 대해서조차 공격성이라는 성의 고정관념적 특질의 예언에 성의 범주가 영향을 준다는 결과가 나타나, 범주의 효과가 사례정보를 압도하는 효과를 가진다는 것을 확인할 수 있었다.

이와 같은 연구결과를 통하여, 같은 수준의 정보가를 가진 인물에 대하여 이 인물이 속해 있는 집단에 따라서 인물에 대한 판단과 평가가 달라진다는 것을 알 수 있다. 따라서 다른 모든 정보가가 동일한 수준을 유지할 때, 부정적인 명명이 부여됨으로써 인물 전반에 대한 평가는 이 명명효과로 인해서 부정적인 방향으로 이동할 것이라고 추론할 수 있다.

### 2) 동기적 영향

앞에서 도식이 정보처리과정에 미치는 영향에 대해 살펴봄으로써 정보처리과정에 인지적 요소가 미치는 영향을 알아보았다. 그렇지만 정보처리과정에는 도식과 같은 인지적 요인뿐 아니라 동기적 요인도 작용한다. 본 절에서는 동기적 요인이 타인에 대한 인상을 형성하는데 어떤 영향을 미치는가를 살펴보도록 하겠다.

내외집단과 관련된 정보들은 — 예를 들어 집단 전체에 대한 인상이나 집단에 소속된 성원에 대한 인상형성의 경우 — 동기적 측면에서 보면, 사회정체감이론의 측면에서 살펴볼 수 있다. 즉, 개인이나 집단에 대한 긍정적 자아정체감을 획득하려는 동기에서 비롯된 내집단 편파동기에 의해 내외집단에 대한 정보가 차별적으로 처리되며, 내외집단과 그 성원에 대한 인상이 차별적으로 이루어진다. 다시 말하면, 사회정체감이론에서는 사람들은 그들 자신이 속한 집단이 그들에게 뚜렷하고 긍정적인 사회적 정체감을 제공하는 정도를 알아보기 위해 자신의 집단과 다른 집단 간의 사회적 비교를 실시하는데, 이러한 과정을 통해서 부정적인 사회적 정체감을 얻게 되면 불만족이 생기게 된다고 가정한다.

사회정체감이론이 가정하고 있는 긍정적 자아정체감의 획득은 외집단과의 긍정적 사회비교와 외집단으로부터의 긍정적인 심리적 독특성 확보를 통해 가능하다. 심리적 우위를 차지하려는 활동은 내외집단에 대한 평가와 차별 그리고 정보에 대한 판단 등 다양한 차원에서 발생한다. 예를 들면, 내집단을 더 긍정적으로 평가한다거나 더 많은 양을 분배하려 한다는 것이 그것이다. 또한 이 같은 활동은 정보에 대한 판단 즉, 귀인성향에서도 나타나고 있다. 즉, 긍정적인 행동과 성공적인 결과들은 외집단성원에 비해 내집단성원의 경우에 내적, 안정적인 특성으로 귀인시키려는 경향이 크다(Hewstone, Jaspers & Lalljee, 1982). 그리고 사고나 부정적인 결과에 대한 책임은 내집단성원에서보다는 외집단성원인 경우에 더 성격적인 속성으로 귀인시키는 경향이 있다(Hwestone, Bond & Wan, 1983).

내집단 편파동기가 정보처리에 영향을 미친다는 것을 송관재(1992)는 실험적으로 잘 보여주었다. 그는 피험자를 출신지역별로 구분하고 그들의 집단소속감으로 인한 내집단 선호도가 집단에 관한 정보처리 및 평가에 어떤 영향을 미치는가를 살펴보았다. 그의 연구에서는 피험자의 집단소속감을 조작하기 위해 우리 사회에 존재하는 두 지역집단을 자극집단으로 정하고 피험자 역시 이 두 자극집단 중 한 집단에 속하는 사람을 피험자로 선정하였다. 피험자들에게는 자극문장이 주어졌는데 자극문장에는 바람직한 문항과 바람직하지 않은 문항이 모두 포함되어 있었다. 내집단 편애동기에 따른다면, 피험자들은 집단소속감에 따른 동기적 영향으로 인해 자신이 속한 집단구성원이 한 것으로 기술된 바람직한 행동기술문과 외집단의 구성원이 한 것으로 기술된 바람직하지 않은 행동기술문을 더 잘 기억해야만 한다.

연구결과는 이러한 가정을 지지하였다. 그의 연구는 집단소속감이 정보의 재인, 기억 및 정보처리에 따른 집단 간 평가에 어떤 영향을 미치는가를 살펴본 것이다. 즉, 어떤 정보유형이 어떻게 처리되었는가를 살펴보고자 한 것이었다. 연구결과를 다른 측면에서 보면 다수집단에 속한 피험자들은 소수집단의 부정적인 행동기술문을 더 잘 기억하였고 소수집단의 피험자들은 소수집단의 긍정적인 행동기술문을 더 잘 기억하였다. 즉 피험자가 다수집단에 속하느냐, 소수집단에 속하느냐에 따라 정보처리가 달라졌다. 그의 연구는 내외집단을 실제로 존재하는 우리나라의 지역을 사용함으로써, 지역감정, 즉 출신지역이 그 사람에 대한 인상을 형성하는 데 어떤 영향을 미칠 수 있는가와 같은 현실적 문제를 다루었다는 점에서 또 다른 의의가 있다고 하겠다.

김범준(1997) 역시 내집단 편파동기가 집단성원에 대한 판단에 영향을 미친다는 것을 살펴보았다. 그는 내외집단의 고정관념과 일치하는 바람직한 성원과 바람직하지 않은 성원에 대한 정보를 보여주고 이들에 대한 전반적인 인상을 평가하도록 하였다. 그 결과 같은 정보를 제공하였음에도 불구하고 내집단의 바람직하지 않은 인물보다는 외집단의 바람직하지 않은 인물을 더 좋지 않게 평가하는 것으로 나타나 내집단 편파 동기에 따라 집단성원에 대한 인상도 달라진다는 것을 보여주었다.

또 다른 동기적 요소로 결과의존상황이 있다. 앞에서 언급했던 인지적 관점에 따른다면, 범주-의존적 인상형성은 주의의 할당이 부족한 상황에 놓여 있거나 지각자가 충분한 인지자원을 인상형성 과정에 할당하지 않음으로써 발생한다. 이에 반해 결과의존 상황은 지각자가 충분히 주의를 집중해서 정보를 처리하도록 하기도 한다. 피스크와 뉴버그(Neuberg, 1990)는 단기간의 과업-지향적 결과 의존성(short-term task-oriented outcome-dependency)과 제3자에 대한 자기제시(self-presentation to a third party)가 지각자들에게 대상에 주의를 기울이고 정교한 인지적 노력을 들이도록 하는 주요한 동기라고 제안하고 있다. 자신이 얻게 될 결과가 상대방의 수행에 영향을 받는 상황을 일컫는 결과-의존상황에 처하게 되면, 지각자들은 원하는 결과를 얻을 수 있는 기회를 높이기 위해서, 자기 자신의 행동뿐 아니라 상대방의 행동을 예측할 수 있기를 원하게 된다. 낯선 사람과 한 팀을 이루어 공동작업을 하고, 그 결과가 자신이 얻게 될 결과에 직접적인 영향을 미치게 된다면, 지각자는 이 사람이 속한 범주에 의한 인상을 형성하는 대신에 이 사람 자신이 가지고 있는 개별적 특성에 따라서 인상을 형성하게 될 것이다. 그것이 이후의 이 사람의 수행을 보다 정확히 예측할 수 있게 해주기 때문이다. 따라서 결과 의존성은 상대방에 대하여 보다 정확한 인상을 형성하고자 하는 동기를 불러일으켜, 개별적인 인상형성을 촉진시키는 하나의 요인이 된다(Neuberg & Fiske, 1987; Erber & Fiske, 1984).

뉴버그와 피스크(1987, 실험 1)는 실험참가자들에게, 예전에 정신분열증으로 입원한 병력이 있는 사람(Frank)과 상호작용할 것이라고 말해주고, 프랭크라는 허구적 인물의 특질정보를 제공해주었다. 참가자들은 이 사람과 상호작용을 하고, 그 성과가 좋은 팀에게 20 달러를 지급하는 결과의존상황과, 개별적 수행에 따라서 보상을 지급하는 비결과 의존상황에 할당되었다. 연구자들은 결과의존상황에 있는 피험자들이 프랭크의 행동을 예측하고 상호작용의 결과에 대한 통제감을 얻기 위해서 프랭크가 가지고 있는 특정한 속성에 대해서 생각하도록 동기화될 것이라고 예측하였다. 따라서 정신분열증이라는 명명과 관련되지 않은 중립적 조건과 불일치 정보를 접하는 조건에서 개별화과정이 진행되었을 때, 중립적 정보조건에서는 중립적으로, 불일치정보조건에서는 비결과 의존조건에서보다 더 긍정적으로 평가하게 될 것이라고 예측하였고, 이러한 예측들은 들어맞았다. 즉, 결과 의존조건의 피험자들은 주어진 정보에 더 많은 주의를 할당하고, 그에 따른 개별화된 인상형성과 평가를 보이는 것으로 나타났다.

또 다른 동기적 요소는 자기관여와 관련된 것이다. 브류어(Brewer, 1988)는 자기관여는 자신의 이해가 관련되어 있는 상황을 의미하는 것으로, 피스크 등이 제시하는 결과의존성의 성격과 크게 다르지 않다. 지각자가 판단해야 하는 내용이 자신의 이해와 관련된 정도가 강할수록, 자기관여도도 높아지고, 정보의 내용에 깊은 관심을 보이는 체계적인 처리가 나타나게 된다. 따라서 피스크와 브류어가 인지적 노력을 하게 하는 동기로 제안하고 있는 결과-의존성과 자기관여는 모두 기본적으로 정확성을 기하려는 동기와 일맥상통한다고 할 수 있다.

그러나 결과의존성이 언제나 타인을 정확하게 평가하려는 동기를 유발하진 않는다. 대인관계결과 의존성(inter-personal outcome dependency)

의 상황은 다른 사람에 대해 보다 긍정적인 인상을 형성하려는 동기를 불러일으킨다. 예를 들어 장기간 의미 있는 관계의 몰입이 기대되는 경우(데이트, 결혼 등)에는 몰입은 부정적인 인상형성과 갈등을 일으키게 된다. 버셰이드(Berscheid), 그라지아노(Graziano), 몬슨(Monson)과 도머(Dormer, 1976)는 자극인물과 데이트를 할 것을 기대하는 피험자들이 다른 피험자들보다 이 자극인물을 훨씬 더 긍정적으로 평가한다는 것을 발견하였다. 반면, 부정적으로 평가되는 외집단성원과 상호작용을 해야 하는 경우에는 대인관계 상호의존성이 오히려 상대방에게 더욱 더 부정적인 인상을 형성하려는 목적을 갖게 하기도 한다. 보기다(Borgida)와 오모토(Omoto, 1986)는 백인남성피험자가 흑인여성과 데이트하도록 기대했을 때, 이 흑인여성에 대한 평가가 다른 피험자들보다 더 부정적이라는 사실을 발견하였다. 이것은, 기존에 자신이 가지고 있던 외집단에 대한 부정적인 신념과, 현재 희망하는 현실 사이의 갈등이 생기게 되고, 이 갈등을 해소하기 위하여, 더욱더 부정적인 인상을 형성하게 되기 때문이다.

이처럼, 사람들이 다른 사람들에 대한 인상을 형성하는 데 한 가지 동기나 법칙만이 존재하는 것은 아니다. 자신의 이익과 결부되어 있거나, 자아존중감이 위협당할 수 있는 상황에서 사람들은 다양한 방식으로 타인에 대한 인상을 형성하게 된다. 결국, 타인에 대해 인상을 형성하는 데에는 기본적인 원리가 지배적인 경우가 있기는 하지만, 판단을 내려야 하는 지각자가 가지고 있는 동기나 목적에 따라서 인상형성의 내용과 대상인물에 대한 평가는 달라질 수 있다. 그리고 이러한 동기나 목적은 지각자 자신의 내적 상태로부터 유발되는 것일 수도 있고, 기질적인 요소가 포함될 수도 있지만, 많은 경우에 대인관계의 맥락 속에서 구성된다(윤선영, 2000).

# 3
# 정보통합

## 1) 애슈(Asch)의 연구: 중심특질과 지엽적 특질

여러 가지 성격특질에 대한 정보 중 모든 정보에 우선하여 강력한 영향력을 행사하는 특질을 중심특질(central trait)이라 한다. 애슈(Asch, 1946)는 표적인물에 대한 특질형용사를 두 집단에게 제시하였다. 두 집단 모두 하나의 형용사만을 제외하고 나머지는 모두 같은 내용의 형용사였다. 달랐던 형용사는 '차갑다'와 '따뜻하다'로서 한 집단에는 '차갑다'를 다른 집단에게는 '따뜻하다'를 제시하였다. 그 결과 '따뜻하다'를 받은 집단은 인간적이며, 사귀기 쉽고, 품성이 좋은 사람으로 평가되었다. 반면에 '차갑다'를 받은 집단은 잔인하고, 비사교적이고, 인색한 사람으로 평가되었다. 그러나 똑같은 종류의 형용사를 제시하면서 '따뜻한-차가운' 대신에 '공손한(polite)-무례한(bold)'을 제시한 경우에는 그 같은 차이가 나타나지 않았다. 따라서 '따뜻한-차가운'이란 특질은 중심특질이며 '공손한-무례한'이란 특질은 지엽적 특질이라 하겠다.

켈리(Kelley, 1950) 역시 중심특질의 영향을 보여주었다. 강의 시작 전에 초빙강사를 소개하는 글을 학생들에게 나누어 주었다. 이 때 제시된 소개글은 두 종류가 있었다. 두 소개글의 차이점은 오직 강사의 인간성을 소개하면서 한 종류의 소개 글에는 따뜻한 사람이라고 기술하고 나머지 하나의 조건에서는 차가운 사람이라고 기술한 것뿐이었다. 나머지 그 사람을 소개하는 형용사의 특질 및 문장구성은 동일하였다. 강사는 실제로 20분 동안 강의를 진행하였다. 그 후 강사에 대한 인상을 평가하도록 하였다. 그 결과, 따뜻한 사람이라고 기술된 소개글을 받은 학생들이 차가운 사람이라고 소개한 글을 받은 학생들에 비해 강사를 더 좋게 평가했을 뿐만 아니라 더욱 활발하게 토의에 참가하였다. 이 같은 결과는 중심특질의 영향이 인상형성과 더불어 그 사람과의 상호작용 즉 대인관계에도 영향을 미친다는 것을 보여준다.

따뜻하다-차갑다와 같은 중심특질은 한국에서도 문화차이 없이 동일한 영향을 미치는 것으로 나타났다. 홍성열(1993)은 표적인물에는 머리좋은, 재주 있는, 부지런한, 완고한, 실제적인, 조심성 있는 등의 성격형용사를 제시하고, 한 조건에서는 따뜻한을, 다른 조건에서는 차가운 이라는 형용사를 제시하였다. 그 결과, 차가운과 결부된 집단의 사람들보다는 따뜻한을 받은 집단의 사람들이 표적인물을 더 관대하고 성질이 좋은 것으로 평가하였다. 이 같은 결과는 우리나라 사람들이 타인을 평가할 때도 중심특질의 영향을 받는다는 것을 보여주었다.

## 2) 정보통합모형

우리는 매일 많은 사람들과 상호작용을 하면서 살아가고 있다. 이미 잘 알고 있는 사람들뿐만 아니라 처음 접촉하는 사람도 많이 있다. 오랜 시간 만난 사람도 있지만 길거리에서 슬쩍 지나치는 사람도 언뜻 보게 된다. 두 사람이 처음 만날 때 순간적일지라도 그들은 서로에 대해서 인상을 형성한다. 처음 만난 사람과 오래 이야기하지 않아도 그 사람의 옷차림, 용모, 말씨 등 몇 가지 단서(cue)만 보아도 그가 대체로 어떤 사람인가 평가를 하려고 한다.

사람을 평가하는 데 있어서 우리가 사용하는 기본차원은 어떤 것들이 있을까? 오스굿(Osgood), 수이(Sui) 그리고 타넨바움(Tannenbaum, 1957)은 그 차원으로 평가(evaluation), 능력(potency), 활동(activity)을 제시하고 이 가운데 평가가 인상형성의 기초를 이루는 가장 중요한 차원이라고 보았다. 우리가 갖는 타인에 대한 첫인상은 그가 얼마나 좋은 사람인가 또는 호감을 주는 사람인가 하는 평가를 중심으로 형성된다고 볼 수 있다. 여기에 덧붙여 조긍호(1982)는 타인에 대한 평가적 인상이 지적 평가를 기초로 한 인상과 사회적 평가를 기초로 한 인상으로 나뉜다고 보았다.

그렇다면 일반적으로 사람들이 타인에 대해 갖게 되는 인상은 어떤 원리에 의해 형성되게 될까? 일반적으로 우리는 다음과 같은 세 가지 모형을 설정해 볼 수 있다.

### (1) 평균모형

평균모형(averaging model)은 학습적 접근에 의해 간단한 형태로 수집된 정보를 토대로 인상을 형성한다는 것이다. 즉 이 모형은 타인의 특성에 개별적인 척도값을 합산하고 평균원리를 적용하여 최종인상이 형성된다고 본다. 예를 들어, 두 사람이 함께 일하기 위해 만났다고 하자. 두 사람 각각이 상대방의 특성을 0~10점에 이르는 평정척도로 평가하였다. A군은 B군을 매우 매력적이고(9점), 성격이 쾌활하나(6점), 그렇게 이지적이지는 못하다고(3점) 평가하였다. B군은 A군을 덜 매력적이나(5점), 신중하며(6점), 다소 무뚝뚝하다(4점)고 평가하였다. 평균모형에 따르면 B군은 6점, A군은 5점으로 B군이 전반적으로 인상이 좋게 형성되었다고 보는 것이다.

### (2) 가산모형

가산모형(additive model)은 타인의 특성에 관한 척도값을 서로 더함으로써 최종인상이 형성된다고 보는 것이다. 예를 들면, 앞의 예에서 B군이

A군을 진취적이라고(7점) 추가로 생각했다고 하자. 이 경우 평균모형을 적용한다면, B군은 6점, A군은 5.5점으로 B군의 전반적인 인상이 여전히 좋다. 그러나 가산모형에 따르면, B군은 18점이나, A군은 22점으로 A군의 인상이 더 좋게 된다.

#### (3) 가중평균모형

가중평균모형(weighted averaging model)은 인상형성을 더욱 정확하게 예측하기 위한 모형으로 노먼 앤더슨(Norman Anderson, 1968)이 제안하였다. 이 모형에 따르면 인간의 모든 특성들에 동일한 평가를 하기보다는 각 특성에 개인이 중요하다고 생각하는 정도에 따라 가중치를 다르게 주고 그 평균에 따라 인상을 형성한다고 보는 견해이다. 예를 들어, 연구개발실에서 2명의 후보자를 면접한다고 할 때, 매력적이다는 것보다는 지적이라는 차원에 더 비중을 두겠지만, 화장품 광고모델의 경우에는 이와 반대로 매력적이다는 차원에 더 큰 비중을 두게 되어 두 차원에서 같은 점수를 받았다고 해서 전반적인 평가는 달라진다는 것이다.

### 3) 여러 가지 정보통합유형

#### (1) 초두효과와 최신효과

우리가 어떤 사람을 처음 만나면 몇 가지 단서나 정보를 근거로 하여 첫인상을 형성한다. 그를 계속 만나면 새로운 정보를 얻게 된다. 만일 처음에 받은 정보와 나중에 받은 정보가 상반되면 어느 정보가 최종적인 인상형성에 더 큰 영향을 줄 것인가? 애슈(1946)는 '똑똑하다', '근면하다',

'충동적이다', '비판적이다', '고집스럽다', '시기심이 많다'의 여섯 개 단어를 한 집단에는 이 순서대로, 다른 집단은 거꾸로 읽게 하였다. 그 다음 이와 같은 특성을 지닌 가상인물에 대한 평가를 하게 하였다. 두 집단을 비교한 결과 앞의 집단의 평가가 뒤의 집단에 비해 훨씬 긍정적으로 나타났다. 이는 먼저 들어오는 정보가 뒤에 들어오는 정보보다 더 큰 영향력이 있음을 보여준다. 이와 같은 현상을 초두효과(primary effect)라고 한다. 초두효과는 먼저 들어온 정보에 의해 인상이 형성되면 다음에 들어오는 정보를 이 인상에 들어맞는 방향으로 받아들이기 때문에 생기기도 하며, 첫 정보에는 많은 주의를 기울이지만 다음에 들어오는 정보에 대해서는 그만큼 주의를 기울이지 않기 때문에 생긴다고 한다.

첫인상을 중요시하는 것은 초두효과가 강력하기 때문만은 아니다. 때때로 최근의 정보가 더 큰 영향을 미치는 최신효과(recent effect)가 나타남에도 불구하고 초두효과를 강조하는 것은 첫인상이 결정되면 이것이 다음에 발생하는 상호작용에 영향을 미치기 때문이다. 이 효과는 제한적으로 발생한다. 초기정보가 너무 일찍 제시되어 잊어버리기 쉽거나, 최근의 정보가 표적인물의 변화된 모습을 잘 반영하고 있을 때, 즉, 현재의 현상을 적절하게 설명해 주는 진단가가 높은 것일 때, 최근의 정보가 아주 두드러진 정보일 때 주로 나타난다.

### (2) 긍정적 편파

우리가 타인을 평가할 때 나타나는 일반적인 경향은 타인을 긍정적으로 평가하는 것이다. 예를 들어, 우리가 어떤 집단성원을 평가할 때, 주로 긍정적인 방향으로 평가를 한다. 이 같은 경향을 시어즈(Sears, 1983)가 잘 보여주었다. 그는 대학의 학생들에게 그들의 교수에 대해 평가하도록 하였다. 그 결과 거의 대다수에 속하는 97% 정도의 교수들이 긍정적인 평가를 받았다. 실제로, 교수집단과 학생 사이에는 다양한 관계가 존재하겠지만, 대부분의 교수들이 긍정적으로 평가되었다. 이같이 대부분 호의적으로 평가를 받게 되는 경향을 긍정적 편파라고 한다.

그렇다면 이와 같이 긍정적으로 타인을 평가하는 경향은 무엇일까? 부처와 오스굿(1969)은 그 원인을 낙천성 원리 때문이라고 하였다. 사람들이 좋은 일, 즐거운 경험, 좋은 사람, 좋은 날씨 등과 관련될 때, 기분이 좋은 것을 느낀다고 제안하였다. 사람들에게 좋지 않은 일이 다가와도 자신의 상황을 좋게 평가하는 것이 자신들에게 좋은 일이기 때문이라는 것이다. 이 같은 이유로 사람들에게 많은 일들의 회상시키거나 평가하도록 하면, 실제로 대부분의 일들은 좋은 일도 있고 좋지 않은 일도 있어 그 비율이 비슷하겠지만, 사람들은 좋은 일들이 더 많거나, 더 좋은 일이라고 평가하는 경향이 증가한다는 것이다.

이와 같은 맥락에서 시어즈(Sears, 1983)는 사람들이 타인을 평가할 때도 이와 같이 긍정적인 편견이 발생한다고 주장하고 이를 특별히 긍정적 대인평가편견(person-positivity bias)이라고 언급하였다. 사람들은 자신이 평가하는 타인에 대해 더 유사하다고 느끼고, 관대하게 평가한다. 이 같은 긍정적 편견은 사물에 대한 평가에서는 잘 나타나지 않으며 사람들에 대한 평가에서 주로 발생한다.

### (3) 부정적 효과

우리가 사물을 판단한다고 할 때 긍정적인 정보보다는 부정적인 정보에 의해 더 영향을 받는 경향이 있다. 즉, 모든 것이 동일하다면, 부정적 특성은 긍정적인 특성보다 인상형성에 더 영향을 미친다(Fiske, 1980). 이 같은 경향을 부정적 효과(negativity effect)라고 한다. 이 말은 바꾸어 말하면 긍정적인 인상이 부정적인 인상보다 더 변화되기 쉽다는 것이다. 사람들은 일반적으로 긍정적인 정보보다는 부정적인 정보에 더 확신을 가지게 된다(Hamilton & Zanna, 1972). 이 같은 사실은 라우(Lau, 1982)에 의해 간접적으로 지지되었다. 그들은 1968~1980년의 대통령과 국회의원 선거에 관한 자료를 분석하였다. 그 결과 투표자들은 후보자에 대한 긍정적인 정보보다 부정적 정보에 의해서 보다 더 영향을 받은 것으로 나타났다.

그렇다면 이 같은 부정적 속성이 더 영향을 미치는 이유는 무엇일까? 그 가능한 하나의 설명을 심리학자들은 전경-배경(figure-ground)원리에서 찾고 있다. 앞에서 언급했지만, 대부분 우리가 가지고 있는 성향은 인물을 긍정적으로 평가하는 편견이다. 긍정적인 평가는 부정적인 평가보다 더욱 보편적인 것이다. 이런 맥락에서 본다면, 부정적인 평가는 독특한 정보가 된다. 이것은 전경과 배경의 원리에서 보면 부정적인 평가는 전경이 되며, 너무도 보편적인 긍정적인 평가는 배경이 된다고 할 수 있다. 그렇기 때문에 부정적인 평가는 더욱 눈에 띄어 그 영향력은 커질 수밖에 없는 것이다.

### (4) 후광효과

우리는 때때로 타인에 대해 소수의 부정확한 정보를 가지고도 일관성 있게 평가를 하려고 한다. 왜냐하면 타인들도 내적 일관성이 있다고 보기 때문이다. 예를 들면 어떤 사람에 대해 호감을 갖는다면 그 사람은 지적이며, 관대하고, 능력이 뛰어나다는 등 긍정적인 특성을 가지고 있을 것으로 생각한다. 이를 후광효과(halo effect)라고 한다. 특히 신체적 매력의 후광효과는 신체적인 아름다움과는 무관한 몇 가지 영역에까지 일반화된다. 이 같은 후광효과는 타인을 평가할 때 나타나는 아주 보편적인 현상이다. 남녀 간의 만남이나, 신입사원의 선발, 혹은 학생들의 평가할 때 평가자들이 보이는 일반적인 현상이다.

### (5) 내현성격이론

내현성격이론이란 어떤 성격특질이 공존하는가에 대한 우리의 개인적인 개념으로 구성된다. 사람들이 남을 판단하는 경우에 여러 자료의 정보를 바탕으로 다양한 영역에서 표적인물을 추측한다. 개개인들이 사회생활을 하면서 나름대로 터득한 성격이론을 갖고 있기 때문에 이를 적용시킨다. 예를 들어, 입술이 얇은 사람은 신의가 없으며, 달변인 사람은 신중하지 못하다, 온화한 사람은 보통 협동적이고 자유분방한 사람은 무책임하고, 사교적으로 노련한 사람은 남을 이용한다고 믿는 경우에는 자신의 대인경험을 통해 터득했거나 민간속설이나 관상학 등 다양한 영향에 따라 믿게 되는 것이 바로 내현성격이론(Bruner & Tagiuri, 1954)이다. 내현성격이론 중 어떤 내용은 많은 사람들이 공유하고 있다. 그렇지만, 일부는 개인의 경험에 따라 어느 정도 개별화되어 있는 경향이 있다. 이 같은 개인적 이론이 전형적으로 매우 일상적이고 부적절한 관찰에 근거한다는 점이 재미있는 현상이다. 이것이 바로 현실에 바탕을 두지 않고 사람들이 타인의 성격에 대해 부정확한 결론을 내리도록 하는 것이다.

테데시치(Tedeschi, 1985) 등은 여름방학 캠프에 참가한 아이들에게 다른 아이들에 대해 느낀 인상을 기술하도록 하였다. 그 결과, 한 아이를 두 사람이 관찰했는가, 아니면 한 아이가 두 아이를 관찰했는가에 따라 인상에 대한 내용이 약간이 달랐다. 다른 두 사람이 한 아이를 관찰한 경우에는 표적인물에 대한 인상의 45% 정도 일치하였지만, 두 명의 다른 아이를 한 아이가 관찰한 경우에는 다른 인물임에도 불구하고 그 인상이 57%나 일치하였다. 이 같은 결과는 바로 표적인물이 다르다고 하여도 같은 내현성격이론을 적용하였기 때문에 판단의 경향성이 비슷했다는 것을 의미한다.

## 4
## 귀 인

타인을 지각한다고 할 때, 우리는 지각자가 외부로부터 들어오는 타인에 대한 정보를 능동적으로 처리한다고 가정하고 있다. 지각자는 입력되는 정보를 해석하고 그 정보를 더욱 정교화하여 더 많은 정보를 획득하려고 한다. 그리고 필요하다면, 관련되는 도식에 표상되어 있는 지식과 기대를 통해 타인에 대한 추론하기도 한다. 입력되는 정보를 지각자는 능동적으로 조직화하고, 저장하고, 각 정보에 따라 다른 비중을 두며, 일군의 특정정보를 더 중요하게 생각하기도 한다. 이 같은 관점에서 본다면, 지금부터 기술하려고 하는 내용은 앞에서 언급했던 것보다 더욱 능동적 작용에 해당한다.

집에 돌아가는 저녁 길에 어떤 중년남자가 지하철역에 쓰러져 있다고 하자. 그 남자를 보았을 때 어떤 정보처리과정이 발생할까? 우리는 그 사람이 왜 그곳에 쓰러져 있을까 하는 생각을 하게 될 것이다. 만약, 그가 역겨운 술 냄새를 풍기면서 쓰러져 있다면, 그가 술에 만취되어 그 같은 행동을 한다고 생각할 것이다. 그렇지만 어떤 질병으로 잠시 의식을 잃었다고 생각하게 된다면 우리의 행동은 전혀 달라질 것이다. 지금 예로 들었던 상황에서 우리가 그 원인을 찾는 과정이 바로 귀인(attribution)

이다.

하이더(Heider, 1958)에 따르면 사람들은 외부에서 들어오는 상황정보를 지각자가 이해할 수 있는 범위 내에서 행동의 원인을 찾는 과정이 있다고 보았다. 즉, 지각자는 타인의 행위가 행위자의 내면적 속성 때문인지 아니면 행위자가 처한 상황 때문인지를 자동적으로 판단하려고 한다는 것이다. 무엇이 그 같은 행동의 원인이 되었는가를 파악하는 것은 지각자에게 세상에 대한 통제감을 느끼도록 한다. 그렇다면 귀인이 우리에게 중요한 이유는 무엇일까? 앞에서 언급한 것처럼 귀인을 통해 우리는 세상에 대한 통제감을 갖게 되어 더욱 안정적인 삶을 영위할 수 있다. 즉, 상황과 환경에 대한 예측력과 통제감이 귀인의 결과로 획득함으로써, 예기치 못했던 나쁜 일이 발생할 때, 귀인을 탐색하는 것은 추후에 유사한 일을 예방하거나 예측할 수 있다.

우리가 타인의 행동원인을 찾는 귀인과정은 여러 가지로 구분해 볼 수 있지만, 해당되는 행동을 관찰한 횟수에 따라 크게 두 가지로 구분해 볼 수 있다. 하나는 우리가 단 한 번의 관찰을 통해서 원인을 추론하는 방식이 있고 다른 하나는 여러 번의 관찰을 통해서 이루어지는 방식이 있다. 전자에 해당하는 대표적인 이론이 대응추리이론이며 후자에 속하는 대표적인 이론이 공변이론이다.

### 1) 대응추리이론

어떤 인물이 한 상황에서 대처하는 한 가지의 행동을 보고 그 사람의 성격과 행동의 원인을 추론하는 경우가 있다. 이 같은 경우가 바로 단 한 번의 행동을 보고하는 귀인상황으로 이때 우리가 사용하는 귀인전략을 존즈(Jones)와 데이비스(Davis, 1965)는 대응추리이론(correspondent inference theory)이라고 하였다. 우리가 타인이 하는 행동의 원인에 대하여 귀인할 때 그 행동에 대응하는 어떤 확실한 이유가 있으면 그 이유를 들어 귀인한다.

대응추리이론에서는 어떤 사람의 행동을 그 행위자의 의도로 귀인하기 위해서는 다음의 세 가지 요소를 전제로 하고 있다. 첫째로는 자유의지를 전제로 하고 있다. 둘째는 비공통효과(non-common effect)라는 것이며 마지막으로 부족한 사회적 바람직성이라는 것이다.

먼저 자유의지를 전제로 한다면, 우리가 하고픈 대로 행동할 수 있는 경우는 우리가 그렇게 해도 아무 문제가 없는 경우일 때이다. 한국사회에서 사무직 회사원들은 흔히 넥타이를 매고 정장을 하고 출근하는 데 우리는 이를 그들이 성격적으로 근엄하고 정장을 좋아하기 때문이라고 해석하지 않는다. 그것은 직장에서 넥타이를 매고 정장을 요구하기 때문에 어쩔 수 없이 그와 같이 옷을 입는 것이다. 따라서 존즈와 데이비스는 먼저 그들의 행동이 자유의지에 의해서 선택된 경우에만 그 행동에 해당하는 성격특질을 그 사람에게 귀인할 수 있다고 주장했다.

다음은 비공통효과이다. 어떤 학생이 영화를 선택하는데 A와 B중에서 A를 골랐다고 가정하자. 그런데 우리가 조사한 바에 따르면 〈표 1〉에서와 같이 A와 B 두 영화는 한 가지만 빼고는 모든 점에서 똑같다. 즉 가격, 영화관까지의 거리, 영화시간 등. 그러나 A영화는 B영화가 공상과

| 제 목 | A영화 | B영화 |
|---|---|---|
| 가 격 | 6,000원 | 6,000원 |
| 거 리 | 영화관까지 집에서 30분 | 영화관까지 집에서 30분 |
| 상영시격 | 11시부터 2시간 간격 | 11시부터 2시간 간격 |
| 장 르 | 로맨틱 코미디 | 공상과학 |

**〈표 1〉 영화 A, B의 차이**

학영화인 반면 로맨틱 코미디 영화였다.

〈표 1〉을 보고 우리가 어떤 학생이 영화를 보는데 A를 택한 이유가 공상과학영화가 아닌 '로맨틱 코미디' 때문이라고 가정하는 것은 그것이 B영화에 없는 비공통요인이기 때문이다. 존즈와 데이비스는 우리가 어떤 사람의 행동원인을 귀인할 때 비공통요인이 있으면 그것을 바로 그 사람의 행동원인으로 추리한다고 가정한다.

세 번째 주장은 낮은 사회적 바람직성(low in social desirability)이다. 다음과 같은 경우를 상상해 보자. 어떤 성폭력범이 체포되어 법정에서 최후진술을 할 때 그 범인이 성폭력은 우리 사회에서 비교적 가벼운 처벌을 받는데 그것은 부당하다고 주장하며, 성폭력범은 살인범과 마찬가지로 극형을 받아야 한다고 주장했다. 이러한 사실은 실제 발생하지 않겠지만 만일 그러한 진술이 있었다면 우리는 그 성폭력범의 진술을 수긍한다. 왜 그럴까? 그는 자신이 불이익을 당할 수 있는 진술을 하고 있는데 이것은 일반적으로 사람이 잘 하지 않는 행동, 즉 사회적 바람직성이 낮은 행위이기 때문이다.

그런데 만일 검사가 성폭력범은 중형에 처해야 한다고 주장하면 우리는 이 진술을 어떻게 해석할까? 그의 개인적인 본심이라고 보기보다는 그가 그의 역할을 대변(代辯)하고 있다고 생각한다. 왜냐하면 검사에게는 될 수 있는 대로 범죄자에게 중형을 언도하는 것이 사회적으로 바람직한 행동이기 때문이다. 요약하면, 존즈와 데이비스의 이론에 따르면 우리는 다음과 같은 경우에 타인의 행동이 그의 성격특질을 나타낸다고 결론지을 가능성이 높다. ① 그것이 그의 의지로 선택한 것일 때, ② 비공통효과요인이 존재할 때, 그리고 ③ 사회적 바람직성이 낮을 때(Baron & Byrne, 1991).

### 2) 공변이론

대응추리이론은 단 한 가지의 행동을 보고 그의 성격을 추론하는 것이나 어떤 사람을 여러 상황에서 관찰하는 경우가 있다. 즉 과거의 여러 상황에서 보였던 행동의 맥락 속에서 귀인과정을 논리적으로 설명하려는 이론이 많이 있다. 그 중 대표적인 것은 켈리(Kelley, 1967)의 공변이론이다. 이 이론에서는 사람들이 행동의 원인을 찾는 데 세 가지의 정보를 이용한다고 본다. 예를 들어 '인표는 〈겨울연가〉를 시청한다'고 할 때, 인표가 왜 〈겨울연가〉를 시청하는가 하는 물음에 답하기 위해서는 인표 이외에 다른 사람들도 모두 〈겨울연가〉를 시청하는지(합의성 정보), 인표가 〈겨울연가〉 이외에 다른 프로는 시청하지 않는지(특이성 정보), 그리고 인표가 그날 저녁에만 〈겨울연가〉를 시청하는 것이 아니라 매주 시청하는지(일관성 정보) 하는 것을 알아야 한다는 것이다. 이 세 가지 정보의 조합이 어떻게 이루어지느냐에 따라 인표가 〈겨울연가〉를 시청하는 것이 인표가 TV시청을 좋아하기 때문인지, 〈겨울연가〉라는 프로가 좋기 때문인지, 아니면 그 날의 특수한 상황 때문인지를 판단할 수가 있다.

예컨대, 인표뿐만 아니라 다른 사람도 모두 〈겨울연가〉를 시청하고(高합의성), 인표는 다른 프로는 보지 않고 〈겨울연가〉만 보며(高특이성), 그 주에만 특별히 보는 것이 아니라 매주 〈겨울연가〉를 시청한다면(高일관성), 인표가 〈겨울연가〉를 보는 것은 그 프로가 좋기 때문이라고 귀인이 된다(대상귀인). 반면에, 다른 사람은 그 프로를 별로 좋아하지 않는데 인표만 유난히 좋아하고(低합의성), 인표는 〈겨울연가〉뿐만 아니라 다른 TV프로도 많이 보고(低특이성), 그 때만 특별히 그런 것이 아니라 거의 항상 그렇다면(高일관성), 인표가 〈겨울연가〉를 보는 것은 인표가 워낙 TV 보는 것을 좋아하기 때문이라고 귀인이 된다(행위자 귀인). 인표가 다른 때는 TV를 보지 않다가 그날만 〈겨울연가〉를 본다면(低일관성), 그 이유는 그 날의 특수한 상황 때문으로 귀인된다(상황귀인).

즉 켈리의 공변이론은 한 사람의 행동을 한 번만이 아니라 여러 번 관찰했을 때, 또는 여러 사람의 행동을 관찰했을 때 우리가 적용할 수 있는 규칙이다.

### 3) 귀인의 오류

사람들이 다른 사람의 행동의 원인을 추리하는 과정에서 몇 가지 편파를 저지르기가 쉽다. 그 편파 중에 가장 기초가 되는 것이 기본적 귀인편파(fundamental attribution error)이다. 이것은 사람들이 기본적으로 행동의 원인을 행위자의 외부에서 찾기보다는 대체로 행위자의 내적인 특성, 즉 행위자의 기질 탓으로 돌리는 경향을 말한다. 이 기본적 귀인편파는 집단주의적 사회인 동양보다 개인주의적 사회인 서양에서 더 많이 발견된다. 즉, 우리나라와 같은 집단주의 사회에서는 행위자의 외부요인(예: 상황적 압력)에서 행동의 원인을 찾으려는 경향이 상대적으로 많은 데 비해, 미국과 같은 개인주의 사회에서는 행위자의 내부요인(예: 성격특성)에서 행동의 원인을 찾으려는 경향이 더 많다.

또 한 가지 사람들이 저지르기 쉬운 귀인 편파는 행위자-관찰자 귀인편파이다. 같은 행동이라도 자기가 행위자의 입장이냐 관찰자의 입장이냐에 따라 귀인방식이 달라진다는 것이다. 즉, 자기가 관찰자의 입장일 때는 행위자의 행동을 행위자 내부의 요인 탓으로 돌리는데 반해, 자기가 행위자의 입장일 때는 자기의 행동을 외부요인 탓으로 돌리는 경향이 있다. 예컨대, 식당에서 다른 사람이 냉수를 엎지르는 것을 보았을 때는 "저 사람은 조심성이 없는 사람이군"이라고 생각하면서 그 사람의 성격특질 탓이라고 하는 데 반해, 동일한 상황에서 자기가 냉수를 엎질렀을 때는 "이 식당은 왜 이렇게 미끄러워?" 하고 생각할 가능성이 높다는 것이다.

이와 같은 행위자-관찰자 귀인편파가 일어나는 이유에 관한 설명은 크게 두 가지로 나누어 볼 수 있다. 그 하나는 조망의 차이, 다른 하나는 정보의 차이이다. 구체적으로, 행위자의 조망에서 자신의 행동은 잘 보이지 않고 외부상황만이 눈에 띄기 때문에 행동의 원인을 상황 탓으로 돌리기가 쉽다. 이에 비해 관찰자의 조망에서 상황은 단순한 배경으로 보이고 행위자의 행동이 눈에 두드러지기 때문에 행동의 원인을 행위자 탓으로 돌리기가 쉽다는 것이 첫 번째 설명이다. 두 번째 설명은 행위자는 자기 자신에 관한 정보(예컨대, "나는 보통 냉수를 잘 엎지르지 않는 사람이다"라는 정보)를 관찰자보다 더 많이 알고 있기 때문에 한 번의 행동을 행위자의 속성으로 귀인할 가능성은 별로 없는 반면, 관찰자는 행위자가 어떤 사람인지에 관한 정보를 행위자만큼 충분히 가지고 있지 않기 때문에 한 번의 행동이라도 그 행위자의 속성을 반영하는 것으로(즉, "부주의한 사람이니까 엎질렀겠지" 하고) 생각할 가능성이 많다는 것이다.

# 자아개방 3

나 자신은 인간관계의 출발점인 동시에 종착점이다. 바람직한 인간관계는 나로부터 시작하는 것이요, 곧 나를 위한 것이다. 따라서 타인과의 건전한 관계를 위해서는 나 자신에 대한 정확한 이해가 필요하다. 다시 말해 나를 바로 보아야 한다. 나를 보는 것, 나를 봄으로써 얻는 이미지가 곧 자아개념이다. 자아개념이 형성되는 과정에는 여러 가지 요소가 영향을 미친다. 그러므로 제3장에서는 자아개념을 이해하기 위해서 우선 자아개념은 어떠한 요소가 영향을 받으며 어떻게 형성되나 알아보고자 한다. 형성된 자아개념은 타인과의 관계형성에 영향을 미친다. 특히 부정적인 자아개념 또는 긍정적인 자기개념은 인간관계에 어떠한 영향을 미치는가 구체적으로 제3장을 통해 이해해 보고자 한다. 마지막으로 우리가 스스로 담을 쌓고 그 속에 숨는다면, 다른 사람과 원만한 관계가 형성되기를 기대할 수 없다. 타인과의 원만한 관계를 위해서는 과감하게 자아를 개방시켜야 한다. 따라서 자아개방과 관련된 이론을 알아보고 그 이론을 바탕으로 한, 건전한 인간관계를 위한 자아개방의 방법에 대해 살펴보고자 한다.

## 1
## 자아개념

우리 모두는 다른 사람에 대한 이미지를 가지고 있다. 예를 들면 어떤 사람을 성실한 사람이라든지, 믿을 만한 사람이라든지, 또는 거친 성격을 가진 사람이라든지 말이다. 그리고 그 사람을 대할 때는 우리 스스로 평가하고 생각한 이미지에 바탕을 두고 우리의 행동방향을 결정한다. 이와 같이 우리는 자기 자신에게도 똑같은 이미지를 가지고 있다. 이것이 자아개념이다. 나는 스스로 어떤 사람이라고 생각하는가? 나는 나 자신을 어떻게 평가하는가? 이러한 것들은 곧 내가 어떻게 살아갈 것인가와 직결된다. 만약 내가 어학능력이 뛰어난 사람이라고 생각하면 어학에 관심을 두고 앞으로 일하는 직장도 자신의 능력과 연결되는 것을 택할 것이다. 자기 스스로 능력이 없는 사람이라고 생각하면 무슨 일을 하든지 자신감이 없고, 설사 일을 했다고 해도 남이 어떻게 생각할까 하는 조바심을 갖는다. 따라서 자아개념은 자기행동의 원천인 동시에 사고의 바탕이 된다.

자아개념은 복잡한, 여러 가지 자신의 역할을—즉 가정에서는 자식, 형, 또는 동생, 학교에서는 선배, 후배, 또는 학생 등—수행하는 동안 다른 사람들과 서로 부딪히고 반응을 보이면서 형성된다. 따라서 자아개념은 자신의 역할 속에서 생성되며, 타인들과의 상호작용 속에서 역동적으로 축적되는 퇴적물이다. 또한 이렇게 퇴적되어 이미 형성된 자신에 대한 스스로의 평가는 지속적으로 엮어지는 미래의 상호작용에 영향을 준다. 나 스스로를 어떤 사람이라고 생각하는가 하는 것에 따라 남을 어떻게 대할 것인가가 결정된다. 예를 들면 나에 대한 긍정적인 사고는 대인관계에 있어 당당함과 자신감을 가지고 타인을 대할 수 있도록 할 것이고, 나에 대한 부정적인 사고는 타인과의 관계에서도 가능한 나를 노출시키지 않으려고 하며 소극적 인간관계의 원인이 될 것이다. 따라서 자아개념은 타인과의 관계를 결정짓는 인간관계의 기초적인 터가 된다. 그러면 자아개념은 본질적으로 어떠한 특성을 가지고 있는지 좀 더 구체적으로 알아보도록 하자.

## 1) 자아개념의 본질

### (1) 자아개념은 계속적으로 변화한다

우리는 특별한 자아개념을 가지고 태어나거나, 사회가 특정 자아개념을 우리에게 심어 주는 것이 아니다. 나에 대한 평가와 이해는 여러 가지 상황 속에서 스스로 만든 자작 이미지이다. 내가 나보다 작은 사람들 속에 있으면 나는 스스로 큰 사람이라고 생각하지만, 나보다 큰 사람들과 어울리면 자신은 스스로 작은 사람이라고 생각한다. 우리는 우리 주위에 관련된 여러 사항들과 비교하여 자신을 평가하면서 자아개념을 형성한다. 사회에는 여러 가지 비교기준이 있다. 하지만 그 기준들은 시간과 공간에 따라 자꾸 변한다. 예를 들면 옛날에는 1억 원을 가지고 있는 사람을 억대부자라고 했는가 하면, 남자 키가 170cm이면 키가 크다고 했다. 하지만 지금은 다르다. 이와 같이 변화하는 사회의 기준에 맞추어 스스로 자아개념을 다르게 만들어 낸다. 따라서 우리는 고정된 자아개념을 갖는 것이 아니라, 변화하는 상황에 따라 다른 자아개념을 갖는다.

다른 한 가지 예는 나이에 따른 자아개념의 변화이다. 과연 언제가 나의 참 모습인가? 20대인가, 40대인가, 혹은 60대인가? 우리는 다른 사람과 지속적인 상호작용 속에서 점차 다른 자아를 발견하게 된다. 아주 어린 시기(영유아기)는 나와 타인의 특별한 구분이 없는 시기이다. 이 시기에는 나를 낳아준 어머니를 나와 동일시하고 강한 유착관계에 있으면서 특별한 자아개념이 없다. 하지만 점차 주위사람들이 나를 대하는 모습에서 나라는 존재를 인식하기 시작한다. 이때 나는 곧 내 속에 형성된 나가 아니라, 남들이 생각하는 '나', 곧 내가 된다. 이때는 특별한 자율성이 없다. 남들 속에 비치는 내가 곧 나라는 것으로 인식하게 된다. 남들이 나를 소중하게 여기면 나는 소중한 사람이 되고 남들이 나를 무시하면 나는 값없는 사람이 된다. 하지만 점차적으로 자아의식을 가지면서 내가 하는 행동의 결과에 대해 남들이 보이는 반응을 통해 내가 누구인지 스스로의 개념을 형성하기 시작한다.

점차 자신의 신체적인 구조가 변화하는 사춘기에 이르러서는 자아개념에 많은 변화가 일어나게 된다. 내가 바라는 '이상적인 나'와 현실적으로 주위사람들의 반응 속에서 읽어낼 수 있는 나인 '현실적인 나' 사이에는 많은 차이가 있음을 인식하고, 진정한 내가 누구인가에 대한 갈등과 방황이 일어나는 시기가 청소년기이다. 그러면서 점차적으로 자신에 대한 평가를 통해 자신은 어떤 사람이라는 고정적인 개념을 갖게 되고, 이것은 지속화되어 간다. 하지만 이러한 자아개념은 상황의 변화와 새로운 자신의 발견과 더불어 지속적으로 변화해 나간다. 때로는 자신감에 불타던 사람이 모든 것을 다 포기하고 실의의 구렁텅이에서 헤어나지 못함은, 곧 자아개념의 변화에서 온 것이다. 현재 우리가 가지고 있는 자아개념은 우리 마음이 그려낸 자화상일 뿐이요, 가변적인 것이다.

### (2) 타인의 영상 속에서 형성된다

자아개념은 앞에서도 지적한 바와 같이 타인과의 상호작용의 축적물이다. 주위사람들이 나를 어떻게 보고 있는 가에 대한 나의 관점은, 곧 나 자신이 나를 평가하는 중요한 기준이 된다. 만약 주위사람들이 나를 소중히 여기고 있다고 느껴지면 스스로 자신을 중요한 사람이라고 평가할 것이고, 그렇지 않다고 생각되면 스스로 열등감과 자기 멸시의 감정에 빠져들 수 있다. 따라서 주위사람들은 내가 나에 대한 이미지를 형성해 나아가는 데 아주 중요한 작용을 한다. 여기서 주위사람들이라고 함은 나를 둘러싼 모든 사람들을 의미하는 것은 아니다.

물론 우리는 직 · 간접적으로 우리 주위에 있는 모든 사람으로부터 영향을 주고받는다. 하지만 특히 자아개념의 형성에 결정적인 영향을 미칠 수 있는 이들은, 나 스스로가 소중하게 여기며 영향력이 있다고 생각하는 사람들이다. 이를 우리는 중요한 타인이라고 한다. 만약 내가 별로 관심도 없고 중요시하지 않는 사람이 나에 대해 가타부타 이야기한다면, 그것은 나의 자아개념을 형성하는 데 그렇게 큰 영향을 주지 않을 것이다. 하지만 내가 많은 관심을 가지고 있고, 무척 소중하다고 여겨지는 사람으로부터 긍정적 혹은 부정적인 평가를 받았다면, 그 영향력은 상당하다고 할 수 있다. 만약 당신이 가장 소중하게 여기는 부모나 친구들로부터 계속적으로 업신여김을 받았다고 가정해 보자. 당신은 스스로에 대해 어떻게 생각할 것인가? 그러므로 여기서 우리가 이야기하는 중요한 타인이란, 바로 자신이 중요하게 생각하는 타인을 말한다.

어린 시절에 가장 중요시되는 타인은, 자신을 돌보아 주는 부모일 것이다. 부모의 끝없는 사랑 속에서 그리고 안온하게 지속적으로 돌보아 주는 관심 속에서 어린아이들은 자신이 다른 사람에게 아주 중요한 사람이라는 것을 인식하게 되어 자아존중감이 싹틀 수 있다. 점차 부모의 보호로부터 벗어나기 시작하면서 서서히 중요시되는 타인은 자기의 형제자매 및 같이 노는 친구들이 된다. 커히너와 본드레크(Kirchner & Vondraek,

1975)의 연구에 의하면, 이미 어린아이들이 3세 이상이 되면, 인정의 원천을 부모로부터 찾는 것이 아니라 같이 노는 또래 아이들이나 형제자매들에게서 찾는다는 것이다. 다시 말해 이러한 자기존중의 원천, 즉 자기를 긍정적으로 보는 개념의 원천은 점차로 자기친구 · 스승 · 상사 등 자신이 의미있게 받아들이는 사람들의 자신에 대한 평가에 의존하게 된다. 타인의 영향의 중요성에 대한 가장 고전적인 연구의 한 예가 구스라이(Guthrie)의 연구이다. 그의 연구에서 한 그룹의 남학생들에게 아주 소극적이고 애교도 없으며, 그리 매력적이지 못한 한 여학생에게 관심을 보이고 장난을 걸면서 그 여학생에게 자신이 매우 인기있고 애교있는 사람이라고 생각하도록 유도했다. 그 일이 있은 후 점차 그 여학생의 행동에 변화가 와서 그 여학생은 점차적으로 매사에 적극적이고 예절이 바르며, 애교있는 학생으로 변화해 감을 알 수 있었다. 이처럼 자신이 중요하다고 생각되는 상대방의 영향은 자신에 대한 자아개념 정립에 중요한 영향을 미친다.

### (3) 자아개념은 행동에 중대한 영향을 미친다

우리는 스스로 우리 자신을 볼 때 자신의 전체를 보지 않고 일부만을 본다. 그리고 남에게 선입견을 가지고 접근하듯, 자신에게도 선입견을 가지고, 나는 어떠한 사람이라고 스스로 규정하는 경향이 있다. 또한 스스로가 규정해 놓은 자신에 대한 부정적인 자아개념과 일치하지 않는 일을 하게 되면 특수한 케이스로 생각하고, 잠재한 자신의 능력 속에서 우러난 것이 아닌 우연의 일치라고 생각한다. 예를 들어 자신은 글을 전혀 쓰지 못하는 사람이라고 생각했는데, 우연히 자신이 쓴 글을 보고 사람들이 칭찬을 했다고 하자. 이 경우 다른 사람들은 정말로 그 사람이 가지고 있는 창작력을 보고 칭찬했을지라도, 본인은 단지 그 사람들이 자신에게 듣기 좋은 소리를 한다는 정도로 무시해 버릴 수 있다는 것이다. 우리는 우리가 만들어 놓은 창살 없는 감옥에 스스로 들어가 자신의 가능성을 감금하고, 자신이 쳐놓은 그 경계를 좀처럼 넘으려하지 않는다. 콤즈(Comlbs)와 그의 동료들은(1971) 인간의 자아개념이 행동에 미치는 영향을 아래와 같이 서술하고 있다:

> "자아에 대한 긍정적인 개념을 가지고 있는 사람은 세상에서 자신이 접하는 일에 할 수 있다는 적극적인 사고방식과 긍정적인 태도를 가지고 처신하는 경향이 있다. 또한 이러한 사람은 주위로부터 받은 자신의 행동에 관한 피드백을 능동적으로 받아들여 자신의 공적 · 사적 생활에 도움이 되도록 활용한다. 다시 말해 그들은 세상을 긍정적으로 받아들이고 활기차게 희망을 가지고 처신하며 살아간다. 반면에 자신에 대해 자신감이 없고 자신을 부정적으로 생각하는 사람은 무슨 일을 접하든지 못마땅하게 생각하고 의심하며 그리하여 도피하면서 우울하게 세상의 삶을 엮어간다. 자신을 긍정적으로 바라볼 때 인생은 활기 있고, 행복하고 효과적인 삶의 가능성이 훨씬 높다"(주삼환, p. 48).

인간의 자아개념에 있어서 '자아존중감'이 우리가 행하는 행동에 어떠한 효과를 미치는가에 대한 많은 실증적인 연구가 있어 왔다. 그 중에 대표적인 연구가 로젠탈과 제이콥슨이 실시한 '학급에서의 피그말리온 효과(Pygmalion in classroom)'라는 것이다. 피그말리온효과란 자기가 만든 상(像)에 자신이 반해 버리는 현상을 말한다. 연구자들은 이 실험에서 무작위로 학생들을 두 학급으로 나누어 학생 및 선생들에게 A학급은 매우 영리하고 똑똑한 학생으로 구성된 학급이라고 말해주고, B학급은 그들의 학습능력을 측정해 본 결과 아주 부진한 아이들로 구성되어 있다고 알려주었다. 그렇게 한 후, 한 학기 동안 가르치고 공부하도록 하여 학기 말에 그들의 성적을 비교해 보았다. 그 결과, 선생도 학생들도 스스로 높은 학습능력을 가지고 있다고 믿었던 학급의 성적이 눈에 띄게 높은 것을 발견했다. 여기서 우리가 알 수 있는 것은 스스로 잘할 수 있다고 믿고, 잘할 것이라고 기대했던 학급의 학생들은 정말 자신이 생각한 대로 행동으로 나타났다. 이것은 자신에 대해 스스로 만들어낸 개념 또는 이미지가, 곧 행동화되어 나타난다는 증거이다. 우리가 만약 스스로 잘할 수 있다고 자신을 믿으면, 우리는 점차적으로 스스로 할 수 있는 사실들에 눈을 뜨고, 또 그것은 우리에게 만족감을 주어 더욱 더 잘할 수 있다고 생각하게 하는 순환관계를 성립하게 된다. 공부를 잘하는 학생들의 한 가지 특징을 들라고 한다면, 자신은 공부를 잘할 수 있다는 강한 신념 · 자신감을 가지고 있다고 하는 사실이다. 이것 역시 자신에 대해 스스로 만들어낸 이미지의 행동화현상이라고 말할 수 있다.

사람들은 자기능력의 한계라고 정해 놓은 수준이 있으면, 그 이상의 도전은 피하는 경우가 많다. 아침에 운동을 하는 사람 중에도 어떤 사람은 운동장을 다섯 바퀴 도는 데 비해 어떤 사람은 열 바퀴 도는 사람이 있다. 이는 자신이 스스로 정해 놓은 한계에 자신의 행동을 조정하는 예이다. 일단 자기 스스로 자신의 능력이라고 생각한 만큼만 일을 하게 되면, 주위의 다른 사람들은 그 사람이 그 일을 할 때 그 정도만 일하기를 기대한다. 그래서 점차 자신은 자신의 판단이 옳다고 믿고 다른 사람들 또한 자신들이 기대한 바가 옳았다고 생각한다. 이는 행동과 사고의 상호작용 속에서 일어나고 있는 순환관계를 나타내는 것이다.

앞에서 제시한 자아개념을 이해하는 데 가장 중요한 세 가지 사항을 다시 한 번 종합해 보면, 자아개념은 이미 태어날 때부터 나에게 주어진 선천적인 요인에 의해 형성된 것이 아니라, 시간과 장소의 변화에 따라 자꾸 변화해 간다는 것이다. 즉, 나라는 개념은 나이가 들면서 변화하고, 어떠한 사람들과 같이 있는가에 따라 변화한다. 둘째, 자아개념의 형성은 자신이 중요하게 여기는 주위사람들로부터 지대한 영향을 받는다. 즉, 주위에 있는 사람들이 나를 어떻게 보아준다고 스스로 생각하는가 하는 나의 판단은, 곧 나를 어떻게 바라볼 것인가를 결정하는 중요한 요인으로 작용한다. 마지막으로 스스로 만들어낸 자아개념은 자신이 하는 행동에 직접적인 영향을 주어, 생각한 대로 행동하면서 그 행동은 다시 자신의 사고를 정당화시키고, 자신은 특정한 성격을 가진 사람으로 구체화되어 간다. 이제 자신이 만든 개념은 굴레가 되어 영원히 우리를 속박한다. 스스로 만든 굴레를 뛰쳐나가지 않는 한, 우리는 우리 생각의 노예가 되어 영원히 자유로울 수가 없게 된다.

중요한 것은 밝은 사회를 형성하고 긍정적인 삶을 엮어가기 위해서는 바로 긍정적인 자기존중적 자아개념이 결정적인 역할을 한다는 것이다. 로젠버그(Rosenberg, 1965)는 미국에서 5,000명의 청소년을 대상으로 스스로 가지고 있는 자아상과 그들의 정서 및 생활태도를 조사한 바 있다. 그 연구에 의하면 자아존중감이 낮은 청소년들은 우울, 불안 그리고 낮은 작업 및 학업의 성취수준을 보였고, 또한 그들은 그들이 선호하는 분야에서 스스로 자신들은 성공하기에 필요한 재능이 부족하다고 생각하기 때문에 결코 그들이 바라는 대로 성취하거나 더 나은 일자리를 얻으려 하지 않은 것으로 드러났다. 반면, 자아존중감이 높은 청소년들은 자기신뢰감을 가지고 있었으며, 인내하는 생활자세와 잠재적인 지도력을 가지고 있었다. 또한, 자기표현이 확고하여 자신감에 넘쳤고 상대방에게 좋은 인상을 심어 주었으며, 사회적인 기술 및 실용적인 지식을 개발하여 다른 사람들로부터 인정을 받고 계속적으로 자기발전을 위해 노력해 가는 모습을 보여 주었다.

여기서 우리가 알 수 있는 사실은 바람직한 인간관계를 형성하기 위해서는 바로 자신에 대한 긍정적인 평가를 하는 것이 중요하다는 것이다. 즉, 자기존중감을 갖는 것이다. 자신을 할 수 있는 존재로 믿는 것이며 계속되는 사람들과의 관계 속에서 긍정적인 자기모습을 발견하고 그것을 키우는 것이다. 우리는 자신을 어떻게 보고, 또한 타인을 어떻게 보는가에 따라 완전히 다른 관계를 형성할 수 있다. 이제 타인과의 관계 속에서 자신을 보는 몇 가지의 패턴을 알아보고, 왜 사람들은 종종 부정적인 자아개념에 빠져 암울한 삶과 세상과 단절된 생활을 해야 하는지 먼저 분석해 보고자 한다. 그리고 그것을 극복하고 긍정적인 자아개념을 갖기 위해서는 어떻게 해야 하는지 알아보고자 한다.

### 2) 자신을 보는 관점

타인과의 관계 속에서 자신을 보는 관점에 대해 헤리스(Harris, 1969)는 다음과 같은 네 가지 패턴을 제시했다.

① 자기부정－타인긍정(I am Not OK – You are OK)
② 자기부정－타인부정(I am Not OK – You are Not OK)
③ 자기긍정－타인부정(I am OK – You are Not OK)
④ 자기긍정－타인긍정(I am OK – You are OK)

헤리스에 의하면, 여기서 제시한 네 가지의 관점 중 우리가 어떠한 관점을 갖게 되는가 하는 것은 그 동안 살아오면서 받아왔던 타인으로부터의 신뢰와 인정에 의해 결정된다는 것이다. 다시 말해 우리가 살아오는 동안 많은 사랑과 보살핌을 받았으면 자기긍정감이 강할 것이고, 그렇지 않고 주위의 타인으로부터 버림받고 소외되었으면 자기부정감이 강할 것이라는 것이다. 이를 헤리스의 설명에 따라 좀 더 구체적으로 알아보자.

그의 설명에 따르면, '자기부정–타인긍정'은 주로 초기 유아기에 나타나는 보편적인 현상이다. 유아기에 어린아이는 5살이 될 때까지 끊임없이 주위의 타인으로부터 보살핌을 받고, 필요한 물건을 공급받아야 하며, 의식주에 대한 제공을 받아야 한다. 이 시기에는 끊임없이 타인으로부터의 사랑과 인정과 도움을 통해 생존한다. 그렇기 때문에 타인에게 의존적이 되고 지속적으로 타인으로부터 인정과 관심을 요구하게 된다. 이러한 타인으로부터의 강한 인정의 욕구는 점차 자신을 성장시키는 힘이 된다. 따라서 자신 속에 숨어 있는 능력을 잘 발전시켜 다른 사람으로부터 지속적인 인정을 확보하려는 과정에서 자신의 능력은 계발되고, 원숙한 하나의 사회인으로 성장해 나아갈 수 있는 것이다.

하지만 유아기에 주위의 중요한 타인으로부터 충분한 사랑을 받지 못하고 관심의 대상이 되지 못하면, 유아기적 자기의 무능이 자아의 개념 속에 강하게 자리 잡게 되어 자기부정에 빠지게 된다. 그렇게 되면, 자신의 노력은 늘 충분하지 못하다고 느끼게 되고, 막연하게 항상 불안감에 젖어 있으며, 어떤 상황에 있든지 자기불만과 실의에 헤매게 된다. 이렇게 되어 유아기적 자기부정과 타인긍정의 관점이 자리 잡게 되면, 타인들이 하는 일을 자신이 하는 것보다 훌륭하다고 여기게 되고 자신이 하는 일에는 늘 자신감이 없다. 기본적으로 이런 관점을 가진 사람들은 항상 우울하고 사기가 저하되어 있으며, 자기비하감에서 헤어나지 못한다. 또한, 다른 사람들과 잘 어울리지 못하여 항상 거리감을 갖게 되고 소외감에 젖어 산다.

두 번째로 이러한 상태에서 만약 타인으로부터 지속적인 인정과 관심과 위로가 없으면, 이제 점차로 '자기부정-타인부정'으로 태도가 바뀌게 된다. 보통 유아의 경우에는 주로 2세 이후에 이러한 현상들이 많이 나타나게 되는데, 이때에 어린아이들은 스스로 걸어다니면서 관심이 있는 일을 찾고, 거기에 몰두하여 부모의 보호로부터 생활이 분리되기 시작한다. 하지만 아직 자신의 문제는 스스로 해결하지 못하는 단계이다. 이때 만약 부모나 주위사람으로부터 관심과 따뜻한 보호를 받지 못하게 되면, 스스로 해결할 수 없는 많은 문제에 휩싸여 있는 자신을 발견하면서 깊은 부정적인 관점을 가짐과 동시에 자신을 보살펴 주지 않는 주위사람들을 원망하고 미워하게 된다. 이렇게 어린아이의 마음속에 나도 좋지 못하지만 주위사람들도 좋지 못하다는 '자기부정-타인부정'의 관점이 생기게 되는 것이다. 이러한 관점에서 탈피하지 못하고 세상을 바라보게 되면, 삶에 대한 뚜렷한 매력이 없어진다. 이 상태에서는 자신 또는 주위사람들에게 걸 만한 특별한 희망이 없고 거의 자포자기의 상태에 빠지게 된다. 생활의 어느 부분에도 별 흥미가 없다. 그냥 그럭저럭 시간만 때우는 삶이 된다. 그래서 삶이란 아무런 의미가 없고 죽지 못해 그냥 살아갈 뿐이다. 이러한 상태는 기쁨이 없다. 단지 위축과 비관과 실의만 있을 뿐이다.

세 번째는 '자기긍정-타인부정'의 단계이다. 이는 주로 아동기에 형성되는 경우가 많다. 특히 스스로의 문제를 인식하고 그 문제를 혼자서 해결하는 힘이 생겨날 때 형성될 수 있다. 이때는 자신에 대한 인정과 위로를 스스로 자신 안에서 찾을 경우이다. 누가 도와주지 않아도 나는 할 수 있다고 생각하게 된다. 예를 들면 아동기에 부모와 형제들이 전혀 관심과 인정을 보여주지 않을 경우 어린아이의 마음속에는 '그러면 그러라지 뭐, 나 혼자는 못할 줄 알고!" 라는 감정이 생기기 시작한다. 그리고 주위사람들에게 적대감을 갖기 시작하고 어디 한번 두고 보자는 호전적이고 타인에 대한 강한 불신의 감정이 가슴 속에 깊이 자리한다. 이렇게 타인에 대한 강한 부정과 자신에 대한 긍정적인 관점을 가지게 되면, 주위에 일어나는 모든 문제가 자신 속에서 기인한다는 생각보다는 타인의 잘못으로 인한 것이라고 생각하게 된다. 자신의 판단력 부족이나 노력의 부족으로 일어난 일이므로 자신의 변화를 통해서 해결해야 하는 문제도 다 남의 탓으로만 돌린다. 그리고 '타인의 잘못된 점'만을 보고 남을 의심하고 믿지 않으려고 한다. 남들은 늘 자신을 속이려고 하는 사람들로만 여겨진다. 따라서 이러한 사람들은 다른 사람들과 항상 거리를 두고 다른 사람들을 경계하고, 다른 사람들과의 관계를 끊으려고 하는 방향으로 나아간다.

마지막으로 '자기긍정-타인긍정'의 관점이다. 이것은 올바른 인간관계를 위해 가장 바람직한 관점이다. 앞에서 설명한 세 가지 관점과 이 '자기긍정-타인긍정'의 관점은 질적인 차이가 있다는 것이다. 앞의 세 방법은 무의식적으로 우리가 성장하는 과정에서 유아기부터 아동기를 거치면서 자리 잡게 되는 관점이다. 특히 '자기부정-타인긍정'의 유아기적 사고의 틀은 유아기를 통해 형성되는 것이어서 누구에게나 보편적으로 잠재되어 있는 관점이라고 할 수 있다.

유아기와 아동기에 형성되는 이 세 가지 관점은 무의식적으로 형성되는 것으로, 이는 자신 속에 이미 형성되어 있는 감정에 기초한다. 하지만 '자기긍정-타인긍정'의 관점은 우리 스스로 노력하여 자신의 장점과 자신에 대한 강한 신뢰감 및 남을 굳게 믿으려는 신의와 일종의 모험이 그 기반이 된다. 자신도 누구에게나 무의식적으로 형성된 나 자신과 남을 바라보는 관점이 있다. 우리는 자신도 모르는 사이에 우리 속에 자리하고 있는 이 관점을 조용히 성찰해 볼 필요가 있다. 그리고 잘못된 관점이 있다면 과감히 버리고 새로운 긍정적인 관점을 받아들일 필요가 있다. 새로운 것, 바람직스러운 것은 스스로 찾아오지 않는다. 그것은 끊임없는 우리의 노력이 필요하고 과감한 결단이 요구된다.

'자기긍정-타인긍정'은 자신과 타인을 보는 방법이지, 어떤 단순한 감정에 의지하는 느낌의 표현이 아니다. 우리 속에 축적된 과거의 잘못된 경험과 감정은 지속적으로 우리에게 영향을 미친다. 중요한 것은 우리가 그러한 점을 극복하고자 노력하는 것이다. 이것을 위해서는 우선 우리 각자 속에는 영원히 때 묻지 않은 무한한 가능성의 능력이 숨어 있다는 사실을 알고, 그러한 면에서 자신을 바로 보는 것이다. 그리고 또한 다른 사람들 속에도 그러한 무한한 가능성이 있다는 것을 인정하는 것이다. 맥그리거는 인간은 누구에게나 핵폭탄과 같은 능력이 숨어 있노라고 지적한 적이 있다. 따라서 우리는 각자의 잘못된 습관과 타인과의 관계 속에서 형성된 잘못된 부분만을 보는 것이 아니라, 내 속에 숨어서 살아 숨쉬는 긍정적인 힘과 타인들이 간직한 그들의 긍정적인 능력을 보고, 서로 간의 관계를 올바로 인식하는 것이다.

나와 타인에 대한 관점에 강한 영향을 미치는 과거의 습관들은 우리도 모르는 사이에 우리의 행동양식에 영향을 미친다. 그러므로 우리는 의식적으로 그러한 사고방식으로부터 벗어나려는 노력이 필요하다. 새로운 세계관과 새로운 관점은 그냥 우리에게 다가오는 것이 아니다. 이는 부단한 노력과 인내가 있어야 한다. 그리고 인간의 성품 속에 숨겨진 무한한 능력에 대한 강한 일단의 신념이 필요하다.

우리가 노력을 통해 '자기긍정-타인긍정'의 관점을 가지고 세상 삶에 접근하게 되면 우리는 타인을 대함에 있어 단순히 속이고 속는, 순간적으로 서로 좋아하다가 순간적으로 서로 멀어지는 인간관계의 게임에서 떠나 좀 더 진지한 자세로 서로를 대할 수 있다. 서로 간의 문제에 대해신뢰를 가지고 건설적으로 해결할 수가 있으며, 건강하고 행복한 방식으로 서로 간의 생활을 엮을 수 있는 힘을 얻게 되는 것이다.

우리는 과연 어떠한 유형의 관점을 가지고 대인관계를 맺고 있는가? 많은 사람들은 유아기에 형성된 관점 즉, '자기부정-타인긍정'의 영향력에서 벗어나지 못하고 있다. 혹자는 자기부정적 자아개념을 극복하지 못하고, 거짓된 자아 즉, 남들에게 인정받으려는 모조품인 자아를 만들어 자신을 숨긴 채, 그것을 통해 인간관계를 형성하려고 노력하고 있다. 그러다가 참된 자아를 잃어버리고, 자기부정의 늪에서 헤어나지 못하고 심한 수치심과 자기비하의 어두운 삶을 지속하는 경우가 많다. 그러므로 좀 더 '자기긍정-타인긍정'의 관점으로 우리의 자세를 전환해야 한다. 이제 아래에서 우리는 그 방법을 알아보기로 하자. 그 방법을 알기 위해 우선 구체적으로 우리는 왜 자꾸 자기부정의 늪으로 빠져 드는가를 알아보아야 한다. 먼저 부정적 자아개념의 형성 및 그것이 우리생활에 미치는 영향을 논해 보고 그 다음으로 부정적 자아개념의 극복방법을 논해 보기로 하겠다.

### 3) 부정적 자아개념

부정적 자아개념의 가장 대표적인 예는 창피한 감정 즉, 수치심이다. 수치심은 자신을 가치 없는 사람, 능력 없는 사람, 보잘 것 없는 사람이라고 생각하는 자기비하에서 시작된다. 이 수치심, 창피한 감정은 우리에게 무슨 일을 하든 자꾸 타인들의 눈을 피해 숨게 하고, 자신의 목소리나 감정을 표현하는 데 자신이 없으며, 궁극적으로 자신의 삶에 대한 증오심을 갖게 한다. 더욱이 타인들과의 관계를 단절하고, 자기소외는 물론 타인들과의 관계에서도 고립되게 하는 원인이 된다. 일단 부정적인 자아개념으로 인한 수치심이 자아개념의 중심부를 차지하게 되면, 자신은 점차 멸시의 대상이 되고 불신의 대상이 된다. 이는 자신 스스로에 대한 정신적인 고문이고, 무엇인가 살아 움직이고 있는 자신의 영혼에 대한 독약이 된다. 이는 자신을 숨김으로써 남들과의 관계에서 떳떳하지 못한 소극적 관계를 형성하도록 하는 요인으로 작용하면서, 내적인 자신과 스스로 결별을 하도록 한다. 따라서 점차 주위사람들로부터 소외감을 느낄 뿐만 아니라, 자신으로부터의 소외감 속에서 공허함과 허전함에 괴로워하게 된다.

루소는 인간은 원래 자유롭게 태어났다고 했고, 성경에서는 모든 인간은 하나님의 자녀이고 하나님만 믿으면 구원을 얻을 수 있다고 했다. 또한 인간의 동기부여이론을 연구하는 모든 심리학자들도 인간에게는 자아실현을 하고자 하는 근본욕구가 있다는 것을 인정하고 있다. 우리 속에는 생득적인 자유를 갈구하는, 자신의 꿈을 실현하고자 하는 본성이 있다. 하지만 수치심, 창피한 감정 그리고 자신감의 결여는 우리가 가지고 태어난 우리 속에 숨겨져 있는 생득적 자아발전의 욕구와는 달리 우리가 살아가는 동안 타인들과의 관계 속에서 형성된 후천적 굴레이며, 생활해 오는 동안 우리 마음속에 서서히 쌓인 먼지에 불과한 것이다. 그러면 이 부정적인 자아개념은 구체적으로 어떠한 과정에서 형성되는가 알아보자.

### (1) 부정적 자아개념의 형성

브래드쇼(Bradshaw, 1988)는 이러한 자기부정적 감정은 적어도 세 가지 요인에 의해 성장해 가는 과정에서 심리의 심층부에 내재화되어 형성된 개념이라고 한다. 첫째는 주위에 있는, 자신감이 결여되어 수치심에 싸여 사는 중요한 타인의 영향이다. 우리는 항상 누구와 일체감을 가지기를 원하고 소속감을 갖기를 바라며, 누구와 유대감을 가졌을 때 불안감에서 벗어날 수 있다. 유아기의 어린아이들은 자신감이 없고 자기비하감에 빠진 부모나 형제들과 같이 살아갈 때 그들과 동료의식을 느끼면서 그들의 자기비하적 감정, 가치관 그리고 자아개념을 자신의 것으로 받아들인다.

둘째로는 우리 안에 있는 자신에 대한 불신감과 수치심은, 주위의 중요한 타인들이 자신을 무시하고 버렸다고 생각할 때 형성된다. 자신을 보호해 줄 방패막이 역할을 해주는 주위의 중요한 사람들이 만약 자신을 버리고, 등한시하고, 업신여긴다고 판단되면 스스로도 자신의 존재를 인정하지 못하게 되고 진정한 자아, 무한한 능력을 소유한 참된 자아를 깨닫지 못하고 자포자기하면서 스스로를 드러내는 데 대한 자신감을 잃게 된다. 우리의 자아에 대한 소중함에 관한 인식은 남이 인정해 주는 데서 형성된다. 우리를 에워싸고 있는 주위사람들은 우리를 비추는 거울이다. 우리를 보호해 주는 부모형제는 곧 자아를 비출 수 있는 거울이다. 이 거울이 나를 업신여기고 나를 버리면, 곧 자신도 스스로를 업신여기는 자아개념을 형성하게 된다.

그러면서 자신 속에서 작동하는 모든 인간본연의 욕구 · 필요 · 감정을 값어치 없는 것, 창피한 것으로 여기게 된다. 인간을 움직이게 하는 행동의 동기는 곧 욕망의 표현이요, 우리가 가지고 있는 욕구와 감정은 우리 삶의 핵심이다. 이러한 생리적인 욕구는 삶의 조건이며 당연한 것이다. 하지만 자신에 대한 불신감과 업신여기는 감정은 수치스러운 것이며 밖으로 표출시켜서는 안 되는 것으로 안다.

셋째, 자신에 대한 부정적 자아개념은 점차 자성예언적인 경향에 의해 자신의 행동 중에 주로 부정적인 결과를 가져온 사실만을 보게 되고, 그것이 곧 자신의 전부인 양 여기면서, 자꾸 눈덩이처럼 커져간다. 이것은 곧 자신 속에 하나하나 축적된다. 이미 우리는 자아개념의 특성

중 하나로 자아개념 자체가 자신의 행동에 어떠한 영향을 미치고 또한 이러한 행동은 다시 자아개념에 어떻게 영향을 미치는지, 그 순환적 상호작용과정을 알아본 바 있다.

이와 같은 순환적 상호작용에 의해 주위사람들로부터의 저버림과 업신여김 및 자신감 결핍과 소신의 결여는, 어린아이에게 영향을 주어 부정적 자아개념을 형성하게 한다. 그리고 일단 그런 부정적 자아개념이 자리 잡게 되면, 그것은 점차 눈덩이처럼 커져서, 그것이 곧 자아개념의 중심개념이 되어 우리 행동에 영향을 미친다. 그러면 이 '부정적 자아개념이 우리의 삶에 어떤 영향을 미치는지 중요한 몇 가지를 들어 보도록 한다.

### (2) 부정적 자아개념의 영향

#### 1 자기로부터의 소외와 고립

인간은 감정의 동물이요, 자기 자신의 의사와 감정을 솔직히 표현할 권리가 있다. 하지만 일단 자기 자신에 대해 자신감이 없으면, 스스로 느끼는 감정과 자신의 사고를 표현하는 데 두려움을 느끼고 자신감이 없게 된다. 때로 내적으로는 엄청난 분노와 괴로움을 느끼지만 이것을 제대로 표현하지 못하면, 자신의 솔직한 감정과 외적으로 표현되는 행동이 분리되어, 자신의 내면세계는 점차 고립된 상태로 존재하게 된다. 그렇게 되면 자신은 단지 다른 사람의 감정만을 생각하게 되어 그들을 즐겁게 하고 또 충족시켜 주려고 노력하는 도구로 전락하게 된다. 이는 철저한 자아의 소외요, 진정한 자아로부터의 결별이 된다. 또한 수치심이 전적으로 내재화되어 자아개념의 그 자체가 되면, 자신이 하는 모든 것은 잘못될 가능성이 높은 것으로 여기며 보잘것없는 것이 된다. 따라서 이제 자신의 진정한 느낌과 관점과 주장은 단지 경멸의 대상, 비판의 대상이 될 뿐이다.

이렇게 되면 자신의 솔직한 감정에 귀를 기울일 수 없고, 자신 속에서 들려오는 소리를 들을 수도 없게 된다. 이는 자신의 진솔한 느낌, 관점 및 사고를 묶어두고 마비시키게 된다. 따라서 점차 자신은 피동적이 되고 소극적이 되며 자기도피적이 된다. 이러한 소극성, 피동성 및 도피성은 점차적으로 부정적인 자아개념을 재확인하도록 해줌으로써, 나 자신은 누구도 인정해 주지 않고 어느 곳에도 속할 수 없는 결핍된 자아라고 생각되어 점점 더 고립되고, 이는 심리적 불안감, 세상에 대한 부정적 감정, 삶에 대한 의욕의 상실로 이어진다.

### 2 거짓자아의 형성

이제 진솔한 자신의 느낌이나 자신을 남들에게 보이는 자체가 두렵고 고통이기 때문에, 점차 자아로부터의 도피와 더불어 스스로 남들에게 보이는 거짓 나를 만들어 남들과의 만남에서는 거짓 나를 통해서 관계를 맺고 자신은 그 뒤에 숨게 된다. 만들어진 자아는 실제가 아니다. 이는 스스로 아니면서 그러한 체하는 허상이다. 그 만들어진 거짓자아는 모든 것을 다 할 수 있고, 알 수 있고, 고도의 능력을 가진 완벽주의자인 척 하든지, 아니면 자신은 아무것도 못하고 모르는 무능자라고 생각하는 현상이다. 일단 거짓자아로 완벽한 자신을 만들어 표면적으로 제시하면, 없어도 있는 척, 몰라도 아는 척, 못해도 하는 척하며 항상 거만하게 자신은 슈퍼맨인 듯이 표현하고 행동한다.

그리고 모든 에너지를 자신을 커버하기 위해 사용하며 시간을 보낸다. 이들은 항상 그렇지 못한 자신의 모습이 드러날 것을 두려워하여 사람들과의 진정한 관계를 형성하기 두려워하며 항상 남들과 거리를 둔다.

한편, 그 반대로 자신을 스스로 무능한 사람이라고 생각하며, 늘 책임지는 것을 원하지 않고, 무슨 일이든 결정하는 것을 남에게 미루고 뒤에서 비판하며 소극적이고 어두운 곳에 머문다. 무슨 일을 처리함에 있어서는 전통적인 관례나 가치관 뒤에 숨어 그것만을 강조하고 그렇게 해야 할 것만을 고집한다. 즉, 여자는 가정에서 남편을 어떻게 섬겨야 한다든지, 선배를 어떻게 섬겨야 한다든지 이미 사회에서 형성된 일반적인 통념에 따라서 그대로 행동할 것을 고집하고, 모든 의사결정을 함에 있어서 그런 통상적이고 고정화된 관념 속에서 밖으로 나오는 것을 꺼려한다.

### ❸ 의타심과 불명확한 성격

일단 자신에 대한 자신감의 결여와 내적 자아감의 상실은 점차적으로 모든 행복과 성취감을 외부로부터 찾고자 한다. 만족감, 기분좋음, 자신의 존재 의미는 내 속에 있는 나로부터 얻는 것이 아니라 밖으로부터 찾고자 한다. 남들이 나를 즐겁게 해주기를 바라고, 남이 나를 알아주기를 바라며, 남이 나를 도와주기를 바라며, 남이 나를 끼워주기를 바란다. 진정한 자신의 결정에 의해, 자신의 목소리를 통해, 스스로 문제를 해결함으로써 자신이 내적으로 창출해낼 수 있는 만족감과 성취감을 느끼지 못한다. 나 자신에 대한 수치심이나 창피한 감정은 진정한 나를 없애게 되며, 참 나가 봉사하고 노력하면 성취하게 되는 진정한 만족감을 느끼지 못한다. 또한 스스로의 의견도 없고 자신의 감정을 표현하기를 두려워하므로 항상 이것도 저것도 아닌 불명확한 성격의 소유자가 된다. 어디에서든 스스로 결정을 못하고 남이 결정해주기를 기다린다. 자신의 의견은 없고 무엇이든지 다 좋다고 한다. 상대방의 마음대로 하도록 하며 자기가 싫어도 그럭저럭하면서 좇아간다.

자기주장과 자기사고를 표출하기가 두려워 항상 남의 눈치를 본다.

단지 남을 좇아하며, 문제에 대한 자기주장적 사고를 가지지 못한다. 브래드쇼(Bradshaw, 1988)는 이를, ① 자아상에 대한 혼돈, ② 자신의 개인적 사고, 바램 그리고 느낌을 확인하고 표현하지 못함, ③ 자기주장적이지 못함이라는 현상의 세 가지 특징으로 정의한다.

자기부정적 사고는 자신의 사고와 영혼을 죽이며, 자기 인생항로의 키를 남에게 주고 단지 의존적인 삶을 살아가게 한다. 자신의 꿈과 뜻을 펴지 못하는 인생을 살게 된다. 이는 자기 스스로부터 소외되고, 주위 사람들과 사회로부터 소외되는 결과를 가져온다. 이를 극복하기 위해서는 이러한 부정적 자아개념으로부터 싸인 암울한 구렁에서 뛰쳐나와야 한다. 그래야만 나를 찾고, 주위사람들과 상부상조하는 긍정적인 관계를 갖게 되고, 밝은 곳에서 자유롭게 살 수 있다.

### (3) 부정적 자아개념의 극복

우리는 자기부정적인 개념을 극복해야 한다. 앞에서 알아보았듯이 자기부정적인 개념은 건전한 인간관계의 최대의 적이다. 일단 자신에 대한 자신감을 잃게 되는 거짓자아를 통한 인간관계는, 늘 피상적이고 기술적이고 단기적인 관계일 수밖에 없다. 여기에서는 어떻게 사고전환을 하는가를 통해, 암울하고 침침하며 어두운 삶에서 빛을 보고 자아를 재발견하며 힘찬 삶으로 전환할 수 있는지 알아보도록 하자.

#### 1 자아수용 및 사랑

인간은 누구나 유한한 존재이다. 이 세상을 살았던 어느 누구도 물리적인 측면에서의 죽음을 극복한 사람은 없다. 우리는 한계성을 가진 불완전한 존재이다. 그렇기 때문에 실수를 할 수 있고, 결점 투성일 수밖에 없다. 무엇보다도 우리가 부정적인 자아개념을 극복하려면 우리 자신이 완벽할 수 없는 한계성을 가진 존재라는 것을 인정하고 그것을 사실로 받아들여야 한다. 우리의 불완전성을 이겨낼 수 있는 유일한 길은 그 사실을 인정하고 받아들이는 수밖에는 어쩔 도리가 없다. 왜냐하면 어쨌든 우리는 날 때부터 한계성을 가진 피조물이기 때문이다. 성경의 창세기에 보면, 아담은 완벽한 신의 능력을 모방하고자 선악과를 따먹었고, 그로 인해 낙원에서 쫓겨났다. 다시 말해 인간에게 주어진 유한성과 제한성을 인정하고 받아들이려 하지 않았기에 낙원으로부터 추방을 당한 것이다. 만약 우리가 가지고 있는 이러한 불완전성과 결점 때문에 수치심을 가지고 창피해하고 부끄러워하여 타인 앞에 떳떳하게 나설 수 없다면, 우리는 길고 긴 불안과 어둠의 숲에서 헤어날 수가 없다. 우리가 한 실수 또는 결점에 대한 괴로움과 그 창피한 감정이 우리 가슴을 짓누를 때 우리는 마음의 평화와 자유를 잃게 되고 무슨 일을 하든지 자신감을 잃게 되며 타인과의 만남이 두렵게 된다. 그리고 항상 자신감을 잃은 불안의 암흑 속에서 헤매야 한다. 따라서 무엇보다도 중요한 것은 한계성을 가진 인간으로서 우리가 실수하거나 결점을 지닌 것을 당연하다고 인정해야 한다. 이것이 부정적인 자아개념의 극복의 첫 단계이다.

다음으로 우리는 나한테 주어진 모든 상황을 조건 없이 받아들이고 나 외에 나를 더 이상 사랑할 자가 없다는 사실을 인식해야 한다. 무엇을 잘하던 못하던, 무엇을 가졌든 못 가졌던, 바라는 바대로 성취를 했던 못했던, 그것을 하나의 현실로 인정하고 받아들여야 한다. 일단 우리가 이러한 사실을 받아들이면, 우리는 스스로 만들어낸 허상에 얽매여 실제적인 자아가 아닌 우리 스스로 만들어낸 거짓자아를 지키기 위해 구태여 우리의 에너지를 낭비하고 괴로워하며, 힘들어 할 아무런 이유가 없다. 일단 받아들이고 자신을 사랑하게 되면, 우리는 그 동안에 잃었던 참된 자아와 하나가 된다. 거기서부터 변화가 가능하고 자유를 찾게 되며, 정말로 이 세상을 살아가면서 필요한 문제를 푸는 데 우리의 에너지를 쓸 수 있다. 우리 자신을 아무런 조건 없이 받아들이고 사랑하게 되면, 우리 자신에게 바른 태도를 가질 수 있다. 우리가 가지고 있는 결점 때문에 구태여 고민할 필요가 없다. 우리가 이렇게 자신을 받아들이고 사랑할 것인가 아닌가는 하나의 선택이다. 그렇게 받아들이고 사랑하기로 결정하기만 하면 잊었던 우리의 자아를 찾게 된다. 그렇게 되면 참 자아와 하나가 될 수 있고 자신의 성장을 위해 노력할 수 있다.

브래드쇼(Bradshaw, 1988)가 제시하는 한 가지 실습을 소개해 보자. 자! 가만히 눈을 감고 가장 편안한 장소에 앉아 있다고 생각해 보자. 그리고 내 앞에 내가 세상에서 좋아하는 사람이 앉아 있다고 상상해 보자. 그 사람은 당신이 가장 좋아하는 애인일 수도 있고, 당신을 진심으로 사랑해 주는 부모, 형제, 친구, 스승, 또는 선배일 수도 있다. 그 사람과 같이 있을 때 오는 편안함, 안락함, 기쁜 감정을 3~4분 동안 상상 속에서 느껴보도록 한다. 그것이 상대방과의 관계에서 오는 감정이다. 그런 다음 다시 눈을 감고 상대방의 자리에 자신의 모습을 놓고 자신은 자신과 같이 있을 때 어떠한 감정을 갖게 되는지 3~4분간 느껴보자. 과연 상상 속에서 내가 그리는 나 자신의 자화상을 긍정적으로 받아들일 수 있는지, 편안함과 신뢰를 가질 수 있는지를 확인해 보아야 한다. 만약 자신에 대한 진정한 감정이 부정적이고 자신이 밉고 싫으면 우리는 다시 한 번 자기 자신을 돌아볼 필요가 있다. 그리고 자신의 앞에 있는 상상 속의 자신은, 자신이 아니면 그 누구도 더 이상 심도 있게 사랑할 수 없는 존재라는 것을 인식하고 결심을 해야 한다. 자신의 있는 그대로의 모습을 무조건적으로 받아들이고 그리고 자신을 사랑할 것을.

## 2 자기주장적 태도

일단 자기 자신을 수용하고 자신을 사랑하게 되면 참된 자아를 찾은 것이다. 이제 자신이 느끼는 감정, 자신이 생각하는 것에 주인의식을 갖고 솔직하게 표현할 수 있어야 한다. 인간은 욕구를 가진 동물이요 감정의 동물이고, 사고할 줄 아는 동물이다. 인간이 어떤 감정을 느끼고, 어떤 욕구를 가지게 되고, 어떤 사고를 가지는 것은 당연하며 그것을 솔직하게 표현하는 것은 자신의 권리이다. 우리는 우리의 사고 · 감정 · 욕구에 대해 수치심을 가질 아무런 이유가 없다. 그런 것을 숨길 이유는 더욱 없다.

내가 바라는 것을 숨기고, 나의 느낌을 감추고, 나의 욕구를 억누르고 다른 사람의 의견과 감정과 결정에 의존함은 자신의 권리와 자아됨을 포기하는 것이다. 좋은 것도 없고 싫은 것도 없이 그냥 타인의 의사에 따라 가는 것은 내가 나됨을 포기하는 것이다. 이제 나 자신을 인정하고 받아들인 다음 우리는 자신의 감정과 의견을 떳떳하게 표현하는 훈련을 쌓아야 한다.

우리는 각각 자신의 감정과 의견과 선호를 확인하고 거침없이 솔직히 말함으로써 자신에게 충실하겠노라는 각자의 권리장전의 선언이 필요하다. 스미스 매뉴엘(Smith Manuel)은 『*When I say No, I feel guilty*』에서 우리의 일상적인 삶에서 자신의 권리를 찾기 위해 다음과 같은 마음자세를 가질 것을 지적하고 있다.

① 당신은 자신이 진정으로 좋아하는 것이 무엇이고, 직면하고 있는 문제가 무엇인지에 대해 어떻게 생각하는지 판단할 권리를 가지며, 그것을 바탕으로 자신의 행동방향을 결정할 권한이 있으며, 그것으로 인한 결과에 대해 책임질 권리가 있다.

② 당신은 일단 취한 행동을 정당화하기 위한 변명이나 이유를 댈

아무런 이유가 없다. 한 번 취한 행동은 그것으로 끝이다. 책임을 져야한다면 당당하게 지면 된다.

③ 당신은 당신이 이미 결정한 사항이 맘에 안 들어 바꾸어야 한다고 생각하면 당당하게 바꿀 권리가 있다.

④ 당신은 실수와 오류를 범할 권리를 가지며 그것에 책임질 권한을 가진다.

⑤ 당신은 모르는 것은 모른다고 할 권리를 가진다.

⑥ 당신은 싫으면 싫다고 말할 권리를 가진다.

⑦ 당신은 다른 사람이 선행을 한다고 해서 무조건 그것을 좇아야 할 아무런 이유가 없다.

아무리 다른 사람이 하는 일 자체가 바람직하더라도 당신 입장에서 받아들일 수가 없으면 거절할 권리를 가진다.

⑧ 당신은 비논리적인 의사결정을 할 권리를 가진다.

⑨ 당신은 이해하지 못하는 것은 이해하지 못한다고, 그리고 관심 없는 것은 관심 없다고 말할 권리를 가진다.

스미스가 제시한 이러한 조항은 우리가 우리의 느낌과 사고를 솔직하게 표현하는 훈련을 하는 데 많은 도움이 된다. 우리는 사랑하는 애인, 친구, 부모를 다른 사람들이 괴롭히고 업신여기는 것을 보면 울분을 느끼고, 과감하게 그들을 보호하기 위해 때로는 어떠한 행동도 불사할 것이다. 이와 마찬가지로 우리가 우리 자신을 진정으로 사랑한다면, 우리의 감정을 무시하고 우리의 사고를 무시하고 남에게 의존해서 피동적으로 살아가려는 우리 자신을 용납해서는 안 된다. 우리 속에 있는, 자신을 비하하고 자신을 부정하는 요인들을 극복하고 우리의 주장을 진솔히 보일 수 있도록 지속적인 훈련이 필요하다.

### (4) 실수에 대한 사고전환

우리는 실수를 창피해하고, 숨기려하고 부끄러워한다. 이것은 당연한 인간의 감정이다. 인간은 불완전하기 때문에 실수할 수 있으며, 한편 실수를 하게 되면 반성할 줄 알아야 한다. 그래야 발전이 있다. 하지만 문제는 그 실수로 인해 자신감을 잃고 포기하고, 다시는 그러한 실수를 범하지 않으려고 새로운 것에 도전하려는 자신의 의지를 포기하는 데 있다. 이러한 현상은 완벽성을 추구하고 인간으로서의 한계성을 인정하지 않으려는 데서 온다.

우리가 실수에 대한 사고전환이 필요하다고 생각하는 것은, 우리는 모든 것을 다 완벽하게 할 수 있는 존재가 아니라는 것을 인정하자는 것이다. 인간에게 있어 실수는 당연하고도 자연스런 현상이며, 어쩌면 발전을 위해 가치가 있다는 것을 받아들이자는 것이다. 실수는 앞으로 그렇게 하면 안 된다는 경고요, 좀 더 다른 것을 강구해 보라는 신호이며, 좀 더 신중하게 하는 것이 좋겠다는 조언으로 인식하고 이미 범한 실수는 기꺼이 받아들이자는 것이다. 우리가 저지르는 실수나 오류는 계속적으로 그렇게 하지 말라는 경고인 만큼 감사하게 받아들여야지, 감추고 피하고 들키지 않도록 덮어두어야 할 일이 아니라는 것이다.

실수를 인정한다는 것은 좀 더 활동적이고 적극적이며 창조적으로 살겠다고 하는 각오와 같다. 만약 자신이 실수한 것을 알게 되면 우리는 새로운 방법을 모색할 것이고, 새로운 정보를 얻고자 할 것이다. 실수와 오류는 우리를 창의적이고 진취적으로 만든다. 실수와 오류는 회피의 대상이 아니고, 활용의 대상이요 배움의 기회이다.

우리는 실수를 하지 않으면 배울 수 없다. 실패는 성공의 어머니다. 어린아이는 수 없는 실수를 통해 걷기를 배우고 언어를 습득한다. 어린

아이는 실수하는 것을 절대로 두려워하지 않는다. 실수를 피하는 자에게는, 완벽성만을 추구하는 자에게는 변화하는 삶이 없으며, 항상 주어진 일의 범위에서 뛰쳐나갈 수가 없다. 죽는 날까지 높이 날지도 못하고 주어진 울타리 안에서 안주한다. 용기 없이는 행복도 없다. 안정적일 수 있으나 진정으로 활력 있는 삶은 없다. 실수에 대해 매케이와 패닝(Mckay & Fanning)은 "새로운 것을 배우는 과정에서 실수하는 것은 필수불가결한 것이라는 사고는, 실수에 대한 두려움으로부터 자유롭게 하고, 새로운 일을 점증적으로 익히는 데 관심을 집중할 수 있도록 해준다. 실수는 실질적으로 어떻게 하는 것이 좋고 어떻게 하면 안 된다 것을 우리에게 알려준다. 그것은 당신의 존엄성과 지적인 능력과는 아무런 상관이 없다. 단지 목표를 향해 가는 과정에 마주치는 한 단계일 뿐이다"라고 했다.

### (5) 사회적인 관계형성

대부분 부정적인 자아개념은 다른 사람들과의 관계에서 시작된다. 그러므로 부정적 자아개념의 극복도 다른 사람과의 관계를 통해 극복해야 한다. 인간은 사회적인 동물이기 때문에 우리는 타인들과의 바람직한 관계 없이는 행복과 삶의 의미를 찾기 힘들다. 우리는 누군가를 사랑해야 하며 누군가로부터 사랑을 받아야 한다. 우리는 누군가가 필요하며 또한 누군가로부터 필요한 존재가 되어야 한다. 우리는 혼자서는 살 수 없는 인간이기 때문이다(One man is no man). 일단 타인과의 관계를 맺기 위해서 우리는 부정적인 자아개념에서부터 탈출해야 한다. 어둡고 음침한 자기비하의 골짜기에서 과감하게 탈출해야 한다. 자기비하의 어둠 속에서 탈출할 수 있는 유일한 방법은 자기비하할 수밖에 없는 요인을 자기 것으로 받아들여야 한다. 그리고 그것을 인정하여야 한다. 자기의 결점이나 자신의 무능성을 감추는 데 급급해 우리의 에너지를 소비하면, 우리에게 주어진 이 세상을 살아가기 위해 써야 할 에너지가 없어진다. 우리는 우리가 가지고 있는 에너지를 이 세상을 밝고 힘차게 살아가는 데 쓸 수 있어야 한다.

일단 자신이 가진 모든 조건을 수용하게 되면, 자신을 찾게 된다. 자신을 찾으면 우리는 보고 싶은 것을 볼 수 있고, 듣고 싶은 것을 들을 수 있고, 생각하고 싶은 것을 생각할 수 있고, 말하고 싶은 것을 말할 수 있다. 일단 자신이 찾은 자신을 다른 사람들과의 관계 속에서 타인들도 그 자신으로 받아들인다는 사실을 경험하면 더욱 자신감이 생긴다. 따라서 과감히 자신이 믿을 수 있다고 생각되는 친구에게, 스승에게, 형제에게 자신을 내보여야 한다. 그렇게 되면 우리는 솔직한 자신을 따스하게 받아주는 상대방을 통해 자신의 존재가치를 다시 한 번 확인하게 되고, 그 동안 자기 자신을 감추고, 자기 스스로로부터 소외되고, 가족으로부터 소외되고, 친구로부터 소외되고, 세상으로부터 소외된 감정에서 뛰쳐나와 자신을 찾고, 가족을 찾고, 친구를 찾고, 세상을 찾게 될 것이다. 이제 타인과의 관계형성을 위해 중요한 자아개방의 개념에 관해 논해 보고자 한다.

## 2
## 자아개방

저럴드(Jourard, 1971)는 솔직하게 자신의 느낌, 의견, 원하는 것, 가치관, 경험했던 것 등을 다른 사람과 함께 나누는 것을 자아개방이라고 정의하고 있다. 다시 말해 자아개방은 진솔하게 자기 자신을 있는 대로 내보이고 나를 알리는 것을 말한다. 나를 내보이는 것은 곧 서로 간에 신뢰를 쌓고 정을 나누기 위한 첫 발걸음이다. 우리가 전혀 모르는 타인들이 나를 믿어주고 나를 아껴주기를 기대하는 것은 큰 오산이다. 만약 어떤 특정인이 전혀 알지도 못하는 상태에서 나를 신뢰하고 나를 진정으로 아낀다고 한다면 그것은 가식이다. 진정한 인간관계의 첫 출발은 곧 서로가 서로를 알 수 있도록 하는 자아개방에서부터이다. 물론 나 자신을 타인들한테 노출시킨다는 것은 우리에게 많은 불안감과 두려움을 주는 일이 아닐 수 없다. 왜냐하면 내가 누구인지를 밝히고 알림으로서 상대방이 나의 약점을 알고 나를 싫어하고 또는 비웃음의 대상이 될 수도 있기 때문이다. 하지만 상대방에 대한 강한 신뢰와 호의를 가지고 있고 서로 간의 관계를 좀 더 돈독히 할 만한 가치가 있다고 믿는다면, 우리는 그러한 위험부담을 감수할 수 있게 된다. 이 자아개방이라는 개념을 그림을 통해 가시화시키고 자아개방과정에서 일어나는 현상을 이해할 수 있도록 한 것이 조하리(Johari) 창이다. 이제 조하리 창에 대해 살펴보고 이를 바탕으로 자아개방은 어떠한 과정을 통해 진행되는지 구체적으로 알아보고자 한다.

### 1) 조하리 창과 자아개방

조하리 창은 조셉 러프트와 해리 잉엄(Joseph Luft & Harry Ingham)이 독창적으로 만들어낸 모형으로서 우리가 자아개방을 하며 상대방과 신뢰를 쌓고 서로가 서로를 이해하면서 관계를 형성 · 유지시켜 주는 과정을 명료하게 설명해 준다. 이 조하리 창은 우리가 남에게 자신을 내보이고 또 내가 보는 상대방에 대한 나의 생각을 전해 주는 피드백의 과정을 통해 서로 간의 상대방에 관한 느낌과 생각을 전함으로써 스스로가 어떻게 노출되는지 설명해 주고 있다.

조하리 창에는 네 가지 영역이 있다. 우리 자신 속에 형성된 심리적 측면에서 설정할 수 있는 영역은 공개된 부분, 맹점부분, 비공개된 부분, 미지적 부분으로 나눌 수 있고, 우리가 서로 상호작용하는 과정에서 그 네 영역의 크기와 모습이 결정된다는 것이다. 먼저 각 부분을 구체적으로 설명해 보면 아래와 같다.

첫 번째 부분은 공개된 영역으로서 나 자신도 알고 타인도 알고 있는 부분이다. 이 영역에서는 자신에 대한 정보가 공개되어 있어 서로가 서로에 대해서 알고 있는 부분이다. 만약 상대방이 나와 같은 동네에서 서로 이웃으로 가깝게 지냈다면, 상대방은 나의 가족사항, 나의 나이, 내가 다니는 학교, 학과, 내가 잘 입고 다니는 옷 등에 대해서 잘 알 것이다. 또한 우리가 처음 만나서 서로 인사를 나눈다고 해도 일단 인사를 나누고 나면, 그 사람의 키, 나이, 신체적인 조건 등 겉으로 나타나는 사실을 알게 될 것이다. 이러한 정보는 공개된 사항으로서 나도 알고 남도 알고 있는 부분이다.

두 번째 부분은 자신이 모르고 있는데 남은 알고 있는 영역이다. 이를 맹점이라고 표현하고 있는데, 종종 우리는 남을 대하고 일을 처리하는 데 우리 스스로가 알지 못하는 독특한 특성을 가지고 있는 경우가 많이 있다. 예를 들면 어떤 사람은 타인을 대하는 것이 무척 무뚝뚝하고 직선적이어서 상대방에게 불쾌감을 주는 특성을 가지고 있다고 하자. 그 사람은 자신의 그러한 면을 잘 모르고 있다. 자신은 다른 사람에게 무척 친절하게 대한다고 하는데 왜 그 사람이 자신을 그렇게 못마땅하게 생각하는지 모른다고 불평한다. 이것은 타인은 알지만 자신이 모르는 부분이 있기 때문이다. 또한 자신이 잘 알지 못하는 언어나 행동의 습관들이 있다. 어떤 선생님은 수업시간에 "그것이 무엇인고"라는 단어를 하도 많이 사용하여 '멍고니'라는 별명을 얻었다. 학생들은 그 선생님의 그러한 습관을 잘 알고 있지만 선생님 자신은 자신의 그러한 언어습관을 전혀 모른다. 그러한 부분이 곧 맹점영역에 속하는 것이다.

세 번째 영역은 나 자신은 알고 있는데 상대방은 모르고 있는, 나만이 가지고 있는 비밀 또는 비공개영역이다. 이러한 알려지지 않은 부분은 물론, 아주 단순한 것으로부터 정말 남이 알 경우 자신의 치부가 드러나 행동의 제약과 또는 사회적인 책임을 져야 하는 부분까지 다양할 수 있다. 타인에게 나를 드러낼 경우는 앞에서도 지적했듯이 항상 위험이 따르게 마련이다. 따라서 아주 신뢰하는 관계가 아니면 그러한 면을 드러내지 않을 것이다. 하지만 내가 스스로를 내보이지 않고는 상대방의 반응을 알 수 없다. 어떠한 사실을 노출시키면 상대방이 나를 무시하고 인간취급도 안할 것이라는 상상에서 항상 혼자 숨기고 남이 알까 조심하고 했는데, 나중에 그러한 숨겨진 사실이 알려졌는데도 상대방의 반응은 의외로 담담하고 대수롭지 않게 생각하는 수도 있다.

또는 서로 알고 있어야 하는 부분인데 혼자 숨김으로써 상대방에게 실망감을 불러일으킬 수도 있다. 우리는 꼭 혼자만이 간직하고 싶은 비밀이 많이 있다. 우리는 그것을 지킬 권리가 있다. 그것은 우리의 고유한 권한에 속한다. 하지만 상대방에게 허위사실이나 또는 장벽을 통해 자신을 남으로부터 차단시키면 신뢰를 바탕으로 한 인간관계는 형성하기 힘들다. 때로는 상대방이 자신한테 중요한 상대라고 생각되면 또는 서로가 깊은 신뢰관계를 갖고 있으면 자신의 약점 또는 결점을 과감하게 내보이는 것은 그 관계를 더욱 돈독히 할 수 있을 것이다.

네 번째 영역은 남도 나도 알지 못하는 미지의 영역이다. 프로이트(Freud)는 우리 인간을 움직이는 힘은 무의식의 세계라고 한다. 이 무의식의 세계, 우리가 가지고 있으면서도 알 수 없는 세계가 곧 미지의 영역이다. 이것은 살아가는 동안 많은 경험과 자신을 성찰하는 과정에서 깨달음을 통해 조금씩 인식할 수 있는 세계이다. 사회학을 전공한 어느 학생이 군대에 가서 사고로 인해 실명을 했다. 그리고 의가사 제대 후 학교로 돌아왔다. 학교에 돌아와서 공부를 하고 수업을 들으려고 하니 책을 읽을 수도, 판서를 볼 수도, 친구들을 알아볼 수도 없었다. 이러한 자신에 대해 비관하여 몇 번인가 자살할 것을 결심했었다. 하지만 다시 마음을 고쳐먹고 자신처럼 신체적인 결함을 가진 사람들을 위해 사회복지와 관련된 공부를 해보기로 결심했다. 녹음기에 강의를 담아 몇 번씩 다시 듣고, 책은 주위사람들의 도움으로 친구들이 읽어주는 것을 들어서 해결했다. 이러한 생활이 시작되면서 드디어 그 학생은 스스로 눈으로 보지 못해도 학문을 할 수 있다는 사실을 발견하고, 자신 속에 그러한 능력과 가능성이 있다는 사실을 깨달아 더욱 열심히 하여서 졸업시에는 전교수석을 했다는 일화가 있다.

자아개방이란, 즉 상호관계 과정을 통해 상대방이 잘 인식하지 못하는 부분이 있다면 그 부분을 인식하도록 도와주고, 또 상대방에게 자신의 감정, 사고, 느낌 등을 진솔하게 알려줌으로써 공개영역으로 확장하여 서로가 서로에 대한 이해의 폭을 증대시키는 것이다. 마음의 문을 닫고 남의 이야기를 받아들이지 않고 단순한 비판 정도로 인식한다면 우리는 서로 간의 관계를 통한 공개영역의 확장을 기대할 수 없을 것이다. 스스로의 생각을 감추고 남이 그것을 알아서 행동해 주기를 바란다는 것은 논리에 맞지 않다. 내 생각, 생활철학, 느낌 등을 솔직히 전할 때 상대방도 나를 이해하고, 어떻게 내가 행동해 주기를 바라는지 알게 될 것이다. 또한 상대방의 행동을 보고 어떻게 느끼는지 나의 생각을 알림으로서, 서로가 서로의 바람직한 관계를 위해 노력할 수 있다.

서로가 서로에 대해서 전혀 알지 못하고 또는 상대방의 이야기도 듣지 않고 자신을 내 보이지도 않음으로써 아성을 쌓아 그 속에 있게 되어 서로가 알려지지 않은 부분이 확장된 상태를 나타내는 것도 있다. 하지만 일단 인간관계가 계속되고 신뢰수준이 증가함에 따라 자아가 개방되기 시작하고, 주위사람들의 조언으로 전에 몰랐던 자신에 대한 정보를 귀담아들어 자아성찰의 과정을 통해 자신을 다르게 이해할 수 있는 기회를 가짐으로써 공개영역은 확장한다. 이는 자신의 성장을 의미하며 동시에 자유를 의미한다. 내가 스스로를 열어 남을 받아들이고 남에게 솔직할 때 서로 간에 신뢰가 축적되고, 자신은 그 관계를 통해 성장하는 것이며, 나를 바로 볼 수 있고 또 이를 바탕으로 남과의 관계에서도 훨씬 자유롭고 편한 관계를 형성 · 유지해 나아갈 수 있다. 하지만 앞에서도 지적했듯이 자신에 대한 갑작스런 노출은 위험이 뒤따르고, 지속적으로 그동안 하던 자신의 행동패턴에서 뛰쳐나가기가 그렇게 쉽지 않다. 그렇다면, 가능한 위험부담을 줄이면서 자아개방을 하는 방법은 어떤 것이 있는지 다음에서 알아보기로 하자.

## 2) 자아개방의 바람직한 접근

여기에서는 주로 바람직한 자아개방의 방법에 대해서 알아보고자 한다. 무조건적인 자아개방이 인간관계에 도움이 되는 것이 아니라 상황에 맞는 적절한 자아개방이 정말 참된 관계를 위해 필요한 것이다. 따라서 먼저 자아개방은 서로 어느 정도의 속도를 유지하는 것이 중요한가 하는 자아개방의 속도문제를 살펴보고, 다음으로 서로 간에 어떻게 자아개방의 정도를 균형있게 유지해야 하는가 하는 자아개방의 상호균형성에 대해 알아보면서 바람직한 자아개방의 접근법을 논의해 보고자 한다.

### (1) 자아개방의 속도

우리가 조하리 창을 통해 알 수 있는 사실은 자아개방을 많이 할수록 상대방과의 신뢰관계를 형성하는 데 도움이 된다는 것이다. 과연 자아개방은 많이 할수록 서로 간의 이해의 폭이 증가하고 바람직한 인간관계를 형성 유지하는 데 도움이 될까? 일반적으로 실증적 연구결과에 의하면 자아개방은 가능한 한, 상황에 적절하게 속도를 조절하는 것이 서로 간에 신뢰를 쌓는 데 도움이 된다는 것이다(Derlega & Chaiken, 1975). 다시 말해 처음 만난 사람에게 자신의 모든 것을 다 털어놓는다고 해서 신뢰관계가 형성되는 것이 아니라 신뢰관계의 정도와 상황에 맞는 자아개방이 서로 간의 관계발전에 도움을 준다는 사실이다.

앨트먼과 테일러(Altman & Taylor, 1973)의 주장에 의하면 자아개방의 정도는 알맞은 속도를 유지할 때만이 유효성이 있다는 것이다. 만약 잘 모르는 사람이 갑자기 자아개방을 통해 접근하면 상대방은 불안감과 방어심리가 작용해 자신을 보호하려고 그 사람을 경계하게 되어 그 자아개방은 오히려 서로 간의 관계에 악영향을 미칠 수 있다는 것이다.

이러한 자아개방의 상황성과 속도의 적절성의 중요성은 캐플런(Kaplan, 1974)과 그의 동료들의 실증적 연구에서 잘 나타나고 있다. 그들은 어떠한 상황에서 어느 정도의 개방이 상대방에게 가장 부담 없는 호감을 이끌어내는지를 알아보기 위해 일단, 자아개방의 상황을 공식적인, 중간적인 그리고 비공식적인 세 가지 상황으로 분류했다. 공식적인 상황은 실험실에 대상학생들이 들어갔을 때 좀 위엄 있는 분위기를 자아내기 위해서 카펫이 깔려 있고, 경영학과 관련된 여러 서적 및 학술지들이 가지런히 꽂혀 있고, 그 연구를 담당하는 사람은 경영학을 연구하는 학자인 것과 같은 인상을 주도록 하였다. 중간의 공식적인 상황을 자아내기 위해서는 면담의 장소에 심리치료와 관련된 서적을 책장에 꽂아놓고, 실험담당자는 임상심리학을 연구하는 학도처럼 보이도록 하였으며, 마지막으로 비공식적인 조건의 사무실은 성관계를 다루는 여러 가지 관계서적과 잡지로 장식되어 있고, 그 실험담당자는 성관계의 상담을 해주는 사람인 것처럼 보이도록 했다.

각 사무실의 실험담당자들은 실험대상학생들을 면담했는데, 일부 학생들에게는 아주 자아개방적인 자세를 요구하는 극도로 개인적인 질문(예를 들면 당신은 얼마나 자주 수음을 합니까 라든지 또는 당신의 어머니에게 불만 있는 점이 있으면 말해보라)을 했으며, 일부 학생들에게는 단순한 적은 자아개방을 요구하는 평이한 질문(예를 들면 당신의 일일 수면시간은 얼마나 됩니까 라든지 당신은 어떤 종류의 영화를 좋아하십니까)을 하도록 했다. 그리고 실험대상학생들에게 각 질문을 하는 실험담당자들의 면담 능숙도를 측정하는 것처럼 하여 그들에게 어느 정도의 호감을 갖는지 평가하도록 했다.

그 결과에 의하면 실험대상학생들은 비공식적인 상황의 사무실에서 가장 적은 자아개방을 요구하는 질문을 하는 경우에 그 실험담당자에게 가장 호감을 갖는 것으로 드러났으며 반면, 공식적인 분위기를 주는 사무실에서 극도로 개인적인 질문을 하는 경우에 가장 호감도가 낮은 것으로 드러났다. 이것은 완전히 낯이 익지 않은 사람들 간에는 서로 개방의 정도가 낮은 대화가 상대방에게 호감을 갖게 하는 작용을 하고, 그렇지 않고 서로 잘 모르면서 갑자기 극도로 개인적인 주제를 말하는 것은 상대방에게 혐오감과 거부감을 줄 수 있음을 말해주는 실험이다. 따라서 적절한 상황에서 그 관계의 성질에 맞는 자아개방이 실제로 두 사람 간의 관계에 도움이 되는 것이지, 무조건적인 자아개방은 오히려 해가 될 수 있음을 밝혀주고 있다.

### (2) 자아개방의 상호성

자아개방은 일방적일 수가 없다. 상대방이 어느 정도 개방하면 자신도 거기에 상응하는 개방을 해야만 그 관계가 유지 발전할 수 있다. 즉, 상대방이 개방한 만큼 자신도 자신을 개방해야 한다는 심리적인 압박감을 은연중에 받아 이러한 상호과정을 통해서 자아개방의 수준은 점증적으로 높아진다. 이것이 자아개방의 상호성이다.

그러므로 시간경과에 따라 서로 보조를 맞추는 점차적인 상호 간의 자아개방은 그 접근방법에서 중요한 의미가 있다고 하겠다. 알트맨과 테일러는 우리의 자아개방에서 서로가 친밀한 수준에 맞추어 동일한 정도를 유지하는 것의 중요성을 강조하고 있다. 만약 상대방이 너무 개인적인 문제를 꺼낼 때 아직 시기가 적합하지 않다고 여겨지면, 상대방을 주책없는 사람이라고 여기든지 아니면 자신도 그런 정도의 개방을 해야 하는 위협을 느낌으로써 불안감을 갖게 된다는 것이다. 또한 너무 성급히 자아개방을 했다고 생각하는 사람은 자신이 너무 바보 같다거나 속이 비어 있는 사람처럼 느껴질 수 있다는 것이다. 그러므로 서로 같은 수준의 상호개방 그리고 점차적인 개방의 폭의 확대가 서로 간의 관계발전을 위해 중요하다는 것이다.

체이큰과 덜레가(Chaiken & Derlega, 1974)는 이 자아개방 상호성의 중요성을 실험을 통해 잘 밝혀주고 있다. 그들은 실험을 위해 일단 두 여자 배우들에게 학교식당에서 만나 즉흥적인 연기를 하도록 하고 그것을 녹화했다. 그들은 여러 형태의 자아개방을 연기했는데 즉, 두 배우가 다 높은 수준의 자아개방을 하는 경우, 두 배우가 다 낮은 수준의 자아개방을 하는 경우, 또는 한 사람은 낮은 수준 그리고 다른 한 사람은 높은 수준의 자아개방을 하는 경우 등이다. 높은 자아개방의 경우에 있어서는 한 여자가 즉각적으로 자기의 첫 성교 파트너였던 자신의 남자친구와의 관계 및 부모들의 반응을 이야기하였다. 또는 자기 어머니가 신경증에 걸린 것과 입원한 사실 그리고 자기 부모가 곧 이혼할 것 같다는 사실 등을 말했다. 반면 낮은 자아개방의 케이스들은 그들이 학교에 통학하는 문제 그리고 자기의 고향 이야기 및 수강과목 등에 대해 이야기하였다. 그리고 실험 대상들에게 그 녹화한 테이프를 보고 두 여자에 대해 어떻게 느끼는지에 대해 조사해 보았다. 그 결과 두 여자에 대한 호감의 정도는 서로 같은 수준의 자아개방을 했을 경우가 가장 높았으며, 서로 다른 수준의 자아개방 장면에서 너무 적게 개방한 사람은 너무 차고 쌀쌀한 여자라고 표현을 하고 너무 높은 수준의 개방을 하는 사람에게는 상황에 부적합한 주책없는 여자라고 표현했다. 따라서 자아개방에 있어서의 상호성 수준은 서로 간의 호감 정도에 영향을 주고, 호감 정도의 강화는 곧 좀 더 높은 개방의 밑거름이 됨을 알 수 있다.

자아개방을 통한 인간관계의 발전은 초기단계에서는 서로 간에 낮은 자아개방의 대화를 기대한다. 만약 몇 번 만나지 않은 친구가 서로 수강하는 과목에 대해 서로 이야기를 주고받다가 갑자기 한 친구가 자기 부모가 서로 간의 불륜의 문제로 인해 이혼을 하게 될지도 모른다는 이야기를 꺼내면 상대방은 어리둥절할 것이며, 상대방은 그것에 상응하는 자아개방의 아무런 압박을 느끼지 않은 채 상대방을 비정상적인 사람으로 간주하고 그를 경계할 것이다. 반면 서로 간에 서로 신뢰관계가 형성되어 친밀한 관계가 되었을 경우, 높은 수준의 자아개방은 서로 간의 관계발전에 많은 도움이 될 수 있다. 하지만 만약 한 사람이 자기가 그 동안 숨겨온 개인적인 사실을 고백했는데 그 상대편은 날씨 이야기나 하게 되면 서로 간의 상호성이 파괴되어 그 관계는 지속되기 힘들 것이다. 따라서 자아개방은 순차적이며, 서로 상호 간에 같은 수준으로 서서히 하는 것이 훨씬 효과적이다.

일단 서로 안면을 통해 자주 접촉하는 것은 서로 간의 상호 간 같은 수준으로 자아개방을 해야 하는 압력을 주는 데 훨씬 효과적이다. 데이비스(Davis, 1977)의 연구에 의하면 서로 모르는 상대의 경우, 상면의 기회를 많이 가져 지면의 정도를 높인 다음, 서로 두 사람이 개방을 하게 만들었다. 그의 연구결과에 따르면 상면기회가 많을수록 서로 개방수준도 높아져서, 만난 횟수와 개방의 정도는 정비례하는 것을 알아내었다. 또한 서로가 서로에게 주는 상호 간 자아개방의 압력수준은 친밀성의 정도에 따라 강하게 나타나서 서로 상면의 기회가 많아 친밀성의 정도가 강한 경우 한쪽에서 개방의 수준을 높이면 상대방도 높이고 반면 수준을 낮추면 상대방도 그렇게 하는 것을 발견할 수 있었다.

자아개방은 바람직한 인간관계의 출발점이며, 서로 간의 관계가 원만하게 성장하기 위한 밑거름이다. 하지만 아무리 좋은 약도 한꺼번에 많이 먹으면 독이 되듯이 상황에 맞지 않는 자아개방, 갑작스런 자아개방은 인간관계에 독이 될 수 있다는 것을 염두에 두고 점진적인 자아개방을 바탕으로 발전적인 인간관계형성을 위해 노력해야 할 것이다.

# 대인 간 동기의 특성 4

사람들은 살아가면서 다른 사람들과의 관계를 멀리하고 살아갈 수는 없다. 우리는 기본적으로 먹고, 마시고, 잠자고, 일하려는 욕구를 갖고 있지만 사람을 만나고 그들을 통해 희로애락을 함께 하면서 살아가려는 욕구를 갖고 있다. 인간에게 가장 힘든 것은 다른 사람들과의 접촉을 차단하는 것이라 하겠다.

우리는 다양한 욕구를 갖고 있으며 이 욕구는 인간 내외적인 요소에 의해 계속적으로 자극받고 있다. 자극에 의한 욕구분출은 곧 행동으로 연결된다. 하지만 행동을 순수하게 인간욕구의 충족과정이라고 만은 할 수 없다. 왜냐하면 욕구가 충족되는 과정에서 행동은 많은 환경적인 요소와 충돌하고 상호 절충되기 때문이다. 따라서 인간의 행동은 욕구와 환경적 요소와의 충돌과 상호절충의 산물이라고 표현하는 것이 더 정확할 것이다.

# 1
# 대인 간 욕구이론

슈츠(Schutz)는 사람들의 대인관계 기본지향성을 가정하면서 사람들이 다른 사람들과의 만남을 통해 충족하려는 세 가지 기본욕구를 가정하였다. 그것은 소속, 통제 그리고 애정의 욕구이다.

첫째, 소속욕구는 다른 사람들과의 상호작용을 통해서 소속감 그리고 함께라는 느낌을 찾으려는 욕구이다. 소속욕구는 타인들에 의해 자신이 받아들여지는 것뿐 아니라 자신이 타인들을 친구로서 그리고 동료로서 받아들이는 것도 포함된다. 슈츠는 이러한 동기를 기술하기 위해서 교제하다, 어울린다, 의사소통을 하다, 속하다 그리고 가입하다와 같은 용어를 사용한다.

둘째, 사람들은 타인에 대한 통제욕구를 만족시키기 위해 다른 사람들과의 관계를 맺으며 집단에 가입하기도 한다. 통제욕구가 높은 사람은 타인을 지배하려고 한다. 그러나 통제받기를 원하는 사람은 타인의 명령에 복종함으로써 자신의 욕구를 충족할 것이다. 지배자나 통제, 권위와 같은 용어는 다른 사람들을 통제하려는 강한 욕구를 함축하며, 추종자, 복종과 같은 단어는 통제받고자 하는 욕구를 나타낸다.

셋째, 사람들은 다른 사람들과 정서적 유대를 맺으려는 욕구를 갖고 있다. 타인과 정서적 관계를 확립하고 유지하려는 이러한 원망을 애정욕구라고 한다. 사랑이나 우정, 좋아함 같은 용어가 이에 해당한다. 애정욕구도 다른 사람들을 좋아하고자 하는 욕구뿐만 아니라 타인이 자신을 좋아해 주기를 바라는 욕구도 포함된다.

# 2
# 동기내용이론

## 1) 매슬로우의 욕구위계이론

매슬로우(Abraham Maslow)의 주장에 따르면 인간이 특정한 목적의식을 가지고 어떠한 행동을 하는 것은 단순히 인간이 가지고 있는 논리적인 사고의 결과가 아니라 그 내면에 잠재해 있는 욕구충족의 필요성 때문이라는 것이다(Mallow, 1954). 그의 임상적인 관찰에 의하면 일반적으로 인간은 문화권이 달라도 같은 종류의 욕구를 가지고 있으며 이 욕구는 생리적 욕구, 안전욕구, 소속과 애정욕구, 자존감욕구 및 자기실현욕구 등 다섯 가지로 나뉘고 있다. 그리고 인간의 행동은 이 욕구 중 충족필요성의 강도가 가장 높은 욕구의 작용에 지배를 받게 된다는 것이다. 좀 더 구체적으로 설명하면 만약 사람이 잠이 부족하게 되면 인간의 욕구 중에 잠을 자고 싶어 하는 생리적인 욕구가 자극이 되고 이로 인해 그 사람은 긴장감, 불안감 등 심적인 불균형상태를 겪게 되어 이 욕구의 충족을 통한 욕구의 균형상태를 이루려 하므로 이 욕구는 행동동기의 에너지로서 작용하고 그 사람은 이 욕구를 충족시키고자 하는 곳에 모든 관심이 집중된다. 일단 이 욕구가 충족이 되면 이 욕구는 행동의 동기로서 힘을 잃게 되고 다른 욕구가 행동을 지배하게 된다는 것이다. 여기서 매슬로우가 지적한 중요한 사실은 이 욕구가 행동의 동기로서 힘을 발휘하기 위해서는 계층성이 있다는 것이다. 즉 매슬로우는 욕구를 피라미드 구조로 나타냈는데 하위층 욕구가 충족되지 않는 한, 상위층의 욕구는 행동동기로서 힘을 발휘할 수 없다는 것이다. 따라서 생리적 욕구가 충족된 이후에 안전욕구충족의 자극을 받게 되고, 또 안전욕구가 충족된 다음, 소속과 애정의 욕구충족을 바라고 그것을 위해 특정한 행동을 하게 된다는 것이다.

### (1) 생리적 욕구와 안전욕구

생리적 욕구는 욕구의 다섯 단계 중 가장 하위단계의 욕구이다. 하지만 이 단계의 욕구가 충족되지 않으면 어느 일도 할 수 없는 인간행동의 가장 기초가 되는 욕구이다. 이것은 주로 인간의 의식주와 관련된 생명유지를 위한 욕구로 일단 이 욕구가 차단되면 사랑이라든지 존경이라든지 하는 것에 대한 관심은 하나의 꿈이고 현실성이 없는 낭만에 지나지 않으며, 모든 관심은 이 기본욕구충족에 집중된다. 우리 속담에 금강산도 식후경이라는 말은 곧, 생리적 욕구충족 없이 미를 추구하는 마음이나 정서적 활동이 불가능하다는 것을 말해주고 있다. 일단 인간이 배고픔을 해결할 수 있고, 생명유지를 의한 다른 요건이 갖추어지면, 그 다음 단계로 중요시하는 것은, 위험과 공포와 사고 등으로부터 안전하고자 하는 것이다. 이것이 안전욕구이다. 자신을 보호한다는 면에서 신체적인 면과 관련이 있지만, 이 욕구는 생리적 욕구보다 훨씬 심리적 욕구에 가깝다고 할 수 있다. 따라서 사람들이 심리적인 위협을 느껴 밤늦게 나가는 것을 조심한다든지, 집에 담을 높이고 철조망을 가설하는 것도 이 욕구충족의 표현이다. 특히 사회 기득권세력이 안전과 안보를 강조한다든지, 변화를 싫어하는 것도 이 욕구의 표현이라고 할 수 있다. 이 욕구는 인간의 욕구 중 가장 기본적인 욕구의 하나로서 우리는 현대와 같은 심한 경쟁사회에서 우정이나 애정 또는 신의를 포기하고 불명예를 감수하고라도 자기보신 및 자기재산의 보호 등 안전욕구를 충족시키려는 경우를 많이 볼 수 있다.

### (2) 사회적 욕구

인간은 사회적인 동물이다. 일단 기본적 욕구인 생리적 욕구 및 안전욕구가 충족이 되면 다음으로 인간들은 다른 사람들과 더불어 살며 그들로부터 인정을 받고 나아가서 사랑받기를 원하며, 자기 주위사람들이 자기를 사회의 일원으로 받아들여 줌으로써 어떠한 집단에 소속감을 가지기를 바란다. 이것이 사회적 욕구이다. 친구들 간에 비공식적이지만 서로 소집단을 형성하여 함께 활동하며, 서로 필요한 정보를 나누고 도우며 살아가고자 하는 것은 곧 이 사회적 욕구의 표현이다. 미국 이민가족 중의 어떤 대학생이 미국에서 태어나서 자라고 교육을 받았어도 백인학생들로부터 소외감을 느끼고, 자기가 아무리 영어를 잘해도 자기는 영원히 그들과 함께 동료로서 받아들여질 수 없음을 알고 자살했다는 이야기를 들었는데, 이것도 사회적 욕구의 충족이 차단되면서 오는 파행적인 행동의 결과라고 할 수 있다.

### (3) 자존감의 욕구

일단 한 집단의 일원이 되고 그들과 우정을 나누고 같은 활동을 하게 되면 다음 단계로는 그 사람의 행동동기의 원천으로 작용하는 욕구는 자존감에 관한 욕구이다. 이 존경욕구는 크게 두 가지로 나눌 수 있다. 첫째는 자기 자신에 대한 존경심, 즉 자기존중감(self-esteem)이다. 이것은 자신감, 독립심, 성취감 등을 갖고자 하는 욕구이다. 둘째로는 자신이 타인으로부터 얻는 명예와 존경심이다. 이는 남들로부터 인정을 받고, 남들이 자기를 중요시해 주기 바라며, 그럴 수 있는 사회적인 위치를 갖고자 하는 욕구를 말한다. 그 동안 설명한 다른 욕구와 달리 이 욕구는 쉽게 충족이 되지 않는 욕구이다. 일단 어느 정도 하위욕구가 충족이 되고 이 욕구가 중시되기 시작하면 인간은 아무리 많은 사람들의 인기를 끌고 존경을 받더라도 이에 만족하지 않고 끊임없이 이 욕구충족을 갈구하는 경향이 있다(McGregor, 1966).

### (4) 자아실현욕구

이 욕구는 가장 상위수준의 욕구로서 개인의 내적 성장을 추구하고자 하는 욕구이다. 이러한 욕구는 자신의 이상이나 삶의 목표를 펼쳐 나아가, 자기의 삶을 좀 더 값있고 뜻있게 하고자 하는 것이며, 자기 속의 잠재력을 최대한 개발하고자 하는 것이다. 이는 자신의 창의성이나 자기계발 및 타인에 대한 봉사를 통해 만족시켜 나아간다. 현 산업사회의 구조 속에서 주어진 업무와 주어진 규율에 따라 행동하다 보면 이 욕구의 충족은 많은 제약을 받는다. 매슬로우에 의하면 미국사회에서 단지 10% 정도의 사람들만이 이 욕구의 충족을 위해 일하고 있다고 한다. 지금까지 알아본 매슬로우의 인간욕구계층이론은 인간이 단지 동물적인 욕구충족에 만족하지 않고 사회봉사와 자기실현을 추구하는 존재로서 인간의 존엄성을 확인했다는 측면에서 인정을 받을 수 있다. 또한 인간욕구를 체계적으로 분류해서 인간의 심리를 좀 더 구체적으로 이해할 수 있는 바탕을 마련했으며, 이를 통해 인간의 특정행동 동기를 설명하는 기반을 구축했다는 데 큰 의미가 있다. 하지만 매슬로우가 주장한 대로 아직도 인간욕구가 실질적으로 계층구조에 따라 자극이 되는지, 이미 충족된 욕구는 더 이상 행동을 자극하는 요인이 될 수 없는지는 미지수라고 할 수 있다. 또한 여러 욕구, 즉 존경욕구, 사회욕구, 안전욕구는 동시에 행동의 원천적 힘으로 작용할 수 없는지 하는 문제가 실증적인 검증을 통해 아직 증명되지 않아 반론의 여지를 많이 남겨두고 있다.

### 2) 앨더퍼의 ERG이론

매슬로우가 임상적인 관찰을 바탕으로 연역적인 추리를 통해 욕구계층 이론을 전개시킨 반면, 앨더퍼(C.D. Alderfer)는 그 동안 다른 사람들이 이루어놓은 실증적 연구와 자신이 직접 현장에서 한 실증적인 연구를 바탕으로 ERG이론을 제시하였다. 그의 체계적이면서도 실증적인 연구결과에 의하면, 인간행동의 동인(motive)이 되는 욕구는 매슬로우가 제시한 다섯 단계보다는 크게 세 범주로 나눌 수 있다고 보고 있다. 그리고 이 욕구는 계층적으로 작용하는 것이 아니라 언제든지 두 가지의 다른 욕구가 동시에 작용할 수 있음을 밝힘으로써 매슬로우의 욕구위계이론의 문제점을 극복하고자 하였다. 앨더퍼가 제시한 세 범주의 욕구는 존재욕구(existence needs), 관계욕구(relatedness needs) 그리고 성장욕구(growth needs)이며, 이 첫 글자를 따서 ERG이론이라고 하였다.

#### (1) 존재욕구

이는 매슬로우의 생리적인 욕구 및 안전욕구에 해당하는 것으로 인간의 생존에 관계되는 욕구 및 신체적인 측면에서의 안전에 관한 욕구이다. 이 욕구가 충족되지 않으면 존재의 가능성이 위협받게 된다.

#### (2) 관계욕구

이는 인간의 사회적인 측면과 관련하여 인간답게 살기 위해 타인과의 관계를 유지하려는 욕구이다. 즉 자신을 둘러싸고 있는 사람들과의 관계와 관련된 욕구로서 그들로부터 애정을 받고 소속감을 느끼며 대인관계에서 인정과 존경을 받고자 하는 욕구이다. 이는 매슬로우의 이론에서 본다면 사회적 욕구 및 존경욕구에서 타인으로부터 존경을 받고자 하는 부분이 이에 속한다고 할 수 있다.

### (3) 성장욕구

이는 인간내면의 정신적인 측면으로서 자신을 개발하고 창조적인 일을 통해 개인적인 성장을 추구하고자 하는 욕구를 가리킨다. 매슬로우의 이론과 비교하여 설명하면 이는 존경의 욕구 중 자기 자신에 대한 자신감과 자기존중심을 키우고 성취감을 맛보고, 나아가 진정한 자아발견과 자아성장을 추구하고자 하는 욕구이다. 앨더퍼가 인간의 욕구를 세 단계로 나누어 본 것은 매슬로우와 유사한 점이 많지만 다음의 몇 가지에서는 차이를 보이고 있다.

첫째, 매슬로우는 한 욕구가 충족되면 그 다음 단계 상위욕구충족을 위해 이행되는 과정만을 강조했는데, 앨더퍼에 의하면 상위욕구충족을 위해 노력하다가 그것이 좌절되면 낮은 욕구로의 퇴행도 가능하다고 보고 있다. 다시 말해 인간은 일단 하위욕구가 충족되면 그 윗단계 욕구충족에 관심을 보이는 것이 사실이나, 상위욕구충족의 가능성이 희박할 때는 하위욕구충족에 대한 기대가 커지고 그것에 더 큰 관심을 보인다. 따라서 앨더퍼의 이론에는 매슬로우의 이론에 비해 좌절-퇴행의 요소가 가미되어 있다고 볼 수 있다. 둘째로 매슬로우는 동시에 여러 욕구가 작용하기보다는 그 중에 충족의 긴박성이 가장 큰 욕구가 행동의 동인이 된다고 보고 있지만 앨더퍼는 동시에 몇 가지의 욕구가 함께 작용할 수 있다고 보고 있다. 이 앨더퍼의 이론은 그 동안 몇몇 실증적인 연구결과 입증이 되어 매슬로우의 이론보다 사실적이라는 평가를 받고 있으나 좀 더 많은 실증적인 연구가 밑바탕이 되어야 한다는 비판도 아울러 받고 있다.

### 3) 허즈버그의 두 요인이론

허즈버그(F. Herzberg)는 산업심리학자로서 주로 사람들이 일을 열심히 하여 생산성을 높임과 동시에 일하는 동안 어떻게 하면 그 일로부터 만족을 얻을 수 있을까라는 문제를 연구하였다. 그는 이 문제에 대한 답을 얻기 위해 피츠버그의 심리학연구소의 동료들과 함께 그 지방의 11개 산업체에서 선정한 약 200명의 기술자들과 회계사들을 대상으로 그들이 직무를 수행할 때 언제가 가장 즐겁고 만족스러웠으며, 어떠한 것이 그들을 불유쾌하고 불만족스럽게 했는지를 면접을 통해 조사하였다(Herzberg, 1966). 그의 연구결과에 따르면 직무상 사람들이 만족감을 느끼고 일의 의욕을 느꼈을 때는 무엇인가 스스로의 노력을 통해 성취감을 맛보았을 때이며, 다른 사람들로부터 인정을 받으며 자신의 발전과 성장을 위해서 일할 때라는 것이다. 한편 그들의 직무상 불만족요인이 되고 있는 것들은 동료들과의 불협화음, 상관과의 관계, 봉급, 작업조건, 안전문제 등이라는 것을 발견했다. 여기서 허즈버그는 불만족 요인이 개선되더라도, 다시 말해 봉급이 인상되고, 주위사람들과 화목하게 지내고, 작업조건이 향상된다고 하면, 불만족이 줄어들긴 하지만, 그렇다고 해서 일하는 사람들이 그 일을 통해 얻는 성취감과 다른 사람들로부터 인정을 받아 느끼는 만족감을 얻지는 못한다고 보았다. 그의 결론에 따르면 인간의 욕구에는 두 가지 범주가 있는데, 하나는 불만족을 줄이고자 하는 범주요,

다른 하나는 성취감을 얻고 자기를 성장시킴으로써 만족을 얻고자 하는 영역이라는 것이다. 하지만 이 욕구의 두 범주 간에는 하등의 계층관계가 성립하지 않는다는 것이다. 다시 말해 인간은 먼저 불만족요인을 제거한 다음 만족요인이 되는 성취감이라든지 존경을 통한 만족감을 추구하는 것이 아니라는 것이다. 따라서 아무리 불만족을 줄이기 위해 주위환경에 있는 불만족의 원인이 되는 요인을 감소시킨다 해도, 이것은 일하는 사람이 목표로 정한 일을 성취한 후 얻는 만족감이나, 타인으로부터 받는 존경과 인정에서 얻는 만족을 추구하는 데 관심을 쓰도록 자극하는 요인으로 작용하지는 못한다는 것이다. 그러므로 욕구의 두 범주는 별개의 것이다. 그는 불만족을 줄일 수 있는 상사와의 관계, 자신의 작업조건, 봉급 등을 직무만족에서 위생요인(hygiene factors)이라고 하고, 직무에서 만족을 주는 성취감, 성장, 자기개발, 일 자체 등을 동기요인(motivators)이라고 했다. 이 두 가지 요인을 허즈버그의 두 요인이론(two factors theory)이라고 한다.

이 두 요인이론에 대한 실증적인 검증을 위해 그 동안 많은 노력이 있어 왔다. 하지만 실증적 연구조사에 따르면 급료 또는 그 사람의 지위와 관련된 승진 등도 직무상의 동기요인이 된다는 것이다. 따라서 두 요인을 확연히 구분이 되는 별개의 요인으로 인정하기는 힘들다.

또 한 가지 이 이론에 대한 비판은 이 이론을 도출하는 데 쓰인 방법론의 문제이다. 사람들은 자기의 불만요인을 타인 및 밖의 환경적인 요인에 돌리고 자신의 만족감을 자신이 한 일이나 자기 자신에서 찾는 경향이 있다. 그러므로 허즈버그의 조사결과는 당연한 결과라는 것이다. 여기서 간과하지 말아야 할 것은 진정한 대인관계에 이 이론이 던져주는 메시지이다. 즉 진정한 인간관계의 형성은 위생요인에 — 친절, 물질 및 편안함의 제공 등 — 의존해서 관계를 맺는 것에는 한계성이 있다는 것이다. 다시 말해 우리의 인간관계가 위생적인 요인을 바탕으로 형성 유지되면 불만족이 줄어들긴 하지만, 반드시 만족을 얻을 수 있는 것은 아니다. 인간은 동기요인, 즉 상대방을 인정하고, 발전을 돕고 또는 자신을 인정해주고 자신의 발전을 도와주는 상대방과 진정한 관계의 성립이 가능하며 이를 통해 만족을 얻을 수 있다는 의미를 내포하고 있다고 볼 수 있다.

## 3
## 동기과정이론

인간욕구관련 이론은 인간행동의 동인이 되는 요소가 어떠한 것들인가를 이해하고 설명하는 데는 유익한 이론일지 모르지만, 그러한 동인에 의해 실제로 인간이 어떠한 방향으로 행동을 하리라고 예측하는 데는 한계성이 있다. 인간행동의 원천이 되는 욕구는 어떠한 과정을 통해 유인되는가, 다시 말해 왜 사람들은 특정한 일을 하기로 마음먹게 되는가 하는 문제에 관해서는 동기과정에 관한 이론이 잘 설명해 주고 있다. 여기에서는 동기과정을 설명해 주는 대표적인 두 이론인 기대이론과 목표설정이론을 알아보기로 하겠다.

### 1) 기대이론

기대이론은 브룸(V. H. Vroom)에 의해 제시된 이론인데, 근본적으로 인간행동동인(motive)의 방향은 ① 유의성(valence), ② 기대감 (expectancy), ③ 수단성(instrumentality) 등의 세 가지 요인에 의해 결정된다는 것이다(Vroom,

1964). 유의성이란 자기가 무슨 일을 하려고 할 때 그 일로부터 얻을 수 있는 보상(rewards)을 얼마나 얻고 싶어하는가 하는 '행위자 자신의 주관적인 선호의 강도를 가리킨다. 기대감은 자신의 노력이, 얻고자 하는 보상을 얻는 데 필요한 수단이 되는 수준의 성과(good performance)를 가져올 수 있으리라 믿는 확률의 정도이다. 예를 들면 한 학생이 졸업 후 어떤 직장을 가고 싶다면, 그 특정 직장에 대한 매력의 정도가 유의성이고 그 직장에 들어가기 위해서는 좋은 학점이 요구되는데 자기가 노력하면 좋은 학점을 받을 수 있으리라고 여겨지는 가능성의 정도가 기대감이다. 수단성이란 열심히 일한 성과가 과연 자기가 바라는 보상을 얻는 데 어느 정도 도움이 되나 하는 것에 관한 믿음 정도를 가리킨다. 다시 말해 좋은 학점이, 바라는 직장에 들어가는 데 기여할 수 있다고 믿는 정도가 수단성이다.

어떠한 사람이 특정한 행동을 하고자 마음먹기 위해서는, 그 행동을 통해 얻을 수 있다고 믿는 보상에 강한 매력을 가지고 있어야 하며, 그의 노력은 그 보상을 얻는데 필요한 수단을 확보할 수 있다는 믿음이 있어야 하며, 그의 노력을 통해 확보한 보상수단은 실질적으로 그 바라는 보상과 직접적으로 관련이 있어야 한다. 예를 들면, 만약 한 직장에서 상관이 부하직원들에게 직장의 발전에 도움이 되는 특별보고서를 작성해 올 경우 승진과 더불어 보너스를 지급할 것을 제의했다고 하자. 직원의 대부분은 승진과 보너스라는 보상 때문에 이 보고서작성에 관심을 가질 것이다. 그러면 직원들은 과연 어떠한 과정을 통해 이 과제에 손을 댈 것인가 말 것인가를 결정할까? 그 과정을 기대이론은 설명해 준다. 첫째, 직원들은 자신들에게 승진과 보너스가 어느 정도 중요한 의미가 있나를 고려할 것이다(유의성). 일단 이 보상이 자기에게 중요하게 여겨지면 다음의 고려해야 할 사항은 그가 노력하면 과연 그 상관이 요구하는 직장에 유용한 보고서를 작성할 수 있을까 하는 문제이다. 상관이 어떠한 종류의 보고서를 요구하는지 실질적으로 요구하는 보고서를 주어진 시간 안에 자신의 능력을 가지고 쓸 수 있는지에 대한 확신이 있어야 그 보고서를 쓰게 될 것이다(기대감). 이 보고서를 작성하기 위해서는 업무 외에 시간을 활용해야 하므로 친구와 만나는 일, 집안일, 취미생활 등 많은 것을 포기해야 한다. 그러한 많은 것을 포기하고 이 보고서를 작성하더라도 그 보고서가 상관이 보기에 정말 직장의 발전을 위해 도움이 된다고 할 것인지는 다른 문제이다(수단성). 여기에 확신이 서지 않으면 바라는 보상을 얻기가 불가능하다고 여기게 되고 그 보고서를 작성하고자 하는 의욕은 없어질 것이다.

이 이론이 지적한 바는 인간의 행동의 방향은 그 사람에게 의미가 있다고 여겨지는 방향으로 움직이게 되고, 또한 그 의미 있는 것을 실제적으로 얻을 수 있는 확률이 높은 방향으로 행동을 하게 된다는 것이다. 이론의 장점은 상대방으로부터 기대하는 행동이 일어나지 않았을 경우 왜 그러한 행동을 하지 않았는지 분석가능하게 해 준다. 즉 유의성에 문제가 있었는지, 기대감에 문제가 있었는지 또는 수단성에 문제가 있었는지 살펴봄으로써 알 수 있게 된다. 또한 행동의 여러 대안이 있을 경우 사람들은 어떠한 대안을 택해 행동으로 옮길 것인가를 예측가능하게 해 준다. 하지만 기대이론은 모든 사람이 행동방향의 설정은 합리성을 바탕으로 한다는 가정과 관련된 대안을 모두 다 알고 있다는 가정하에 적용되는 이론이라는, 다시 말해 인간을 철저하게 합리적인 동물로만 파악하고 있다는 데 한계성을 가지고 있다.

## 2) 목표설정이론

기대이론과 유사한 인간행동의 힘은 어떻게 유인되는가를 잘 설명해 주는 다른 한 이론이 목표설정이론이다. 목표설정이론의 기본가정은 인간이 어떠한 일을 함에 있어서 해야만 한다고 믿기 때문에 하기보다는 목표가 확실히 주어져서 그 목표를 성취해야만 하는 것으로 받아들였을 때, 그 사람의 사고와 행동은 그 목표로 더욱 집중되게 된다는 것이다 (Lock, 1976). 하지만 모든 목표가 인간의 행동을 유인하는 목표로서 작용하는 것은 아니다. 우리가 생활함에 있어서는 여러 성취해야 할 목표가 동시에 존재할 수 있으며, 또한 그 목표들은 서로 갈등관계에 있어서 특정한 목표를 추구하기 위해서는 다른 목표를 포기해야 하는 경우도 많기 때문이다.

그렇다면 왜 목표는 행동유인요소로 작용할까? 가장 설득력있는 설명은 설정된 목표의 성취는 사람들에게 성취감을 주고 자신의 존재를 확인시켜 주는 역할을 하므로 행동유인 요소로서 작용을 한다는 것이다. 그렇다면 성취감을 얻기 위해서는 우선 목표 자체가 특별한 노력없이 성취가 가능한 쉬운 목표이면, 동기요인으로 바람직한 역할을 하리라고 가정해 볼 수 있다. 하지만 목표가 동기요인이 되기 위해서는 생각보다 복잡하다. 우선 너무 성취하기 쉬운 목표는 인간에게 성취감을 주지 못하므로 관심의 대상이 될 수 없다. 또한 너무 목표 자체가 이상적이거나 성취할 가능성이 희박한 목표는 노력한 대가를 얻을 수 없기 때문에 사람들은 쉽게 포기해 버린다. 그 동안의 연구결과에 따르면 만약 사람들이 받아들이기만 한다면 성취하기 힘든 목표일수록 성취해 보고자 하는 의욕을 자극할 수 있는 가능성이 높다. 따라서 사람들의 강한 노력을 유도하기 위해서는 합의를 통해 만들어진 성취하기 힘든 목표가 좋다.

그 동안 목표설정과 관련된 연구에서 가장 중요하게 지적되고 있는 것은 목표의 명확성이다. 추상적이고 불명확한 목표는 사람들의 행동요인으로서 작용하지 못하며 가능한 한 목표 자체가 무엇을 언제 어떻게 성취되어야 하는지 구체적으로 명시되었을 때 도전의 대상이 된다는 것이다. 다음으로 목표설정에서 중요한 것은 목표 자체를 행위자 자신이 의미 있는 것으로 받아들여야 한다는 것이다. 아무리 구체적이고 난이도에서 성취의욕을 유인할 수 있는 요인을 갖춘 목표라고 할지라도 그 목표를 받아들이는 입장에서 큰 의미를 부여할 수 없다면 행동의 유인요소가 될 수 없다. 그러므로 조직의 경우에는 관련된 사람들이 목표설정에 대한 참여의 길을 열어 주는 것이 바람직하다는 것이다(Steers, 1975).

동기의 과정을 설명하는 이론으로부터 알 수 있는 사실은, 인간욕구의 방향은 자신들에게 의미가 있고 가치가 있다고 여겨지는 곳으로 향하게 되며, 또한 자신들의 노력을 통해 성취할 가능성이 있으며 해야 할 일이 명확하고 구체적인 일로 향한다는 것이다. 다른 말로 표현하면 사람들은 하고자 하는 기(氣)가 살아나야 하는데 이 기(氣)는 할 수 있다고 믿을 때부터 살아나기 시작한다. 인간이면 누구나 잠재적인 가능성을 가지고 있다. 이 가능성을 살려 자기의 성장으로 전진하기 위해서는 의미 있는 목표를 설정해야 한다. 그 다음에 우리에게 필요한 것은 노력하면 할 수 있다는 신념이다. 그 신념을 통해 우리의 기는 살아나고 이는 행동으로 연결될 수 있기 때문이다.

# 4
# 행동패턴형성이론

지금까지 제4장에서 우리는 인간행동의 동인으로서의 욕구내용과 그 욕구가 행동화하는 과정, 다시 말해 왜 사람들은 특정한 일을 할 것을 결심하게 되는지에 대해 설명하였다. 이제 우리는 왜 사람들이 같은 행동을 지속적으로 하게 되는지 행동패턴의 형성과 유지를 알아보도록 하겠다. 먼저 일반적인 행동패턴의 형성을 설명하는 강화이론을 알아본 다음 인간관계에서 서로 지속적인 관계형성을 설명하는 사회교환이론을 알아보기로 하겠다.

## 1) 강화이론

강화이론에서는 인간의 삶은 곧 행동을 의미하는데 어떠한 행동을 할 것인가 또는 어떠한 행동이 지속적으로 유지될 것인가는 자신의 내적인 결정보다 그 행동이 가져오는 결과에 대한 환경반응에 의해 결정된다는 것이다. 즉 특정행동의 결과가 긍정적 보상을 받게 되면 그 행동은 점점 강화되어 지속적인 행동의 패턴으로 자리를 잡게 된다는 것이 강화이론(Reinforcement Theory)의 핵심이다. 이 이론을 주장하는 스키너(Skinner)에 따르면, 인간의 행동은 전적으로 그 사람의 환경에 의해 결정되고 유지된다는 것이다. 인간은 처음 세상과 접하면서 무심코 행동을 시작한다. 그러면서 점차 자신의 행동이 어떠한 결과를 가져오는가에 관심을 가지게 된다. 만약 자신의 특정행동에 대한 주위의 반응이 긍정적이고 그 행동의 결과 그 사람의 환경으로부터 좋은 보상을 받게 되면, 그는 같은 상황에서는 같은 행동을 반복하게 된다. 그리고 그 행동에 대한 계속적인 긍정적 보상은 그 행동을 점차 지속적으로 하도록 강화하게 한다는 것이다. 따라서 어떠한 인간행동의 지속적 유지는 그 행동의 결과가 결정하게 되고, 만약 사람들이 어떤 특정한 방향으로 긍정적인 보상을 받게 되면, 그 방향으로 행동이 패턴화된다는 것이다. 우리는 이 이론을 돌고래나 다른 기타 동물들의 훈련의 결과에서 잘 알 수 있다. 돌고래가 공을 가지고 재주를 부리고 조련사의 명령에 따라 움직이는 것은 돌고래의 훈련과정에서 바람직한 행동에 상응하는 보상에 의해 그 행동이 지속되어 나중에는 상상도 못하는 행동들이 몸에 배도록 만든 것이다. 강화이론과 관련된 그 동안 많은 부분의 연구는 주로 어떠한 방법을 통해 긍정적 또는 부정적인 보상을 해주느냐 하는 방법론에 집중되어 왔다. 연구결과에 따르면, 바람직한 행동이 지속적으로 반복되도록 유도하기 위해 우선 중요한 것은, 어떠한 행동이 바람직한 행동인가 구체적으로 보상대상의 행동을 명확하게 설정하여야 한다. 따라서 보상을 받는 사람도 자신의 어떠한 행동이 보상대상이 되는지를 정확하게 인식할 수 있어야 한다는 것이다. 보상을 받았는데 그 이유가 명하지 않으면 그 보상은 큰 효과가 있을 수 없다는 것이다. 둘째, 그 행동의 중요성에 따라 보상의 정도가 달라야 한다. 중요성에 대한 비중에 관계없이 그저 바람직하다고 무조건 보상을 하게 되면, 정말로 바람직한 행동이 무엇인지가 불명확하여, 중요하다고 여기는 행동의 지속화를 기대하기 힘들다. 셋째, 보상에는 일관성이 있어야 한다. 다시 말해 보상받을 만한 행동을 했을 때는 틀림없이 보상을 해주고 같은 강도의 보상이 있어야 한다. 마지막으로 보상은 행동 즉시 이루어져야 한다. 만약 행동 직후 보상이 이루어지지 않고 후에 한꺼번에 보상을 해 준다든지 상당시간이 경과된 후 보상을 한다면, 자신이 어떠한 행동을 했기 때문에 보상을 받는지에 대한 인식이 불명확해, 보상의 효과는 그리 크지 못하다는 것이다.

강화이론에 의하면 부정적 보상 또한 긍정적 보상만큼 중요한 역할을 한다는 것이다. 바람직하지 못한 행동을 했을 경우 그것에 상응하는 질책을 한다든지 또는 처벌을 가하는 부정적인 보상이 따르지 않으면, 그 행동은 계속될 수 있기 때문에 부정적인 보상도 중요한 것이다. 그 방법을 간단히 소개해 보면 다음과 같다. 첫째, 특정행동이 바람직하지 못하다고 여겨질 때는 어떠한 행동이 왜 나쁜지 구체적으로 지적해 줌으로써 상대방이 그 행동이 어떠한 부정적 효과를 가지고 오는지 구체적으로 이해할 수 있도록 해야 한다. 무조건적인 질책이나 처벌은 단지 감정만을 상하게 할 뿐 그 행동의 재발을 방지할 수 없다는 것이다. 둘째, 바람직하지 못한 행동을 할 경우 즉시 잘못을 구체적으로 지적해야 한다. 셋째, 잘못을 지적할 때는 행위자의 인격을 공격하지 말고 한 행위 자체만의 시정을 위해 지적해야 한다. 만일 어떤 사람이 특정 행위자의 잘못을 지적함에 있어서 인신공격을 한다든지 그를 무시하는 식의 지적은 그 사람의 감정을 상하게 하여, 행위자 자신이 한 행동에 대한 반성보다는 잘못을 지적한 상대방에 대한 좋지 못한 감정만을 일으키고 자신의 행동을 합리화하도록 만들게 된다는 것이다. 따라서 잘못의 지적이 행위자를 비판하고 무시하고자 하는 것이 아니라 그의 진정한 성장을 위한 것이라는 것을 인식시킬 때 그 질책이나 지적은 비로소 효과적 일 수 있다는 것이다(Blanchard & Johnson, 1989).

인간관계에서 이 이론의 의미를 찾는다면 상대방이 나에 대해 어떠한 행동을 하는가 하는 것은 그 사람에 달려 있는 것이 아니라 내가 그 사람의 행동에 대해 어떠한 반응을 보이느냐에 달려 있다는 것이다. 다시 말해 상대방의 특정 행동 자체가 바람직하다고 여겨지면 그에 상응하는 칭찬을 한다든지 다른 보상을 통해 긍정적인 보상을 해줌으로써 그 행동이 지속되도록 유인할 수 있다. 역으로 만약 그 사람의 행동이 마음에 들지 않는다면 부정적인 반응을 통해 그 행동이 다시 반복되지 않도록 통제할 수 있다는 것이다. 우리는 어떠한 사람이 자신을 불쾌하게 대한다든지 자신을 무시하는 행동을 한다고 불평하는 말을 종종 듣는다. 이 이론에 따라 그 불평을 반박해 본다면, 그러한 불쾌한 행동의 책임은 상대방에게만 있는 것이 아니라는 것이다. 자신이 그러한 행동을 해도 거부반응 없이 받아들여 주었기 때문에 그러한 행동이 지속된다는 것이다. 따라서 상대방에게 그러한 행동을 하도록 허용한 자신에게도 책임이 있으므로 그 책임을 전부 상대방에게 전가하는 것은 옳지 않다는 것이다.

끝으로 강화이론에 대한 가장 대표적인 비판을 든다면 인간행동을 조작과 통제대상으로 본다는 윤리적인 문제이다. 이는 인간의 자의적인 선택 및 스스로 보상과 질책에 대한 이해와 해석을 하는 인간의 심리적인 과정을 전혀 고려하지 않았으며, 항상 환경적인 요소에 의존해 행동하여 자신의 행동패턴을 형성하므로 인간을 환경적인 산물로만 이해하고 있다는 한계성을 가지고 있다. 또 다른 비판은 이 강화이론은 개, 비둘기, 원숭이 같은 동물의 행태를 통제 · 훈련시키는 데는 잘 적용이 될지 모르지만 다양한 욕구와 복잡한 심리적 작용 속에 행동을 하게 되는 인간의 행동조작과 통제에 이 이론을 적용하는 데는 문제가 있다는 것이다. 하여튼 이 이론에서 제시하는 긍정적 또는 부정적인 보상은, 정도의 차이는 있겠지만, 인간의 행동에 영향을 줄 수 있다는 것은 부정할 수 없으므로, 인간관계에서 활용의 가능성은 충분하다 하겠다.

### 2) 사회교환이론

사람들이 특정한 사람과 인간관계를 형성하며 그 관계를 지속해 나가는 동인은 무엇인가에 대해 알아보고자 한다. 사람들은 대인관계에서 특정인에게 관심을 보인다든지 호의를 베푸는 행동을 지속적으로 반복함으로써 인간관계를 형성한다. 인간관계형성 및 유지하도록 하는 요인에 관한 이론 중에 가장 많이 거론되고 있는 이론의 하나인 사회교환이론을 마지막으로 알아보기로 한다. 사회교환이론이란 쉽게 표현하면 사회에서의 인간관계는 상호 간에 주고(cost) 받는(rewards) 과정에서 이루어지며, 쌍방이 그 관계의 결과로 남는 것(profit-taking)이 있다고 여겨질 때 상호관계가 지속된다는 것이다. 좀 더 구체적으로 설명하면 일단 어떠한 사람과 관계가 형성되면 그 관계를 유지하기 위해서는 어떠한 형태로든 대가(cost)를 지불해야 한다. 즉 그 사람과 보내는 시간, 돈, 갈등, 가끔 겪는 불쾌한 기분, 불안한 감정 또는 그 관계로 인해 일어날 수 있는 다른 사람과의 좋지 않은 관계 등이 대가(cost)에 해당한다. 한편 그 관계를 형성 · 유지하는 과정에서 자신에게 돌아오는 보상(rewards)이 있다. 즉 돈과 물질적인 이득은 물론 애정, 소속감, 인정, 존경, 자부심, 상대방으로부터 얻는 지식 등이 이에 속한다. 이렇게 대가와 보상을 주고받는 과정을 사회교환과정(the process of social exchange)이라고 하고 이 주고받는 과정의 결과, 다시 말해 그 관계에서 얻은 것에서 그 관계로 인해 들어간 비용을 뺀 것이 사회교환과정의 결과(outcome)인데, 그 결과가 상호 자신에게 도움이 된다고 여겨지면 그 관계가 지속된다고 하는 것이다.

여기서 문제가 되는 것은 그 결과를 어떠한 기준에 의해 평가하느냐 하는 문제이다. 인간관계결과에 대한 평가기준을 비교수준(comparison level)이라고 한다. 즉 현재 이루어지고 있는 인간관계에서 얻은 결과가 비교수준에 비해 높으면 그 관계에 만족하게 되고, 비교수준보다 낮으면 불만족스럽게 여겨져 그 상태가 지속되면 관계는 계속 유지될 수 없게 된다.

그러면 그 비교수준은 어떻게 형성되나. 첫째, 현재 진행되고 있는 관계를 과거의 유사한 경험과 비교한다는 것이다. 만약 현재의 관계가 과거 자신이 가졌던 유사한 관계에서 얻은 것보다 나으면 그 관계에 만족을 느끼고 그렇지 않으면 불만을 느낀다는 것이다. 예를 들어 내가 새로운 사람과 거래를 하게 되었는데, 상대방이 과거 다른 사람과 거래할 때보다 불친절하고 가격도 비싸면, 그 거래관계의 결과는 불만족감을 낳게 된다는 것이다. 둘째로는 현재 내가 맺고 있는 관계의 결과와 다른 사람이 맺고 있는 유사한 관계에서 얻는 결과를 비교한다. 만일 다른 사람이 나와 유사한 관계에서 더 좋은 결과를 얻고 있으면 그 결과에 불만을 갖게 된다. 예를 들면 다른 사람들은 거래하는 업체와 자신이 하고 있는 똑같은 거래조건과 양을 거래하고 있는데 대우가 월등이 나은 반면 자기가 거래하고 있는 업체는 자기에 대한 대우가 그리 좋지 않다고 여겨지면 그 관계에 불만을 갖게 된다. 셋째, 현재 자신이 맺고 있는 관계를 포기할 경우 그에 대한 대안이 있는가 없는가 하는 것이다. 위의 예를 들면 아무리 자신에 대한 상대방의 대우가 좋지 않다고 하더라도 다른 업체와 거래할 수 있는 특별한 거래의 대안이 없으면 그 관계에 대한 불만의 정도는 낮아진다. 따라서 이러한 여러 가지 조건에 영향을 받아 형성된 비교수준은 그 관계의 지속 여부를 결정하는 기준이 되는데 만약 특정 관계의 결과가 비교수준에 비해 너무 불만스러워 더 이상 그 관계를 지속할 수 없고 다른 대안을 찾아보아야겠다고 결심하게 이르면 그 결심을 하게 되는 대안탐색을 위한 비교수준의 최저점이 된다(comparison level for alternative). 그러면 과연 처음 인간관계를 형성하게 되는 동기를 사회교환이론에서는 어떻게 설명하고 있나? 사회교환이론의 대표적인 학자의 한 사람인 블라우(P. M. Blau)는 사람들 사이에 자발적이고 자유로운 상호작용의 매체를 매력(attraction)으로 보았다(1969). 이는 좁은 의미에서는 그 사람 인격을 긍정적인 감정으로 규정하고, 넓은 의미에서는 어떠한 이유에서든 남에게 이끌리는 힘을 의미한다고 말하였는데, 그는 주로 매력을 넓은 의미로 사용하고 있다. 블라우에 의하면 인간은 항상 타인에게 매력적인 존재로 인식되기를 바라며 남들과의 상호관계형성도 남이 가지고 있는 매력적인 요인이 촉발요소로 작용되어 그 요인이 자신에게 어떠한 형태로든 상호관계에서 보상으로 작용할 것이라는 기대에 의해 관계가 형성된다는 것이다. 또한 이 과정에서 상호관계를 원하는 당사자도 상대방에게 상호관계에서 자신의 매력적인 요인에 의해 보상을 받을 수 있으리라는 기대를 갖도록 할 수 있어야 한다는 것이다. 그러므로 인간관계형성은 상호 간이 서로에게 느낀 매력의 상호교환과정으로 유도되는 것으로 블라우는 보고 있다.

여기서 재미있는 점은 나는 상대방에게 매력을 느끼고 있는데 상대방은 나에게 전혀 매력을 느끼지 않고 있을 경우 어떻게 해야 되느냐 하는 문제이다. 이러한 경우 우리가 취할 수 있는 방법은 다음 세 가지를 생각해 볼 수 있다. 첫째는 내가 강제적으로 도움을 청하는 방법, 둘째는 필요한 도움을 받을 수 있는 다른 사람을 찾아보는 방법, 셋째는 자력으로 그 일을 해결해 보는 방법이다. 하지만 만약 위의 세 가지 중에서 어느 하나의 선택도 불가능하다고 하면 궁극적으로 본인이 취할 수 있는 유일한 방법은 다른 사람이 필요로 하는 능력을 갖추는 길밖에 없다는 것이다. 따라서 남이 필요로 하는 인격적인 수양이나 지식의 축적 및 실력의 함양은 곧 바람직한 인간관계형성의 첫 출발이요, 남으로부터 도움을 받을 수 있는 유일한 길이다. 여기서 다시 한 번 알 수 있는 것은 인간관계에서 상대방이 자신을 알아주지 않고 무시하며, 지속적인 관계를 유지하지 않으려 하는 것은 상대방에 문제가 있는 것이 아니라 자신으로부터 상대방을 유인할 수 있는 매력이 없다는 것이다. 그러므로 원만하고 바람직한 인간관계를 원하는 사람들은 자신의 인격수양과 사회에서 요구하는 능력을 배양하는 것이 우선이라는 것이다.

이 이론은 인간관계는 주고받을 수 있는 그 무엇이 있어야 형성되며, 그 주고받는 과정에서 얻어지는 결과에 대한 평가가 긍정적일 때 지속된다는 것이다. 어떻게 보면 이 이론은 인간관계를 아주 계산적이며 타산적인 경제적 관계로 보고 인간을 단순한 경제적인 동물로 본다는 측면에서 많은 비판의 여지가 있다. 또한 인간관계는 순수하게 그 사람이 좋아서라든지 우연한 기회에 서로 만나 마음을 주고 받다보면 자연스럽게 형성되는 것이지, 매력적인 면이 무엇이고 그 관계를 통해 얻어질 보상을 계산하고 사람들을 대하는 것은 아니라는 것이다. 이 비판에 대한 사회교환이론의 주장이라면, 인간은 설사 인간관계 형성과정에서 의식적으로 계산하거나 이익을 따지지 않는다 하더라도, 우리가 마음속에 그 사람에 대한 인상이라든지, 그 사람을 만난 후 남는 감정 등이 곧, 그 관계에 대한 결과(outcome)로 관계형성을 하게 되며, 이는 우리도 잘 인식하지 못하는 과정에서 우러나는 지극히 자연적인 현상이라는 것이다.

또한 인간관계는 단순히 계속해서 주기만 한다고 해서 건전한 관계가 형성되는 것이 아니고 반대로 받기만 한다고 해서 건전한 관계가 형성되는 것이 아니라는 것이다. 사람이 줄 때는 아무런 반대급부 없이 준다고 해도 받는 사람의 입장에서는 항상 부담스러운 것이다. 또한 주는 사람도 무엇인가 주는 이유를 밝히지 않을 때 항상 그 속에 숨은 의도가 있다고 볼 수 있어 상대방을 불안하게 할 수 있다. 그렇기 때문에 그러한 일방적인 관계는 건전한 관계로 발전하기 어렵다. 인간의 진정한 관계는 줄 것은 주고, 받을 것은 받을 때 그 관계는 공정하며 투명한 부담없는 관계로 발전할 수 있다. 이렇게 주고받는 관계에서 상호 간에 신뢰가 싹트고 지속적인 관계가 가능하다. 그러므로 이를 구태여 불건전한 손익의 관계로 규정지을 수 없다고 본다.

앞에서 소개한 동기유발과 관련된 이론은 인간이 특정한 행동을 하게 되는 동인과 행동의 방향 및 그 행동을 지속적으로 유지시켜 주는 요인과 인간행동의 기본적인 이유를 잘 설명해 주고 있다. 다음절에서는 이러한 이론을 바탕으로 인간관계에서 일어나는 현상을 어떻게 이해할 것이며, 인간관계에 어떠한 의미를 주는지 알아보고자 한다.

### 3) 공정성이론

공정성이론(Equity Theory)은 애덤스(J.S. Adams)가 주장한 이론이다. 기본적인 개념은 종업원들이 그와 비슷한 상황에 있는 타종업원과의 노력과 보상을 비교하는 것에서 시작된다. 즉 이 이론은 개인들이 자기 자신의 투입 대 산출의 비교를 동일한 조건에 있는 타종업원들의 투입 대 산출의 비율과 비교한다는 것을 의미한다. 이를 대인관계에 적용시키면 사람들은 자신이 다른 사람에게 투자한 노력과 정성만큼 돌려받기를 원한다는 것을 의미한다. 이 이론에서 사용되는 네 가지 중요한 용어는 다음과 같다.

① 인간(person): 공정 및 불공정을 지각하는 개인
② 비교대상(comparison other): 투입과 산출비율의 비교대상이 되는 어떤 집단이나 개인
③ 투입(input): 인간이 직무에 쏟은 개인의 특성(개발된 기술, 경험, 학습, 나이, 성, 인종 등)
④ 산출(output): 인간이 직무에서 받는 보상(인정, 특별급여, 임금 등)

사람들은 그들의 투입(노력)에 대한 산출(보상)의 비율이 자신이 상대

하는 상대방의 비율과 일치함을 지각할 때, 공정성을 느낀다. 그리고 이 비율이 불일치할 때 불공정하다고 불만족하게 된다. 즉 사람들은 자신의 투입에 대한 산출의 비율이 상대방의 비율보다 더 크거나 작을 때 불공정성하다고 생각한다.

불공정성이 지각되면 공정성을 회복하기 위해서 긴장이 유발된다. 즉 불공정성이 크면 클수록 긴장이 커진다. 그리고 불공정성의 원천과 긴장에 따라 행동과정이 달라질 수 있다. 예컨대 자신들의 노력한 결과가 다른 사람의 산출보다 낮다면, 자신들의 산출을 증가시키거나 감소시킴으로써 그들의 투입을 증가시키거나 감소시키려 한다. 그러나 이 행동과정이 불가능하다면 그들의 지각이 강화되지 않도록 그 관계를 벗어나려고 한다. 그러므로 극단적인 행동과정은 관계를 정리하는 것이다.

# 학습과 기억 5

맥주의 종류는 수없이 많다. 맥주에 따라 맛과 향이 다르고, 사람들마다 자신이 좋아하는 맥주가 있다. 맥주의 맛을 좌우하는 것은 무엇일까? 어떤 사람은 맥주의 맛이 물에 있다고 주장한다. 맥주를 제조할 때 어떤 물을 사용하였는가에 따라 맛이 달라진다는 것이다. 다른 어떤 사람은 맥주를 만드는 원료가 무엇인가에 따라 맥주의 맛이 좌우된다고 주장한다. 또 어떤 사람은 맥주의 맛이 숙성과정에 따라 달라진다고 주장한다. 똑같은 물과 원료를 사용하였다 하더라도 어떻게 숙성시켰는가에 따라 맥주의 맛이 달라진다는 것이다. 그리고 다른 어떤 사람은 맥주도 음식이기 때문에 만드는 사람에 따라 맛이 달라진다고 주장한다. 누구의 주장이 옳은 것일까? 각자의 주장에 일리가 있다.

심리학에는 이들의 주장을 뒷받침해주는 이론들이 있다. 그중 중요한 것 두 가지를 들면 하나는 유럽을 중심으로 발전한 정신분석이론이고 다른 하나는 미국을 배경으로 한 행동주의 이론이다. 이들 이론들은 인간에 대한 기본가정에서부터 인간의 행동과 사고를 설명하기 위해 접근하는 방법이 다르다. 먼저 정신분석학에서는 인간이 본능을 갖고 태어나며 그 본능이 어린 시절에 어떻게 처리되는가에 따라 한 개인의 일생이 결정된다고 가정한다. 특히 정신분석학에서는 태어나서 5세까지의 경험을 중요시하며 어린 시절에 결정된 기질은 성장과정에서 잘 변화하지 않는다고 가정한다. 맥주의 예에서 맥주의 맛은 물이나 원료에 따라 결정된다는 것을 뒷받침하는 것이다. 반면 행동주의론에서는 인간이 백지 상태로 태어나서 발달과정에서의 경험과 학습에 의해 한 개인의 모습이 결정된다고 가정한다. 어린 시절의 경험이 중요하지만 그것이 결정적인 것은 아니고 개인의 성격과 기질은 변화가능하다고 가정한다. 맥주의 예에서는 숙성에 따라 맥주의 맛이 달라진다는 것을 뒷받침하는 이론이다. 따라서 행동주의론에서 가장 기본적으로 다루는 것은 학습과정에 관한 것이다.

학습이란 우리의 경험에 따라 기술과 지식이 상대적으로 영구적인 변화를 하는 것을 의미한다. 상대적으로 영구적이라는 것은 우리가 습득한 것을 계속적으로 사용함에 따라, 그것은 우리에게 유용하다는 것이다. 우리의 지식과 기술의 변화란 어떤 새로운 것이 우리의 습관적인 사고와 행위에 덧붙여진다는 것을 의미한다. 우리가 학습하는 모든 것은 매일 접하는 사건들을 경험한 결과이다.

## 1
## 학습의 원리

학습은 경험의 결과 생기는 비교적 영속적인 행동의 변화를 의미한다. 그 변화는 좋은 변화일수도 있고 나쁜 변화일 수도 있으며, 의식적 노력의 결과일 수도 있고 무의식적 행동의 결과일 수도 있다. 그러나 이 변화는 경험과 연습에 의한 변화여야 한다. 성숙에 의한 변화, 질병, 피로와 약물에 의한 변화는 학습으로 간주되지 않는다. 성숙에 의한 변화는 특별히 열악한 환경에 처해있지 않는 한 별도의 훈련을 받지 않고도 예정된 시간에 나타난다. 동물들의 본능적 행동이나 인간의 정서표현 등도 비슷한 맥락에서 설명될 수 있다. 일반적으로 유기체가 진화할 수록 그리고 반응이 복잡할 수록 학습의 영향을 더 받는다. 그렇다고 단순동물에게는 학습이 전혀 이루어지지 않는 것은 아니다. 학습은 원시적 동물에게도 일어나며 가장 단순한 반응에서부터 가장 복잡한 반응에 이르기까지 학습의 영향이 미치지 않는 것은 거의 없다.

학습에 대한 심리학적 견해는 크게 두 가지로 구분해볼 수 있다. 하나는 행동주의적 견해로서 이 견해를 지지하는 왓슨(Watson)이나 손다이크(Thorndike), 스키너(Skinner) 같은 심리학자들은 학습이 특수한 상황에서 어떤 유기체가 행동하는 방법에서의 변화라고 주장한다. 이들은 관찰할 수 있는 행동과 그 행동의 변화에 관심의 초점을 맞추고 있고 사고나 정서 등 직접 관찰할 수 없는 행동은 논의하는 것조차 거절하고 있다.

다른 하나는 인지적 견해로서 피아제(Piaget)와 앤더슨(Anderson), 오수벨(Ausubel) 같은 인지심리학자들은 학습 그 자체는 직접 관찰할 수 없는 내적 과정이라고 말한다. 이들에 의하면 행동주의자들이 학습이라고 정의하는 행동에서의 변화는 단지 내적 변화의 반영일 뿐이다. 인지심리학자들은 지식, 의도, 감정, 창의성, 기대 및 사고 등 관찰할 수 없는 내적 변인들에 관심을 갖는다. 행동주의적 견해와 인지적 견해 사이에는 여러 가지 중요한 차이점이 있는데 특히 학습을 연구하는 방법에서 분명한 차이를 보여주고 있다. 학습원리에 관한 많은 연구들에서 행동주의자들은 통제된 실험실 장면에서 동물을 대상으로 하여 실험을 실시하고 검증한다. 그리고 실험의 결과를 어떤 유기체의 행동변화를 예언하고 통제하는 것에 적용할 수 있는지에 관심을 갖는다. 즉 실험 결과를 다른 유기체에 나이, 지능, 개인차를 고려하지 않고 일반화시키려고 한다.

한편 인지심리학자들은 다른 연령, 다른 능력을 가진 인간에게서 학습이 어떻게 성립되는가에 관심을 갖는다. 그들은 각기 다른 사람들이 문제를 풀고 개념을 익히고 정보를 지각하고, 기억하고 기타 복잡한 정신적 과제를 성취하는 방법을 발견하려고 한다.

### 1) 고전적 조건형성의 원리

고전적 조건형성(classical conditioning)은 노벨상 수상자인 소련의 생리학자 파블로프(Pavlov, 1849-1936)의 고전적 실험에서 보여준 학습상황에서 이름을 따온 것이다. 파블로프는 개의 소화액 분비를 연구하는 과정에서 개가 음식이 아닌 다른 자극, 즉 먹이를 주는 사람의 발자국 소리에도 또는 먹이를 주는 사람의 모습을 보고도 타액을 분비하는 것에 주의를 기울였다. 처음엔 설명할 수 없는 타액분비 현상을 귀찮게 여겼으나 점차적으로 흥미를 느끼게 되고 반사조건형성(respondent conditioning) 혹은 파블로프의 조건형성(Pavlovian conditioning)이라고 불리는 고전적 조건형성의 원리를 밝혀냈다.

파블로프는 개에게 작은 수술적 처치를 하여 음식에 대한 반응으로 귀밑샘에서 타액이 분비되는 경우 타액이 뺨 밖으로 나올 수 있게 하고 그 뺨에 깔때기를 부착시켜 흘러나오는 타액을 모았다. 타액은 깔때기에서 튜브로 흘러가고 차례로 온도계처럼 눈금이 있는 용기에 도달하게 하여 타액분비의 적은 변화도 알아볼 수 있게 했다. 조건형성을 하는 동안 개는 실험실의 실험대에 묶어 두고 안전장치를 해서 움직이지 못하게 했다. 개가 실험실 상황에 익숙해진 후 고기가루가 들어있는 음식물에 대한 개의 타액분비 반응과 중성자극(소리)에 대한 타액분비 반응을 측정하였다. 조건형성이 되기 전 개는 음식이 주어지면 상당히 많은 타액을 분비하고 소리에는 아주 적은 타액을 분비하였다. 이 시점에서 조건형성을 시행하기 시작하였다. 전형적인 조건형성 실험에서는 종소리가 울리고 음식이 담긴 그릇이 개에게 주어지는 짝짓기 시행을 몇 주간 걸려 50회 정도 실시하였다. 그 후 소리만 제시해 주고 개의 타액분비 반응을 살펴보았는데 개는 조건형성 되기 전과 달리 소리만 제시하였는데도 음식이 주어졌을 때와 비슷한 양의 타액을 분비하였다. 이는 소리라는 중성자극이 음식과 짝지어지면서 타액을 분비하게끔 만드는 조건자극으로 조건형성이 이루어졌기 때문이다.

파블로프의 실험 이후 많은 연구들에서 반사반응을 일으키는 어떤 자극이 중성자극과 연합이 되면 중성자극도 조건반사를 일으킬 수 있다는 사실이 밝혀졌다. 이를 통해 인간이 경험하는 다양한 정서반응, 즉 공포와 슬픔, 기쁨도 고전적 조건형성의 원리에 기초하여 학습되는 것이라는 것을 알게 되었다. 특별한 실험적 처치가 주어지지 않더라도 우리의 정서는 생활하는 중에 자연스럽게 이루어진 고전적 조건형성의 결과라고 볼 수 있다. 또한 우리 주변의 어떤 사람은 특정한 음식을 회피하는 경우가 있다. 그것은 그 음식이 모든 개인에게 특별한 징후를 가져오는 것이라서가 아니라 그 사람이 특정 음식에 조건형성되어 있기 때문이라고 볼 수도 있다. 아이들을 키우다 보면 야단칠 일이 있는데 아이에게 '너 저녁 먹고 아빠한테 혼 좀 나야겠다'라고 말하면 아이가 밥 먹고 곧바로 잠을 자는 경우가 있다. 이처럼 각 개인이 의식적으로 통제하고 조절할 수 없는 불수의근의 반응이나 생리적인 현상 등은 대개 고전적 조건형성의 원리에 따라 학습된 것이다.

### 2) 조작적 조건형성의 원리

또 하나의 다른 학습상황인 조작적 조건형성(operant conditioning)은 고전적 조건형성과 구별된다. 이 학습원리의 주요 특징은 학습자의 어떤 행동이 강화를 얻는 도구가 된다. 그래서 다른 말로 도구적 조건형성(instrumental conditioning)이라고도 한다. 여기서 사용되는 조작이란 용어는 동물이 스스로 시작하는 행동을 의미한다. 조작은 자발적인 것이고 동물의 통제하에 있다. 또한 행동결과에 영향을 받는다. 걷기, 춤추기, 미소 짓기, 시 쓰기, 술 마시기, TV 시청 등 대부분의 인간행동은 결과의 영향을 받는 조작적 행동이다.

조작적 조건형성은 일정한 상황에서 조작이 이루어지는 확률을 증가시키거나 감소시키는 것을 말한다. 즉 조작적 조건형성 동안 반응의 빈도가 수정되는 것이다. 만일 어떤 조작이 되풀이해서 학습자에게 기쁨을 주는 결과를 가져오면 그 행동은 같은 상황에서 더 자주 나타날 것이고 만일 불쾌한 결과가 뒤따른다면 그 행동은 줄어들 것이다. 일상생활에서 조작은 특별한 인식 없이 조건형성된다.

조작적 조건형성의 기법은 스키너(Skinner)의 쥐를 대상으로 한 실험실 연구를 통해 쉽게 이해할 수 있다. 그는 자신이 고안한 스키너 상자에 쥐를 넣는다. 스키너 상자는 크기가 컴퓨터의 모니터만 한 것으로 비교적 단순하게 되어 있는 것이다. 상자의 한쪽 끝에 지렛대가 있다. 지렛대를 누르면 음식 또는 물이 배급된다. 또는 상자의 바닥에 가설된 전선을 통해 주어지는 전기충격을 막을 수 있게 한다. 상자에 들어있는 굶은 쥐를 대상으로 조작적 조건형성을 시행하는 첫 번째 단계는 실험자가 상자 밖에서 단추를 누르면 음식알이 하나씩 나가게 하여 쥐로 하여금 그 상황에 익숙해지게 한다. 그 다음 실험자는 음식알을 내보내는 것을 멈춘다. 그러면 쥐는 얼마간 활동을 중지하다가 배가 고파지면 상자를 탐색하기 시작한다. 결국 쥐는 우연히 지렛대를 누르게 되고 다시 음식알이 나온다. 즉 음식알이라는 강화(reinforcement)가 지렛대 누르는 반응에 뒤따른다. 음식알을 먹은 후에도 쥐는 탐색을 계속한다. 그러다가 우연히 또 지렛대를 누르면 음식알이 나온다. 그 다음 쥐는 지렛대를 누른다. 지렛대를 누른 후에 곧바로 음식알을 얻은 경험을 보통 4~5번 하면 그 후부터 쥐는 지렛대를 더 빨리 누르게 되고 조작적 행동은 순조로워진다.

스키너 상자에서 쥐가 지렛대를 누르는 것은 한번에 이루어지지 않는다. 여러 가지 다른 행위들을 거쳐 서서히 진행된다. 먼저 쥐를 상자에 넣고 상자에 익숙해지도록 하는 것이 필요하다. 그 다음에 음식알이 주어진다. 그리고 음식알을 받아먹는 것이 익숙해지도록 한다. 이러한 과정을 거쳐 지렛대 누르기 반응을 학습하도록 한다. 이처럼 단계별로 하나의 행동을 만들어 가는 것을 조성(shaping)이라고 한다. 조작적 조건형성은 보다 쉬운 단계에서부터 어려운 단계로 순차적으로 행동을 조성함으로써 이루어지는 것이다.

### (1) 피드백의 역할

학습에서 피드백은 사람들이 실수하는 것을 줄여주는 역할을 한다. 피드백(결과에 대한 지식)은 내적 피드백과 외적 피드백으로 구분할 수 있다. 외적 피드백은 선생님이나 직장상사 또는 자동차의 속도기, 컴퓨터의 그림이나 소리와 같은 포함한다. 예를 들어 한글 프로그램은 문서를 작성하는 동안 한 단어의 철자를 잘못 쳤을 경우 '삐' 소리가 나서 실수했다는 것을 알려준다. 내적 피드백은 몸의 움직임이나 사고 과정으로부터 오는 단서 등을 포함한다. 차를 운전할 때 다리 근육으로부터 오는 감각은 자신이 엑셀레이터 페달과 브레이크에 얼마나 많은 압력을 가하는 지를 알려준다.

피드백은 즉시 일어날 때 가장 효과적이다: 연속적으로 연결되는 반응을 학습할 때는 특히 그렇다. 이 유형의 과제에 대한 일상생활의 예는 차를 운전하는 것을 배우는 것, 컴퓨터 키보드를 사용하는 것, 수영하는 것, 테니스나 탁구 등을 배우는 것 등이다. 시험에서는 즉각적인 피드백이 그렇게 효과적이지 못할 때가 많다.

피드백은 구체적이고 명확해야 한다: 어떻게 하면 수행을 향상시킬 수 있는지 과제수행에 무엇이 잘못 됐는지에 대해서 상세한 정보가 있어야 한다. 예를 들어 대학교에서 교수가 과제물을 제출하게 하는 경우 학생들에게 "보고서에는 반드시 서론, 본론, 결론을 갖추도록 해야 한다"라고 지시하는 것보다 "보고서에는 서론과 본론, 결론 각각에 어떤 내용이 어떻게 기술되어야 한다"라고 구체적으로 명시할 때 학생들의 보고서 수준은 향상된다. 초등학교 학생의 경우 부모나 선생님이 구체적으로 명확하게 그리고 규칙적으로 아이들의 공부한 것에 대해 피드백을 제공할 때 학생들의 성취가 가장 좋았다.

피드백은 잘 활용만 한다면 우리 생활의 다양한 영역에서 효과를 볼 수 있다. 예를 들어 자동차의 경우 전조등을 켜 놓은 채로 시동을 끄면 소리가 나게 한다든지 과제수행 시 규정된 절차를 지키지 않았을 때 이를 알려주는 장치 등을 활용하면 사람들이 무심코 범하는 많은 실수들을 줄일 수 있다. 또한 피드백은 행동을 학습하거나 정보를 획득하는 데 중요한 역할을 한다. 그러나 피드백을 제공해야 될 책임이 있는 사람이 적절한 방식으로 피드백을 제공하지 않거나 피드백을 잘못 사용하게 되면 피드백의 진정한 효과를 얻을 수 없다.

### (2) 정적 강화의 역할

보상은 반응을 한 후에 주어지는 기분 좋은 자극이다. 그것은 반응이 이후에 다시 발생할 가능성을 증가시킨다. 이를 정적 강화라고 한다. 예를 들면 돈, 음식, 상, 자신이 좋아하는 사람과 시간을 보내는 것, 자신이 하고 싶은 대로 하는 것, 좋아하는 활동을 하는 것 등이 정적 강화에 해당한다. 정적 강화는 우리들의 일상행동에 상당한 영향을 미친다.

보상은 바람직한 행동의 빈도를 증가시킨다. 또한 보상은 일, 스포츠, 학교에서의 수행을 향상시키며, 개인의 건강관리, 좋은 운동습관, 의사소통과 관계기술의 향상 등 우리가 말하고 행하는 거의 모든 것에 영향을 미친다. 보상은 사람들로 하여금 바람직한 행동을 증가시키도록 하는데 사용될 수 있다. 예를 들어 아이들이 착한 행동을 하였을 때나 직장에서 판매실적이 향상되었을 때 보상이 주어지면 그 행동의 빈도가 증가한다.

정적 강화는 나쁜 습관의 빈도를 줄이는 데 도움을 줄 수 있다. 한 연구에서 체중조절을 하기 위하여 자기칭찬과 즐거운 활동에 참여하는 것 같은 보상을 사용하는 것은 효과가 있었다. 정적 강화를 받은 사람들은 고칼로리의 음식들을 먹고 싶은 상황을 피하고, 영양 많은 스넥들을 먹거나 자주 운동을 하는 것으로 강화되었다. 이와 같은 효과는 정적 강화가 끝난 후에도 일정기간 유지되었다. 다른 연구에서는 신문과 깡통의 재활용률을 높이기 위하여 가정주부들에게 신문과 깡통을 분리수거하였을 때 복권을 주었는데 그 결과 쓰레기양은 감소하였다.

정적 강화물은 반응이 일어난 후 즉시 주어져야 최고의 효과가 나타난다. 특정한 행동을 행하기 전에 사람들에게 보상을 주는 것은 바람직한 것이 못된다. 어린아이들이 오락을 하고 싶어 할 때는 자신의 잡일이나 숙제를 다한 후 하도록 허락하는 것이 좋다. 행동과 보상의 연합은 반응이 발생한 직후에 가장 잘 이루어진다. 일반적인 것은 아니라 할지라도 보상이 늦게 주어지는 것을 참아낼 수 있다. 그것은 지체된 보상과 특정행동을 관련시키는 개인의 능력에 따라 달라진다. 시험을 치루고 2주가 지난 다음에 좋은 성적을 받았을 때도 좋은 공부습관들은 강화되었다. 또한 판매실적이 향상되어 몇 주 후에 보상을 받은 판매원은 보상과 자신의 판촉활동을 쉽게 연합한다.

사람들이 강화가 늦어지는 것을 참을 수 있는 또 다른 이유는 어떤 단일한 보상에 의해서만 학습이 일어나는 것은 아니기 때문이다. 일상생활에서는 여러 개의 강화물들이 한 행동과 연합된다. 시험성적이 좋았던 경우 부모님의 칭찬이나 주위의 부러움 등과 연합될 수 있다. 이때 칭찬이나 주위의 부러움과 같은 자극들은 보상과 연합된 것이지만 정적 강화물과 구분하기 위하여 이차적 강화물이라 부른다. 시험을 친후 성적이 나중에 주어지더라도 이차적 강화물은 그 행동을 즉시 보상하고 정적 강화를 기다릴 수 있게 해준다.

### (3) 강화계획

새로운 반응을 가르칠 때는 그 반응이 나타날 때마다 강화를 제공해 주는 것이 효과적이다. 반응이 나타날 때마다 주어지는 강화를 계속적 강화라고 부른다. 계속적 강화들은 행동을 학습시키는 초기에 중요하며 보다 더 적은 보상을 주어도 반응을 유도할 수 있다. 어떤 반응의 일정한 횟수가 발생된 후에만 또는 정해진 시간 간격이 지난 후에만 행동을 보상하는 것을 부분적 강화라고 한다. 부분적 강화에는 네 가지 유형이 있으며 그것은 다음과 같다.

### 1 고정 비율

이는 일정 횟수의 반응이 일어난 다음에 강화가 주어지는 것을 말한다. 예를 들면 판매원의 경우 자신이 판매한 상품의 수에 따라 보너스를 받는 것이다. 강화를 얻는 데 요구되는 반응의 횟수가 많으면 강화를 받고 난후 곧 반응이 사라지는 경향이 있다. 따라서 이 계획하에서 반응을 계속적으로 유도하기 위해서는 요구되는 반응횟수가 적어야 한다. 대학입시에 위해 몇 년간 노력한 학생이 입시를 치르고 나면 공부를 멀리하고 싶어하는 것이 그 예이다.

### 2 변화 비율

각기 다른 반응횟수가 일어난 후 강화가 주어지는 것을 말한다. 즉 개인은 7일에 한번 혹은 10일에 한번, 13일에 한번 강화를 받는다. 실험실 상황에서 변화비율로 강화가 주어질 때는 전체 반응횟수의 평균은 일정하게 하고 강화가 주어지는 반응횟수는 매번 달리 한다. 이에 해당하는 예는 사람들이 도박을 할 때나 복권을 살 때 잘 나타난다. 도박을 할 때마다 혹은 복권을 살 때마다 강화가 주어지는 것은 아니다.

### 3 고정 간격

이는 반응에 상관없이 일정한 간격이 지난 다음 강화가 주어지는 것을 말한다. 직장에서 매달 받는 월급이나 학생들의 학점이 이에 해당하는 예이다. 이 강화계획에 따라 강화가 주어지면 강화를 받기 바로 전에 반응이 점차 증가하다가 강화가 주어지고 난후 바로 반응이 감소하는 현상이 나타난다. 다음 보상이 일정기간이 지나야 한다는 것을 학습하게 되고 그 기간 내에는 반응을 적극적으로 하지 않는다.

#### 4 변화 간격

각기 다른 기간이 지난 후 강화가 주어지는 것을 말한다. 즉 5일이 지난 후 강화가 주어질 수도 있고 7일이 지난 후 강화가 주어질 수도 있다. 실험을 할 때는 강화가 주어지는 기간의 평균은 일정하게 하고 매번 기간을 달리하여 강화가 주어진다. 일상생활에서 이에 해당하는 예를 찾아보기는 어렵다. 회사에서 영업수익이 좋을 때 주는 특별상여금과 유사하다. 그것은 일정하게 주어지는 것은 아니다. 그때그때 회사 상황에 따라 달라진다.

부분적 강화계획은 시간이 지난 이후에도 행동을 유지시키는 데 도움이 된다. 이 계획은 궁극적으로 우리의 행동들을 스스로의 통제하에 두도록 도와주며 다른 종류의 보상이 우리의 행동에 영향을 미치도록 허용하게 해준다. 모든 강화계획에서 강화는 반응이 일어날 때마다 주어지는 것은 아니다. 강화가 주어지지 않는 반응이 있다. 그러한 반응도 강화받는 행동과 연합되고 그것들에 대한 통제를 얻기 위해 다른 내적, 외적 보상이 주어지는 것을 허용한다.

아이들을 교육시킬 때 부분적 강화계획을 사용하면 효과가 있다. 예를 들어 처음에는 아이들이 자기 방을 깨끗이 청소할 때 마다 한 달간 매일 500원씩 준다. 그런 다음 한 달 후에는 이틀에 한 번 500원을 주고 그 대신 칭찬을 더 많이 해준다. 이런 방법을 계속적으로 사용하면 궁극적으로 돈을 주지 않더라도 아이들은 자기 방을 청소한다. 그들은 자신이 정돈한 방을 보고 즐거워하며 기분 좋아한다.

부분적 강화계획은 보상이 즉각적으로 주어지지 않고 지연되더라도 행동을 유지시키는 기능을 한다. 소냐 골츠(Sonia Goltz, 1992)의 연구에 따르면, 많은 조직에서 즉각적인 보상이 초래되지 않는 활동들에 시간,

돈, 그리고 기타 자원들에 대한 투자를 단계적으로 넓혀나가고 있다. 이것은 전략적이고 장기적인 계획, 시장 조사, 새로운 상품에 대한 조사와 개발, 새로운 상품에 대한 시장 테스트, 그리고 경영과 판매 훈련 프로그램들에 대한 자원 소비 등을 포함한다. 조직들이 과거에 이러한 투자를 해서 부분적으로 보상을 받은 적이 있다면 현재 비용이 많이 들더라도 투자를 계속한다.

### (4) 학습된 반응의 소거

반응이 일어났는데도 계속적으로 보상이 주어지지 않으면 소거가 일어난다. 소거란 학습된 반응이 사라지는 것을 말한다. 만약 회사가 임금을 지불하지 않으면 사람들은 일하지 않을 것이다. 또한 자신이 일하고 있는 분야가 전망이 좋지 못하다면 사람들은 자신의 진로를 변화시킬 것이다. 그러나 소거는 학습된 반응을 잃어버리는 것은 아니다. 반응에 대한 보상이 없기 때문에 반응이 잠시 보류되는 것이다. 만약 보상이 다시 주어진다면 반응은 다시 나타난다.

소거는 개인의 나쁜 습관을 고치는데 도움이 될 수 있다. 때때로 어린아이들은 부모나 보호자의 주의를 끌기 위해서 잘못된 행동을 한다. 컵을 쏟거나 마룻바닥에 장난감 던지거나 또는 큰 목소리로 떠드는 것 등이 전형적인 행동이다. 그들은 그런 행동들이 어른들의 주의를 얻을 수 있다고 학습하게 된다. 이때 아이들의 행동을 무시하는 것은 보상을 제거시키고 그런 행동들이 소멸되게 해준다. 간혹 소멸된 어떤 행동들이 자발적 회복 때문에 다시 나타날 수는 있다.

소거에 대한 저항: 때때로 행동은 소거에 저항한다. 일반적으로 행동을 통제하는 정적 강화물이 제거되었는데도 행동이 계속되는 경우가

있다. 이는 두 가지 이유로 설명할 수 있다. 그 한 가지 이유는 그 행동들이 처음에 부분적 강화를 통해 학습되고 유지되었기 때문이다. 이런 경우 강화가 다음번에 주어질 것이라는 기대가 형성되어 있다. 다른 한 가지 이유는 행동이 내부적 보상(예: 자찬)이나 다른 외부적 보상에 의해 학습되었기 때문일 수 있다. 한 친구가 체중이 많이 나가서 운동을 하기로 하였다. 그는 헬스클럽에 가입했고 조깅을 시작했고, 역기를 들어 올렸고, 규칙적으로 수영을 시작했다. 그의 목표는 한 시간씩 한 주에 네 번 운동하는 것이었다. 그는 계획을 실천하는 날마다 재밌는 비디오 프로그램을 시청하는 것으로 스스로에게 보상했다. 6주 후에 그는 운동을 비디오 시청으로 강화하는 것을 멈췄지만, 그의 운동에 대한 흥미는 쇠퇴하지 않았다. 그 이유는 그가 "좋았어", "좋아지고 있어", "넌 정말 잘해"라고 스스로를 칭찬하는 강화를 계속 주었기 때문이다. 그는 그 클럽에서 친구를 사귀고, 다른 사람들과 함께 운동을 시작했다. 모든 사람들이 친근하게 대해주었고 서로서로를 칭찬했다. 이러한 보상들은 비디오 보기를 대신했다.

### (5) 보상의 부정적인 역효과

행동을 학습하는 데 있어 보상의 역할이 분명한 것은 사실이지만 때로 보상은 부정적인 역효과를 가져 오기도 한다. 정적 강화물은 행동을 학습하는 초기뿐만 아니라 계속적으로 사람과 사건에 영향을 미친다. 때때로 특정 행동만을 보상하기가 어려운 경우도 있고 어떤 행동을 강화하는 것이 의도치 않은 영향을 미칠 수 있다. 매년 고속도로에 엄청난 양의 쓰레기가 도로변에 버려지고 있다. 정부에서 도로변에 버려지는 쓰레기의 양을 줄이기 위해 쓰레기를 봉투에 담아 휴게소에 가져오면 그 양에 따라 보상을 해주기로 하였다고 가정해 보자. 그러면 고속도로의 쓰레기양은 분명 줄어들 것이다. 그러나 휴게소의 모아지는 쓰레기의 양은 기존보다 훨씬 많아질 것이고 이 쓰레기를 처리하기 위해 새로 사람들을 고용해야 한다. 정부로서는 이중으로 비용을 지출하게 되는 것이다.

사람들이 행동한 것에 대해 보상을 받으면 보상을 얻는 것에 주의를 집중할 것이고 바람직한 행동을 수행하는 것은 이차적 목표로 삼는 경우가 있다. 예전에 길에서 헌혈을 하면 빵과 우유를 주었다. 적십자사에서는 헌혈을 해준 것에 대한 답례의 표시로 빵과 우유를 주었다. 그러나 일부 사람들은 빵과 우유를 얻기 위해 헌혈을 한다. 빵과 우유가 필요한 사람들은 평소에 잘 먹지 못하는 사람들일 수 있다. 결국 평소에 잘 먹고 건강한 사람들 보다는 잘 먹지 못한 사람들만 헌혈을 하게 된다.

외적 강화가 주어지면 내적 보상의 효과가 사라지는 경우가 있다. 사람들은 자신이 좋아서 한 어떤 행동에 대해 보상을 받으면 그 행동을 하는 것에 대해 흥미를 잃기 시작하게 된다. 상당히 흥미로운 일과 도전적인 일을 할 때 사람들이 그에 따른 보상을 받게 되면 점차 그 일들에 대해 흥미를 잃게 될 수가 있다.

행동에 대한 보상이 주어질 때 잘못된 행동들이 우연하게 강화될 수도 있다. 어떤 가정주부들은 어린아이가 울면서 계속 보채면 아이를 달래기 위해 업어주거나 아이를 재미있게 해주려고 한다. 그러면 아이들은 조금만 불편해도 울거나 보챈다.

보상이 지속적으로 계속 주어지면 보상은 효과가 사라진다. 일을 잘했을 때 칭찬하는 것은 그 일을 한지 10년 이상 된 사원보다는 일을 처음 하는 사람에게 더 가치가 있다. 대학생이 1학년 때 A학점을 받는 것은 4학년 때 A학점을 받는 것 보다 더 의미가 있다. 1학년부터 학점을 줄곧 잘 받은 학생들은 졸업학기에 학점을 잘 받아도 크게 기뻐하지 않는다. 보상은 적절하게 사용되어야 효과가 있지 과도하게 사용되는 것은 바람직하지 않다.

(6) 부적 강화의 역할

어떤 혐오적인 자극들은 그것을 제거하기 위한 반응을 하게 만드는데 그 것들을 부적강화라 한다. 혐오적인 자극은 고통이나 소음, 밝은 불빛, 전기 충격 등과 같이 우리에게 불쾌한 사건들이다. 불쾌한 자극이 일어났을 경우 사람들은 자극을 회피(소음을 차단하기 위해 창문을 닫는 것)하거나, 도피(사고를 내지 않기 위해 신호등을 잘 지키는 것)함으로써 자극을 제거하려고 노력한다. 회피반응과 도피 반응은 둘 다 우리의 일상생활에 도움을 주는 구성요소인 반면에 때로는 문젯거리가 되기도 한다. 어떤 사람들은 그들의 겪고 있는 문제로부터 도피하기 위해서 약을 남용하기도 하고 그들의 내적인 긴장과 좌절을 경감시키기 위해서 담배를 피우기도 한다. 사람들이 느끼는 대부분의 두려움과 공포들은 회피반응이다. 직장에 취직한 사람들 중 다른 사람들 앞에서 연설을 하거나 발표하는 것을 두려워하는 사람들이 있다. 이들은 학교에 다니면서 발표를 요구하는 과목수강을 도피하거나 그런 기회를 스스로 차단하여 자신감을 가질 기회를 놓쳐버렸기 때문이다. 사람들은 자신들이 자신 없고 두려워하는 상황에 자신을 노출시키려 하지 않는다. 그런 상황을 미리 도피함으로써 자신을 방어하려고 한다.

(7) 처벌의 역할

어떤 행동에 대해 처벌을 하게 되면 그 행동이 나타날 가능성은 줄어든다. 행동을 처벌하는 방법에는 여러 가지가 있다. 그 하나는 부적절한 행동을 하면 불쾌한 결과를 가져온다는 것을 알려주는 것이다. 이는 경험을 통해 배우는 것이 효과적이다. 한 가정주부는 아침마다 그의 아들을 학교에 제시간에 보내기 위해서 전쟁을 치러야만 했다. 그 아들은 아침에 늦게 일어나고 잠에서 덜 깨어난 듯 느릿느릿하게 움직였다. 가정주부는 학교버스 시간에 맞추어 그를 준비시키기 위해 동분서주했다. 하루는 그녀가 아무것도 하지 않기로 결심했다. 그 아들은 학교 버스를 놓치고 그녀는 학교까지 그를 태워다주기를 거부했다. 이런 일이 있은 다음부터 그 아들은 학교버스를 타기 위해 스스로 제시간에 준비를 하게 된다.

때로는 방응이 있은 다음 불쾌한 자극이 고의적으로 주어질 수도 있다. 어떤 부모는 아이들의 잘못에 대해 손바닥으로 때려주기도 하고, 사업주는 그들의 사원들이 지각하는 것에 대해 감봉을 하기도 한다. 부적절한 행동 후에 어떤 즐거운 것이 없어지게 하는 방법도 있다. 한 어린이가 아이스크림을 먹으면서 장난치다가 땅바닥에 떨어뜨려 아이스크림을 못 먹게 되거나 또는 축구선수가 좋지 않은 플레이를 벌여 경기에서 퇴장 당하게 되는 것이다. 어떤 10대가 밤에 연락도 없이 늦게 돌아와 그들의 부모가 2일 동안 외출을 금지시키는 것이다.

처벌은 상대적으로 행동을 통제할 수 있는 일반적인 방법이기는 하지만, 혐오적인 자극이 처벌로 사용될 때 여러 가지 문제점들이 일어나기도 한다. 처벌받은 사람은 좌절과 분노를 느끼게 되고 처벌의 경험으로부터 새로운 것을 배우기보다는 부정적인 감정이 더 심화될 수도 있다. 또한 처벌받은 상황을 회피하거나 그 상황에 대해 공포감을 느낄 수도 있다. 이러한 것들은 학습을 어렵게 만든다.

아마도 처벌이 갖는 가장 큰 문제점은 사람들이 처벌과 비난의 차이점을 알지 못하는 것이다. 처벌은 사람들로 하여금 배우는 것을 도와

주기 위한 것이다. 반면 비난은 다른 사람을 의도적으로 부당하게 대하기 위한 혐오적인 자극의 사용이다. 비난은 대개 사람들이 다른 사람을 지배 또는 조정하려고 하는 데서 발생되고, 다른 사람에게 자신들의 화를 표출할 때에 일어난다.

몇몇 문제점이 있음에도 불구하고 여러 연구결과들은 처벌이 행동을 통제하기 위한 효과적인 수단을 제공한다고 주장한다. 이렇게 하기 위해서는 처벌을 할 때 다음의 원칙들이 지켜져야 할 것이다.

① 처벌은 즉각적으로 이루어질 때 더 효과적이다.
② 처벌의 강도는 잘못한 행동의 정도에 따라 적절해야 한다.
③ 처벌은 일관성 있게 적용되어야 한다.
④ 처벌은 구체적인 반응에 제한되어야 한다.
⑤ 처벌은 인간적으로 그리고 민감하게 사용되어야 한다.

### (8) 조직과 계획의 역할

학습은 어느 정도의 훈련이 필요하고 사람들이 학습하고자 하는 과제는 삶에서 우선적인 것이어야 한다. 따라서 학습의 시간을 설정하고 학습을 하기 위한 계획을 개발하는 것이 중요하다. 조직과 계획이 없다면, 연습이나 피드백, 강화 같은 것들은 효과를 나타낼 수가 없다.

효율적인 시간관리는 학습을 도와준다. 브루스 브리튼과 아브라함 테서(Bruce Britton & Abraham Tesser, 1991)는 90개 대학의 1학년생에게 시간관리와 관련된 조사를 실시하였다. 4년이 지난 후 그들의 평균평점을 조사하였는데 학점이 좋은 학생들은 매일 할 일의 목록을 정하고, 하루생활을 시작하기 전에 계획을 세우고, 해야만 되는 활동들을 계획하고, 우선순위를 정하는 등의 행동을 하는 학생들이었다. 이들은 시간관리를 효율적으로 하는 것이 중요하다는 것을 알고 있었고 시간을 잘 활용하기 위한 구체적인 계획을 갖고 있었다.

### 3) 조작적 조건형성의 적용

조작적 조건형성은 일상생활에서 개인의 행동습관을 이해하는 데 중요한 의미를 제공해 준다. 이 원리는 자극과 반응 사이의 관련성을 이해하고 자극이 어떻게 반응에 영향을 미치는 가를 잘 설명해 준다. 반응을 유발하는 자극을 결과적 자극(consequent stimuli)이라고 부르며, 이 예에는 어떤 행동을 처벌하기 위한 혐오적 자극뿐만 아니라 긍정적 강화물이나 보상 등의 사용을 포함한다. 결과적 자극이 통제하고 유지하는 반응을 조작반응이라고 부른다. 그 이유는 그것이 환경에서 결과를 조작해내고 야기하기 때문이다. 조작반응은 자발적으로 방출된 반응이다. 대표적인 예로는 TV 프로그램을 선택하는 것, 식사하기 위해 식당으로 걸어가는 것, 방안을 시원하게 하기 위해 에어컨을 켜는 것 등이다.

행동을 수정하는 데 효과적인 하나의 방법은 조작적 조건형성의 원리를 사용하는 것이다. 행동수정 기법은 교사나 판매 관리자, 군 장교, 치료가, 부모, 코치, 목사 등이 필요로 한다. 행동수정은 다른 사람을 관리하는 것을 도와주고, 보다 즐겁고 효율적인 환경을 만들도록 해주며 개인의 행동을 변화시키도록 도와준다. 우리 자신의 행동과 사고를 수정하거나 변화시키기 위해 사용하는 행동적 기법을 자기-관리 절차(self-management procedure)라고 부른다.

### (1) 문제를 파악하고 구체적인 목표행동을 선택하기

우리 자신이나 다른 사람의 행동을 수정하기 위해서는 어떤 행동을 어떻게 수정할 것인가를 정해야 한다. 또한 행동수정을 통해 얻고자 하는 결과가 무엇인지 언급되어야 한다. 사람들은 "내일부터 담배를 줄여야 겠다", "지금의 체중을 줄이고 싶다", "아침에 일찍 일어나는 습관을 가져야 겠다"라고 말한다. 이러한 진술들은 사람들이 자신이나 다른 사람들의 행동을 변화시키기를 원한다는 것을 나타낸다.

그러나 그러한 진술문은 너무 일반적이기 때문에 행동변화를 어떻게 성취할 것인가를 구체적으로 설계하기는 어렵다. 행동수정을 하기 위해서는 담배를 얼마나 줄이고, 체중을 얼마나 감소시킬 것인가와 같이 보다 상세하고 구체적으로 목표를 세워야 한다. 보다 더 적절한 진술문은 다음과 같은 진술문이다; "나는 일주일에 10개비 이하로 담배를 줄이길 원한다", "나는 10kg을 줄이길 원한다".

기존 연구에 따르면 행동을 수정하기 위해서는 명확하고 구체적인 목표를 갖는 것이 바람직하다고 주장한다. 즉 행동수정을 위한 시간과 노력을 구체적인 방향으로 향하도록 하고, 학습에 대한 동기와 관여를 증가시켜야 한다. 어떤 구체적인 목표가 정해지면 행동을 변화시키기 위해 필요한 지식과 기술이 무엇인지를 파악할 수 있게 된다. 목표를 설정하는데 있어 고려해야 할 중요한 사항은 다음과 같다.

#### ❶ 자신에게 중요한 목표를 선택하라

일반적으로 사람들이 실패를 하는 것은 그 이유가 있다. 그 하나의 이유로 선택한 목표행동이 자신에게 중요한 것이 아니었기 때문일 수 있다. 한 남자 친구는 올해의 목표로 아침에 일찍 일어나는 것과 자신의 체중을 감소시키는 목표를 정하였다. 아침에 일찍일찍 일어나는 것은 정신을 맑게 하고 다른 부가적인 이익도 많았다. 그러나 체중감소는 그에 따른 혜택이 없었다. 곧 그는 "내가 왜 체중을 줄여야 하지. 그것이 나에게 어떤 의미가 있지?"라고 생각하였고 체중을 줄이는 데에 관심을 잃게 되었다. 행동수정계획에 관심을 갖고 성공하기 위해서는 자신에게 중요한 목표행동을 선택해야 한다.

❷ 한번에 너무 많은 일을 하려고 하지 마라

만약 당신이 일주일 내에 담배를 끊고, 한 달 내에 체중을 10kg 정도 줄이고, 이번 주 내로 보고서를 두 개 작성하고, 내일부터 아침에 조깅을 해서 2달 후에 단축마라톤에 참석하려는 계획을 세웠다고 가정하자. 그 계획은 달성되리라고 생각하는 것은 커다란 실수이다. 한꺼번에 너무 많은 일을 하려고 하는 것은 실패 경험과 좌절만을 가져오게 할 뿐이다. 한 번에 하나의 목표행동을 가지는 것이 바람직하다. 만약 목표행동이 단시일에 달성될 수 없을 만큼 크다면 그 목표행동을 하위단위로 나누어서 추진하는 것이 좋다. 예를 들어 담배를 끊고자 한다면 오늘부터 당장 담배를 피우지 않겠다고 계획하기 보다는 이번 주에는 하루에 15개비씩 피우고 다음주에는 10개비, 그 다음주에는 5개비씩으로 점차 줄이는 목표를 세우는 것이 좋다.

❸ 목표행동을 긍정적인 방법으로 진술하라

체중을 10kg 정도 줄일 것인가 아니면 매주 섭취하는 칼로리의 양을 줄일 것인가? 니코틴 중독에서 벗어날 것인가 아니면 피우는 담배의 양을 줄일 것인가? 각 진술문의 경우 두 가지 진술문은 같은 목표를 성취하는 것이다. 그러나 목표행동을 어떻게 설정하느냐에 따라 관심을 유지시키는 것이 달라진다. "체중"이나 "니코틴 중독" 등으로 시작하는 목표는 건설적인 행동을 취하도록 하는데 초점을 두지 못하도록 한다. 행동을 변화시키기 위해서는 긍정적인 태도를 개발하고 이에 맞게 목표를 진술하도록 해야 한다. 부정적인 용어는 부정적인 정서와 연합되어 있다. 목표행동은 가능한 긍정적인 것으로 표현되어야 한다.

#### ❹ 대체 행동의 강도를 증가시켜라

대체 행동이란 나쁜 습관을 대신하는 목표행동이다. 어떤 경우 나쁜 습관을 하지 않는 것을 목표로 삼기보다 그 나쁜 행동을 대체할 수 있는 행동을 하도록 목표를 정하는 것이 도움이 된다. 고칼로리 음식을 좋아하는 것이나 흡연, 자주 술 마시는 것 등은 나쁜 습관이다. 이 경우 나쁜 습관을 하지 않으려고 하는 것만으로는 충분하지 않다. 이러한 나쁜 습관을 대체할 행동을 하는 것이 바람직하다. 예를 들면 고칼로리 음식을 더 적게 소비하기 위한 계획에 운동하는 것이나 영양가 있는 음식을 먹는 것 등을 포함시킬 수 있다. 또한 담배를 줄이기 원하는 사람은 담배를 피우면서 하기 어려운 활동들을 찾아본다. 즉 담배를 피우고 싶으면 차를 닦거나, 자전거를 타거나, 목욕을 하거나, 운동을 하는 것 등을 계획에 포함시키는 것이다.

### (2) 목표행동을 감시하기

목표행동은 우리의 행동이 어떻게 변화해야 하는지에 대해 구체적으로 알려준다. 그러한 변화가 얼마만큼 진행되었는지를 측정하기 위해서는 목표행동의 현재 상태에 대한 정보가 필요하다. 이를 위해서는 기초 자료를 수집하는 것이 가장 좋은 방법이다. 기초 자료는 다음과 같은 질문에 답을 줄 수 있다: "나는 현재 하루에 어느 정도 담배를 피우는가?", "나는 하루에 얼마나 많은 칼로리를 섭취하는가?", "나는 매일 얼마나 멀리까지 조깅을 하는가?"

기초자료를 얻게 되면 목표행동을 성취하는 데 여러 가지로 도움이 된다. 먼저 현재의 행동에서 변화를 감시하게 되면 수행수준을 알 수 있다. 만약 담배 피우는 것을 반으로 줄이길 원한다면 현재 피우는 담배의 수가 얼마인지 아는 것이 중요하다. 따라서 50% 줄이려는 목표는 명확한 기준하에서 설정된다. 또한 기초자료는 목표를 수정하게 해준다. 습관의 현재상태에 대한 정보가 주어진다면 어느 정도의 변화를 성취하기를 원하는지 결정할 수 있다. 기초자료를 얻게 되면 변화가 필요한 다른 어떤 행동이 있는지, 있다면 그것이 무엇인지에 대해 파악할 수 있다.

**기초자료의 기록**: 매일 일지를 쓰는 것은 기초자료를 얻기 위한 좋은 방법이다. 일지에는 자신이 수정하기를 원하는 반응의 ABC(Antecedents-Behavior-Consequences)에 대한 정보를 포함해야 한다. 즉 일지에는 자신이 변화시키려고 하는 행동을 유발하는 자극을 적어야 한다. 친구가 함께 춤을 추러 가자고 요청했기 때문에 공부를 할 수 없었다거나, 담배를 피우는 친구들과 함께 어울리는 동안 담배를 피운 것 등을 기록할 수 있다. 그 반응을 기록할 때에는 그 상황과 연관된 자신의 느낌과 생각뿐만 아니라 행동도 포함시켜야 한다. 또한 반응을 이끌어내는 결과적 자극을 기록하는 것이 도움이 된다. 이러한 방법을 통해 자신의 행동을 통제하는 강화물이 무엇인지에 대해 파악할 수 있다.

또한 일지에는 자신이 변화시키려고 하는 행동의 어떤 측면에 대한 구체적인 정보를 기록하여야 한다. 그 예로 자신이 매일 피우는 담배의 양이나 공부하는 데 소모되는 시간의 양, 혹은 식사할 때 섭취하는 칼로리의 양을 기록하는 것이다. 그러면 목표행동을 달성하는 데 걸리는 시간의 양, 빈도 또는 그 행동을 하였을 때 소비되는 어떤 것의 양을 결정할 수 있다. 그리고 어떤 문제행동에 대한 구체적인 정보를 기록할 때 여러 가지를 같이 기록할 수도 있다. 예를 들어 섭취하는 칼로리의 양뿐만 아니라 먹는 음식의 양도 기록한다든지 혹은 자신이 의자에 앉아서 소모하는 시간의 양뿐만 아니라 공부를 위해 앉아 있는 시간의 양도 기록할 수 있다.

정보를 기록할 때는 부정적인 정보에만 초점을 두지 않도록 노력해야 한다. 잘 수행하지 못한 것이나 혹은 즐겁지 않은 생각 그리고 느낌만을 기록하는 것은 비효율적이다. 부정적인 것뿐만 아니라 행동, 사고, 느낌의 긍정적인 측면도 기록하도록 해야 한다. 이는 변화에 대한 동기와 관여를 높여주며 그것이 유지하도록 도와 줄 것이다. 또한 이것은 목표로 한 문제를 해결해 줄뿐 아니라 더 이상 발전하는 데도 도움을 준다 (Johnson-O'connor & Kirschenbaum, 1985).

목표행동을 하고 난 다음에는 가능한 한 곧바로 행동에 대한 정보를 기록해야 한다. 뜸을 들이거나 어느 정도 시간적 여유를 갖게 되면 부정확한 정보를 기록할 수 있다. 따라서 기록할 수 있는 작은 노트를 항상 기니고 다니는 것이 좋다. 집이나 사무실에서는 메모판을 이용하는 것은 유용한 방법이다. 목표행동을 수행할 때 손이 미치는 곳에 기록할 도구가 있어야 한다. 예를 들어 운동기구 옆에 메모판이 있으면 신체적 활동에 대한 정보를 쉽게 곧바로 기록할 수 있다.

마지막으로, 지초자료는 목표행동이 구체적으로 실행되어 틀이 잡힐 때 까지 기록해야 한다. 목표행동이 얼마나 자주 발생하는지 그리고 어떠한 선행 자극과 결과 자극이 목표행동과 연합되어 있는지가 분명하게 파악되면 기록을 멈추어도 된다. 대부분의 경우 이 기간은 3일에서 5일 정도 걸린다.

때로 우리의 행동이 감시될 때 행동상의 변화가 일어난다. 우리 주변에는 선생님이나 감독, 혹은 부모와 같이 우리의 행동을 관찰하는 사람이 있다. 대부분의 사람들이 자신도 모르게 행동이 바람직한 방향으로 변화하는 것을 경험했을 것이다. 자기 자신의 관찰하거나 자기-인식을 하는 것은 바람직한 행동을 하게끔 만들어 준다. 자기-감시와 기초정보의 기록 자체가 행동을 바람직한 방향으로 이끄는 경우가 있다. 이처럼 우리가 관찰되고 있다는 것에 반응하는 것을 "반응성(reactivity)"의 효과라고 부른다. 그러나 자기 감시와 기초자료의 기록에 의해 야기된 행동변화는 오랫동안 계속되지 않는다(Michael Mahoney & Carl Thoresen, 1947). 결국 행동을 변화시키기 위해서는 다음에 나오는 5가지 행동 수정 과정을 따라야 한다.

### (3) 선행자극 통제하기

만약 당신이 다음과 같은 문구를 보았다면 대개 어떻게 행동하는가?: "뛰지 마시오", "마르지 않은 페인트", "음료수 자판기", "담배", "낙석 주의", "개조심". 아마도 이러한 자극에 대해 피하거나 무엇인가를 얻기 위해 그 상황에서 어떤 행동을 취할 것이다. 이러한 자극들은 개인이 어떤 행동을 취할 것인가를 결정하는 데에 영향을 미치는 정보나 단서들이다. 이 자극들은 개인이 갖고 있는 바람직하거나 바람직하지 않은 습관, 사고, 감정 등을 자동적으로 일으킬 것이다. 선행자극은 통제할 필요가 있다. 선행자극을 통제하기 위한 3가지 방법은 다음과 같다.

### ❶ 어떤 상황에서 문제행동을 일으키거나 단서로서 작용하는 자극을 제거하는 것

텔레비전을 볼 때마다 스낵을 먹는 것이 습관화되어 있다면 집에 스낵을 사다 놓지 않으면 된다. 담배를 피우는 사람들은 커피를 마실 때 더 자주 담배를 피운다. 담배를 줄이기 위해서는 커피를 마시지 않으면 된다. 이렇게 어떤 문제행동을 일으키는 자극을 제거하면 그 행동이 일어날 가능성은 줄어든다.

### ❷ 선행 자극이 잘 나타나는 상황을 제거하는 것

직장에서 일을 하는 사람들은 옆에 있는 동료와 이야기 하거나 외부 전화 때문에 집중해서 일을 하지 못할 때가 많다. 이러한 경우 사원들 간에 칸막이를 설치하거나 업무 중 전화를 끊어 놓으면 일을 하는 데 방해를 덜 받는다.

### ❸ 바람직한 행동이 일어날 기회를 증가시키기 위해 새로운 선행 자극을 추가하는 것

한 가정에서는 저녁식사 시간에 가족들 간에 서로 대화가 없어 고민을 하였다. 식사 분위기가 삭막하여 늘 TV를 켜 놓고 식사를 하였다. 그러나 아이들은 TV에 정신을 집중해서 식사습관이 좋지 못하였다. 그 가정의 어머니는 즐거워야 할 식사시간이 이래서는 안 되겠다고 생각하고 가족 간에 서로 대화를 할 수 있는 방법을 찾으려고 노력하였고 식사 분위기를 변화시킬 수 있는 흥미 있는 방법을 발견했다. 그 어머니는 식사시간에 온 가족이 참여할 수 있는 대화주제(오늘 일어난 일 중 자신이 가장 흥미있게 보았던 것)나 게임(그날의 주된 반찬을 주제로 '삼행시' 혹은 '사행시'를 만드는 것)을 고안했다. 이렇게 선행자극을 변화시킴으로써 그 가정은 보다 즐거운 저녁식사 시간을 가질 수 있었다.

### (4) 반응 고리 깨뜨리기

대부분의 우리 행동은 반응들이 고리처럼 서로 연결되어 있다. 나쁜 습관이 계속 유지되는 것은 하나의 행동이 다른 행동을 이끌어내는 특성 때문이다. 한 친구는 회사 일을 마치면 항상 맥줏집에 가서 생맥주를 한 잔 한다. 맥주를 마시면서 친구들과 이야기하다가 기분이 동하면 다른 술집으로 2차를 가고 또 다시 3차를 가곤 하였다. 그는 이러한 습관으로 인해 집에서는 아내에게 잔소리를 듣고 회사에서는 상사로부터 꾸중을 듣기 일쑤였다. 그 친구는 자신의 습관을 바꾸려고 하였다. 습관을 변화시키는 방법은 퇴근하고 맥줏집에 가는 것과 양립할 수 없는 어떤 조처를 취하는 것이었다. 그는 비싼 돈을 들여 외국어 학원에 등록하였고 퇴근 후 바로 학원에 갔다. 이일로 그는 가정에서나 직장에서 모범적인 생활을 하게 되었다.

습관의 반응고리를 깨기 위한 두 번째 기법은 행동을 실행하는 과정을 어렵게 하는 것이다. 예를 들어 담배를 피우는 습관의 경우 담배를 알루미늄 호일로 세 겹 싸여 있고 비닐로 포장된 케이스에 넣고 다닌다면 담배를 피우는 것이 번거롭게 된다. 만약 커피를 너무 많이 마시는 것이 문제라면 사무실에 커피를 사다 놓지 않으면 된다. 그러면 사무실 밖으로 나가 자판기에서 커피를 뽑아 오는 것이 귀찮아 커피를 마시고 싶은 생각이 덜 들 것이다. 이러한 방법들은 습관적인 행동이 덜 일어나게 만들고 자신이 행동하는 것에 대해 생각할 수 있는 시간을 제공해 준다.

### (5) 결과자극을 통제하기

결과자극은 우리들의 행동이나 다른 사람의 행동이 중요한 미치는 것이다. 그러한 자극을 행동을 수정하는 데 사용할 수 있다. 결과자극을 효과적으로 다룰 수 있다면 행동을 수정하는 데 도움이 될 것이다. 행동수정에 결과자극을 적절하게 사용하기 위해 지켜야 할 7가지의 원리가 있다.

#### 1 긍정적인 강화의 사용을 강조하라

행동수정에 관한 대부분의 연구들은 행동을 수정하기 위해 긍정적인 강화를 사용하는 것이 바람직하다고 주장한다. 혐오적인 자극은 잘 작용하지 않는 경우가 많다. 어떤 경우 혐오적인 자극은 사람들에게 좌절을 가져다주고 행동변화에 저항하게끔 만든다. 자신의 행동을 변화시키기 위해 자기처벌을 사용하는 사람들은 자신의 행동수정계획을 성공시키기가 어렵다.

행동을 변화시키기 위해서는 변화시키려고 하는 행동에 적절한 강화물을 선택하여야 한다. 초등학교에 다니는 아들에게는 학교성적이 좋았을 때 햄버거를 사주는 것이 보상이 되나 다이어트를 하고 있는 고등학교에 다니는 딸에게는 그것이 보상이 되지 않는다. 어떤 한 강화물이 모든 상황에 동일하게 효과를 나타내지는 않는다. 또한 어떤 일이 성공했을 때마다 보상이 주어지는 것은 바람직한 것이 아니다. 그렇게 되면 사람들은 일이 끝난 다음 항상 보상을 기대한다.

#### 2 변화시키기를 원하는 행동에 영향을 미치는 긍정적인 강화물을 선택하라

일반적으로 상상할 수 있는 긍정적인 강화물의 유형은 다음과 같다.

① 다른 사람들의 칭찬이나 인정
② 생리적인 욕구를 해소해 주는 것
③ 즐거운 일을 하게 되는 것(예: 영화 보러 가는 것)
④ 자기암시를 통해 자신을 칭찬하는 것
⑤ 보상받는 상상을 하는 것
⑥ 자신이 좋아하는 것을 하도록 해주는 것

**3 행동이 일어난 즉시 강화해 주어라**

적절한 반응이 일어나기 전에 보상을 해주는 것은 바람직한 것이 못된다. 행동과 보상이 연합되기 위해서는 행동이 일어난 즉시 보상을 주는 것이 좋다. 그러나 때로 행동이 일어난 다음에 보상을 즉시 줄 수 없는 경우가 있다. 아이들이 착한 행동을 하였을 때 피자를 사주기로 하였다고 가정하자. 점심을 먹은 지 한 시간도 지나지 않았는데 아이들이 착한 행동을 하였다고 피자를 사줄 수는 없다. 일상생활에서도 이와 유사한 경우가 많다. 이러한 문제를 해결하는 방법은 토큰보상기법을 사용하는 것이다. 이는 착한 행동 혹은 바람직한 행동을 하였을 때 토큰을 주고 이후 토큰 수에 따라 보상을 해주는 방법이다. 행동이 일어난 다음 상징적인 보상을 해주고 이후 실질적인 보상을 해주면 된다. 상징적 보상은 행동이 일어난 다음 즉각적으로 보상을 해주는 효과를 나타내며 행동을 변화시키는 데 효과적인 방법이다.

**4 보상을 적게 주면서 많은 노력을 요구해서는 안 된다**

긍정적인 강화가 효과가 있는 것은 그것이 사람들에게 이익을 가져다주기 때문이다. 이익이란 자신이 투여한 노력에 비교해서 산출된다. 이를 화이트(Whyte, 1972)는 비용/이익 비율이라고 하였다. 보상이 가져다주는 이익이 노력을 능가하지 않으면(만족을 가져다주지 않으면), 사람들은 보상을 얻기 위해 행동하지 않을 것이다. 아이들에게 매일 자기 방을 청소한 대가로 100원씩 줄 것이라고 하면 대부분의 아이들은 하지 않을 것이다. 긍정적인 보상이 효과가 있지만 비용/이익 비율을 고려하지 않으면 효과가 나타나지 않는다. 사회에서 정책을 시행할 때도 비용/이익 비율은 고려되어야 한다. 예를 들어 국가에서 산아제한을 실시하고자 한다면 사람들이 피임약이나 다른 가족계획을 실시하는 데 따른 이익이 보장되어야 한다.

### 5 목표행동이 이루어지는 동안 계속적으로 강화하라

학습은 시간이 흐름에 따라 점차적으로 이루어지는 것이다. 행동수정도 단 한번에 이룰 수는 없다. 적절한 반응이 일어날 때까지 강화를 미루어서는 안 된다. 목표행동으로 접근하는 과정에 계속적으로 강화가 주어지는 것이 바람직하다. 동물묘기를 생각해보자. 어떤 동물이 묘기를 배운다고 할 때 묘기를 완전하게 구사할 때만 보상하지는 않는다. 그때그때 보상을 통해 목표행동을 하도록 유도해 간다. 이를 행동의 조형(shaping)이라고 한다. 행동을 조형하는 데는 세 가지 방법이 있다.

① 목표행동이 완성될 때까지 각 하위행동들을 보상하는 것. 10km 단축마라톤에 대비하여 훈련을 한다고 가정하자. 이때에는 하위목표를 정하고 그때마다 보상을 해주는 것이 좋다. 처음에는 3km를 달렸을 때 보상하고, 그 다음에는 5km를 달렸을 때 보상하는 방법으로 목표행동을 유도하는 것이 바람직한 방법이다.

② 전체 보상의 양을 나누어 목표행동이 어느 정도 달성되면 그에 해당하는 보상을 하는 것. 학생들이 졸업하기 위해서는 정해진

학점을 취득해야만 한다. 전체 모든 학점을 취득하였을 때 보상이 주어지는 것보다 과목마다 혹은 학기마다 보상이 주어지는 것이 좋다.

③ 목표행동을 학습하려고 할 때 최초의 반응을 강화하기보다는 목표행동에 가장 가까운 행동을 먼저 학습하게 하고 강화하는 것이 좋다. 어린이를 배변 훈련시키는 경우, 제일 먼저 가르치고 강화해야 할 것은 아이들이 변기에 몇 분 동안 앉아 있게 하는 것이다. 이는 보통 화장실을 이용할 때 보이는 일련의 반응에서 가장 마지막 반응이다. 그런 다음 아이는 바지를 내리고 변기에 앉는 걸 배울 수 있다. 궁극적으로는 부모에게 알리고, 화장실로 걸어가고, 옷을 벗고, 변기에 앉는 일련의 모습들이 강화된다. 이러한 모든 훈련은 처음 일어나는 일련의 반응에 이어 나중에 일어나는 반응들을 강화하고 학습함으로써 성취될 수 있다.

### ❻ 일단 목표 행동이 성취되면 강화는 연속적 방법으로 바꾸어야 한다

목표행동을 성취할 때마다 강화를 주는 것은 일상생활에서 어려울 때가 많다. 처음에 강화를 줄 때 연속적인 강화방법을 사용하는 것도 한 대안이 될 수 있다. 기본적으로 행동수정계획에는 연속적인 강화방법이 효과가 없다. 그러나 연속적인 강화방법은 자신을 외적 강화물의 통제에서 벗어날 수 있게 해준다. 우리의 행동은 자신의 통제하에 둘 필요가 있는데 성장하면서 이는 여러 가지 이점을 제공해 준다.

또한 행동을 강화하기 위해 우리의 환경에서 자연적으로 발생하는 강화물을 효과적으로 사용하는 것이 좋다. 이를 “강화 함정”을 설정한다고 표현한다. 예를 들어 운동하는 습관을 갖고자 하는 경우 외부의 보상은 처음에 운동을 시작하는 데 사용될 수 있다. 그 과정에서 몸무게가 줄어들고, 기분도 좋아지고, 보기도 좋아진다. 다른 사람들이 자신의 모습을 보고 칭찬한다. 이러한 강화들은 자연적으로 발생하는 것으로써 외적 보상에 의존하지 않고 행동을 변화시킬 수 있게 해준다.

**7 연속적인 강화보다 덜 빈번한 강화를 사용하라**

일단 어떤 행동에 대한 능력이 학습되면 매번 보상을 줄 필요는 없다. 이제 더 적은 강화로도 행동을 유지시킬 수 있다. 연속적인 강화방법을 강화계획에서 언급한 간격 혹은 비율계획으로 강화계획을 바꾸는 것이 바람직하다. 이는 점차적으로 행동을 변화시켜 준다. 예를 들어 만약 고정된 비율 계획을 사용하려 한하면 먼저 반응의 75 또는 80퍼센트가 강화되도록 그것을 사용한다. 일단 이 계획을 수행하는 데 적응이 이루어지면 한 강화를 하기에 필요한 반응의 수를 증가시킬 수 있다. 이때 주의해야 할 것은 강화계획을 급격하게 변화시키지 말아야 한다는 것이다.

### (6) 다른 사람의 지원을 얻는 것

때로 우리 자신이 우리의 행동을 변화시키기는 어렵다. 우리에게 충고와 격려를 제공해줄 수 있는 사람으로부터 도움을 얻을 수 있다. 자신의 계획을 알고 있는 다른 사람이 있다면 사람들은 그 계획에 더 몰입하는 경향이 있다. 때로 자신의 진행상황에 대해 자신을 속이는 것은 쉽지만 다른 사람을 속이기는 어렵다.

임상 장면에서 치료자는 이러한 지지적 방법으로 사람들을 돕는다. 일상생활이나 덜 심각한 고민에 대해서는 친구나 배우자, 동거인, 부모, 또는 학급친구가 도움을 줄 수 있다. 그러한 사람들은 계획을 듣고 의견을 말해준다. 그들은 자신의 행동수정에 같이 참여한다는 효과를 가져다 준다. 예를 들어 한 남자가 담배를 끊을 결심을 이를 아내에게 말해주었다. 그는 자신의 아내에게 담배피우는 것이 발견되면 자신의 잡비에서 5,000원을 불우이웃돕기 성금으로 보내라고 하였다. 이러한 방법은 공부습관의 향상이나 금연, 체중감소 등에 사용될 수 있다. 이 방법을 사용하는 데는 한 사람만 있어도 충분히 효과를 볼 수 있다.

다른 대안은 자신의 계획대로 자신을 도와줄 다른 사람과 계약을 하는 것이다. 그 계약은 자신의 목표행동을 구체화시켜 주고, 자신이 그 행동을 통제하기 위해 어떻게 노력해야 하는지, 다른 사람의 도움이 필요한 것이 무엇인지 등을 구체적으로 파악하게 해준다. 다른 사람과 계약을 하였을 때 계획대로 행동을 하지 않았다고 다른 사람에게 자신을 처벌하게 해서는 안 된다. 이는 때로 그 사람에 대해 나쁜 감정을 갖게 만들며 논쟁을 초래하기도 한다. 다른 사람은 자신이 목표행동을 잘 수행하고 있을 때만 지원하도록 해야 한다. 계약이 체결되면 각자 서명을 하도록 한다. 이는 두 사람 간의 동의를 확실히 하고 자신의 몰입을 증가시켜 준다.

일견 그러한 세부사항은 불필요한 것으로 생각할 것이다. 그러나 계약서에 그러한 세부사항이 부족하면 바람직한 결과를 얻기가 어려울 때가 많다. 한 연구에서 학생들은 공부 습관을 개선하기 위해 다른 친구들과 계약을 했다. 한 집단은 매우 자세하게 계약을 한 반면에 다른 집단의 계약서는 단순했다. 결과를 보면 세부적인 계약을 한 학생들은 행동변화를 위해 훨씬 더 열심히 노력하였고 공부에 소비하는 시간의 양이 증가했으며, 새로운 공부 기술도 학습하게 되었다.

# 2
## 학습한 것을 기억하기

예전에 모 방송국의 프로그램 중에서 〈기인열전〉이란 프로그램이 있었다. 어느 날 이 프로그램에 출연한 한 남자는 방청객들이 1부터 70까지의 숫자에 임의로 적은 70개의 단어를 한번 들은 다음 정확하게 회상해내는 능력을 발휘했다. 우리들 대부분은 그 출연자와 같이 짧은 시간에 많은 항목을 기억해내는 능력을 갖고 있지 않다. 그러나 짧은 시간에 많은 것을 기억해낼 수는 없지만 사람들의 전반적인 능력은 아주 놀라울 정도로 우수하다. 우리들이 평생 동안 배우고 기억하고 있는 것의 목록만 해도 이 책의 분량보다는 훨씬 많을 것이다. 또한 이들 내용들도 다양해서 식구들의 생일날, 컴퓨터와 관련된 기술, 다른 사람들과의 의사소통과 상호작용, 그리고 다른 어떤 것들을 하기에 필요한 기술과 지식 등을 포함하고 있다. 우리들 각각은 우리 삶 속에서 일상의 변화에 적응하는데 필요한 지식과 기술들을 습득할 수 있는 능력을 갖고 있다. 이러한 학습의 능력이 없다면 우리는 환경의 요구에 따른 본능적인 반응 이상의 것은 거의 할 수 없는 것이고 우리 삶에 대한 개인적인 통제는 불가능해질 것이다.

학습능력은 이전 생각이나 행동을 얼마나 잘 기억하느냐에 달려있다. 필요한 정보를 얻기 위해서는 기억에 접근하여 정보를 인출하여야 한다. 우리의 기억체계는 정보를 언어적 명칭이나 정신적 심상의 형태로 부호화하고, 저장하고, 이후에 그 자료를 인출하는 것을 포함한다. 따라서 학습과 기억은 상호 보완적인 과정이라고 할 수 있다. 기억과정을 이해하기 위한 두 가지 이론이 있는데, 그 하나는 기억체계 접근이고 다른 하나는 처리수준적 접근이다.

## 1) 기억체계

우리의 기억체계는 세 개의 요소 즉, 감각등록기, 단기기억, 장기기억으로 구성되어 있으며 이들 구성요소들은 서로 관련되어 있다. 먼저 환경으로 부터의 정보가 감각등록기에 들어온다. 이것은 정보에 대한 감각흔적이며 모든 감각기관에서 발생한다. 예를 들어, 시각정보는 눈으로 들어오면 우리 눈의 추상체와 간상체가 시신경을 거쳐 뇌의 시각피질까지 신경충격을 보내기 시작한다. 이것은 자극에 대한 시각 이미지를 형성하고 대개 1.5초 동안 지속된다. 청각 자극들은 청각신경과 뇌의 청각피질을 자극한다. 잔향은 남아있게 되고 일반적으로 3~4초가 지나면 완전히 사라진다.

시각과 청각 이미지는 처리되지 않았거나 분석되지 않은 감각정보이다. 그러나 우리들이 이러한 감각정보에 주의를 기울인다면, 우리의 뇌는 그것의 중요성과 의미에 대해서 그것을 분석하기 시작한다. 이러한 인지적 처리과정은 감각정보를 압축하고, 중요한 특징이나 형태를 확인해 주며, 주요 세부항목을 유지하고, 나중에 그것을 인출할 수 있도록 해준다. 감각정보에 대한 추후 분석은 두 단계에서 발생하는데 하나는 단기기억체계이고 다른 하나는 장기기억체계이다.

단기기억은 감각등록기로부터 시각적, 청각적 정보를 받아서 이를 청각적 부호로 전환한다. 이 청각 부호는 매우 짧은 시간동안 정보를 저장하며 저장의 용량도 제한되어 있다. 단기기억의 정보는 약 30초 정도 지속되며 그 용량은 7±2 정도이다. 이것은 정보들이 한번 제시된 후에 약 5~9항목의 정보가 비교적 짧은 기간 동안 유지된다는 것을 말한다.

정보를 유지하기 위해서 반복적으로 암송하지 않으면 기억이 손실된다. 암송을 하거나 정보를 사전에 조직하게 되면 정보가 단기기억 내에 더 오랜 기간 동안 유지되도록 할 수 있다. 대부분의 사람들이 수첩에서 전화번호를 보고 전화를 걸기 위해서는 무엇을 하는지 생각해 보자. 그들은 그 번호를 여러 번 반복하고 기억을 잘하기 위해서 그것을 조직함으로써 단기기억 내에 유지한다. 그래서 0128716784라는 숫자는 반복되고 이를 부분들로(012-871-6784) 나누어 묶어서 조직한다. 그리고 이 숫자는 그 번호에 해당하는 사람의 이름과 그 밖의 특징들과 연관된다.

이러한 과정은 우리의 기억에서 쉽게 사라지는 특성을 갖고 있다. 이것은 새로운 전화번호들을 사람들에게 기억하도록 한 실험에서 증명되었다. 전화회사는 교환원에게 문의받은 번호를 알려준 후 "좋은 날입니다"라고 인사를 하게 하여 상대방으로 하여금 말을 하도록 시켰다. 이러한 인사를 받은 참가자들은 그렇지 않은 사람들 보다 낯선 전화번호를 회상하는 데에 두 배 정도 많은 실수가 있었다. 교환원의 인사는 숫자를 기억하기 위해 암송하는 것을 방해한 것이다.

단기기억은 기본적으로 활동기억이라고 한다. 그것은 어느 순간 주의를 집중한 것에 대한 기억이다. 우리가 순간적으로 기억한 것들 중에는 이후에 이용될 가능성이 있는 것도 있다. 따라서 그것은 장기기억으로 전환될 필요가 있다. 정보가 단기기억에서 장기기억으로 전환되기 위해서는 능동적인 과정(정교화)이 진행되어야 한다. 이것은 정보가 활발하게 분석되고 이미 저장된 자료들과 연관되는 것을 말한다. 당신이 이 장의 내용을 공부할 때 새로운 용어나 개념을 장기기억에 저장하기 위해 정교화를 사용할 수 있다. "단기 기억의 특징은 무엇일까?", "감각등록기나 단기기억, 장기기억은 서로 차이점이 무엇인가?"와 같은 질문들이 정교화에 해당한다. 이런 정교화 과정은 정보를 의미론적 부호로 전환시키며 장기기억에 저장할 수 있도록 해준다.

정교화는 정보를 여러 가지 특징을 가진 기억부호로 전환하는 것을 말한다. 장기기억으로 저장되는 정보의 유형으로는 세 가지가 있다. 첫째는 어떤 것이 학습된 시점과 맥락에 대한 정보이다. 이것을 일화기억이라고 부른다. 고등학교 때의 성적에 대한 기억이나 대학입학 때의 기억 등이 이에 해당하는 예이다. 둘째는 단어나 개념의 기본적인 의미가 시점이나 장소에 대한 자료가 없이 저장된다. 이것을 의미론적 기억이라 부른다. 이는 자서전보다는 백과사전에 더 가까운 것이다. 장기기억에서 정보와 연합된 의미는 학습했던 자료들과 연합되어 있는 정신적 이미지도 포함하고 있다. 셋째는 우리가 학습하는 항목들이 언어적 또는 의미론적 부호와 정신적 이미지 부호로 부호화되는 것이다. 학습하는 것이 무엇과 같다라고 심상을 만들어내는 능력은 기억을 향상시키는 데 도움을 준다.

사람들은 언어적 정보보다 더 많은 것을 학습하고 기억한다. 차를 운전하는 것, 수영하는 것, 악기를 연주하는 것 등의 다양한 운동기술들이 학습된다. 또한 그것들은 오랜 시간 동안 기억 속에 유지된다. 장기기억 내에 저장된 세 번째 유형의 정보를 언급할 때 절차적 기억이라는 용어를 사용한다. 운동기술이 요구되는 상황에 처했다고 생각해 보자(자전거를 타고 싶다). 이 기술과 관련된 절차의 각 부분은 개인의 인식 없이 상기되며 자동적으로 다음 절차를 이끌어낸다. 절차적 기억은 언어적 명칭을 어떻게 하는가는 상관없다. 자신이 한쪽 발로 균형을 유지하는 것이나 자전거를 타는 것 등은 언어적으로 기술할 수는 없어도 그와 관련된 능력은 학습될 수 있다.

### 2) 처리수준적 접근

이는 기억이 세 가지 구성요소로 이루어져 있다고 보기보다는 정보가 다양한 수준에서 분석되고 이후 재구성되는 능동적인 과정이라고 보는 입장을 말한다. 한 예로 "교자상"이라는 단어를 배운다고 할 때 사람들은 그것의 물리적 특징(그것이 몇 글자로 되었는가)을 분석할 것이고, 그것이 어떻게 들리는지(그 단어가 우승했을 때 주는 상으로 들리는가), 또는 그 단어의 뜻이 무엇인지(교자상을 정의하고 두 가지 예를 든다.)를 분석할 수 있다. 첫 번째 것은 단순히 글자의 개수를 세는 다소 얕은 수준의 분석이다. 그것이 어떤 것 같이 들리는 지를 결정하는 데는 좀 더 정신적 노력이 요구되고, 그 단어의 의미를 분석하는 것은 가장 많은 정신적 노력이 요구된다. 부가적인 투여되는 정신적 노력은 어떤 것이 얼마나 잘 기억되는가에 영향을 준다.

처리수준적 관점은 일단 주어진 정보들이 재빨리 기억에서 사라지는 것은 정보를 분석할 때 얕은 수준의 음향적 분석만 하였기 때문이라고 주장한다. 정보가 장기기억에 저장되는 것은 정보를 더 깊은 수준으로 분석, 처리하였기 때문으로 해석한다. 즉 정보가 의미에 기초한 기억부호로 전환되어 기억 속에 저장된다. 어떤 자료의 의미를 생각하는 것은 음향적 부호로 정보를 분석하는 것보다 더 복잡하고 어려운 인지적 과제이다.

좀 더 깊은 수준으로 정보를 처리하게 되면 관련되는 의미와 이미지 부호를 서로 연결시키는 데 시간이 많이 소비된다. 이것은 자동적으로 일어날 수도 있으나 그렇게 하기 위해서 의식적으로 노력하는 것이 필요하다. 한 예로 누군가 새로운 사람을 처음으로 만났을 때 사람들은 대개 그들의 얼굴 특징을 "친근하다" 또는 "애교스럽다" 등으로 분류할 것이다. 그러나 단순히 인상만을 기억하는 것보다는 누구와 닮았다거나 얼굴의 특징을 보다 구체화하여 깊은 수준으로 분석하면 이후에 그 사람을 기억해낼 가능성은 증가한다.

### 3) 망각에 대한 설명

#### (1) 기억흔적의 소멸

우리가 어떤 정보를 기억하게 되면 대뇌피질에 그와 관련된 기억흔적이 남는다. 감각기억에서 정보의 상실은 주로 정보에 대한 기억흔적의 소멸 때문이라고 할 수 있다. 단기기억에서는 정보를 암송하는 것이 방해를 받을 때 기억흔적이 소멸된다. 단기기억에서 정보가 계속 암송되었거나 그것이 장기기억으로 전환되었는데 기억을 해내지 못하는 것은 기억흔적의 소멸이라고 보기보다는 다른 요인들이 개입된 것이다.

#### (2) 정보 인출의 실패

우리의 장기기억체계는 무한한 용량을 갖고 있다. 한번 정보가 장기기억에 입력되면 그것은 영원히 우리 기억 속에 존재한다. 때로 학습한 것을 기억해내지 못하는 것은 정보가 사라졌기 때문은 아니다. 그보다는 사람들이 갖고 있는 정보를 인출해내는 능력에 문제가 있었기 때문일 것이다. 장기기억에서의 저장은 도서관 선반 위에 정리되어 있는 책들과 유사하다. 장기기억에서 학습된 정보를 잘 인출하기 위해서는 도서관에 책이 새로 들어올 때 번호를 붙여 체계적으로 정리하듯이 잘 정돈해서 정보를 기억시켜야 한다.

학습할 때와 회상할 때의 우리의 감정상태는 정보를 기억하는 데 영향을 미친다. 어떤 정보를 학습할 때의 기분과 회상할 때의 기분이 서로 일치한다면 기억은 향상된다. 사람들에게 슬픔을 느끼도록 했을 때는 행복을 느끼도록 했을 때보다 과거 경험 중 불쾌한 일들을 더 많이 떠올린다. 또한 사람들은 행복한 기분을 경험하도록 했을 때 어린 시절의 행복한 경험을 더욱 많이 기억해낸다. 이러한 연구들은 우리가 학습한 것을 기억에 저장할 때 학습할 당시의 정서상태에 관한 정보도 포함한다는 것을 의미한다.

정서적 단서는 어느 정도까지 회상을 촉진시키는 데 도움이 될 수 있다. 그러나 어떤 것을 회상하려할 때 매우 강한 정서는 회상능력을 촉진하는 것이 아니라 방해한다. 예를 들어 학교시험에서 시험 걱정을 많이 하는 학생은 시험을 잘 치루기 어렵다.

감각등록기에서 정보를 읽는 것을 제외하고 장기기억과 단기기억 내에 있는 정보의 회상은 역동적인 과정이다. 그것은 단순히 전화번호를 발견하고, 도서관의 선반에서 자료를 끄집어내는 것 이상이다. 회상은 사람들로 하여금 최초의 정보를 다양한 기억부호로 재구성, 재생산, 재창조할 수 있도록 해준다.

### (3) 기억흔적들 간의 간섭

오래된 정보와 새로운 정보의 기억흔적은 서로 방해될 수 있다. 이것은 오래된 정보와 새로운 정보가 서로 비슷할 때 잘 일어난다. 오래된 기억내용이 최근에 학습한 것을 방해하는 것을 순행간섭이 일어났다고 한다. 오래된 남자 그리고 여자친구의 생일은 새로운 친구의 생일을 기억하는 것을 힘들게 할 수 있다. 혹은 지난 학기에 배운 사회학의 개념은 심리학자들이 유사한 문제를 달리 설명할 때 그 내용의 기억을 방해한다. 새로운 기억이 오래된 기억을 방해하는 것을 역행간섭이라고 한다. 역사시험 공부를 할 때 고려시대를 공부한 다음에 조선왕조를 공부하는 순서로 하면 정작 시험 볼 때 고려시대에 대한 기억이 잘 안 나는 것과 같은 경우이다.

### 4) 기억을 향상시키는 방법

#### (1) 정보를 과학습하라

과학습이란 우리가 얻은 지식과 기술을 기억하는 능력을 증진시키기 위해 행하는 특별한 종류의 연습을 말한다. 어떤 것을 숙달하기 위해서는 그것을 학습하는 데 걸리는 시간보다 더 연습되어야 한다. 우리들 대부분은 대중가요나 동요, 시, 외국어의 어휘들을 처음 배운 몇 년 후에도 기억할 수 있는데, 과학습은 그것이 왜 가능한지 설명할 수 있는 한 가지 이유이다. 예를 들어 좋아하는 노래가 음반차트에 처음 등장할 때 우리들은 단순히 그것을 따라 부른다. 노래 가사와 멜로디를 익힌 후에도 오랫동안 계속해서 연습하면 그것을 기억하는 능력이 향상된다.

드리스켈과 윌스, 쿠퍼(James Driskell, Ruth wills, & Carolyn Cooper, 1992)는 과학습의 효과는 취미와 스포츠뿐만 아니라 다양한 직업 관련 기술에서도 응용될 수 있다고 하였다. 취미를 배울 때 그것을 능숙하게 할 수 있을 때에도 훈련을 계속하게 되면 그들이 반응을 얼마나 정확하게 할 수 있는가에 대한 피드백을 얻을 수 있다. 인지적인 정보를 기억하는 것과 운동기술을 기억을 하는 것을 비교할 때 과학습은 둘 모두에게 중요한 요인이지만 운동기술을 기억하는 데 더 중요한 요인이다(Driskell et. al, 1992). 과학습은 운동기술뿐만 아니라 언어 정보에 있어서도 연습한 기억흔적을 강화시키는 작용을 한다. 과학습은 사람들로 하여금 적어도 두 배 이상 긴 기간 동안 정보를 기억할 수 있게 해준다.

과학습을 하는 데는 여러 가지 방법이 있다. 먼저 수업 중에 배운 내용을 개관해서 정기적으로 읽는 습관을 개발해라. 시험준비를 할 때 '나는 확실히 알고 있어'라고 느낀 후, 노트 정리한 것을 한 번에서 세 번 반복해라. 버스를 탈 때, 걸을 때, 혹은 약속장소에서 누구를 기다릴 때 방금 배운 정보를 마음속으로 반복할 수 있는 기회를 찾으라.

교과서나 다른 서적을 다시 한 번 읽어 보는 것은 과학습으로 인한 이점을 얻을 수 있게 해준다. 책을 여러 번 읽은 학생과 노트정리를 하여 정보를 잘 요약하는 학생들을 대상으로 수업시간에 배운 사실들과 개념, 원리에 대한 시험을 치게 하였다. 그 결과 교과서를 다시 읽은 학생이 시험에서 더 좋은 성적이 나왔다(Anderson, 1980; Barnett & Seefeldt, 1989).

### (2) 정보의 범주화하라

우리의 단기기억체계는 그 용량이 한계가 있다. 이러한 한계를 극복하도록 해주는 것은 정보를 묶는 것이다. 마법의 수 7±2는 사람들이 단기기억에서 기억할 수 있는 항목의 수를 나타낸다. 휴대폰 번호나 신용카드 번호, 주소, 그밖에 다른 정보는 정보의 항목이 9를 초과하기 때문에 그 정보들을 기억하기는 어렵다. 이러한 문제를 극복하는 한 가지 방법은 정보를 더 작은 묶음으로 재조직하는 것이다. 사람들에게 1776198420011942이라는 숫자를 제시해 주고 기억하라고 했을 때 이를 배열된 단일수로 생각하면 기억하기가 어렵다. 이 숫자를 1776-1984-2001-1942와 같이 연도처럼 생각하면 기억하기가 더 용이하다. 또한 28개 문자 N-F L-F-B I-I-B M-U S-A-N-A S-A M-T-V-V C R-I-R S-C-B-S는 다음과 같이 재조직될 때 더 쉽게 기억될 수 있다.

NFL FBI IBM USA NASA MTV VCR IRS CBS

우리의 인지체계는 때로 관련된 정보를 자연스럽게 적당한 범주와 연관시킨다. 이는 정보인출 능력을 촉진하고 한 가지를 다른 것과 연관시키도록 돕는다. 정보를 범주화하기 위한 방법을 찾게 되면 이러한 자연스러운 경향을 도울 수 있다. 정보를 범주로 묶는 것이 기억을 촉진시키는 것은 범주가 부가적인 정보를 제공하기 때문이다.

정보를 묶는 방법에 익숙해지면 여러 가지 면에서 이득을 얻을 수 있다. 디킨슨과 오코넬(Donald Dickinson & Debra O'connel, 1990)에 따르면 학교성적이 높은 학생들은 책을 읽거나 노트를 정리하는 등 정보를 조직하는 데 일주일에 평균 43분을 소비하는 것으로 나타났다. 그러나 성적이 낮은 학생들은 자료를 조직하는 데 일주일에 평균 10분 정도밖에 소비하지 않았다. 또한 학생들에게 보고서를 작성하여 제출하게 한 경우 자신이 쓰고자 하는 보고서의 목차를 먼저 구성한 다음 보고서를 쓴 학생들 보고서의 질이 더 우수하다.

정보의 범주화에는 인지도를 만드는 것이 도움이 된다. 인지도는 각 정보들에 개별적인 의미를 부여하여 정보를 범주화하는 특별한 방법이다. 사진이나 차트, 그림, 도표 등은 사람들이 학습하기를 원하는 어떤 것을 정확하면서 개인적으로 의미 있는 표상을 형성하기 위해 사용될 수 있다. 인지도를 형성할 때에는 범주별로 관련된 개념들을 함께 묶고 각 범주들 사이의 관계 등이 명시되도록 하는 것이 바람직하다.

### (3) 정보의 정교화

기억을 증진시키는 다른 한 방법은 학습하고 있는 정보를 정교화하는 것이다. 이는 정보를 더 상세하게 분석하게 하고, 더 깊고 의미 있는 수준으로 처리하도록 해준다. 정보를 정교화하는 데 도움을 줄 수 있는 방법에는 여러 가지가 있다.

### ❶ 정보들을 통합하는 것

객관식 시험을 위해 공부할 때 많은 학생들은 구체적인 사실에 초점을 맞추려는 경향이 있다. 그러나 주관식 시험을 위해 준비를 할 때에는 그들은 기본적인 사실들에 초점을 둘 뿐만 아니라 그러한 사실을 더 큰 맥락으로 통합하려고 노력한다. 후자의 전략은 정보를 더 깊은 수준으로 처리하는 것이다. 이러한 전략은 객관식 시험의 점수도 향상시킬 수 있다. 푸스와 클락(Paul Foos & Cherie Clark, 1984)은 두 집단의 학생들에게 기말고사에 주관식 또는 객관식 시험이 출제될 것이라고 말해주고 시험을 친 다음 성적을 비교하였다. 그 결과 객관식 시험을 예상하고 준비한 학생들이 객관식 시험을 보았을 때보다 주관식 시험을 예상하고 객관식 시험을 본 학생들의 성적이 더 우수하였다.

### ❷ 단순히 읽지만 말고 적극적으로 반응하라

헤티히(Paul Hettich, 1976)는 사람들에게 여러 잡지를 읽고 잡지에서 본 정보에 대한 자신의 반응이나 생각, 다른 어떤 새로운 통찰력 등을 기록하는 습관을 가지라고 충고한다. 그 기록에는 정보들에 대한 자신의 과거와 현재의 경험 등이 관련되어야 한다. 힌드(Cynthia Hynd, 1990) 등은 책을 읽을 때 읽고 있는 책의 여백 속에 자신의 생각과 반응을 쓰는 것이 좋다고 주장한다. 그렇게 하면 책을 읽고 있는 동안 책의 저자와 대화를 하는 효과를 갖게 된다고 한다. 그녀는 학생들이 시험공부를 할 때 읽고 있는 책의 여백에 의견이나 생각을 쓰는 학생들이 그렇게 하지 않는 학생들보다 시험을 더 잘 본다고 주장한다. 책의 여백에 의견을 쓰는 것은 객관식 시험에서 더 효과적이지만 주관식 시험에서도 효과가 나타난다.

어떤 사람들은 정보를 읽으면서 중요 정보를 강조하기 위해 밑줄을 긋는다. 이것이 책의 여백에 생각이나 의견을 적는 것을 대신할 수 있을까? 그렇지는 않다. 그러나 정보를 읽는 동안 아무것도 안 하는 것보다는 효과적이다. 존슨(Linda Johnson, 1988)은 중요한 자료에 밑줄을 긋거나 강조하는 것이 어떤 조건에서는 학습을 고양시킨다고 하였다. 그 조건은 사람들이 밑줄을 그으면서 이 정보가 왜 중요한지, 그 의미가 무엇인지를 구체적으로 생각해 볼 때이다.

### ❸ 스스로 질문하고 대답하도록 노력하라

이전에 설명했던 PQ4R 기법은 이러한 방법의 일종이다. 질문을 써 놓고 그 질문에 답하려고 노력하는 것은 정보를 정교화하는 것이다. 비요크(Robert Bjork, 1979)는 질문을 잘하게 되면 사람들이 학습하기를 원하는 용어나 개념, 원리에 대해 보다 더 폭넓은 의미를 살펴볼 수 있게 해준다고 하였다.

## (4) 정신적 심상을 이용하기

아이들은 언어를 습득하기 전에 정신적 심상을 사용하여 주변 환경의 사람들이나 사물을 범주화한다. 아이들은 친숙한 것을 구별할 줄 아는데 그것은 그 사물에 대한 정신적 심상을 갖고 있기 때문이다. 그러나 아이들은 성장하면서 점차 심상기법을 덜 사용한다. 대신 사람들이나 사물, 기타 사건들을 범주화하기 위해 언어를 사용하게 된다. 이는 우리의 사회와 학교에서 언어적인 능력을 강조하고 있기 때문이다.

그럼에도 불구하고 심상기법을 사용하는 사람들이 있다. 극단적인 예는 직관력이나 뛰어난 영상기억능력을 가진 사람들이다. 그런 사람들은 사진이나 영화의 상세한 부분들이나 혹은 교과서 전 페이지를 기억할 수 있다. 이들은 기억에 정보를 저장할 때 언어기억 부호와 심상기억 부호 형태로 정보에 의미를 부여한다(Bower, 1970). 이러한 과정은 의식적인 사고 없이 자동적으로 일어난다.

심상부호로 전환된 정보는 더 빨리 학습되며 더 오래 기억된다. 따라서 학습할 정보를 심상으로 부호화하여 저장하면 기억을 증진시킬 수 있다. 예를 들면 어떤 출판사 사람을 만나 그 사람의 이름을 외우고자 할 때 그 사람 이름이 쓰여 있는 책의 겉표지 모양을 기억하는 것이다.

### (5) 기억 장치를 사용하라

사람들에게 한 편의 시와 노래 가사를 외우게 하면 시보다 노래 가사를 더 잘 외운다. 기억해야 할 정보에 리듬이 첨가되면 사람들은 그 정보들을 잘 기억하는 습성이 있다. TV에서 청량음료를 광고할 때 선전할 메시지를 노래의 형태로 제시하는 것이 연설 형태로 제시하는 것보다 시청자들이 더 잘 기억하게 한다. 수학에서 루트2는 1.414213이고 루트3은 1.732050이다. 이를 그대로 암기하기는 어렵다. 그러나 이것을 “인내인내둘일세”, “한치삼두제오제”라고 음을 실어 암기하면 더 빨리, 더 오래 기억할 수 있다.

로마의 유명한 연설가인 키케로(Cicero)는 연설할 때 장소법이라는 방법을 사용하여 연설하였다. 그는 연설할 내용의 순서를 학습하기 위해 정원의 걷고 있는 자신의 모습을 상상했다. 키케로는 그의 연설 가운데서 중요한 단어들을 선정하여, 그 단어들을 그가 산책하는 동안 지나쳤던 대상들과 연관시켰다. 그가 지나쳤던 대상들의 순서가 그가 그의 연설에서 요점들의 순서를 조직화하는 데 도움을 주었다. 그의 첫 번째 지적은 군인이 새로운 옷이 필요하다는 것이었는데, 그것은 그의 마당 입구에 있는 분수대와 연결하여 군인들의 새 유니폼에 대한 정신적 심상으로 형성되었다. 이러한 장소법은 회상능력을 향상시킨다. 한 연구에서 참가자들에게 32단어들로 구성된 하나의 목록을 기억하게 하였다. 한 집단은 기계적인 암기법을 사용하게 한 반면, 다른 집단은 장소법을 사용하게 하였다. 그 결과 기계적인 암기법을 사용한 집단은 목록의 25%를 회상한 반면 장소법을 사용한 집단은 목록의 78%를 기억하였다.

# 인간의 공격성향 6

도연이는 핸들을 잡으면 긴장한다. 운전이 능숙하지 않기 때문은 아니다. 오늘도 자신이 운전하는 동안 얌체처럼 운전하는 차를 얼마나 경험할 것인가에 대해 불안하기 때문이다. 그는 몇 년 전 얄밉게 끼어든 차를 끝까지 따라가 뒤에서 추돌시키는 바람에 쇄골이 부러진 적도 있다. 이는 한 운전자의 예를 들어 본 것이다. 끊임없이 늘어선 자동차 행렬 속에서 특히 출퇴근길의 혼잡 속에서 운전하는 운전자라면 누구나 한번쯤 충동을 일으키기도 하고 한번쯤 경험했을 수 있는 사례일 것이다. 이러한 행동도 일종의 공격성의 표현이라 할 수 있다. 우리는 이 같은 분노와 공격성을 억제해야 할까, 아니면 분출해야 할까? 그것은 우리의 사회생활을 어렵게 혹은 쉽게 할 수도 있다.

사람들이 모여 살게 되면 여러 가지 형태의 일이 발생할 수 있다. 지도자가 생기고, 그에 복종 혹은 추종하는 사람이나 집단이 생긴다. 친구가 생기거나 적이 생기기도 한다. 사람들 간에 어떤 문제를 해결하기 위해 협동하기도 하고 사소한 문제로 갈등을 일으키기도 한다. 인간뿐만 아니라 여러 사람들이 다양한 집단을 구성하여 문제가 생기기도 한다.

집단 내에서 혹은 집단 간에 협동을 하기도 하고 그 집단 간에 무엇인가를 더 얻기 위해 혹은 자존심을 지키기 위해 갈등을 일으키기도 한다. 이때 발생하는 문제를 해결하기 위해 다양한 방법으로 접근할 수 있다. 다음 장에서 살펴보겠지만, 의사소통과정을 통해서 문제를 원만하게 해결하기도 하고, 제3자의 개입에 의해 문제를 해결하기도 한다. 혹은 우리는 그 문제 자체를 부정하거나 잊어버림으로써 문제를 회피하기도 한다. 이 중에서 우리가 흔히 사용하는 방법 중의 하나는 상대방을 힘으로 제압하려 하는 것이라 하겠다. 이 때 힘이란 그것이 돈이건, 권력이건 혹은 기타 다양한 방법이라 하더라도 그것은 일종의 공격적인 행동이라고 할 수 있다.

여기에서는 이 같은 인간의 공격성에 대한 이해를 돕고 인간관계에서 일어나는 서로 간의 공격적인 행위를 가능하면 줄이도록 노력해야 한다는 전제에서, 먼저 과연 인간 속에는 공격적인 본능이 존재하는가라는 문제와 더불어 인간의 공격성을 유발시키는 요인을 알아본 다음, 인간 사이에서 일어나는 문제를 해결하는 데 과연 폭력과 같은 공격적인 수단이 필요한 것인가라는 문제에 대해 논해 보고자 한다.

## 1
## 공격성

공격성이라는 용어를 우리가 일상생활에서 많이 사용하지만 어떤 행동이 구체적으로 공격적인 행동인가를 규정하는 것은 쉬운 일이 아니다. 예를 들어, 우리는 농구경기에서 상대방에게 적극적으로 접근해서 공을 빼앗으려는 선수를 공격적이라고 할 수 있는가 하면, 물건을 팔기 위해 상대방의 거절에도 불구하고 끝까지 물고 늘어져 사줄 것을 강요하는 영업사원도 공격적이라고 할 수 있다. 또한 어려운 수학문제를 풀 때까지 물고 늘어지는 학생을 공격적이라고 할 수 있는가 하면, 토론하는 과정에서 남을 궁지에 몰아넣을 정도로 강도 높게 상대방의 의견을 비판하는 경우도 공격적이라는 표현을 쓸 수 있다. 반면, 상대방을 구타하는 행위는 물론, 사회질서와 법을 지키기 위해 국가가 억압적인 수단을 사용하여 국민을 제재하는 것도 공격의 일부이며, 경쟁대상을 누르고 승리하기 위해 교묘한 방법으로 상대방을 속이고 궁지에 몰아넣는 행위도 공격적이라고 표현할 수 있다.

이처럼 다양한 영역에서 공격적이라는 말을 사용한다. 즉, 일상생활에서 공격적이라는 단어를 자주 활용하고 있으며, 공격적이라고 하면 누구나 다 아는 개념처럼 인식되어 있다. 하지만 그 사용범위가 너무 광범위해서 인간의 공격성을 논하기 전에 공격적이라는 단어의 정확한 의미를 다시 한 번 살펴볼 필요가 있다. 공격성의 정의에 관해서 심리학에서는 많은 논의가 있어 왔으며 공격성에 대한 다양한 개념이 제시되었다. 이것은 바로 공격성의 정의에 대해 연구자마다 강조하는 측면이 다르기 때문이다.

70년대 이후부터 이와 같은 공격성의 정의에 대해 어느 정도의 의견일치를 보이고 있는데, 일반적으로 두 가지 접근방법을 택한다. 첫째는 공격성을 관찰할 수 있는 특성을 가지고 정의하는 접근방법이고, 둘째는 공격자의 의도나 동기를 가지고 접근하는 접근방법이다. 전자의 대표적인 학자인 이런(Eron, 1987)은 공격성을 '타인에게 상처를 입히고 화나게 하려는 의도된 행동'으로 보았으나 의도의 측정이 어렵기 때문에 공격성을 '타인에게 상처를 입히고 화나게 하는 행동'으로 정의하기로 하였다. 이 정의는 행동결과를 고려하여 공격성을 정의한 것으로, 측정과 관찰이 가능한 객관적인 접근이기는 하지만 의도적인 상황을 설명할 수 없다는 문제가 있다.

후자에 속하는 애런슨(Aronson, 1980)은 '자신 또는 타인에게 상처나 고통을 주려는 의도를 가지고 이를 목표로 하는 행위'라고 정의의 폭을 확대했다. 이 개념은 공격성의 선행적 측면인 행위자의 '의도'를 함께 고려한 개념으로 볼 수 있다. 또한 밴듀러(Bandura, 1973)는 어떤 행동이 공격적인지 아닌지를 결정하기 위해서는 '관찰자의 사회적 명명'과정을 포함해야 한다고 주장하였다. 왜냐하면 사람들에게 공격성의 여부를 판단할 수 있는 요인이 무엇인지 알아야 공격성을 적절하게 이해할 수 있기 때문이다. 이 정의에는 평가자가 공격적이라고 명명하는 것은 공격행동이 된다(이정구, 1999).

이 같은 다양한 정의가 있고 정의마다 장단점이 있지만 현재 가장 폭넓게 받아들여지는 개념은 의도를 포함하는 경우의 정의이다. 예를 들어 아이가 장난을 하다가 친구의 눈을 찔러 피가 나고 급기야 실명의 위기에 접했다고 가정할 경우, 과연 이 아이의 행동을 공격적이라고 할 수 있을까? 이럴 때 우리는 새로운 개념이 필요하다. 그 아이가 친구의 눈을 해치려고 처음부터 생각을 했는가 하는 것이다. 이것을 바로 의도(intention)라고 한다. 아이가 행위의 이면에 남을 괴롭히고, 해치며, 파괴하고자 하는 의도가 있었을 때만을 한정해서 공격적이라고 표현한다(Tedeschi et al., 1985). 의도라는 측면을 부각시켜 보면, 운동경기에서 과격한 몸싸움을 하다 상대방 선수가 부상을 입었을 때, 이것을 공격적 행위라고 말하기 곤란하다.

그렇지만 공격성에 대해 정의 내리는 것이 쉬운 일은 아니다. 먼저, 의도를 중심으로 정의내릴 수 있지만 이것이 결코 쉬운 일은 아니다. 공격을 타인에게 해를 입히는 행동과 같이 행동결과에 초점을 두고 정의할 수도 있고, 타인에게 해를 입히려는 의도된 행동과 같이 행동의도에 초점을 두고 정의할 수 있다. 그러나 전자는 분명히 공격행동인 것을 아니라고 하거나 아니면 공격행동이 아닌 것을 공격행동이라고 잘못 분류하는 오류가 있을 수 있고, 후자는 공격의도가 분명히 관찰되거나 추론될 수 없을 수도 있다는 문제점이 있다.

다음으로는 공격의 종류와 관련된 것이다. 구타, 살인, 폭행 등과 같이 사람들에게 해를 입히며 괴롭히는 행위는 사회의 규범을 위반하고 공동체적의 질서유지를 해치는 반사회적 행동이 있으며, 이를 우리는 공격적 행동의 범주에 쉽게 분류한다. 그렇지만 우리사회에는 이와는 다른 공격적인 사회행동이 존재한다. 사회적으로 권장되는 친사회적 공격과, 권장되지는 않지만 정당방위와 같이 사회적으로 허용되는 공격이 있다. 어떤 공격행동이 이 셋 중 어느 범주에 속하는 것인지는 상황과 분류자에 따라 달라진다. 마지막으로 다른 사회행동과 달리 공격의 경우에는 공격충동과 공격행동이 항상 일치하는 것은 아니다. 따라서 공격의 연구는 이 두 가지를 유발하거나 좌우하는 요인을 별도로 연구해야 한다.

## 2
## 공격성에 대한 이론

사회심리학자의 공격성에 대한 연구는 상당히 오래 전에 시작되었으며 그 동안 이론적으로나 연구방법에서 많은 발전이 있어왔다. 공격행동이 어떤 방식으로 습득되고 발생되는가 하는 이론은 아주 다양하지만, 여기에서는 대체로 네 가지로 구분하여 설명하겠다. 그 첫 번째는 본능으로 설명하는 것이며, 다음으로는 욕구와 관련된 이론, 사회학습적 관점에서 보는 시각 그리고 마지막으로 유발단서이론이다.

### 1) 본능이론

공격성에 관한 가장 오래 되고 논란이 되어온 이론 중의 하나는 공격성에 대한 본능이론이다. 본능이란 행동이 학습되기보다는 유전되는 것이고 그 행동유형이 모든 사람과 똑같다는 것을 말한다. 우리는 태어나면서부터 이미 내재된 기제에 의해 공격행동이 유발된다. 본능이론에 따르면 공격성에 대한 연구는 인간과 동물 사이에 공통점이 존재한다고 본다. 로렌츠(Lorenz, 1968)는 이 같은 관점에서 많은 동물의 종에서 공격본능은 공통적인 현상이라고 지적하였다. 그는 공격행동이란 외부적 단서에 의해서 자극되지 않으면 발생하지 않는다고 보았다. 그는 공격성이란 종의 생존을 위해 필요한 행동으로 보았다. 동물은 자기 영역을 침범하는 다른 동물을 공격함으로써 자신의 영토를 지키고 따라서 자기의 먹이를 확보한다. 공격은 동물의 개체수와도 밀접한 관계가 있다고 보고 있다. 즉, 일정한 지역에 존재하는 동물의 개체수를 필요 이상으로 밀집시키면, 서로 간에 공격행동이 급격히 증가하게 된다. 즉, 필요한 먹이를 확보하기 위해, 좋은 배우자를 선택하기 위해 그리고 필요한 공간을 확보하기 위해 상대방을 공격하는 행동이 증가하게 된다. 이 같은 현상은 결국 강자만이 살아남게 되고 이들의 우수한 혈통이 계속 유지된다는 것이다.

프로이트(Freud) 역시 공격성을 본능적 차원에서 바라보았다. 그렇지만, 로렌츠의 이론과는 다른 견해를 피력하였다. 그는 인간의 공격성은 타고난 것이며 인간내부로부터 발생하는 이 공격충동을 없앨 수 없다고 주장하고, 사람들에게 공격충동을 자주 배출할 수 있도록 허용해야 한다고 보았다. 그는 인간의 본능을 생(生)의 본능과 사(死)의 본능으로 구분하였는데, 이 중 죽으려고 하는 사의 본능의 발현이 바로 공격성이라고 보았다. 죽음의 본능이 내적으로 작용하여 부정적 시간을 보게 하여 죽음을 유도한다고 본 것이다.

공격성을 본능으로 설명하려는 두 가지 견해가 약간 상충되는 부분이 있기는 하지만, 두 이론 모두 공격성이라는 것이 인간 내에 내재되어 있는, 태어나면서부터 가지고 태어난다는 속성이라는 점에 동의하고 있다. 그렇지만, 이 같은 견해에 모두 동의하는 것은 아니다. 이 같은 견해를 부정하는 대표적인 실험이 바로 쿠오(Kuo)가 1930년에 발표한 고양이 실험이다. 고양이는 누구나 잘 알고 있는 것처럼 쥐를 잡아먹는 대표적인 천적이다. 고양이의 이 같은 속성이 고양이가 자라난 환경에 의해 변한다는 것을 쿠오는 여실히 보여주었다. 쿠오는 태어난 지 얼마 되지 않은 새끼고양이를 다음과 같은 세 가지 조건에서 통제하에 성장하도록 하였다. 첫 번째 조건에서는 새끼고양이를 쥐를 잡어먹는 어미고양이와 같이 성장하도록 하였다. 다음으로 두 번째 집단은 고립시켜 혼자 성장하도록 하였다. 마지막 집단의 조건에서는 새끼고양이를 쥐와 함께 키웠다. 이 새끼고양이들이 성장한 후 이 새끼고양이 앞에 쥐를 보여 주었을 때 이 세 집단에서 자란 고양이들 간에 쥐에 대한 반응은 정말 달랐다. 어미 고양이와 같이 자란 고양이 집단은 85%가 쥐를 공격하였다. 그러나 쥐와 함께 사육된 고양이들은 17%만이 쥐를 공격하였다. 이 같은 결과는 공격성에 대한 본능이론과 배치되는 결과이다. 즉, 공격성이란 선천적이라기보다는 환경에 의해 영향을 받는다는 것을 보여준다.

이외에도 많은 연구결과는 인간의 공격성이 본능적이라는 입장에 대해 부정적인 견해를 보이고 있다. 예를 들어, 라자루스(Lazarus, 1974)는 사람에게 본능적이며 스스로 통제할 수 없는 공격이나 싸움의 충동이 있다는 증거가 과학적인 연구결과로 명확히 검증되지 않았다고 주장했다. 또한 프로이트의 공격이론의 경우, 만약 공격 에너지를 발산하지 못하면 긴장감 또는 심적 고통을 더 많이 느끼게 된다고 가정하고 있는데(정화가설), 최근 연구결과에 의하면 공격행동을 표출하는 사람이 표출하지 않은 사람보다 오히려 공격적이 되는 것으로 나타났다.

### 2) 좌절-공격이론

앞에서 언급했던 본능이론이 인간의 선천적인 내적 요인에 의해 공격성이 발생된다고 주장하는 것에 반해 그 원인을 외부적인 것에서 찾으려는 시도가 있었으며, 그중에 하나가 바로 좌절-공격이론(Dollard et al., 1939)이다. 이 이론은 공격행동이란 좌절상황에 의해 나타나는 하나의 행동이라는 입장이다. 즉, 공격은 좌절의 결과이며, 좌절이 없으면 공격도 없다고 보는 이론으로 좌절이 여러 형태의 공격을 나타나게 한다고 보고 있다. 이때 좌절상황이란 주관적이고 인지적인 요인에 의해 작용한다. 예를 들면 어떤 목표가 매우 매력적이라도 그것을 얻고자 하는 기대가 없으면 좌절을 경험하지 않는다. 따라서 좌절을 경험하지 않기 때문에 공격행동은 나타나지 않을 것이다. 또한 우연히 일어난 좌절일 때보다 고의에 의한 좌절일 때 공격행동이 일어날 가능성이 더 높으며, 우연히 일어난 일도 고의성이 있는 것으로 해석하면 공격행동이 증가한다. 이 이론은 사회적 현상을 통해서도 알아볼 수 있는데, 미국에서 경제적으로 상당히 어려웠던 대공황시기에 근로자들의 린치행동이 급격히 증가하였다. 이는 근로자들의 좌절감이 린치행동이라는 형태로 표현된 것이라고 해석할 수 있다.

좌절상황이 공격행동을 유발시킨다는 것을 해리스(Harris, 1974)는 실험적으로 보여주었다. 그는 우리가 영화관이나 도서관, 혹은 터미널 등에서 줄을 서서 무엇인가를 기다리는 상황에서 좌절이 공격행동을 나타나게 한다는 것을 실험적으로 보여주었다. 피험자들이 줄을 서서 기다리는 동안 실험협조자가 마지막 목표지점의 두 번째 사람 앞에 끼어 들었을 때와 열두 번째에 끼어 들었을 때 사람들의 반응을 관찰하였다. 해리스는 열두 번째보다는 두 번째가 목표지점에 가깝기 때문에 좌절이 더 클 것이라고 가정하였다. 관찰결과 가정한 대로 열두 번째 사람보다는 두 번째 사람에게 끼어들기를 했을 때 더 크게 반발하였다.

좌절-공격이론 역시 이론의 맹점이 존재한다. 이 이론을 비판하는 사람들은 좌절을 경험한 개인이 항상 공격행동을 보이는 것은 아니라는 것이다. 어떤 사람은 좌절되었을 때, 공격행동을 보이기보다는 포기하거나 절망한다. 흔히 우리가 크게 좌절되었을 때, 절망하는 반응을 주로 보인다. 또 다른 비판은 우리가 좌절에 의해서만 공격행동을 보이는 것은 아니라는 것이다. 예를 들어, 운동선수의 경우, 경기 중 좌절을 당하면 공격하기도 하지만, 기본적으로 좌절이 없어도 승리하기 위해 공격적인 행동을 보인다. 또한 군인이나 경찰 등은 좌절과 무관하게 명령에 의해 공격행동을 보이기도 한다.

### 3) 사회학습이론

공격행동의 원인에 대한 또 다른 대안적 설명은 학습이론에서 출발하고 있다. 즉, 인간의 행동습득이 행동과 결과 간의 연계성에 의해 습득된다고 보고 있다. 조작적 조건형성이나 고전적 조건형성으로 공격행동을 설명하고 있지만, 특히 인지학습의 하나인 관찰학습이 공격행동형성에 더 많은 시사점을 제시하고 있다. 인지학습상황은 개인이 다른 개인을 모델로 삼고 행동을 모방하는 것이다. 모방의 능력은 종 특유의 능력이라고 할 수 있다. 예를 들면 앵무새는 인간의 언어를 모방할 수 있다. 새들은 같은 종의 나이 든 새를 모방하여 완벽하게 지저귄다. 침팬지는 서로의 운동과 몸짓을 모방한다. 아이들은 그들의 부모와 다른 아이들이 말하는 것을 듣고 말을 배운다. 이들은 다른 사람의 행동을 지각하고 그 행동을 재생할 수 있는 능력을 선천적으로 가지고 있는 것 같다.

이 같은 생각을 밴듀라(Bandura, 1963) 등이 실험적으로 보여주었다. 그는 유치원생들을 모아 놓고 비디오를 한편 보여주는 실험을 하였다. 비디오의 내용이 모두 동일한 것이지만 한 부분은 조건에 따라 달랐다. 그것은 비디오에 나오는 비닐 오뚝이 인형(보비인형)을 가지고 노는 방식에 차이가 있는 것이었다. 한 조건에서는 그 인형을 발로 찬다거나, 고함을 지르는 등 난폭하게 다루고서 놀면서 보상받는 것을 보여 주었다. 그에 반해 다른 조건에서는 보상을 받지 못하는 것을 보여주었다. 비디오 시청이 끝난 후 아이들에게 다른 방으로 이동하여 많은 장난감을 가지고 놀 수 있는 기회를 제공하였다. 그 결과, 공격적 모델을 시청한 아동들이 그렇지 않은 아동에 비해 같은 보비 인형을 가지고 노는 데 현저한 차이를 보였다. 즉, 공격적 모델을 시청하지 않은 아동들에 비해 공격적 모델을 시청한 아동들이 자신들이 비디오를 통해 시청했던 것처럼 보비 인형을 더 공격적인 방식으로 가지고 놀았다. 이 같은 결과는 인간의 공격행동이 모델의 행동을 관찰함으로써 획득된다는 것을 보여주는 결과이다.

그렇다면 이 같은 관찰학습은 어떤 과정을 통해 이루어지는 것일까? 밴듀라(1965)는 관찰학습이 다음과 같은 네 가지 과정을 거친다는 사실을 제시하였다. 첫 번째는 주의집중과정(attention process)이다. 학습자가 관찰하는 행동에 주의를 기울여서 가장 중요한 요점들에 대한 정보를 끄집어내는 과정이다. 즉, 모델의 공격행동에 주의를 기울이고 관찰하는 과정을 의미한다. 두 번째는 파지과정(retention process)으로 학습자가 모델의 행동을 기억 속에 저장하는 과정이다. 학습자가 그 행동을 기억하지 못한다면 관찰행동에 의한 영향이 발생하지 않을 것이기 때문이다. 곧 공격적인 모델의 행동을 우리 머릿속에 저장해야 한다. 다음으로는 세 번째 과정인 행동재생과정(reproduction process)이다. 머릿속에 모델의 행동이 저장되어 있다는 것이 모든 것을 결정하는 것은 아니다. 반응을 인지적으로 재조직하는 과정으로서, 머릿속에서 재조직이 끝나면 자기도 한번 행동을 재생해 보고 자기의 성과를 잘 관찰한 후에 피드백으로 이용하여 자신의 행동을 수정하게 되는 것이다. 마지막 과정은 동기부여과정(motivation process)이다. 수행행동 후에 오는 효과에 따라 그 행동의 빈도가 증가하거나 감소한다. 만약에 학습자가 행동을 모방한 결과, 가치 있는 것으로 여겨지면 그는 그 행동을 다시 수행하고 싶어질 것이다. 즉 조작적 조건형성이 발생한다. 공격적 행동으로 무엇인가 이익을 얻을 수 있다면 그 행동은 자연스럽게 표출될 것이다.

그러면 사람들은 어떤 사람의 행동을 잘 모방할까? 다시 말하면 관찰학습을 잘 일으킬 수 있는 영향력 있는 모델은 어떤 특성을 가진 사람들일까? 연구결과에 의하면 모방이 잘 일어나는 경우는 다음과 같다. 첫째, 모델의 행동이 긍정적인 결과나 보상을 가져오는 것으로 생각되는 경우, 둘째 모델이 지위가 높고, 호감이 가며, 존경을 받고, 성공을 한 경우, 셋째 관찰자와 비슷한 점이 있는 경우, 넷째, 모델의 행동이 눈에 잘 띄는 경우 등이다. 그 밖에 모델이 신뢰성이 있어 보일 때, 자신감이 있어 보일 때, 행동이 생생하고 자세할 때, 그 효과는 더욱 크다.

이 이론은 사회적 학습의 원리에 근거하여 공격행동을 설명하는 입장이다. 즉 학습이나 경험에 의해 공격행동이 획득된다. 오늘날 TV나 영화 등에서 나오는 폭력장면을 아이들에게 보여줄 때 사회적 폭력이 더욱 증가한다는 사실에서 잘 알 수 있다. 본능이론, 특히 정화가설에 따르면 폭력장면을 많이 볼수록 공격행동 경향이 감소해야 마땅하나 그와는 반대로 증가한다는 사실은 사회적 학습이나 강화의 메커니즘이 더욱 우세하게 작용하고 있음을 증명하는 것이다. 즉 아이들은 예전에 몰랐던 더욱 새롭고 잔인한 공격방법을 보고 배워서 표현하게 된다. 실제 우리 사회에서 비행이나 범죄를 저지르는 사람들을 살펴보면 TV, 영화, 비디오, 소설책 등을 모방하여 사회를 놀라게 하는 공격행동을 한다는 것을 알 수 있다.

### 4) 유발단서이론

이 이론은 주변에 공격행동과 관련된 자극물(총, 칼 등)이 있을 경우에는 그런 것이 없을 경우보다 공격행동이 일어날 가능성이 높다는 것이다. 이것은 총이나 칼 등의 무기가 옆에 있을 때 무기가 없을 때보다 살인사건이나 폭력사건이 더 많이 발생하는 것을 보면 알 수 있다. 이는 개인의 공격동기가 높아서라기보다는 그가 생활하고 있는 환경이나 상황이 공격행동을 조장하는 결과를 가져온 것이다. 이것은 앞에서 언급했던 좌절-공격이론이 설명해 주지 못하는 부분의 일면을 설명해 준다. 즉, 좌절에 대해 절망하거나, 비탄하고, 혹은 도주하는 반응에 대한 적절한 해결책을 제시해 준다.

버코위츠(Berkowitz)와 리페이지(Lepage, 1967)는 좌절이 분노와 같은 정서를 촉발하며, 이때 주변상황의 조건과 이 같은 정서적 촉발이 결부될 때 공격적 행동으로 표출된다는 유발단서이론을 제시하였다. 즉, 주변의 상황적 단서가 고전적 조건형성처럼 주어진 자극과 연합될 때만 공격적 행동으로 표출된다는 것이다. 그들은 실험상황에서 대학생들이 동료의 수행평가의 결과에 따라 전기충격을 주도록 하였다. 이때 조건에 따라 공격과 유발단서가 제공되었는데, 예를 들면, 총이나 칼과 같은 공격적 무기를 제시하였다. 다른 조건에서는 배드민턴 채와 같이 공격과 관련이 적은 도구가 제시되었다. 그 결과, 나타난 반응은 불쾌한 감정을 경험한 피험자가 배드민턴 채가 앞에 놓여 있는 방에서보다 권총이 놓여 있는 방에서 자신을 화나게 만든 평가자에게 더 많은 전기충격을 주었다. 이 결과는 감정이 흥분되었을 때 공격적 의미를 가진 단서가 주변에 있으면 공격행동을 촉발시키는 역할을 할 수 있다는 것을 의미한다.

## 3
## 공격성과 관련된 요인

앞에서 우리는 공격성이란 무엇이며, 공격성의 원천은 어디에 있는가에 대해 간단히 살펴보았다. 그렇다면, 공격성이 직접적이건 간접적이건 간에 외부로 표출되는 데 영향을 미치는 요소는 없을까? 물론 다른 사회행동처럼 가능한 영향요소를 모두 명확하게 규명하기란 쉬운 것은 아니다. 여기에서는 공격행동에 영향을 미치는 요인들에 대해 간략히 살펴보도록 하겠다.

### 1) 매체 속의 폭력과 공격성

지난 수십 년 동안의 영화의 경우, 공전에 큰 반향을 불러일으킨 영화들 대부분은 공격적 요소를 가지고 있다. 한국 영화의 경우, 2001년의 작품을 살펴보더라도, 조폭 신드롬이라고 할 정도로 많은 관람객을 동원한 영화의 대부분은 조폭이라는 폭력적 요소를 포함하고 있다. 그럴 때마다 각종 매체에서는 이 같은 폭력영화가 우리 사회, 특히 청소년들에게 미치는 영향에 관해 뜨거운 논쟁을 벌인다. 그 이유는 무엇일까? 이것은 우리가 앞에서 살펴본 공격성에 관한 이론과 밀접한 관계가 있다.

### (1) 정화이론

우리가 일반적으로 생각해 볼 수 있는 가능성 중 하나는 TV나 영화 혹은 게임 등 매우 포괄적인 매체가 긍정적인 영향을 미칠 수 있다는 것이다. 이 같은 생각을 가질 수 있도록 해주는 것은 바로 프로이트의 본능이론에 기초를 둔 정화가설이다(Dollard, 1939). 이 이론에 따르면, 우리가 좌절이나 혹은 본능적 욕구의 축적으로 인해 내부에 축적된 공격적 에너지를 적절하게 분출한다면, 정서적 긴장이 감소되고 차후에 공격행위의 가능성이 적어질 것이라고 예언한다. 우리가 정화이론을 강력하게 믿는다면, 기존에 많은 사람들이 지적하는 것처럼 폭력적인 매체를 우리 사회에서 허용하는 쪽으로 방향을 전환해야 한다. 심하게 말한다면, 우리가 오히려 누구나 일정한 시간마다 폭력적인 매체를 사람들이 접하게 함으로써 폭력을 감소할 수 있는 길을 제공해야 할 것이다.

그렇다면 실상은 어떨까? 일부의 연구는 미약하나마 가설을 지지하고 있다. 즉, 신체적으로 체력을 감소시키는 일에 참여하는 것이 흥분을 감소시킨다는 연구에 의해 일면 지지되기도 한다(Zillmann, 1979). 그렇지만, 많은 연구(Hokanson et al., 1963; Green, 1978)에서는 여전히 문제점으로 지적되고 있다. 체력을 소모시키는 일이 흥분을 일시적으로 감소시켜 공격행동의 표출을 일시적으로 억제할 수 있을지는 모르지만, 흥분이 유발시키는 다른 영향, 예를 들면 인지에의 영향과 같은 효과들 때문에 지속적으로 영향을 미치지 못하는 것 같다.

### (2) 사회학습이론

사회학습이론의 연구는 폭력적인 매체에 노출되는 것이 공격성을 표출시키도록 한다는 강력한 증거를 제시하고 있다. 이 같은 입장은 앞에서 언급한 정화이론과 정반대의 주장을 펴는 것이다. 이 같은 입장을 고수할 수 있도록 해주는 강력한 실험적 증거가 바로 앞에서 제시했던 벤듀라와 그의 동료들이 실행했던 일련의 연구이다(Bandura et al., 1963; Bandura, 1973). 이 연구에서 나타난 것처럼 아동들은 모델의 행동을 쉽게 모방했으며, 그 모델에 주어지는 보상이 크거나 모델의 지위가 높은 경우에는 더욱 쉽게 행동을 따라하였다.

물론 이 같은 영향은 개인에 따라 그 영향의 정도에 차이가 있다. 조셉슨(Josephson, 1987)의 연구에 따르면, 폭력적 영화를 시청했다 하더라도, 평소 공격적인 성향을 보이지 않았던 개인적 특질을 가진 아동들은 비교적 그 영향이 적었다. 그렇지만, 평소에 공격적 성향을 가진 아동들은 폭력적 영화의 시청이 그들의 공격행동을 크게 증가시켰다. 폭력매체의 영향은 장기적 연구에서 더욱 뚜렷하게 나타났다. 비록 회상의 한계를 가지고 있기는 하지만 결과는 매우 의미 있는 것이었다. 이런(1982)과 휴즈먼(Huesmann, 1982)의 연구에 의하면, 자신이 과거에 폭력영화나 TV 프로그램을 시청한 정도를 평가하도록 하고 이 아동들의 공격정도를 제3자에 의해 평가하도록 한 결과 둘 간에 매우 의미 있는 관계를 발견하였다. 즉, 과거에 폭력적인 매체에 많이 노출되었을수록 더 공격적이라는 결과를 얻었다.

많은 연구들이 폭력매체가 공격성을 증가시킨다고 주장하고 있다. 그렇다면, 그 이유는 무엇일까? 이 같은 이유에 대해 이훈구(1995)와 홍대식(1994)은 다음 같이 들고 있다. 첫째로, 미디어폭력에 대한 접촉은 그러한 행동을 하는데 대한 시청자들의 자제를 약화시킨다. 남자주인공들과 여자주인공들을 포함하는 많은 등장인물이 공격을 통해 많은 상황을 처리하는 것을 시청한 후에, 어떤 시청자들은 자신이 그와 비슷한 행위를 하는 것을 자제하지 않아도 된다고 느낀다. 즉, 할 수만 있다면, 나도 할 수 있다고 생각하는 것 같다.

둘째로, 미디어폭력에 대한 접촉은 시청자들에게 그들이 이전에는 갖고 있지 않았던, 타인을 공격하고 해를 입히는 새로운 기법을 제공한다. 그리고 일단 습득되면, 이러한 행동은 적절한 맥락 속에서 사용하게 되는 경향이 있다.

셋째로, 타인들이 공격적 행위를 하는 것을 시청하는 것은 몇 가지 양식으로 시청자들의 인지에 영향을 줄 수 있다(Berkowitz, 1984, 1988). 그러한 재료는 공격적 사고와 기억을 점화시켜서, 이것을 시청자들의 인지체계 내에서 더욱 쉽게 사용 가능하게 만들 수 있다. 이 같은 경향은 곽금주와 윤진(1992)의 연구에 잘 나타나 있다. 그들은 공격적 영화와 중립적 영화를 각각의 청소년집단에게 보여주고 그들이 애매한 장면을 어떻게 해석하는가를 비교하였다. 그 결과, 공격적 영화를 본 사람들은 공격적 사고가 활성화되어 애매한 장면을 공격적 장면으로 여기는 경향이 증가하였다.

마지막으로, 미디어폭력에 대한 계속적 접촉은 폭력과 이것의 해로운 결과들에 대한 정서적 민감성을 감소시킬 수 있다. 간단히 말해서, 무수한 살인, 싸움 및 폭행을 시청한 후에, 시청자들은 그러한 재료에 대해 둔감화되게 되고 그것에 대해 감소된 정서반응을 보일 수 있다(Geen,

1981). 그러면 그들은 실생활의 공격에서 덜 불안하게 느끼고 심지어 피해자들이 상당한 아픔과 고통의 신호를 보일 때에도, 그들에 대해 감소된 감정이입을 보이게 될 수 있다(Baron, 1971, 1979). 우리가 곧 보게 되는 바와 같이, 이러한 효과는 이것이 성폭력을 포함하는 장면들에 대한 접촉에서 생겼을 때에 특히 해로울 수 있다(Linz et al., 1988).

## 2) 성적 각성과 공격성

폭력성과 관계가 있는 또 다른 요소는 성적 각성의 문제이다. 성적 각성과 공격성의 문제는 주로 강간사건을 연구하던 심리학자들의 연구를 촉발시켰다. 흔히 강간 피해자를 보면 심하게 폭행을 당한 흔적을 발견할 수 있다. 이것을 평범하게 본다면 강간 피해자를 제압하기 위해 가해자가 취할 수 있는 수단의 하나로 받아들여질 수 있다. 그렇지만, 좀 더 세심히 살펴보면, 특이한 현상이 발견되었다. 즉, 피해자가 당한 폭행의 정도가 가해자가 피해자를 제압하기 위한 수단 이상으로 가해졌다는 것이다. 이 같은 사실에 입각하여 성적 각성과 공격성에 관한 자세한 연구가 출발하였다.

그렇다면 성적 각성과 공격성은 어떤 관계가 있을까? 이에 대한 일단의 실마리를 프로이트의 주장에서 찾을 수 있다. 그는 사랑하는 사람들 간에 상처를 주거나 받는 것은 당연한 욕구라고 주장하였다. 이것은 사랑 혹은 성과 공격성 간에 어떤 관계가 있다는 것을 암시한다. 이 같은 생각은 후속 연구자들에 의해 밝혀졌다. 일군의 연구에서 성적 각성과 공격성 간의 관계를 살펴본 결과 성적 각성의 수준과 공격성과의 관계가 직선적 관계를 갖는 것은 아니라는 것을 밝혔다(Baron, 1974, 1979; Ramirez et al., 1983). 연구결과에 따르면, 각성수준에 따라 공격성의 관계는 상당히 달랐는데, 낮은 각성수준의 약간 선정적인 자극을 제시한 경우(예를 들어, 약간 노출된 사진)에는 공격성의 수준이 낮아졌다. 그렇지만, 높은 각성수준의 매우 선정적인 자극(애무 등)이 제시된 경우에는 오히려 공격성의 수준이 높아지는 것으로 나타났다.

성적 수준이 낮은 경우의 결과는 프로이트의 정화이론처럼 성적 욕구의 해소와 공격성의 저하라는 효과를 동시에 충족시킬 수 있다. 그렇지만 만약 성적 수준이 높아진다면, 그 결과는 우리 사회에 너무도 많은 피해를 주는 것이다. 이 같은 이유로 사회적으로 외설적인 매체에 대한 단속을 부르짖는 것이다. 하지만 문제는 그렇게 간단하지 않다. 사회에서 성적 각성을 유발하는 매체를 단속한다고 할 때, 그 수준을 어디에 둘 것인가 하는 문제가 발생한다. 즉, 어느 정도의 성적 각성은 공격성을 낮추고, 어느 정도의 성적 각성은 공격성을 촉진시키는가 하는 것이다. 그 정확한 한계를 규정하는 것은 그렇게 간단한 문제가 아니기 때문이다.

앞에서 우리는 폭력적 요소를 가지고 있는 매체가 공격성에 부정적인 영향을 미친다는 것을 살펴보았고, 성적 각성 역시 공격성 수준에 영향을 미친다는 것을 살펴보았다. 그렇다면, 둘 간의 상호작용은 없을까? 실제로 주변에서 접하는 매체의 상당 부분이 폭력적 요소와 성적 요소를 모두 포함하고 있기 때문에 이 문제는 반드시 고찰해볼 필요가 있다.

도너스테인(Donnerstein, 1987) 등은 이 같은 문제를 실험적으로 연구하였다. 그들은 비폭력적인 외설물, 폭력물 그리고 폭력적 외설물의 세 종류를 각각의 피험자집단에게 보여주고 그들의 공격수준을 측정하였다. 그 결과, 비폭력적 외설물을 본 집단이 가장 공격수준이 낮았고, 다음으로 폭력물을 시청한 집단이 공격수준이 높았다. 예상했던 것처럼 가장 높은 공격수준을 보인 집단은 두 가지 내용이 복합된 폭력적 외설물을 시청한 집단이었다.

이 같은 폭력적 외설물의 효과는 남자보다는 여자들에게 더 피해가 큰 것으로 나타나고 있다. 린츠(Linz, 1988) 등의 연구에 의하면 여성에게 가한 폭력장면들에 대한 접촉이 시청자들에게 나쁜 영향을 충분히 줄 수 있다고 시사하고 있다. 그러한 내용을 시청한 후에, 남자들은 매체나 강간과 같은 실제범죄 피해자측의 고통과 괴로움의 신호에 둔감화된다. 그리고 폭력을 묘사하는 영화, 특히 여성폭력을 싣고 있는 영화가 매우 인기있다는 것을 전제할 때, 이들에 대한 사회의 대가는 상당히 크다고 할 수 있다.

### 3) 가정환경과 공격성

인간의 행동에 영향을 미치는 중요한 요소 중의 하나가 가정이라는 것은 두 말할 나위도 없다. 그렇다면 공격성과 가정환경과는 어떤 관계가 있을까? 부모와 자식 간에 발생하는 요소 중 가장 많이 언급되는 것이 부모의 자녀에 대한 양육태도이다. 양육태도란 부모 또는 양육자가 자녀에게 대하는 일반적인 태도로서 자녀에 의해서 지각하고 행동으로 나타나는 반응양식이라고 할 수 있다. 부모의 양육태도가 공격성에 미치는 영향을 규명하려는 초기의 연구에서는 비행소년을 대상으로 부모가 자녀에게 보이는 양육태도를 연구하였으나, 이후 점차 비행소년이 아닌 정상아동을 대상으로 부모의 양육태도와 아동의 공격성의 관계를 연구하게 되었다.

김민정과 도현심(2001)의 연구에 의하면, 아동이 부모의 거부적 태도, 엄격한 태도 그리고 일관성 없는 태도 아래에서 자란 경우 아동의 공격성이 더 높은 경향이 있었다. 일관성 없는 태도란 모순불일치 행동을 말하는데, 그것은 부모가 같은 유형의 행동에 대해 다르게 일관성 없이 반응하거나, 또는 양부모의 태도가 일치하지 않는 것을 말한다. 이렇게 부모의 양육태도가 일관성이 없는 가정에서 자란 아동들은 자신이 처한 상황을 잘 판단하는 데 어려움이 있고, 갈등상황에서 문제해결을 못하므로 공격적인 행동을 보인다고 한다. 또한 공격성에 대한 부모의 허용이 클수록 아동의 공격성이 증가하게 되는데, 이는 허용 자체가 아동의 공격성을 강화하는 역할을 하기 때문이다. 그러나 지나친 처벌은 부정적인 결과를 가져오는 것으로 나타났다(이양순, 1998; 장귀영, 1988).

부모의 양육태도에 따라 달라지는 것이겠지만, 부모들이 자녀들에게 가하는 학대 역시 아동들에게 악영향을 미친다. 아동학대란, 부모가 부모의 의도와 상관없이 아동에게 심리적 · 신체적으로 손상을 줄 수 있는 모든 행위를 말한다. 아동학대는 신체적 학대, 정서적 학대, 협박, 언어적 공격, 경멸, 모멸감, 성적 학대 등 다양하게 나타날 수 있다. 일반적으로 학대를 받은 아동은 신체장애, 정서장애를 나타내는 것으로 보고되고 있다. 행동장애가 심해지면 도둑질, 공격적 행동 등 반사회적 행동을 하게 된다고 한다.

최근 우리나라 연구들에 따르면, 공격성에 영향을 미치는 것은 신체적 학대보다는 부모의 방임적 태도와 더불어, 언어적 학대가 크게 영향을 미치는 것으로 나타났다(박지현, 1998; 임지현, 1998). 즉, 부모들이 아무 생각 없이 하는 말이 어린이들에게는 심리적으로 큰 상처가 되고 있으며 비난하거나 무시하는 말을 자주 듣게 되는 경우에 아동은 의식하지 못하는 사이에 자신의 가치를 비하하여 자신감을 잃어버리게 된다. 존중을 받아본 사람이 다른 사람을 존중할 수 있게 되듯이 결국 아동 자신도 부모를 모방하여 친구나 다른 사람에게 부적절한 말을 사용하게 될 것이다.

점점 사회가 핵가족사회로 변화되면서 가정에서 부부가 차지하는 비중이 절대적이 되었다. 부부 간의 관계 역시 아동의 공격성에 지대한 영향을 미친다. 일반적으로 부부갈등이란, 부부가 같이 어떤 목표를 달성하고자 할 때 나타나는 두 개 이상의 대립되는 욕구나 기대를 해결하기 위한 행동책략을 말하며, 논의, 회피, 언쟁, 위협, 신체적 폭력 행위가 포함된다. 박미경(2000)의 연구에 의하면, 부부갈등에서 빈도와 해결정도는 아동의 공격성에 영향이 없었고, 강도에서 부부갈등 해결시 논의가 많이 이루어진다는 가정에서는 아동의 공격성 정도가 낮았다. 또한 남편이 아내에게 신체적 폭력을 가했을 때 아동의 공격성에 영향을 주었다. 즉, 부부갈등시 신체적 폭력을 통해 갈등을 극복하는 경우, 아동의 공격성이 증가되지만, 논의를 통해서 갈등을 극복하는 경우에는 아동의 공격성이 감소된다는 것이다. 아동의 공격성에 가장 영향을 미치는 부부갈등 상황은 아동이 부부갈등에 개입하게 되는 경우인데, 이것은 아동의 공격성에 가장 유의미한 영향을 주는 것으로 나타났다.

이 같은 결과는, 아동은 부모가 갈등시에 그 갈등을 해결하기 위해 취하는 행동을 보고 그 행동을 모방하여, 자신이 타인과 갈등을 겪을 때 부모로부터 모방학습한 행동방식을 보이게 된다. 즉, 부모가 신체적 폭력을 통해 갈등을 해결한 것을 모방학습한 아이는 타인과 갈등이 생겼을 때는 신체적 폭력으로, 부모가 논의를 통해 갈등을 해결한 것을 학습한 아이는 타인과 갈등시 대화를 통해 해결한다는 것이다. 또, 부부갈등시 아동이 직접적으로 개입하면 그 아동은 더 공격적이 되기 쉽다. 왜냐하면, 부부갈등시 아동은 두 양육자 중 한쪽의 편에 서게 되어 다른 양육자를 적대시하기 때문에 그 갈등은 가족 갈등으로 발전할 가능성이 많기 때문이다. 따라서, 부부갈등시에는 직접적이건 간접적이건 아동의 개입이 없어야 한다는 것을 시사한다.

### 4) 사이버세계와 공격성

1980년대 이후 컴퓨터가 보급되고 1990년대를 넘어서면서 인터넷의 사용이 널리 퍼져 가고 있다. 2000년 5월 우리나라 인터넷 이용자 수는 전체 국민의 36.7%인 1,500만 명을 넘어섰고(전자신문, 2000.6.1), 전문가들은 2001년 우리나라 인터넷 인구를 약 2,185만 명으로 보고 있다. 인터넷을 통해 새롭게 등장한 사이버공간은, 현실과는 다른 또 하나의 세계라 할 수 있으며, 이것은 통신기술과 정보처리기술의 발전으로 가능하게 되었다. 이러한 통신·정보처리기술의 발전으로 인해 PC통신은 연결망사회(Wired Society), 통신망사회(Network Society)라고도 하는 정보사회의 중심에 서게 되었으며, 이제 PC통신은 삶의 한 영역으로 자리를 잡게 되었다(조동기, 1997).

인터넷을 이용한 통신은 원하는 사람에 대한 접근성을 증대한다거나, 다자간의 상호작용이 가능하도록 한다는 장점이 있지만, 공격성을 사이버공간에서 표출하는 '언어폭력, 즉 플레임(Flame)'을 야기할 수 있다는 단점도 가지고 있다(Burgoon, J. K., & Walther, J. B., 1992). 그 피해의 실상은 매체를 통해 여러 번 지적되고 있다. 예를 들어, 2001년 1월 26일 「디지털타임즈」에서는 '채팅을 지원하는 온라인게임이 증가하면서 욕설, 비방 등의 언어폭력이 사이버 세상의 사회문제가 되고 있다고 지적하였다. 이를 방지하기 위해, 넷마블은 욕설을 자주 사용하는 불량회원에 대한 제재조치를 위해 대화창에 112 신고기능을 추가하였다. 또한, 운영자 중 일부를 선발해 넷마블 보안관을 두어 이를 통해 욕설, 음담패설, 협박 등을 하는 사용자들에 대한 신고를 접수하며, 접수된 아이디에 대해서는 불량 여부를 판단, 사용계정을 정지하거나 삭제하는 강력한 조치를 취할 것이라고 하였다. 뿐만 아니라 상대방의 욕설에 맞대응했거나 허위신고한 사용자도 중형을 내릴 생각'이라고 보도한 바 있다. 또한, 언어폭력은 개인의 명예훼손 차원을 넘어 사회 범죄로까지 확산되고 있는데, 허위정보가 불특정 다수에게 그대로 전달되고 이 정보를 받은 사람은 또 다시 불특정 다수에게 유포시키는 일도 생겨나고 있다.

그렇다면 그 원인은 어디에 있을까? 가능한 하나의 심리적 요인은 바로 익명성이다. 통신에서는 실명이 아닌 닉네임을 사용하기 때문에 어느 정도의 익명성이 보장되며 이것으로 인해 언어폭력이 더 많이 조장된다고 생각해 볼 수 있다. 따라서, 익명게시판과 실명게시판이 동시에 존재하는 동일한 커뮤니티에서 각 게시판에서 나타나는 언어사용의 표현은 다른 양상, 즉, 익명 게시판에서 더 공격적인 언어사용이 나타난다. 일찍부터 짐바도(Zimbardo, 1970)는 익명성이 공격행동에 영향을 미친다는 점을 지적하였다. 그는 익명성을 증가시키는 조건이 평가에 대한 우려를 최소화시켜주고 따라서 죄의식, 수치 및 공포에 기초하는 억제작용이 약화된다고 지적하였다. 즉, 자신에 집중하는 경향이 약화되어 사람들을 공격하는 자발적 성향이 더 증가한다는 것이다. 김봉섭(1998)은 인터넷 대화명이 실명인가 익명인가가 언어적 폭력에 영향을 미친다는 것을 밝혔다. 즉, 대화명(익명)을 사용하지 않는 이용자보다는 대화명을 사용하는 이용자들이 폭력적인 언어를 사용하는 경우가 많았다. 또한 김종범(1999)은 사이버가 아닌 현실적 대인관계를 치중하는 비중독자보다 인터넷 중독자가 훨씬 공격적 성향이 높다는 것을 보여주었다.

### 5) 집단 간 관계와 공격성

사람들은 서로 집단을 이루고 살아간다. 앞에서 기술한 내용들은 개인 간에 발생하는 내용이거나 집단 내에서 같은 집단성원 간에 이루어지는 내용을 다루고 있다. 그렇지만, 사람들이 표출하는 공격행동의 많은 부분은 집단 간에 발생하는 경우가 많다. 예를 들어, 근래에 영화에서 다루고 있는 조직폭력배들의 조직 간의 싸움 혹은 어떤 집단의 성원이라는 이유만으로 공격의 대상이 되는 것을 들 수 있다. 집단 간의 공격행동은 적대적 관계인 경우에 발생한다. 남한과 북한이라던가, 기독교도와 이슬람교도 간의 갈등이 대표적인 예라고 할 수 있다. 적대적 관계에 놓여 있는 두 집단은 쉽사리 화해하기 어렵고 오히려 상대방에게 표출하는 공격행동으로 그 정도가 점점 가중하게 된다.

두 집단이 적대적 관계일 때만 집단에 대한 공격성은 표출되는 것일까? 사회심리학의 연구결과에 따라 꼭 두 집단의 관계가 적대적일 필요는 없다. 단순한 집단의 범주화, 특히 내외집단으로의 범주화가 발생하면 아주 자연스럽게 외집단성원에 대한 공격성향이 증가하는 것으로 보고되고 있다. 사람들은 자신을 둘러싼 주위의 많은 정보를 다양한 범주의 틀 속에서 효과적으로 처리한다. 정보처리과정에서 사람들은 다양한 개념적 범주와 사회적 범주를 사용하지만, 사회적 자극을 처리하기 위해 사람들이 사용하는 두드러진 현상은 자기를 중심으로 정보를 범주화하여 처리하는 경향이다(Higgins & Bargh, 1987; Mackie & Hamilton, 1993). 이 같은 정보처리과정 때문에 사람들은 일반적으로 자기를 둘러싸고 있는 사회세계를 두 가지의 범주, 즉 우리와 그들로 나눈다. 결국 사람들은 타인을 자신의 집단에 속하거나 다른 집단에 속하는 것으로 본다. 그러한 구분은 수많은 차원을 토대로 이루어지는 데 그 중 몇 가지만 예를 들면 인종, 종교, 성, 종족성 그리고 직업 등이 있다(Baron & Bryne, 1991).

타지펠(Tajfel, 1970)은 사회정체감이론을 통해 이 같은 현상을 실험적으로 보여주었다. 그는 점추정과제를 통해 집단을 구분하였다. 그는 내외집단의 구성원이 누구인지 모르며, 서로 얼굴을 마주보면서 상호작용하지 않고, 집단범주화의 근거가 반응측정과 아무런 연계성이 없으며 그리고 피험자의 선택이 피험자 개인의 이익/손실과 무관한 조건을 만들고, 어떤 현상이 발생하는가를 보고자 하였다. 그 결과 피험자들이 내외집단성원에게 보상을 나누어 줄 때, 외집단에 비해 내집단에 대하여 편파된 차별반응을 나타냈다. 타지펠(1982)은 이러한 내외집단의 차별은 개인이 자신을 어떤 구체적인 사회집단과 동일시하여 자존감을 고양시키려고 하기 때문이라고 주장하였다. 즉, 우리는 범주정보에 근거해 집단을 형성하고 이 집단에 소속됨으로써 자신의 정체감의 일부를 형성한다. 따라서 자신의 집단을 타집단과 구분해서 타집단과 다르다고 지각하거나 더 호의적으로 지각한다는 것이다.

사회정체감이론의 기본적인 가정은 개인들이 긍정적 자아정체감을 획득하거나 유지하기 위해 동기화된다는 것이다. 그런데 이 이론에서는 이러한 개인적 자아정체감의 한 부분은 개인이 어떤 집단에 속하느냐에 따라 결정되기 때문에 개인은 집단적 맥락에서 지위가 높은 집단에 속하려는 동기가 있음을 가정한다. 또한 사회정체감이론에서는 사람들은 그 자신이 속한 집단이 그들에게 뚜렷하고 긍정적인 사회적 정체감을 제공하는 정도를 알아보기 위해 자신의 집단과 다른 집단 간의 사회적 비교를 실시하는데, 이러한 과정을 통해서 부정적인 사회적 정체감을 얻게 되면 불만족이 생기게 된다고 가정한다.

사회정체감이론이 가정하고 있는 긍정적 자아정체감의 획득은 외집단과의 긍정적 사회비교와 외집단으로부터의 긍정적인 심리적 독특성 확보를 통해 가능하다. 심리적 우위를 차지하려는 활동은 내외집단에 대한 평가와 차별행동으로 나타나는데, 이 같은 차별현상의 하나가 외집단에 대한 공격이다. 도너스테인(Donnerstein, 1978)은 외집단에 대한 공격성향을 실험을 통해 검증하였다. 학생과 선생의 역할상황에서 선생의 역할을 수행하는 피험자는 학생이 내집단성원일 때보다는 외집단성원일 때 더 강한 전기충격을 벌로 사용함으로써 외집단에 대한 공격성향을 표출하였다. 이 같은 경향은 서로의 역할이 바뀔지도 모른다는 앞으로의 관계변화에 대한 기대가 있는 경우에는 그 공격의 양상이 달라졌다. 즉, 상대편이 보복할 것이라는 기대가 생기는 경우에는 외집단에 대한 공격양상은 직접적인 방식보다는 간접적인 방식으로 공격성을 표출하였다.

## 4
## 공격성과 대인관계

앞에서 우리는 공격성의 기본적 과정과 공격성과 관련된 많은 변인에 대해서 간략하게 살펴보았다. 그렇다면 공격성은 우리가 사회에서 살아가는 데 어떤 의미를 갖는 것일까? 즉, 공격적 행동도 사회생활 속에서 나타나는 인간관계의 한 형태라고 볼 때, 실제로 그것이 어떤 역할을 하는가에 대해 살펴보도록 하겠다.

먼저 공격적 행동은 생존을 위해 필요하다. 공격성이 우리가 생을 존속시켜 가는 데 필수불가결한 속성이라는 것은 두 말할 나위도 없다. 이러한 입장은 본능이론을 연구하는 사람들에게 있어서는 너무도 당연한 이야기이다. 적자생존의 법칙에 따라 강자는 약자를 공격하여 살아남는 것이 자연의 법칙이기 때문이다. 이 같은 생각을 여실히 보여주는 학자가 바로 로렌츠(1966)이다. 그는 공격성은 생명을 유지하고 종족을 보존시키기 위해 필수불가결한 본능의 일부라는 것이다. 그는 일반 동물들의 행태에 대한 연구를 통해 공격성은 동물진화를 위해 중요한 본능의 일부이며, 공격성은 강한 자가 더 많은 번식기회를 가질 수 있도록 하며, 강자에 의한 지배가 가능하게 함으로써 궁극적으로 그 집단의 생존과 발전의 기초가 된다는 것이다.

생존을 위해 꼭 필요한 인간의 속성이라고 보는 입장은 인간사회를 경쟁관계로 파악하는 사람들에게는 어느 정도 맞는 이야기이다. 그렇지만, 인간사회의 일면에는 서로 협동하지 않으면 안 되는 부분이 있다. 실제로 동물 중에도 경쟁이 아닌 협동을 통해 생명을 유지하고 종족을 보존하는 동물들도 얼마든지 있다. 예를 들면 벌이라든지 개미를 비롯해 좀 더 고등동물로서 침팬지를 들 수 있다. 인간속성에 이렇게 협동을 통해 삶을 엮어 가는 사람들의 삶의 논리는 부각되지 못하고 단지 경쟁과 공격과 반격의 생활로 이어지는 동물들의 행태만이 강조되었다. 산업사회를 지나 정보화시대가 되는 현대사회도 서로 경쟁하고 남을 이겨야만 살아남는 측면이 분명히 있지만, 우리가 더 먼 미래를 내다본다면 서로 협조하며 조화롭게 살아가고자 할 때 우리의 미래는 더욱 밝아질 것이다. 사회에서 서로 경쟁하고 통제하고 공격하는 방식의 사고나 문제접근은 더 이상 설득력이 없다. 이제 공격적인 에너지를 화합과 협동의 에너지로 전환해야 한다.

다른 측면에서 보면 공격성은 일종의 자기방어의 수단이 될 수 있다. 자신에게 가해지는 위협에 대항하기 위해 적절한 수단을 동원하는 것은 생존을 위해 역시 필요한 것이다. 이 같은 대처방식은 사회가 법이라는 테두리 내에서도 보호해 주고 있다. 흔히 사람을 죽이는 것은 죄가 되지만, 그것이 자신의 생명을 보존하기 위한 자위권의 수단이었다면 더 이상 법적 책임을 묻지 않는다. 그렇지만, 이러한 상황에서도 그것이 과잉반응인가 아닌가 하는 논란은 여전히 남아 있다. 왜냐하면 인간에게는 자신의 행동을 정당화하려는 무의식적 작용이 존재하기 때문이다. 과잉반응의 논란만 존재하지 않는다면, 대인관계 속에서 필요한 것인지도 모른다.

자신이 지니고 싶은 긍정적인 자기상이 위협을 받는 경우 이는 분노를 촉발시키며 종종 폭력행사로 이어진다. 자신의 부모나 자신의 행동, 혹은 친구 그리고 자신이 속한 집단을 비난하는 경우 흥분하거나 공격적 태도를 취하는 것이 그 예라 할 수 있다. 자신에 대하여 긍정적인 자아관을 갖지 못하고 항상 남들에게 무시당하거나, 남의 찬사를 들어보지 못한 경우 스스로를 남에게 부각시키려는 목적에서 폭력을 행사하는 경우도 자주 접하는 현상이다. 양순하게 지내기 때문에 누구의 눈에도 띄지 않은 아이가 다투다가 상대방을 심하게 다치게 해서 주위사람들을 놀라게 한 경우, 그들의 관심을 유지하기 위해서 처벌을 무릅쓰고 유사한 행동을 반복적으로 보일 수 있다. 그렇지만 이 같은 자아상 유지를 위해 공격적 행동을 감행하는 것이 꼭 나쁜 것만은 아니다. 자신 혹은 집단을 위해 분노하고 공격적 태도를 취하는 것을 우리는 가끔 명예라는 이름으로 미화시키기도 한다. 또한 이 같은 행동으로 집단이 존속하고 유지되는 측면도 분명히 존재하기 때문이다. 따라서 우리는 어떻게 우리 사회가 발전하고 조화롭게 살아가는 데 도움이 될 것인가에 초점을 두고 공격성의 장점과 단점을 서로 고민해야 할 것이다.

인간은 동물과는 달리 사회를 이루고 산다. 동물도 물론 본능적인 필요에 의하여 군집형태의 집단생활을 하고 있다. 하지만 이성적인 사고능력에 기인한 문화, 규범, 예절 등의, 생물학적 욕구 충족 이상의 공동목표를 위한 도구를 사용하여 자신들의 집합체를 꾸려나가는 인간들은 적어도 그 균형을 무너뜨리지 않기 위하여 노력해야 한다. 본능이론에 의하면, 동물의 경우 같은 종 안에서의 공격성은 종의 생존을 위해서 적응적이고 필수적인 행동으로 간주된다(Lorenz, 1968). 하지만 인간사회에서의 공격성은 생존을 위한 유일한 도구가 아니다. 최근의 연구동향은 공격성을 인간의 목표추구행동의 한 범주로 간주하고 있다. 공격행위란 상호관계적인 성격이 강하고 2인 이상의 집단 내에서 이루어지는 사회활동의 일부분이며(이정구, 1999), 규범이 적용되지 않는 개인생활 속에서 자신의 이익을 침해받지 않기 위해 어느 정도 필요한 것이다. 그러나 그 이상의 공격행위는 사회에 균열을 초래할 위험이 있으며, 개인적으로 심리적 안정감을 상실하게 한다. 공격성에 관한 연구는 인간의 과도한 공격성의 원인을 추론해내고 개선방안을 탐구함으로써, 이러한 불안상태에 대하여 대비하게 하고, 나아가서는 근본적인 원인을 제거하여 안정된 사회구조의 확보를 도울 수 있다.

## 5 몰 아

우리는 살아가면서 가끔 많은 사람들이 길거리로 나와 공공질서를 파괴하고 심지어 타인의 재산과 기물을 파괴하면서 시위하는 장면을 보곤 한다. 때로는 성난 군중이 시내를 휩쓸고 다니며 정부와 특정인을 대상으로 공격적인 성향을 드러낸다. 사람들이 모여 집단이 되면 개인적으로 혼자 있을 때는 생각할 수도 없는 행동을 하곤 한다. 집단에 들어오면 사람들은 종종 지킬 박사와 하이드처럼 이중적인 행동을 나타낼 때가 있다. 사람들이 모여서 군중이 되면 개체성을 상실하여, 개인적이고 도덕적인 통제보다도 동물적이고, 야만적인 정서를 가져 집단의식을 소유한 것 같은 집합적 실체로 바뀐다. 예를 들면 각종 유행이나 유언비어, 대중히스테리, 폭동, 공황 등을 들 수 있다. 이러한 집단의 비합리적 현상을 집합행동이라고 한다. 여기에서는 집합행동의 하나인 몰아현상에 대해 살펴보고자 한다.

## 1) 집합행동이론

집합행동이란 집단행동과는 차이가 있다. 집합이란 집단과는 달리 비교적 덜 조직되어 있고, 구성원 선정과 지도자 확인의 구체적인 절차가 없으며, 목표나 목적과 수단에서도 특별한 것이 거의 없고, 개별성원을 압도하는 강한 일체감이 있다는 특징을 갖고 있다(Blumer, 1951; Tume, & Killian, 1972). 수 년 동안 사회학에서는 집합행동을 막아낼 수 있는 몇 가지 이론을 제시하였다. 이들 집합행동이론이 경험적 문제와 관찰을 개념적으로 보는 데 도움을 주므로, 집합에 대한 세 가지 주요 접근방법인 수렴(convergence), 전염(contagion) 그리고 자연발생(emergent-norm) 이론의 기본적인 가정을 살펴보도록 하겠다.

### (1) 수렴이론

외형상 다르고 내적으로도 이질적인 집단의 성원들에게 공통성을 갖게 하는 것은 무엇일까? 흑인폭동이나 광신자들이 종교운동 중 자신들의 죄를 고백하는 것, 학생들이 평화적 시위 중 경찰에 돌과 화염병을 던지는 것은 무엇 때문인가? 수렴이론에 의하면 이 경우는 사람들이 특정한 특성을 갖고 있기 때문에 그 집단에 들어간다는 것이다. 이러한 기질적 세부특징이 잠재해 있는 것을 사실상 확인하기 어렵기는 하지만, 이들이 크고 작은 집합체 형성의 원인이라는 것이다. 그러한 모임은 단지 유사하지 않은 낯선 이들의 위험한 모임뿐만 아니라, 조화될 수 있는 욕구, 희망, 동기, 정서를 가진 사람들의 수렴도 나타낸다. 개인들이 집단에 들어감으로써 이들 욕구를 충족시킬 수 있고, 군중 속에 들어가면 이전에 통제되었던 행동을 동시에 발산시키는 방아쇠 역할을 한다. 예를 들면,

철거대상지 거주민들이 그들의 생활수준을 더 증진시킬 수 없는 자신들의 능력에 대해서 분노를 느낄 수 있고, 어느 무더운 여름날 함께 모이면 이들이 가진 적대감이 약탈, 방화로 발산될 수 있다. 기질적 특성들의 종류가 무엇이냐에 대해서는 관점에 따라서 다르지만, 모든 수렴이론이 사람들에게 같이 행동하게 하는 잠재적 경향은 무엇이며, 사람들에게 그런 경향을 가져다 주는 환경은 무엇이며, 또한 이런 경향성을 발산되게 만드는 경우는 언제인지를 찾으려 한다는 점에서는 비슷하다.

프로이트의 집단형성이론은 여러 가지 면에서 볼 때 수렴이론의 하나인데, 충족되지 못할 억압된 무의식적 욕망을 만족시키기 위해 사람들이 집합적으로 모인다는 것이다(Freud, 1922). 그는 군중 속에 몰입된 개인에서 나타나는 변화를 언급한 르 봉(Le Bon)의 주장에 감명을 받았지만, 르 봉이 무의식적 욕구의 역할은 인지하지 못했다고 보았다. 그리하여 프로이트는 그의 정신분석이론을 집단 상황에까지 확장하여, 개인들은 성충동, 공격경향성, 위험으로부터의 도피욕구 등을 경험하지만, 심리적 기제가 이들 '원초적' 리비도 경향을 억제한다고 제안하였다. 그러나 집단 상황에서는 행동에 대한 통제는 지도자나 다른 집단성원들에게 이전되어, 각자는 억제와 죄의식의 속박으로부터 해방된다는 것이다. 결과적으로 이전에 억압된 욕구가 행동을 일으키게 하고 비전형적인 행동이 일어나기 쉽다. 정신분석자들의 견해는 약탈, 폭동, 린치 등과 같은 격렬한 집합행동들은 잠재적 공격경향성을 만족시키기 위해서, 무서워서 도망가는 것은 위험으로부터 도피하려는 원초적 욕구를 만족시키기 위해서, 그리고 추태는 내면 깊숙이 자리한 성적 열정을 만족시키기 위해 일어난다고 보고 있다.

### (2) 전염이론

따사로운 봄날 오후 교실에서 한 학생이 하품을 하면 다른 학생들도 하품을 하곤 한다. 대화 도중 어느 한 사람이 팔짱을 끼면, 그 집단의 다른 사람들도 따라서 팔짱을 끼는 경향을 볼 수 있다. 대중강의에서 강의 후 질의응답시간에 처음에는 별로 나서는 사람이 없다가 점차 많은 사람들이 손을 들어 눈덩이처럼 질문이 이어짐을 경험할 수 있다. 집단 속의 사람들의 감정은 다른 사람에게로 빠르게 전염되는 경우가 많다. 군중행동을 체계적으로 연구한 르 봉은 그가 관찰한 군중의 집합적 행동이 그 집단을 구성한 사람들 간의 유사성에서 비롯된 것이라고 보지 않았다. 그는 군중행동이 발전함에 따라 어떤 과정이 생겨나는데 이 상황적 기제가 군중의 의식적 통합을 만든다고 제안하였다. 의사로서 훈련을 받은 바 있는 르 봉은 행동과 감정이 집단의 한 점에서 시작되어 군중 내 나머지 전체로 파급되는 경향성에 크게 충격을 받았다. 그는 이런 확산의 형태가 한 사람으로부터 다른 사람에게 본의 아니게 전염되어, 나중에는 부근의 모든 사람에게까지 전염되는 전염병과 비슷한 것으로 보았다. 그는 여러 종류의 군중을 관찰한 것에 근거하여 감정과 행동은 바이러스가 퍼지듯이 한 사람으로부터 다른 사람으로 옮겨진다고 결론지었고, 집단성원들이 비슷한 방식으로 행동하는 경향성을 이러한 전염과정으로 설명하였다.

집단 내 전염의 발생은 아주 흔하다. 그런 것들은 집단성원의 피암시성 증가, 사회촉진, 모방 등으로 다르게 설명되기도 하지만, 이를 설명하기 위한 한 가지 접근방법은 전염을 겪는 집단의 순환반응과 그렇지 않은 비전염집단의 해석적 반응을 비교하는 것이다. 해석적 상호작용 중에는 집단성원들이 타인행동의 의미를 심사숙고하고 어떤 행동을 하거나 어떤 논평을 하기 전에 타당한 해석을 찾아내려 한다. 그러나 순환반응 중에는 집단성원들이 타인행동의 의미를 주의 깊게 찾지 못하고 상황을 잘못 이해하게 된다. 이러한 오해에 근거하여 행동하면, 집단 내 다른 사람들도 상황을 잘못 해석하기 시작하여 순환과정은 전반적인 행동전염이 될 때까지 계속된다. 한 예로써 이 견해를 공황상황에 적용하면, 집단 내 어느 한 사람이 흥분하고 적대적이며 겁에 질린 행동을 해서 전염시키기 시작할 수 있다. 맨 처음 사람이 공황을 느끼면 근처에 있는 사람들도 '무슨 일'이 일어났다고 생각하게 되고 그들도 불안해한다. 처음 공황을 느꼈던 사람은 다른 사람의 반응을 보고 더 안절부절하게 되고 타인은 다시 맨 처음 공황을 느꼈던 사람의 반응에 더 자극받게 된다. 이 같은 격앙된 반응의 순환은 전체 집단에 걸쳐 증폭되어, 모든 집단성원들이 공황에 휩싸일 때까지 계속된다. 실제로 관여되지 않은 방관자들도 이에 말려들게 되는데 이는 전염이 때로 '처음에는 떨어져 있었던 무관심한 구경꾼, 방관자까지도 전염'시키기 때문이다. 처음에는 사람들이 단지 특정행동에 관심을 갖거나 호기심을 가질 것이다. 그러다가 흥분된 분위기를 알게 되거나 그 행동에 주목하게 됨에 따라, 그들은 더욱 그 행동에 몰입하게 된다.

### (3) 자연발생이론

집합적 행동에 대한 마지막 접근방법은 랠프 터너(Ralph Turner)와 루이스 킬리언(Lewis Killian)이 수렴이론과 전염이론의 약점을 보완하기 위해 제안한 것이다. 이들은 수렴이론에서 말하는 것처럼 대부분의 군중이 동질적이지 않고 구성원들의 태도, 감정, 동기들이 서로 다르다고 하였다. 더구나 전염이론에서 시사하듯이 감정과 행동이 전체집단으로 확산될 수도 있지만, 많은 경우에 방관자들은 단순히 곁에 서있을 뿐 적극적인 행동을 하지 않는다는 것이다. 실제로, 터너와 킬리안은 대부분의 집합행동론자들의 기본 가정인 군중이 극도로 동질적이라는 것을 반박하고, 군중의 의식적 통합은 환상이라고 하였다. 군중, 폭도, 기타 집합체에서 구성원들이 주어진 상황에서 관련된 규범을 따르기 때문에 감정과 행동의 동질성을 가진 것으로 느낄 뿐이라는 것이다. 이들 규범이 보다 일반적인 사회적 기준에 비해 특이하고 두드러진 것이라도, 그것은 사람들의 행동에 강한 영향을 미치게 된다는 것이다.

터너와 킬리안은 자연발생이론을 여러 유형의 집합행동에 적용하였으나, 주말 종교 수련회에서의 사례연구에서 가장 잘 찾아볼 수 있을 것이다. 이 사례는 캘리포니아에서 짤막한 설교와 찬송 그리고 성경을 토의하는 소집단에서 일어난 사건을 다룬 것이다. 참석자들은 저녁 때 함께 모여 하느님 그리고 교회에 관한 생각을 서로 이야기하고, 나중에는 솔직히 자신들의 목적과 만족 등에 대해 말하도록 하였다. 그러나 수련회가 끝날 때쯤 저명한 회원이 하느님과 자신의 관계에 대해 장황하고 감정적인 간증을 한 후 자신이 얼마나 이기적이며 가치없는지에 대하여 회개하면서 울음을 터뜨렸다. 다른 종파와 달리 이 종파에서는 그러한 고백이 장려되지 않고 그래서 매우 드문 일이기 때문에 회원들은 매우 긴장하였다. 그러나 그 사람이 간증을 마치자 두 번째 사람이 일어나서 비슷하게 감정에 북받친 간증을 하고, 또 다른 사람이 일어나서 시험부정행위로부터 간음에 이르기까지 죄에 가득 찬 마음을 고백하였다. 터너와 킬리언의 설명은 수련회 동안에 고백의 규범이 출현되었고 많은 집단성원들이 자신의 약점을 인정함으로써 이 규범을 따랐다는 것이다. 많은 참석자들은 공개적인 고백이 교리에 명백히 어긋나지만, 그러한 일이 진행되는 동안에 침묵함으로써 자연적으로 출현된 규범을 지지한 셈이었

다른 성원들과 책임을 나눠 가질 수 있다고 느끼면, 개인적인 책임감을 덜 느낀다고 하였다. 위급상황에서 일어나는 이런 과정의 한 예로서, 1964년 뉴욕의 한 아파트 근처 대로변에서 칼에 찔려 살해된 키티 제노비즈(Kitty Genovese) 사건을 들 수 있다. 그녀가 도와달라고 호소하였고, 나중에 38명이 이런 요청을 들었음을 경찰이 추정하였으나, 단 한 사람도 직접 개입하거나 경찰을 부르지 않았다. 결국 처음에는 그 현장을 떠났던 살인자는 아무도 나서지 않자 안심하고 다시 그 자리에 와서 피해자를 살해하고 말았다. 사람들이 눈으로 볼 수는 없더라도 다른 사람들이 있고, 도와줄 수 있을 것임을 아는 생각 자체가 위기에 처한 사람을 도와야 한다는 책임감의 일부를 덜어줄 수 있는 듯하다. 짐바도는 살인자들이 어느 한 사람이 칼을 뽑아 휘두름으로써 책임감이 집중되게 하기보다는 서로 흉기를 돌려가며 범행을 저지르면 실제로 책임감의 확산이 있게 되는 아주 다른 맥락에 있는 집단을 예로 들었다. 마찬가지로 짐바도는 한때 전기의자에 의한 사형을 시킬 때 세 사람의 집행자가 있다고 하였다. 각자는 그 의자에 전기가 흐르도록 스위치를 넣지만 그 중 어느 하나에만 실제 전기가 통하도록 한 것이었다. 그러나 집행자들은 실제 어느 것이 전류를 흐르게 하는지 모르므로 각자가 사형을 집행했다는 책임감을 느끼지 않게 된다는 것이다. 이는 총살형에서도 어느 한 사수의 총만이 실제로 사형수를 죽일 수 있는 실탄이 들어 있지만, 다른 사수들도 외형상으로는 같은 실탄이 장전된 것 같이 하여 사수들 모두가 사람을 쏘지 않았다고 믿게 한다고 하였다.

여러 이유에서 집단소속감은 몰아과정에서 또 다른 주요 입력변인이 된다. 우선, 집단의 일원이 되면 익명성이 높아지고, 책임감의 분산을 가능하게 해준다. 둘째, 집단에서 더 전염이 있을 가능성이 있다. 보다 많은 사람들이 통신을 하게 되고, 행동적인 예를 제공해 주기 때문이다. 셋째, 타인이 있다는 것이 어떤 경우에는 일반적인 각성을 증가시키거나, 심지어 흥분시키기도 한다는 것이다. 넷째, 다수의 사람들이 집단으로 행동하게 되면 누구든지 이길 수 있다는 힘을 느끼게 되는데 특히 이들이 집단에서 중심적 위치에 서게 되면 그렇게 될 수 있다. 실제로 르 봉은 다수의 사람들이 개인적 행위에 주는 영향을 다음과 같이 기술하였다.

일시적인 시각의 변화, 감각과잉, 개입의 증가, 상황구조의 결여, 약물사용 등 몰아를 촉진시키는 다양한 변인이 있지만 개인적 흥분도 한 변인으로 볼 수 있다. 어느 고교의 축구코치도 시합 전의 관중들의 격려 등이 무기력했던 팀에게 최선을 다하게 됨을 경험했을 것이다. 짐바도는 전쟁춤, 집단노래 같은 전쟁의식이 전투 직전에 실시되면 흥분을 일으켜 몰아를 가져온다고 하였다. 마오리나 나이지리아 등의 식인종들은 사람을 날로나 요리하지 않은 채 먹게 되는 경우 장시간에 걸쳐 모닥불을 피운 채 춤을 춘다는 것이다. 개인적인 흥분이 개인들이 모인 집단의 위험상황에서 큰 역할을 할 수 있음은 의심할 여지가 없다.

### (2) 몰아 상태

짐바도의 몰아이론에서 보면, 입력변인이 집단성원들에 어떤 변화를 가져오며, 이들 변화는 나중에 관찰될 비정상적 사회행동의 가장 직접적인 원인이다. 짐바도가 간략히 이들 중개적 심리변화를 기술하기는 했지만 이와 달리 자의식과 자기규제의 상실을 강조한 학자도 있다. 이 연구들에서는 일반적으로 사람들은 자신들의 주의를 다른 집단성원들이나 환상적 대상 등 외부에 초점을 두거나 자신 등 내부에 둔다고 가정하였다. 초점이 자기에게 주어졌을 때는 사람들은 더 자신을 의식하고, 자신의 감정과 인지상태에 주의하여, 자신들의 행동선택을 주의 깊게 생각하고,

자신들의 행동을 면밀히 감시하게 된다는 것이다. 외부의 상황에 초점이 주어지면, 사람들은 자신들의 행동을 감시하지 못하고, 자신들의 행동이 사회적 도덕적 기준에 어긋남을 지나쳐버리게 된다. 몰아된 사람들은 집단 상황에서 자의식과 자신들의 개인적 정체감을 잃게 된다. 상황에 초점을 맞추다 보면, 사람들이 자기 자신을 개인으로서 의식하지 못하고 자율규제와 미래에 대한 계획능력을 갖지 못한다. 따라서 집단 상황 때문에 자기주의와 자기감시가 안 되어 이들은 더욱 목전의 자극이나 감정에 반응하고, 규범이나 행동의 장기적 결과에는 둔감해진다.

이러한 자의식의 상실은 자율규제의 감소로 극에 달한다. 자의식을 가진 사람은 어떤 상황에서건 자기 자신의 행동을 조절할 수 있는 책임을 진다. 텔레비전 수상기를 사고자 하는 가족의 예를 들면, 사회학습이론은 이러한 목표를 달성하기 위하여 이 집단은 여러 가지 방법을 생각할 것이라고 하였다. 텔레비전을 외상으로 사려고 할 수도 있으나, 제때에 돈을 지불하지 못할 위험이 있기 때문에 시간을 두고 필요한 돈을 저축하는 것이 더 적절하다고 판단할 수 있다. 그러고 나서 면밀히 가족의 지출을 살펴서 낭비가 없게 하고, 주기적으로 얼마나 돈을 저축하였는지를 확인하게 된다. 실제로 가족성원들이 목표로 한 금액에 접근할수록 서로 격려하고 자신들의 의지가 확고함을 서로 확인하게 된다는 것이다. 그러나 자의식이 최소화되면, 그러한 자율기제가 무너진다. 가족들은 그들 - 행동의 장기적인 결과를 생각하지 못하게 되고 분수에 넘치는 데도 사려 한다는 것이다. 다음에는 가족들이 자신들의 소비상태를 탐지하지 못하며, 상품의 대금을 지불할 때가 되었을 해 지불하지 못하게 된다. 자기강화도 역시 낮아져서 가족들이 절약해도 만족하지 못하게 된다. 실제로 자기의식수준이 극도로 낮아지면 가족들은 자신들의 행동과 관련된 사회규범을 고려하지 못할 수도 있다. 그 결과로서, 이웃이나 가게에서

텔레비전을 훔치게도 된다는 것이다.

디너(Diener)는 여러 낮은 자기인식의 결과를 열거하여, 자율기제의 상실을 요약하였다: 첫째 행동탐지 가능성이 아주 낮고, 둘째 행동에 관련된 규범관계를 파악하지 못하며, 셋째 스스로 만든 강화의 최소사용, 넷째 장기계획 및 목표설정이 곤란하다. 이 결과를 종합하면, 집단은 그들 행동의 도덕적 의미를 생각하지 못하여, 그 결과 그들이 하고 있는 폭력적 행동을 충분히 이해하지 못하게 된다는 것이다. 짐바도는 중학교 학생클럽에서 신입회원을 골탕먹이는 의식도중에 무자비하게 두들겨 맞는 10대의 이야기를 예로 들고 있다. 클럽성원들은 자신들이 저지르는 행동이 어떠한 것인지를 잊고, 신입생이 의식을 잃을 때까지 때렸던 것이다.

### (3) 몰아행동

몰아된 성원들은 어떤 행동을 하게 되는가? 자선행동 등의 이타적인 것인가? 타인들과 뜻있는 관계를 유지하려 하는가? 목표를 향해 노력하게 되는가? 짐바도에 따르면 분명히 그렇지 않고, 감정적 · 충동적 · 비이성적 · 퇴행적 · 비전형적인 행동을 보인다는 것이다.

#### 1 자극통제

행동주의의 언어를 사용하면 환경 내 어떤 자극이 수행된 어떤 행동이 강화되는 단서를 주는 데 기여한다고 가정한다. 예를 들면, 시내 한 복판에서 교통신호는 언제 가고 서야 하는지, 어디서 기다리고 어떤 주행선을 가야 하는지, 경찰이나 은행 위치를 나타내는 표지는 무엇인지에 대한 정보를 알려 주게 된다. 행동주의적 해석은 환경 내 이들 세부특징이 행동을 상당히 통제하는데, 이 자극을 유기체에게 제시하면 이 자극이 어떤 행동의 가능성은 높여주고, 어떤 행동의 가능성은 낮춰주기 때문으로 본다.

이 관점에서 볼 때 대부분의 '정상적인', 몰아가 되지 않은 사회적 행동은 어느 정도 자극통제에 있다. 실제로 우리는 환경단서가 없으면, 언제 어떤 행동을 해야 할지, 행동의 결과는 어떻게 될지를 알지 못해 당황하게 된다. 그러나 몰아가 된 행동들은 자극에 따른 행동이 아니고, 예측할 수 없이 자동적으로 발생하며, 이전에 보인 행동패턴과 모순되는 경향을 보이게 된다. 정상적으로는 집단에서 지도자의 권고를 듣지만, 몰아가 생기면 지도자의 명령은 더 이상 효과를 발휘하지 못한다. 경찰차, 경찰, 경찰견 등 사법당국의 출현은 구경하고 있는 집단의 사람들에게 난폭한 행동은 처벌될 것이라는 충분한 경고가 되지만, 폭도들이 몰아가 되면 이들 당국의 상징은 행동통제의 힘을 상실하게 된다. 몰아의 결과로서 아무런 죄도 없는 피해자가 공격을 받게 되고, 환경의 지각이 크게 왜곡되고 특정상황에 대한 정보가 거의 기억되지 못하며, 통제-귀환기제가 붕괴됨에 따라 격렬한 행동이 증가된다. 결과적으로 대개는 몰아된 행동은 흔히 중지되지 않는데, 그 이유는 환경단서를 그만하라는 신호로서 해석하지 않기 때문이다.

### ❷ 반규범성

몰아된 행동이 반규범적인가라는 질문에 대한 답은 주로 누가 이를 묻는가에 달렸다. 객관적 관찰자의 견해로는 분명히 몰아된 행동은 억제, 당국에의 복종, 공공재산의 존중, 인간생명의 존중 등 사회적 규범위반이다. 그렇지만, 집단성원들로서는 행동이 특정 집단 상황에 특유하게 출현된 규범들과 완전히 일치한다고 볼 수 있다.

### ❸ 쾌 감

몰아된 행동의 본질을 끝맺기 전에 그러한 행동이 유쾌한 것인지의 문제를 간략히 살펴보기로 하자. 짐바도는 그렇다고 보았고, 이러한 몰아의 측면이 폭도의 구성원들이 약탈과 린치 등의 폭력적이고 공격적인 행동이 즐겁고, 행복하게 보이는 이유를 설명할 수 있는 것이라고 하였다. 짐바도는 몰아의 쾌락은 집단 속에 들어감으로써 얻어지는 안도감에서 일부 나오지만, 그러한 행동이 보다 초보적 정서수준에서 쾌락으로 평가되기 때문이라고 제안하였다. 그는 자동차 약탈의 예에서 큰 망치로 차를 두드려 부수는 것을 감정적인 반응으로 설명하고 있다. 어떤 한 사람이 망치를 휘두른 다음에는 그 다음 사람을 더 쉽게 힘 있게 내려치게 되고, 집단성원들은 나중에 차체나 유리에다 망치를 휘두르는 것이 자극적이고 쾌감을 주었다고 하였다.

## (4) 몰아의 원인

### ❶ 식별가능성

짐바도가 말한 정도를 벗어난 집단행동의 잠재적 원천은 낮은 식별가능성이다. 식별가능성은 위장복을 입는다든지, 별명을 사용한다든지, 친숙하지 않게 한다든지, 집단성원들이 자주 비슷한 집단 속에서 행동하게 한다든지 등의 다양한 방법을 통해서 식별가능성을 피할 수 있지만, 이 방법들은 익명감을 높여 주는 점에서 비슷한 것이다. 집단성원들이 사회규범과 법에 따르는 것이 법적 · 사회적 제재를 두려워하기 때문이라면, 익명성이 높아진다는 것은 당국으로부터 불법적인 행동에 대한 처벌가능성을 낮추어 주는 것이 될 것이다. 짐바도는 몰아 과정에 익명성이 매우 중요한 변인이라고 보았다.

짐바도 이전의 몰아에 대한 연구 중에는 식별가능성을 실험실 장면에서 직접 조작한 것이 있다. 개념형성 연구에 참여하기로 약속한 여대생들에게 평상시에 입던 옷을 입거나, 보다 공식적 의상(정장)을 입도록 사전에 약속하였다. 피험자들이 도착하면, 평상시에 입던 옷을 입고 온 피험자는 실험이 끝날 때까지 헐렁한 흰 실험복을 입도록 하였다. 연구자들은 실험복을 입게 하면, 익명감을 느끼게 하고, 익명감은 보다 비전형적인 행동을 보일 것이라고 생각하였다. 이 가설에 일치되게 낮은 식별조건의 피험자들은 네 명씩 춘화에 대한 주제를 놓고 토의하게 하였을 때 음란한 용어를 더 많이 사용했고, 사로 더 자주 말을 가로막았으며, 그 집단을 더 좋아한다고 하였으며, 높은 식별조건에서보다 침묵시간이 훨씬 적었다. 보다 중립적인 주제들(개방적 교육에 대한 태도)을 논의하게 하였을 때는 두 조건 간에 아무런 차이를 볼 수 없었다.

짐바도는 식별가능성이 몰아에 미치는 효과를 보기 위해 식별가능성을 실험적으로 조작하였다. 여대생들에게 확인가능, 혹은 확인불가능을 느끼도록 하였다. 식별불가능한 조건의 피험자들은 헐렁한 실험복을 입고, 머리에 두건을 쓰게 하였다. 실험자는 피험자들의 이름을 부르지 않을 것이며, 전혀 식별되지 않을 것이라고 하였다. 식별가능한 조건에서는 인사할 때 이름을 부르고, 커다란 이름표를 달도록 하였으며, 실험자는 피험자들의 특이성과 개별성을 강조하였다.

연구의 실제목적을 감추기 위해서 참가자들에게는 연구가 감정이입-이론의 가설을 검증하기 위한 것이라고 알려주었다. 다른 사람과 깊은 관련을 맺을수록(involved) 그들에 대한 지각이 더 정확하다는 가설, 이러한 가설을 검증하는 것으로 보이도록 하기 위하여 피험자들은 두 자극인물과 깊은 관련을 맺은 후 이들 '두 자극인물(둘 다 여성)'을 평정하게 하였다. 깊은 관련이란 자극인물들에게 20회의 전기충격을 주는 것이었다. 이러한 절차를 쓰는 것은 자극인물들이 두 번째 연구에서도 전기충격을 받게 되므로 두 연구의 결과를 합칠 수 있게 하기 위한 것이라고 하였다. 두 번째 독립변인은 피험자들이 충격을 주기 전에 곧 만나게 될 표적인물과 면담한 것으로 보이는 테이프를 듣게 하였다. 한 테이프는 자극인물이 매력적이고('멋지고, 이타적이고, 달콤한'), 다른 테이프는 자극인물이 불쾌하게('자기중심적이고, 기만적이며, 비판적인') 보이도록 구성하였다. 면담 테이프의 제시순서는 집단에 따라서 균형을 이루도록 하였다.

피험자들을 어두운 방에 앉게 한 후 일면투시경을 통해 첫째 표적인물을 보게 하였다. 각자는 신호에 따라 단추를 누르도록 하였고, 실험자가 피험자 행동에 책임을 진다고 하였다. 스위치를 눌렀을 때, 표적인물은 전기충격의 고통으로 펄쩍 뛰었다. 실제로 표적인물은 실험공모자이며, 아무런 충격을 받지 않았다. 20회의 전기충격을 주는 동안 10회의 전기충격으로 표적인물이 고통에 몸부림치는 나머지 묶였던 손이 풀어지는 것처럼 보이게 하였다. 실험자는 다시 표적인물의 손을 묶으면서 10회의 전기충격을 더 주었다. 두 번째 자극인물에게도 같은 절차를 써서 반복 실시하였다.

이 연구결과는 짐바도가 말하는 공격적인 행동은 확인불가능한 피험자들에게서 가장 클 것이라는 주장을 어느 정도 지지해 주는 것이다. 두 집단 모두 동일한 수의 전기충격을 받았지만, 확인불가능한 피험자들이 확인가능한 피험자들보다 유의하게 더 긴 전기충격을 받았다. 지시가 아주 강력한 것이어서, 어떠한 신호불빛이 들어오더라도 대부분의 피험자들이 전기충격을 주도록 강요받았어도, 확인불가능한 피험자들은 확인가능한 피험자들의 두 배 정도 스위치를 눌렀던 것이다. 더욱이, 싫어하는 표적과 좋아하는 표적에 대한 충격 지속시간에 있어 유의한 차이가 없었지만, 확인가능한 피험자들은 확인불가능한 피험자들보다도 표적인

물의 특징에 의하여 더 많은 영향을 받는 경향을 보였다. 시행을 거듭함에 따라 익명성이 없는 피험자들은 멋있는 피해자에게 더 짧은 전기충격을 주었으나, 익명의 피험자들은 계속 전기충격 시간을 증가시켰다. 또, 확인가능한 피험자들에 있어서 충격지속시간과 표적에 대한 평정 간의 상관이 유의했지만(r=.61), 확인불가능한 피험자들에 있어서는 유의하지 못했다(r=.10). 이는 익명의 피험자들은 피해자의 특성에 의해서 전혀 영향받지 않음을 시사하는 것이다. 따라서 이 연구는 낮은 식별가능성의 중요성뿐만 아니라, 몰아 된 집단성원의 공격적 행동은 자극통제하에 있지 않다는 짐바도의 가설을 어느 정도 지지해 주는 것이다.

짐바도의 전기충격 연구에 대한 일반화는 특정한 실험상황과 정교한 기만(deception)에 잘 넘어간 경우에 국한되는 것으로, 실세계 폭력과 익명성을 높이는 의식에 대한 범문화적 연구에까지 적용되지는 않는다(Watson, 1973). 인류학, 민족서지학자, 사회학자들의 자료들은, 대부분의 문화를 높은 폭력문화와 낮은 폭력문화로 구분할 수 있다고 한다. 높은 폭력문화는 야만인 머리사냥, 포로의 고문, 분투에서 죽을 때까지 싸우지만, 낮은 폭력문화에서는 포로를 살려주고, 이웃 집단에 대해서 약한 공격만 가한다. 전투에 임하기 전에도 높은 폭력문화권에서는 전사들의 모습을 위장을 많이 하는데(92.3%) 비해서 낮은 공격문화권에서는 그러한 위장의식이 적었다(30.3%).

### ❷ 집단소속감

익명성이 몰아를 가져오는 경우가 많지만 반드시 그렇지 않을 때도 있다. 예를 들면 짐바도가 나중에 다른 피험자들에게 지시만 바꾸어 그의 전기충격 연구를 반복검증하였을 때 확인가능한 피험자들보다 확인불가능한 피험자들이 덜 공격적이 됨을 볼 수 있었다. 이러한 불일치가 익명성을 만들기 위해서 여러 실험에서 쓴 상이한 조작의 엄청난 복잡성에 일부 기인하지만, 확인가능성과 몰아 사이의 명확한 관계를 볼 수 없었던 것은 집단 안에 있는 개인들의 반응을 보지 않고, 혼자 있는 개인들의 반응을 본 것에 더 큰 이유가 있다. 이러한 경향성은 몰아의 개념이 혼자 있는 개인이 아닌 집단 안에 있는 사람들에게만 적용되는가라는 중요한 문제를 제기한다.

한 연구에서 피험자들은 워싱턴 시애틀에 거주하는 1,352명의 아동들로서 이 도시 내의 흩어져 있는 27개 실험가정에서 'trick-or-treating'이라는 것을 하도록 하였다. 각 가정의 입구에는 두 개의 접시를 낮은 탁자 위에 놓아 잘 보이도록 놓았다. 두 접시 중 하나에는 작은 사탕이 놓여 있었고, 다른 접시에는 동전이 놓여 있었다. 그 집에 살고 있지는 않은 한 여자가 나와서 아이들을 맞으면서, 사탕을 하나 집으라고 말하고 나서 "나는 딴 방에 가서 일해야 한다"고 하였다. 그 여자가 방을 나설 때는 아이들은 두 접시 앞에 서 있게 되었다. 관찰자는 숨어서 가져가는 사탕의 수와 훔치는 돈의 양을 기록하였다. 이 연구에서는 몇 가지 독립변인이 검증되었지만, 여기서는 집단소속감과 익명성의 두 가지가 관심 있는 것이다. 아이들은 그 집에 혼자 오거나 소집단을 이루어 왔기 때문에 집단소속감은 자연스럽게 변화되었다고 관찰자는 기록하고 있다. 이미 아동들은 변장하였기 때문에 문제는 그들 중 일부는 식별할 수 있고 나머지는 식별할 수 없도록 하는 일이었다. 따라서 익명조건에 배정된 아동에 대해서는 아무런 부가조치를 하지 않았고, 비익명조건의 아동들에 대하여는 이름과 주소를 대도록 하였다. 실험자가 이 정보를 크게 반복하여 그들의 신분을 기억하는 척하였다. 네 조건에서 집단소속감과 익명성이 어느 정도 범행을 증가시켰는데, 혼자인 경우보다 집단에서 그리고 비익명 아동들보다도 익명의 아동들에서 사탕과 돈을 더 많이 가져갔다.

그러나 혼자 온 아동의 익명성효과는 뚜렷하지 않았는데 비해, 집단조건에서는 익명성효과가 증가되었다.

### 3 집단의 크기

비전형적인 집단행위를 가져오는 집단크기를 몰아이론에 근거하여 명확히 하는 것은 불가능하다. 한편으로는 익명성, 책임감 분산, 사회적 각성동 몰아와 관련된 여러 요인들은 집단의 규모가 커질수록 강해져야 하나, 큰 집단에서 성원들 간의 의사소통은 작은 집단에서보다 더 시간을 필요로 하고, 협조의 문제가 있고, 이질성의 가능성이 증대된다. 따라서 이론적인 관점에서 집단규모와 일탈적 행동 간의 연계는 분명하지 않다.

한 연구에서 여러 집단 크기의 사람들에게 '원숭이 같은 행동, 거친 소리내기, 코를 이용해 그림그리기, 아기 젖병 빨기'와 같은 어리석고 당혹스런 과제를 하도록 하였다. 피험자들이 이러한 행동을 하는 동안 이들의 행동을 8명의 관찰자가 기록하였고, 각 과제를 마친 다음에 참가자들에게 자기의식을 측정하였다. 타인들이 보고 있다는 것을 의식했는지와 전반적인 자기의식도 측정하였다. 연구결과, 더 큰 집단에 행동이 더 강해지지는 않았고, 2인 집단에서 완만한 증가가 있었지만 유의하지는 않았다. 그러나 다른 측정치들은 집단크기가 증가함에 따라 사람들에 대한 걱정과 자기의식에서 낮아짐을 보인 일반적인 집단크기의 효과를 보였다. 이 결과는 자기의식이 낮은 사람들이 보다 격한 행동을 보이기 쉬운 일반적인 경향에 비추어 볼 때($r = -.47$), 비전형적 행동들은 보다 큰 집단에서 나타날 가능성이 많음을 시사하는 것이다.

### 4 흥 분

짐바도는 몰아의 한 원인으로 개인적 흥분을 크게 강조하고 있다. 그에

〈표 1〉

| 시간 | | 주제 |
|---|---|---|
| 초기 | 시작 | • 서로 간의 사회적 배경을 인식하고 신뢰감을 쌓기 시작한다. |
| | | • 날씨, 취미, 영화 등 피상적이고 상대적으로 가벼운 주제가 토론된다. |
| | 평가 | • 외모, 공동관심사, 개성에 대한 지각에 기초해서 최초의 평가가 이루어진다. |
| | | • 태도, 가치 면에서 유사성을 비교한다. |
| | 강화 | • 서로에게 보다 더 편안함을 느끼기 시작한다. |
| | | • 서로에게 더 많은 시간을 보내도록 한다. |
| | | • 서로에게 부탁을 하기 시작하고, 관계를 맺고 있다는 것을 느끼도록 서로의 욕구를 일치시킨다. |
| | 통합 | • '너', '나'라는 개념에서 '우리'라는 개념으로 바뀐다. |
| | | • 서로에 대해 걱정을 같이 하고, 문제에 동정적으로 귀를 기울인다. |
| | 결속 | • 성적 친밀감이 발생한다. |
| | | • 자기 표현이 증가하고, 각자의 희망, 꿈 그리고 근심을 공유한다. |
| | | • 삶에서 발생하는 문제에 대한 해결책을 찾는 데 서로 돕는다. |
| | | • 태도나 가치의 유사점과 차이점을 이해할 수 있다. |
| | | • 서로에 관한 미래의 목표를 공유하기 시작한다. |
| | | • 일체감을 갖고 위임과 정체성이 깊어진다. |
| | | • 서로를 더 배려하고, 서로의 한계를 잘 받아들일 수 있다. |
| | 분화 | • 개인적 흥미가 탐구되고, 함께 하는 시간이 줄어든다. |
| | | • 생의 만족을 찾는 데 관계에 많이 의존하지 않는다. |
| | 재긍정 | • 태도, 흥미의 차이가 드러나더라도 서로를 계속 신뢰하고, 생의 중요한 일부로서 관계를 인지한다. |
| 후기 | | • 부부, 부모와 같은 장기적인 관계의 역할을 수행하기 위해 문제를 토의하고 함께 일한다. |

# 1
# 대인관계를 발전시키는 요인

## 1) 호감, 존경 그리고 신뢰

지크 루빈(Zick Rubin)은 호감(liking)을 두 가지 특성을 가진 다른 사람에 대한 긍정적 태도라고 정의하고 있다. 어떤 사람을 좋아하기 위해서는 그 사람을 존경하고, 신뢰할 만한 가치가 있다고 믿어야만 한다(Rubin, 1973). 사람들은 자신이 일단 누군가를 좋아하기로 결정하면 그들 간의 관계형성의 띠(bond)를 만들기 시작한다. 그때 사람들은 좋아하는 사람이 갖고 있는 자질을 존경하고, 그 사람이 성숙한 개인이라고 생각하게 되며, 자신도 그러한 자질을 가지고 싶어 한다. 대개 이러한 생각은 실제 좋아하는 사람이 자질을 갖고 있는 것에 기초하기보다는 자신의 희망적인 사고에 기초하여 이루어진다. 따라서 때로 호감이 가는 누군가를 만났다는 환상이 다른 사람을 좋아하게 만들기도 한다. 사람들과 관계를 형성하고 그들을 좋아하기 전에 개방된 마음을 유지하고 상대방 행동에 대한 초기인상을 형성할 때까지 객관성을 유지하는 것이 중요하다.

존 렘펠(John Rempel, 1986)과 존 홈스(John Holms, 1989)는 다음의 세 가지 질문에 대한 대답이 누군가를 신뢰해도 될 것인지를 결정하는 데 도움이 된다고 제안하였다.

① 그 사람에 대해 얼마나 예견가능한가?: 예견가능한 사람이란 행동에 변함이 없는 사람이다. 예견불가능한 사람은 다음에 일어날 것에 대해 계속 추측하도록 만든다. 행동이 좋고 나쁘고에 상관없이 자주 변하는 사람은 신뢰롭지 못하다.

② 그 사람에게 내가 의지할 수 있는가?: 의지할 수 있는 사람은 중요할 때 도움을 받을 수 있는 사람이다. 도움이 필요하거나 도움이 필요없는 상황에서의 행동을 살펴보면 그 사람이 의지할만한 사람인지를 알 수 있다.

③ 내가 그 사람에게 신뢰감을 갖고 있는가?: 자신이 그 사람을 좋아한다고 확신할 수 있고 안정감을 느낀다면 그 사람을 신뢰하고 있는 것이다.

실제로 신뢰는 대인관계에 있어 접착제와 같은 역할을 한다. 신뢰는 다른 사람들과의 유대관계를 유지하고 형성하는 것을 돕고, 대인관계에 안정감을 제공한다. 신뢰가 형성되는 데는 시간이 걸리지만, 깨어지기는 쉽다. 신뢰는 한 사람이 잘못된 행동을 하거나 혹은 약속을 어김으로써 쉽게 깨어진다. 대인관계에 영향을 미칠 수 있는 행동을 하기 전에 "내 친구나 배우자가 내가 이런 행동을 한다 해도 나를 계속 신뢰하겠는가?" 라는 질문을 한 번 해보는 것이 중요하다.

### 2) 유사한 태도

사람들 사이의 매력과 호감의 정도는 사람들이 공통으로 가지고 있는 태도의 수와도 관계가 있다. 그러나 실제적으로 중요한 것은 갖고 있는 태도보다 지각되는 태도의 유사성이다. 그렇지만 만나는 사람들에게 태도 검사를 실시할 수는 없다. 만나는 사람들의 말과 행동으로부터 그들이 믿고있는 바를 추론할 수 있을 뿐이다. 그러나 사람들이 사용하고 있는 척도는 정확하지 못하다. 서로 강하게 끌리는 사람들 끼리는 자신들의 태도가 서로 유사하다고 과대평가하는 경향이 있다(Berscheid, 1985; Berscheid et al., 1989).

유사성이 대인관계에서 중요한 이유는 상대방이 자신의 의견에 동의해 주기가 더 쉽고, 그것이 자신의 생각에 보상을 해주기 때문이다. 또한 자신과 유사한 견해를 갖고 있으면 그 사람에 대해 호의를 갖게 되고, 미래에 그들과 좋은 관계를 가질 수 있다고 기대할 수도 있다. 사람들은 자신과 유사한 사람과 사귀게 되면 "그는 나와 매우 비슷해. 그가 날 매우 좋아할 거라고 확신해"라고 말하면서 친밀감을 갖는다. 이러한 친밀감은 대인관계를 처음 시작하는 초기에 더 중요한 영향을 미친다(Zick Rubin, 1973).

대인관계가 형성되고 난 이후에는 서로 간의 신념차이가 관계를 유지하는 데 영향을 미치기도 한다. 우리 주변에서 보면 외향적인 사람과 내성적인 사람이 만나 관계가 잘 유지되는 경우를 볼 수 있다. 이는 자신과 반대되는 특성을 갖고 있는 사람에게 매력을 느끼는 경우이다. 신념이나 가치, 흥미 그리고 개인적인 성격이 너무 극단적이지 않다면, 서로 간의 차이점들은 대인관계를 새롭고 흥미롭게 하는데 도움이 될 수 있다. 또한 서로 다른 성격을 가진 사람들은 각자의 성격을 보완해 준다(Brehm, 1992).

### 3) 친밀감

사람들이 함께 있게 되면 서로를 좋아할 수 있는 기회가 늘어날 뿐만 아니라, 친구가 될 수 있는 기회도 늘어난다. 사람들 간의 접촉이 많으면 많을수록 친밀감은 증가하고 따라서 호감을 갖게 되는 경우가 많다. 한 연구에서 사람들을 방 안에 서서 서로를 관찰하도록 하였다. 그리고 이들이 서로를 바라보는 시간을 다르게 조작하였다. 사람들에게 누구를 좋아하느냐고 물었을 때 자신을 가장 많이 노출시켰던 사람을 지적하였다. 그들은 이전에 서로 만난 적도 없고 이야기를 나눈 적도 없었지만 서로 눈접촉을 많이 한 사람을 좋아하였다(Saegert, Swop, & Zajonc, 1973).

### 4) 신체적 근접

사람들은 서로 가깝게 살고, 일하며 상호작용하는 사람들과 친구가 되기 쉽다. 직장에서 바로 옆의 책상에서 일하는 사람들은 같은 방에 있지만 몇 미터 떨어져 일하는 사람보다 더 가까운 친구가 되기 쉽다(Berscheid, 1985). 이 같은 원리는 친밀한 대인관계에서도 적용된다. 대부분의 사람들은 그들이 속해 있는 환경 내에서 가까이 있는 사람들과 친분관계를 맺는다.

### 5) 신체적 매력

우리 문화에서 중요한 믿음은 아름다운 것은 선할 것이라는 확신이다. 그래서 사람들은 매력적으로 인식된 사람과 관계를 맺기를 원한다. 앨런 앨런 페인골드(Alan Feingold, 1992)의 연구에 따르면, 매력적인 사람들은 더 사교적이고, 지도력 있고 성격이 따뜻하며, 정신적으로 건강하고 지적일 것으로 여겨진다고 한다. 매력적인 사람들이 데이트나 결혼할 때 더 선호되는 것도 바로 이 같은 인식의 한 결과이다. 사람들은 신체적으로 매력적인 사람들을 좋아하는데 이 같은 경향은 여자보다 남자에게서 더 두드러지게 나타난다. 대부분의 남자들은 신체적으로 매력적인 여자들을 좋아한다. 남녀가 교제할 때 중요하다고 생각하는 열세 가지의 특징 중 남자들은 신체적인 매력을 세 번째로 중요한 특징으로 생각하는 반면, 여자들은 여섯 번째로 적용한다(Buss, 1985). 대개 여자들은 덜 매력적인 남자와 데이트를 하려는 경향성이 있다. 결혼한 사람의 경우 여자의 신체적 매력은 남자에게 즐거움을 가져다주지만 남자의 신체적 매력은 여자에게 불안감을 가져다준다.

페인골드는 신체적 매력에 대한 객관적 평가보다 자신에 대한 개인적 지각이 훨씬 더 중요하다고 지적했다. 대부분의 사람들은 객관적인 기준으로 판단하면 아름답거나 잘 생긴 것은 아니다. 그럼에도 불구하고 사람들은 자신을 좋아하며, 패션잡지의 모델처럼 생기지 않은 것을 걱정하지 않는다. 이러한 긍정적인 자아상은 지속적인 우정이나 장기간의 친밀한 관계를 형성하는 데 도움이 된다. 정서적인 안정을 위해서는 객관적인 평가보다 자신을 스스로 어떻게 평가하느냐가 더 중요하다.

자신이 아름답지 않고 못생겼다고 해서 부정적으로 생각할 필요는 없다. 신체적으로 매력적인 사람은 극히 소수에 불과하고 그들도 별 혜택없이 그럭저럭 지내는 경우가 많다. 사람들은 결혼이나 데이트를 할 때 자기 자신과 유사한 외모를 찾는다. 이러한 현상의 한 가지 이유는 현실생활에서 이상적인 사람을 찾기가 매우 어렵다는 것이고, 다른 이유는 신체적으로 비슷한 매력을 가진 사람에게 다가감으로 해서 그들로부터 자신이 덜 거부될 것으로 믿기 때문이다.

### 6) 보상 획득

사람들은 자신에게 보상을 주는 사람들을 친구로 여기며, 보상을 주지 않는 사람을 좋아하지 않는 경향이 있다(Sharon Brehm, 1992). 사회적 상호작용에서 사람들은 정보나 애정, 지위, 돈, 기술 그리고 친절 등의 다양한 보상을 주고받는다. 보상은 관계를 지속시키는 촉진제가 된다. 행복한 부부들은 불행한 부부들에 비해서 서로서로 긍정적이고, 보상을 주는 양식으로 행동한다. 또한 친구와의 교류나 친밀한 연인 사이는 그들이 주고받는 보상수준에 따라 그들의 관계가 계속될 수도 있고 깨질 수도 있다.

대인관계에서는 보상을 받는 것이 중요한데 이를 달리 표현하면 사람들 자신이 손해를 보지 않아야 한다는 것이다. 조지 호먼즈(George Homans, 1974)와 피터 블라우(Peter Blau, 1964)는 사람들 간의 상호작용에는 어떤 비용이 지불된다고 지적했다. 사람들은 상호작용에 시간이나 에너지, 돈 등을 투자하지만, 때로는 좋지 못한 결과나 감정을 얻기도 한다. 어떤 사람과 상호작용을 계속할 것인가는 그 상호작용으로부터 얻는 만족의 양과 관련이 있다. 만족은 보상이 비용을 초과할 때만 얻어지는 것이다. 상호작용에서 비용이 보상을 초과하는 경우에 사람들은 관계를 단절하거나 새로운 관계를 시작하려는 경향이 있다. 보상이 비용을 얼마만큼 초과해야 하는지에 관한 완전한 기준은 없다. 자신이 과거에 경험한 것에 비추어 현재의 관계를 비교하기 위한 최소한의 비용지출을 설정한다. 설정된 최소치보다 낮은 보상을 주는 친구관계나 다른 친분관계는 계속되지 못한다.

## 2
## 관계형성의 장애요인

어떤 사람들은 그들이 좋아하거나 존경하는 사람들과 친구관계나 다른 관계를 잘 형성하지 못한다. 이러한 문제가 인생에 있어서 주된 고민거리는 아니라 할지라도 대부분의 사람들이 한번쯤은 겪었던 것일 것이다.

다른 사람과 관계를 잘 맺지 못하는 일부 원인은 올바르지 못한 방법으로 다른 사람들과 교제하는 개인적 특징, 즉 수줍음이나 교류를 방해하는 고정관념, 편견 그리고 자기 표현부족 등 때문이다.

### 1) 개인적 특성

친밀한 관계를 잘 형성하지 못하는 사람들은 개인적인 어떤 특성을 가지고 있다(John Reisman, 1979). 그들은 다소 침울하다. 즉, 유머감각이 부족하고, 주변 관심사나 취미를 거의 갖지 못한다. 결국 그들은 다른 사람들과 잘 어울리지 못한다. 다른 사람들과의 대화가 어느 정도 이루어지면 이들은 비판적이 되고 타인의 의견보다 자신의 의견이 더 좋다고 여기는 경향이 있다. 전반적으로 그들은 다른 사람들이 무엇을 하고 있는가에 대해 관심을 갖지 않으며, 다른 사람들에게 그들의 성취에 대해 신뢰감도 주지 못한다. 또한 어떤 사람들은 친구관계나 친밀한 관계형성을 단순히 두려워한다. 그들은 다른 사람을 신뢰하지도 않으며, 자신들이 애정을 주고받을 수 있을까에 대해 걱정한다.

### 2) 수줍음

필립 짐바도(Phillip Zimbardo, 1975)의 연구조사에 의하면 미국사람 중 80%가 때로는 수줍어할 때가 있다고 하였다. 또한 40%는 현재 자신들이 수줍어한다고 생각하고 있었고, 수줍어한다고 여기는 사람들의 대부분은 다른 사람으로부터 수줍다고 평가받는 것을 싫어하는 것으로 나타났다. 이것은 1억 이상의 미국인들이 수줍어하는 특성을 소유하고 있다는 것을 의미한다.

사람들의 수줍음 정도를 평가하는 한 방법은 수줍음을 하나의 연속선상에 놓는 것이다. 이 연속선상의 한쪽 끝에는 생각을 하거나 일하는 데 더 편하기 때문에 수줍어하는 특성을 갖고 있는 사람들이다. 그들은 홀로 있는 것을 좋아하지만 필요할 때는 다른 사람과 교류하는 것을 두려워하지 않는다. 연속선상의 중간은 자기 확신이 부족하고, 교제기술이 부족하고, 쉽게 당황해하는 사람들이 있다. 그들은 다른 사람에게 부탁하기를 꺼려하고, 식당이나 가게, 자동차 정비센터 등에서 더 좋은 서비스를 요구하지도 못한다. 연속선상의 다른 극단에는 다른 사람들과의 관계에서 입은 상처로 인해 괴로워하는 사람들이 있다. 그들은 매우 자기 의식적이고, 거의 공황상태에 있다. 수줍음은 탈출구가 없고 바람직한 행동을 할 기회도 주지 않는 감옥이다.

수줍음은 대개 부정적인 자기개념으로부터 나온다. 아서 와스머(Arthur Wassmer, 1978)와 조나단 버런트(Jonathan Berent, 1993)는 자아상에 자신이 없는 사람은 수줍어하는 방식으로 행동한다고 주장하였다. 이 원인은 자신이 유능하다고 생각하지 않은 사람은 그들의 사상이나 생각, 다른 사람에 대한 태도 등을 다른 사람들에게 나타내는 것을 걱정한다는 것이다. 따라서 자기개념이 부정적인 사람들은 자기-의식적이고, 자신을 비판한다. 사회적 접촉이 부족하기 때문에 다른 사람에 의해 이해받지도 못하고, 그들의 생각이 보상받지도 못한다.

수줍음은 나쁜 것인가라고 질문할 수 있다. 그 답은 누구에게 묻는가에 따라 달라진다. 필립 짐바도는 수줍음을 유행성 전염병과 같은 사회적 병으로 여겼다. 또한 그는 우리 사회가 고립이나 외로움 그리고 분리를 조장하고 있다고 주장하였다. 와스머는 수줍음이 사람들과의 접촉을 방해하기 때문에 문제가 된다고 하였다. 수줍음은 새로운 사람을 만나고, 새로운 친구를 사귀는 것을 어렵게 한다. 또 수줍음 때문에 그들의 권리를 주장하지 못한다. 또한 수줍음은 사람들을 자기 의식적이고, 자기를 비판하고, 다른 사람에 대해 긍정적 생각을 갖지 못하게 하고, 다른 사람과 떨어져 있게 한다. 로버트 몽거니(Robert Montgorney, 1991) 등은 수줍음을 타는 사람들은 자신을 덜 매력적인 사람으로 여기고, 주변의 다른 사람들과 대인관계를 발전시킬 수 있는 사회적 기술이 부족하다고 생각한다고 하였다. 이는 다른 사람이 줄 수 있는 가치있는 사회적 이익으로부터 그들 자신을 멀어지게 한다.

때로는 일시적인 수줍음이 어떤 이득을 가져오는 경우도 있다. 어느 정도의 수줍음은 자기를 돌아볼 수 있게 하고, 문제를 깊이 생각하게 하여 창의적 해결책을 만들 수도 있다. 직장생활에서 수줍음은 직무에 좋은 특성이 될 수 있고 수줍어하는 사람들은 말을 안 하는 대신에 더 열심히 일하는 경우가 많다(Macroskey & Richmond, 1979). 이는 만약 조직에서 수줍은 사람들을 배제시킨다면 재능있는 사람을 조직이 잃을 위험성이 있다는 것을 의미한다. 수줍음이 부담이 되지 않는 자리에 그들을 신중히 배치해야 한다. 대인 간 기술이 요구되는 자리는 피하여 배정하는 것이 좋다. 수줍음은 그것이 다른 사람들과의 관계를 형성하는 데 방해가 될 때만 문제가 된다.

수줍음은 여러 방식을 통해 습득된다. 수줍음은 단일요인에 의해 결정되는 것이 아니다. 어떤 사람들은 과거의 사건으로 인해 수줍어하는 사람이 되기도 한다. 어떤 상황에서 한 개인이 다른 사람들에게 어리석게 보인 경우 다른 사람들은 그를 비웃을 것이고, 그는 다시 다른 사람들 앞에 나설 때 두려움을 갖는다. 또한 어떤 사람들은 다른 사람들에게 거부되었을 때 고통이 크기 때문에 사회적 상황을 피하려고 한다. 그들은 다른 사람들과의 교류를 최소화하면 당황과 거부당하는 기회가 줄어들 것이라고 생각한다. 한편 문화적 가치가 수줍음을 촉진할 수도 있다. 한

국이나 다른 아시아 국가에서는 수줍음을 바람직한 특성으로 여긴다. 우리 사회의 부모나 존경받는 사람들이 수줍은 행동을 본받아야 할 것으로 생각하기 때문에 이때 발생하는 모방학습 또한 일부 영향을 미친다.

수줍음의 원인이 무엇이든 간에, 자기충족적 예언은 사람들에게 수줍음에 빠지게 한다. 이 과정은 다음과 같은 순서로 발생하고 순환된다.

① 사회적 상황이 발생하고, 불안이 생긴다. 일시적으로 사회적 접촉을 기피하는 것은 이런 불안을 감소시킨다. 이런 식으로 행동하는 이유를 생각하게 하면, 사람들은 자신들이 수줍음을 타는 사람이라고 여긴다.

② 사회적 상황에 개입하지 않으려고 한다(예를 들어 나는 기본적으로 수줍음을 탄다. 그래서 여기 앉아 있어야만 하고, 다른 사람에게 관여하지 않아야 한다).

③ 자신의 신체언어를 사용하여 다른 사람들에게 자신을 어떻게 대해 달라는 신호를 보낸다. 이런 신호에 따라 다른 사람들은 "그는 혼자 있고 싶어하는 것 같다. 그래서 그를 괴롭히지 않겠다"고 생각할 것이다.

④ 다른 사람들의 반응을 통해 자신을 수줍어하는 사람으로 여긴다.

⑤ 위에서 설명된 생각과 행동들은 사회적 불안을 영원히 감소시키는 데는 효과적이지 못하다. 똑같거나 또 다른 상황에 직면했을 때 그 과정이 반복되어 발생할 것이다.

### 3) 고정관념과 편견

사람들은 대부분 고정관념을 갖고 있다. 어떤 사람에 대해 선입견을 갖고 굳어버린 믿음을 고정관념이라 한다. 이것은 때로 사람이나 장소 그리고 생활사건을 범주화시키는 역할을 한다. 그래서 서울 출신 사람들은 '까다롭다' '싹싹하다', 강원도 출신 사람은 '소박하다' '단순하다', 충청도 출신 사람은 '태평하다' '점잖다', 전라도 출신 사람은 '악착스럽다' '과격하다', 경상도 출신 사람은 '억세다' '퉁명스럽다' 등으로 성격을 구분한다.

사람들은 어떤 집단의 한 구성원을 볼 때 그 집단의 고정관념에 맞추어 그의 행동을 보는 경향이 있다. 이 같은 편파가 고정관념을 공고히 하고 지속되도록 한다(Schlusher & Anderson, 1987). 그러나 어떤 집단의 구성원들 사이에 존재하는 개인적 차이를 무시할 때 문제가 발생한다.

로빈 폭스(Robin Fox, 1992)는 그러한 고정 관념적 사고가 적응적인 면도 있다고 하였다. 예를 들어 다른 형태나 색깔의 의자, 차, 그 밖의 어떤 것들과 직면할 때마다 그것들의 기능을 다시 배워야 한다면 사람들의 생활이 얼마나 어려워질 것인가를 생각해 보자. 만약 어떤 사람을 직업에 의해 구분하고(예를 들면, 선생님, 의사, 법률가), 그들이 입고 있는 제복에 의해 구분한다면 무엇을 하는 사람이고, 그 사람이 자신에게 도움을 줄 수 있는 사람인가를 알기가 매우 쉽다. 낯선 사람이 손에 칼을 들고, 어두운 거리에서 다가올 때, '위험한 적'이라는 것이 머리에 떠올라 즉각적으로 도피행동을 취할 수 있게 된다.

고정관념을 사람이나 물체, 사건들에 대한 느낌과 결합시킬 때, 이를 편견이라고 한다. 이는 다른 사람들에 대해 경직된 믿음이나 강한 느낌을 갖는 태도이다. 편견은 학습될 수 있다. 그러나 심리학자 해럴드 피쉬베인(Harold Fishbein, 1992)에 의하면, 사람들은 진화역사에서 자신들을 보호하기 위한 한 수단으로 편견을 갖게 되었다고 하였다. 이런 관점에 따르면, 우리 조상들은 생존을 위하여 가족이나 부족, 국가에 대한 응집력을 확고히 할 필요가 있었다. 그래서 집단의 이방인은 적으로 간주되었다. 이방인에 대해서는 의심이나 공포, 적의를 가지고 대면하게 된다. 이방인을 거부하는 경향은 현대세계에서도 지속된다고 피쉬베인은 주장한다. 그러나 현대의 다문화사회에서는 그러한 경향이 범민족, 범인류적인 의미있는 관계를 형성하는데 방해가 된다.

오늘날 부정적인 선입관으로 편견이란 말이 자주 사용되지만 긍정적인 편견 또한 존재한다. 사람들은 '예외적으로 섬세한 현대 예술가'나 '위대한 정치가' 또는 '사랑스러운 인본주의자'라는 용어를 사용한다. 때로 아이들에게 악동이라는 명칭을 사용하지만 그 의미는 부정적인 것이 아니다.

부정적인 고정관념과 편견은 다른 사람을 부정적으로 인식하도록 이끈다. 멜린다 존즈(Melinda Jones, 1991)는 미국에서 흑인과 스페인인이 백인보다 덜 우호적으로 묘사된다고 하였다. 작업장에서 어떤 사람이 노조지도자로 여겨지면 경영자는 그가 경영의 관점을 잘 이해하지 못한다고 생각한다. 경영자는 노조지도자들이 비협조적으로 행동하고 경직된 사고를 한다고 생각한다(Zalkind & Costello, 1976).

부정적인 고정관념과 편견은 다른 사람을 불공평하게 다루게 한다. 사람들의 경직된 신념은 때로 어떤 사람들을 싫어하게 하고 그들을 별로 중요하지 않게 생각하게 한다. 그 결과로 그들을 차별한다. 차별대우는 어떤 사람이 특정한 사회집단에 소속되어 있다는 이유로 차별적으로 대하는 것이다. 역사적으로 어느 특정시기에는 법과 사회적 압력 때문에 여성들이 투표하지 못했었다. 흑인들은 흑인전용버스를 타야 했고, 게이와 레즈비언들은 군대에도 가지 못했다. 그리고 신체장애자들에 대한 무관심으로 인해 그들은 일상생활에서 많은 어려움을 겪어야 했다. 모든 사람들이 평등하게 대우받기 위해서는 이러한 차별은 없애야 한다.

패트리카 디바인(Patrica Devine, 1989)은 차별은 부정적 고정관념과 편견이 과학습화된 것으로 사람들이 어떤 집단구성원을 만날 때 자동적으로 활성화되는 자연적 산물의 결과로 보았다. 사람들은 자신들의 신념이 타당하다고 생각하기 때문에 그러한 신념을 다수집단이 소수집단에게 취한 행동을 정당화하기 위해 사용하곤 하였다. 예를 들면 남북전쟁 이전에는 흑인들에 대해 다루기 쉽고, 무지하며, 자신들을 운에 맡기는 사람들이라는 고정관념이 있었다. 흑인 노예제도는 사람들이 갖고 있는 고정관념에 적합하기 때문에 정당화되었다(Devine & Sherman, 1992).

고정관념과 편견으로 인해 사람들을 별로 중요하지 않게 여기거나 싫어하는 생각은 이루 말할 수 없는 무서운 사건을 야기시킬 수 있다. 나치 독일에서 유대인을 말살하려는 체계적인 시도, 베트남 전쟁 때 시민 대량학살, 중동에서의 폭발테러, 유고 내전시 '민족말살'은 고정관념과 편견이 빚은 본보기이다. 어떤 개인이나 집단을 인간성을 말살하는 다른 말로 지칭하고 그들을 평가절하하여 죽이기 쉽다.

연구조사에 따르면 부정적인 고정관념이나 편견에는 자기고양적 편파가 들어 있다고 한다. 고정관념의 그와 같은 특성 때문에 차별이 쉽게 이루어진다. 사람들에게 어떤 특정집단이 부정적인 특성을 갖고 있다고 정신훈련을 시킨다. 그러면 사람들은 그 집단구성원들이 부정적이라고 규정하였기 때문에 그 사람들이 그 같은 대우를 받아 마땅하다고 생각한다(Zimbardo, Ebbesen, & Maslach, 1977). 사람들은 그 집단을 차별할 뿐만 아니라 생각과 행동을 통해 자신을 합리화시킨다. 다른 사람들을 박해한 사람들은 희생자를 비난함으로써 그들의 책임을 씻으려 한다.

### 4) 자기개방의 부족

다른 사람들에게 자신의 생각이나 관심, 경험, 감정을 표현하는 사람들은 더 많은 친구들을 가지고 있고, 그 관계는 그렇지 않은 사람들보다 더 오래 지속된다(Jourardian, 1971). 인간관계는 다른 사람에 대한 믿음과 존중, 자신이 다른 사람에게 정직하고 개방적이라는 신념 그리고 공동의 관심사를 얼마나 개발하느냐에 달려 있다. 친구관계에 있어서 자기개방이 증가함에 따라 정서적 관여가 커지며 모임에 대한 만족이 커진다(Hendrick, 1989). 자기개방과 다른 사람들과의 친밀감 사이에는 상호연관이 있다. 자기개방은 친밀감과 믿음을 증가시키고, 상대방도 그로 인해 더 많은 자기개방을 하게 된다(Miller, 1990).

누구보다 더 자기개방을 잘 하는 사람들이 있다. 캐스린 딘디아(Kathryn Dindia)와 마이크 앨런(Mike Allen, 1992)은 205건의 연구를 분석한 결과, 서유럽사회의 여성들이 대개 남성들보다 새로운 사람들에게 그들 자신을 더 개방한다는 것을 알아냈다. 여성들은 다른 여성들과 대화를 할 때 자기개방을 더 잘한다. 여성과 여성의 상호작용에서 자기개방이 가장 잘 일어나는 반면, 남성과 남성의 상호작용에서는 자기개방이 잘 이루어지지 않는다. 남성들은 자기 자신을 개방하기를 꺼려한다. 또한 여성들은 배우자나 부모, 가까운 친구들과 같이 오래 지속된 관계에 있는 사람들에게 더 개방적이다.

시드니 저러드(Sidney Jourard)는 성역할 상에서 남성들은 자신의 문제와 관심을 밖으로 표출하지 않는 것으로 되어 있기 때문에 그들은 상호작용에서 정신적 · 육체적 건강과 관련된 이야기를 많이 한다고 지적하였다. 이 같은 문제는 특히 성(性) 고정관념에 사로잡혀 있는 남성들에게서 나타난다. 전통적인 남자들은 좀 더 근엄한 자세를 유지하고, 자신의 감정을 표출하지 않으려 한다. 전통적인 남성의 역할에 맞게 행동함으로써 많은 남성들이 그들의 문제와 관련된 충고와 도움을 얻을 기회를 잃게 된다. 감수성이나 이해심, 온정, 감정표현력 등 여성적인 자질을 가지고 있는 남자들이 오히려 다양한 상황에서 자신을 잘 표현한다(Shaffer et al., 1991).

대인관계에서는 자기개방이 여러 가지 이점을 제공해 주지만 과도하게 자신을 개방하는 것은 몇몇 단점을 가지고 있다. 카밀 워트먼(Camille Wortman, 1976) 등은 대인관계 초기에 자기를 과도하게 표출하는 것은 오히려 관계를 발전시키는 데 장애가 된다고 지적하였다. 사람들은 그 같은 행동을 보고 그 사람이 미숙하고 불안정하며 엉터리이고, 모든 사람들에게 그런 식으로 행동한다고 생각한다. 대인관계의 초기에는 서로를 개방하고 감정을 나누기 전에 서로 잠시 여유를 갖고 서로가 관심을 갖고 있으며, 서로 관계가 계속되기를 원한다는 인상을 먼저 주고받는 것이 바람직하다. 과도한 자기표현이 습관이 되는 것은 그다지 좋지 않다. 사람들이 어떤 사람에 대해 모든 것을 알게 되면, 호감을 증가시키고 지루함을 감소시킬 만한 어떤 여지도 남지 않게 된다.

자기 자신을 드러내지 않는 것과 과도하게 드러내는 것은 대인관계에서 단점이 될 수 있다. 자신을 적절하게 표현하는 것이 가장 바람직한 것이다. 그러나 그것은 쉽지가 않다. 또한 몇 가지 위험이 뒤따른다. 어떤 사람들은 다른 사람과 상호작용할 수 없거나 파트너로 받아들여지지 않을까 두려워한다. 또한 다른 사람들이 자신을 사랑과 우정을 나눌 수 없는 사람이라고 규정하지 않을까 두려워한다. 이 같은 불안은 거의 정당화되지 않는다. 일반적으로 자기개방은 단점보다는 장점이 될 경우가 많다. 그러나 자신을 얼마나 드러낼 것인가 하는 것은 개인이 선택할 문제이다. 사람들은 사적인 욕구와 신중하고자하는 욕구를 고려해야 하며, 대인관계 형성에서 자신을 너무 노출시켰을 때의 장점과 자신을 노출시키지 않았을 때의 단점을 고려할 필요가 있다. 자기 자신을 지나치게 개방하는 것을 좋아하는 사람은 없다. 그렇기 때문에 대부분의 사람들은 이와 관련된 문제를 경험하는 것 같다.

## 3
## 대인관계의 정서적 측면

대인 간 상호작용에서 나타나는 정서들은 매우 다양하다. 그것들에는 호감이나 사랑, 질투, 분노, 좌절, 긴장, 고민, 우울, 슬픔과 외로움 등이 있다. 이런 정서들은 대인 간 상호작용에 즐거움과 재미를 더해 준다. 그러나 때로 삶을 어렵게 만들기도 한다.

### 1) 사 랑

사람들에게 "친밀한 관계에서 무엇을 얻기를 원하는가"라는 질문을 하면 대부분의 사람들(약 53%)은 사랑이라고 대답한다. 사랑은 다른 사람에 대한 태도집합이라고 정의할 수 있다(Rubinstein, 1983). 또한 둘 혹은 그 이상의 사람들 간에 친밀하고 서로 돌보려할 때 사랑하고 있다고 말할 수 있다. 루빈(Zick Rubin, 1973)은 다음과 같은 경우에 사람들은 서로 사랑하고 있다고 말한다.

- 그들을 위해 무엇이든지 하려고 할 때
- 그들이 외로워서 서로를 찾을 때
- 그들에 대한 소유감을 느낄 때
- 그들의 안녕에 대해 걱정하게 될 때
- 그들이 서로가 없이는 지내기가 힘들다고 믿을 때

루빈은 사람들이 사랑하는 감정 없이 다른 사람을 좋아할 수도 있고 긍정적인 태도를 가질 수도 있다는 것을 발견하였다. 그러나 사람들은 좋아하지 않는 사람을 사랑하지는 않는다. 사람들은 어떤 사람을 좋아할 때와 사랑할 때 그들을 달리 지각한다. 연인들은 그들이 서로를 더 잘 이해하며, 자신이 상대방에게 의미 있는 것처럼 느끼며, 그들 자신보다 상대방의 행복을 먼저 생각한다고 말한다(Hendrick & Hendrick, 1988). 사랑하는 사람들은 자신들의 숨은 이야기나 감정, 의견 등을 상대방과 나누려는 강한 욕구를 가지고 있다. 그들은 같이 있을 때 더 안도하고, 덜 걱정하며, 더욱 창의적이며, 꾸밈이 없게 된다.

사랑을 하는 어른들은 아이들처럼 천진난만한 행동을 하게 된다. 그들은 정답게 말을 주고받고, 노래하고, 유아적 용어로 말하고, 서로에게 아기 같은 이름을 붙인다(Shaver & Hazen, 1988). 사랑하는 사람들의 행동은 어린 시기의 애착행동과 유사하다. 자신이 어렸을 때 어머니와 형성된 애착유형이 성인이 되어서 친밀한 관계에 그대로 반영된다. 어렸을 때 어머니에 대해 안정적인 애착이 형성된 사람은 연인에 대해 안정적인 애착을 보이는 반면 불안-양면적인 애착이 형성된 사람은 불안-양면적인 애착을 나타낸다. 성인의 대인관계에서 나타나는 애착의 형태들은 다음과 같다.

### 1 안심형

다른 사람과 가까워지고 편안하게 의지하고, 다른 사람이 자신에게 편안하게 의지하는 것을 좋아한다. 다른 사람들에게 버림받거나 누군가가 자신에게 가까워지는 것에 대해서 그리 걱정하지 않는 편이다. 대인관계를 잘 수행할 수 있다.

❷ 회피형

다소 다른 사람과 가까워지는 것을 꺼리는 편이다. 다른 사람을 완전히 믿지 않는다. 다른 사람이 자신에게 의지하는 것도 싫어한다. 사람들이 가까워질 때 긴장을 느낀다. 다른 사람에게 적극적인 행동으로 다가가기가 힘들다.

❸ 가면형

자신이 좋아하는 만큼 다른 사람들이 자신에게 가까워지는 것을 꺼린다. 때로 자신의 상대자가 자신을 정말로 사랑하지도 않고, 또 자신과 같이 있기를 원하지 않을 것이라고 걱정한다. 다른 사람과 완전히 일체가 되기를 원하고 때로 이런 욕구들로 인해 사람들이 자신을 두려워한다고 생각한다. 다른 사람에게 집착하고 요구하고 매우 감정적인 경향이 있다.

### 2) 사랑의 구성요소

로버트 스턴버그(Robert Sternberg, 1988)에 따르면, 사랑은 세 가지 요소 즉, 친밀감, 관여 그리고 열정의 요소로 구성되어 있으며 이 세 가지 요소가 혼합되어 다양한 사랑의 유형을 보인다고 하였다. 세 가지 요소 중 친밀감(intimacy)은 온정이나 친밀, 관계에서 서로를 공유하는 것을 말한다. 관여(commitment)는 그들에게 발생하는 난관과 희생에도 불구하고 관계를 지속시키려는 의도이다. 또한 열정(passion)은 상대방을 위한 격렬한 신체적 · 성적인 욕망이다.

### 3) 사랑의 형태

#### (1) 공허한 사랑, 호감 그리고 홀린 사랑

공허한 사랑(empty love)은 수동적으로 이끌려지거나, 친밀감과 온정이 없고 대개 애정이 부재한 관계를 나타낸다. 불행히도 몇몇 결혼생활이 여기에 해당된다. "아이들 때문에 함께 산다"라고 말하면서 그냥 서로의 관계를 지속하고 있는 것이다. 사랑의 기본적인 세 가지 요소 중 관여만이 있는 사랑의 형태이다. 호감은 사랑의 세 가지 기본요소 중 친밀감만이 있는 사랑의 형태이다. 상호존경과 믿음을 포함한 친밀감과 친숙함에 기초한 사랑으로서 우정과 흡사하다. 홀린 사랑(infatuated love)은 열정에 기초한 사랑의 형태이다. 대개 신체적 외모와 같이 성적인 매력에 반해 한순간에 사랑에 빠지는 경우이다. 이러한 사랑을 하는 사람들은 상대방에 대해 격렬한 욕구를 나타내고, 더 오랜 지속과 깊은 관계를 진행시킬 수 있다. 자신이 반한 것에 기초하여 사랑이 형성되었기 때문에 서로 간의 상호존중과 믿음이 없다.

#### (2) 열정 · 낭만적 사랑

낭만적인 사랑은 사랑의 세 가지 요소 중 친밀감과 열정이 있는 사랑의 형태이다. 엘린 버세이드(Eleen Berscheid)와 엘던 윌스터 해트필드(Elaine Walster-Hatfield, 1978, 1988)는 낭만적인 사랑을 상대방과의 완전한 일체로 규정한다. 낭만적인 사랑을 하는 사람들은 서로에게서 충실성을 갈구하고 찾으려는 경향이 있다. 그들은 마침내 서로의 사랑을 얻을 때에 대체로 황홀해한다. 열정적 사랑은 대개 비현실적인 기대를 초래한다는 문제점이 있다. 실제 사람들은 자신이 원하는 만큼 상대방을 이끌어내기가 어렵다. 또한 상대방에게 완전히 충실하게 사는 것도 쉽지 않다. 사람들은 각자 많은 욕구를 갖고 있지만 어떤 사람도 그러한 욕구를 완전히 충족시킬 수는 없다. 따라서 열정적 사랑을 하는 사람들은 때로 긴장과 좌절을 경험한다.

낭만적인 사랑은 사람들에게 다른 사람이 자신과 얼마나 다른지를 그냥 지나쳐버리도록 만들 수 있다. 낭만적 또는 열정적 사랑을 하는 사람들은 그들과 상대방의 태도나 가치가 서로 다르다는 것을 무시하는 경향이 있다. 이들은 서로 유사하다고 착각하거나, 차이점을 단순하게 받아들인다(McClanahan, 1990).

열정적 또는 낭만적 사랑에 빠져 있는 사람들은 서로의 관계에서 발생한 문제를 무시하는 경향이 있다. 그들의 관계에서 나타나는 갈등이나 긴장의 요인들과 좋지 못한 습관이 간과되어지거나 무시된다. "나는 그의 또는 그녀의 감정을 상하게 하고 싶지 않아"는 이러한 사랑을 하는 사람들이 주로 하는 말이다. 그들은 사랑은 모든 장애를 극복할 것이라고 생각한다. 그러나 그러한 감정이 모든 문제를 해결해줄 수는 없다. 또한 상호관계에서 발생되는 문제를 오랫동안 덮어 놓을 수는 없다. 결국 이러한 사랑에 빠진 사람들은 풍선이 부풀어 터지는 것처럼 관계가 깨어지는 경우가 있다.

스턴버그는 낭만적 또는 열정적 사랑의 불길은 결국 시간의 경과로 식을 것이라고 말한다. 관계의 초기단계에서 일어난 그 열렬함을 계속 유지하기는 매우 어렵다. 그러나 몇몇 연인들은 그들이 서로에 대해 느꼈던 강한 애정이 더 이상 없다는 것을 발견할 때 이를 걱정한다. 그들은 자신 또는 상대방에게 무엇이 잘못된 것인지를 물을 수 있다. 이러한 경우 현실에서는 대개 안정된 관계가 정착되기 시작한다. 그들은 상대방보다 일상생활의 일이나 자식을 키우는 것, 업무 등에 주의를 더 기울인다. 이것은 서로 간의 애정이 사라졌다는 것을 의미하지는 않는다. 다만 그들의 관계가 시작되었을 때 가졌던 사랑의 강도가 지속되지 않을 뿐이다 (Schultz, 1984).

### (3) 동반자적 사랑

동반자적 사랑은 사랑의 세 가지 요소 중 관여와 친밀감으로 구성된 사랑의 형태이다. 이 사랑에는 그다지 열렬하지는 않으나 지속적인 관심, 따뜻한 애착 그리고 상대방에게 느끼는 보살핌 등이 있다. 오랫동안 관계를 유지하고, 친밀감과 관여가 시간이 지나면서 증가함에 따라 관계가 형성된다. 연구에 의하면, 사랑에서 관여와 친밀감 수준은 그 관계가 지속될 지의 여부를 잘 예견해준다고 한다(Hendrick et. al., 1988). 동반자적 사랑의 관계일 때, 사람들이 상대에게 기대하는 것은 더 현실적이다. 사람들은 현실적이 되며, 사랑으로 그들의 문제를 풀 수 없다는 것을 인식하게 된다.

### (4) 완전한 사랑

완전한 사랑은 단기 혹은 장기적인 관계에서 가장 이상적인 사랑의 형태이다. 사랑의 세 가지 요소가 모두 존재하고, 이 요소들은 사람들이 개인 상호 간의 친밀한 관계를 갖게 해준다. 완전한 사랑을 오랫동안 유지하는 것은 쉽지 않다. 왜냐하면 열정과 관여, 친밀감을 동시에 적절한 수준으로 유지하는 것은 어렵기 때문이다. 대부분의 연인들은 과거에 완전한 사랑의 순간이 있었다고 말한다.

### 4) 사랑의 유형

사람들은 각자 사랑의 유형을 갖고 있다. 그리고 친밀한 관계 유지를 위해 자신이 선호하는 방식이 있다(Lee, 1976; Hendrick & Hendrick, 1988). 클라이드(Clyde)와 헨드릭(Hendrick)에 의해 밝혀진 사랑의 유형이다.

① 실제적 사랑(Pragma): 관계를 맺기 전에 상대의 자질 요건을 목록처럼 작성 · 평가하여 적절한 상대를 선택한다.
② 유희적 사랑(Ludus): 친구를 사귀듯이 쉽게 다른 상대로 떠나며, 여러 사람을 동시에 사랑하기도 한다.
③ 열정적 사랑(Eros): 신체적 매력에 이끌려 상대방에게 흠뻑 빠지는 경우이다. 감정적으로 재빨리 몰입한다.
④ 우정적 사랑(Storge): 사랑은 신비하고 초자연적인 감정이 아니라 특별히 많은 시간과 활동을 공유하는 깊은 우정이라고 생각한다.
⑤ 희생적 사랑(Agape): 이기적이지 않다. 상대방의 행복을 위해 나를 희생한다.
⑥ 소유적 사랑(Mania): 사랑하는 사람에 대해 더 많은 애정을 요구하며, 상대방이 다른 사람과 함께 있을지도 모른다며 의심과 질투를 일으켜 참지 못한다.

사랑의 여섯 가지 유형은 각각 친밀한 관계의 정도를 나타낸다. 사람들은 하나의 사랑유형을 갖고 있기보다는 여러 개의 사랑유형을 갖고 있다. 그러나 사람들은 성격에 따라 다른 유형보다 특히 우세한 하나의 유형을 갖고 있다. 사랑유형 척도를 사용한 연구에 따르면 열정적인 사랑과 유희적 사랑은 여자보다 남자가 선호하는 사랑의 유형이다. 여자들은 우정적 · 논리적 · 소유적인 사랑을 선호한다. 열정적인 사랑과 자기희생적인 사랑은 서로를 만족하게 해주는 반면 유희적 사랑은 만족을 가져다주지 않는다. 실제적 사랑을 선호하는 사람들은 관계를 오해 지속하지만, 서로 간에 밀접한 동반자적인 생각은 거의 없다. 자식이 많은 부부들은 대개 자기희생적인 사랑을 하는 사람들이다.

## 4
## 이성교제

사람들이 각자 자신의 짝을 찾는 것은 일생에서 가장 중요한 결정 중 하나이다. 자신에게 적합한 사람과 결혼하는 것은 개인적인 행복과 자기만족에 중요한 영향을 미치며, 부적합한 사람과 결혼하는 것은 불행을 초래하기가 쉽다. 자신의 짝을 찾는 방법으로는 여러 가지 방식이 있다. 개인적으로 소개받기도 하고 우연한 기회의 가벼운 만남이 결혼으로 이어지기도 하고 중매라는 방식을 선택할 수도 있다. 어떤 사람은 자신의 짝을 결정할 때 가볍게 생각하는 사람도 있고 너무 신중하게 고민하다가 스스로 결정을 못하는 사람도 있다. 여기에서는 사람들이 짝을 선택하는 과정에 대해 살펴보고자 한다. 자신의 짝을 선택하는 데 영향을 미치는 요인은 무엇인가? 개인의 가정배경은 얼마나 중요한 영향을 미치는가? 서로 다른 사회경제적 지위, 교육수준, 종교를 갖고 있는 사람들이 결혼할 가능성은 어떠한가? 자신의 짝을 결정하는 데 태도와 가치의 차이가 어떤 영향을 미치는가?

## 1) 짝짓기 이론

### (1) 정신분석적 이론

짝짓기와 관련된 정신분석적 이론은 사람들이 자신의 짝을 결정하는 데 있어서 어린 시절의 경험과 가정배경의 중요성을 강조한다.

#### ❶ 부모상 이론

이 이론은 프로이트의 오이디푸스 콤플렉스와 엘렉트라 콤플렉스에 기초한 것으로서 남자들은 자신의 어머니를 닮은 사람과 결혼할 것이고, 여자들은 자신의 아버지를 닮은 사람과 결혼할 것이라는 것이다. 실제로 제시카(Jedlicka, 1984)의 연구에 따르면 남자들의 아내와 그의 어머니 그리고 여자들의 남편과 그의 아버지 사이에 유사한 점이 많았다.

#### ❷ 이상적인 짝이론

사람들은 어린 시절의 경험에 기초하여 이상적인 이성상에 대한 환상을 가지고 있다고 주장한다. 이러한 환상은 대개 비현실적이지만 사람들 끊임없이 자신의 이상적인 이성상을 찾으려고 노력한다. 비록 자신의 짝을 찾았다 하더라도 사람들은 결코 만족할 수 없으며 이를 현실적으로 잘 받아들이지 못하는 경우 문제가 발생한다.

### (2) 욕구이론

사람들은 각기 다양한 욕구를 갖고 있다. 욕구이론에서는 사람들이 자신의 욕구를 충족시켜줄 수 있는 사람을 짝으로 선택할 것이라고 한다.

#### ❶ 보완적 욕구이론

로버트 윈치(Robert Winch, 1958)의 이론으로서 사람들은 자신의 욕구나 성격특성과 일치되는 사람보다는 상호보완적인 욕구나 특성을 가지고 있는 사람을 짝으로 선택하려는 경향이 있다는 것이다. 이 이론에 따르면, 다른 사람을 보살펴주는 것을 좋아하는 사람은 보살핌을 받고 싶은 사람을 짝으로 삼기를 원한다. 지배적인 욕구가 강한 사람은 복종적인 사람을 선택할 것이고 성취 욕구가 강한 사람들은 자신의 짝이 성공한 것으로 대리적인 만족을 추구하는 사람을 선택하려고 한다. 자신이 이루지 못한 것을 대신하여 충족시켜줄 것이라는 믿음은 짝을 결정하는 데 중요한 영향을 미친다. 실제적으로 사람들은 자신의 욕구와 보완적인 사람과 짝을 이루는 경우도 있지만 자신과 유사한 욕구를 가진 사람들과 짝을 이루는 경우가 더 많다.

#### ❷ 도구적 욕구이론

도구적 욕구이론은 샌터즈(Centers, 1975)에 의해 제안된 것으로 사람들은 자신의 욕구를 최대한으로 만족시켜 주면서 최소의 희생을 제공하는 사람과 관계를 추구한다는 것이다. 여성들이 강한 남성과 관계를 가지려고 하는 것은 강한 남성들을 보면 자신이 여성이라는 정체감을 더 확실히 가질 수 있기 때문이다. 이는 남성에게도 동일하게 적용되는 것이다. 교제 중인 커플들이 자신들의 욕구가 서로 충족될 때 가장 행복해한다는 것은 이 이론을 지지해주는 것이다.

### (3) 상호교환 이론

사람들은 경제적인 동물이다. 자신에게 이익을 가져다주는 사람을 좋아한다. 상호교환 이론에 따르면 사람들은 많은 수입이나 신체적 매력, 지능, 유머와 같은 유무형의 가치 있는 자원을 소유하고 있는 사람과 관계를 맺고 싶어한다는 것이다. 만약 개인이 관계에 투자하는 정서적인 비용이 자신에게 돌아오는 이익보다 초과되면 사람들은 그 관계를 정리하려고 할 것이다.

#### 1 상호교환 이론

전통적인 상호교환 이론에서는 관계를 맺고 있는 당사자들이 서로 자신들이 투자한 만큼 받고 있다고 믿기 때문에 두 사람 사이의 관계가 유지된다고 한다. 그러나 한 사람이 너무 자신의 이익만 찾으려고 하면 관계는 악화되고 자신의 이익을 극대화하는 데 동기화되어 있는 사람은 사랑하는 관계를 가지기가 어렵다.

#### 2 형평이론

상호교환이론보다 더 발전된 것은 형평이론이다. 형평이론은 공정성을 강조하는데, 사람들은 자신이 준 것에 비례하여 받는 것을 좋아한다는 것이다. 사람들마다 각자 원하는 것이 다를 수 있다. 어떤 사람은 다른 사람으로부터 받을 수 있는 것을 가치있게 생각하는 반면, 다른 사람은 자신이 상대방에게 줄 수 있다는 것을 가치있게 생각하기도 한다. 공정성은 개인의 판단문제이다. 객관적인 비교보다는 스스로 공정하다고 생각하는 것이 관계를 발전시키는데 중요한 역할을 한다.

### (4) 발달과정 이론

발달과정 이론은 짝짓기가 한 사람이 최종적으로 선택될 때까지 여러 사람들을 선별하고 필터로 거르는 과정이라고 묘사한다. 이 이론에서는 짝을 선택하는 과정에 영향을 미치는 요인들 즉 필터를 강조한다.

### ❶ 물리적 거리

지리적으로 서로 가까이 있다는 것은 짝을 결정하는 데 중요한 영향을 미친다. 같은 직장에 다니거나 학교 혹은 다니는 교회가 같으면 사람들이 관계를 맺기가 쉽다. 단순히 물리적 거리만 가깝다고 해서 관계가 이루어지는 것은 아니다. 서로 만날 수 있는 도구적인 거리가 가까워야 한다.

### ❷ 매력

사람들은 자신이 매력적이라고 생각하는 사람을 좋아한다. 이때 매력에는 신체적인 매력도 포함되지만 특정한 성격과 같은 것도 매력에 포함된다. 사람들에 따라 매력에 대해 생각하는 바가 다르다. 남자들은 여자들에 비해 신체적인 매력과 어리다는 것에 더 높은 가치를 둔다.

### ❸ 동형과 이형

사람들은 나이나 교육수준, 사회경제적 지위, 종교 등과 같은 특징을 공유하고 있는 사람과 짝을 이루려는 경향이 있다. 자신과 유사한 짝을 선택하려는 것을 동형교제라 하고 자신과 다른 짝을 선택하려는 것을 이형교제라 한다. 일반적으로 동형교제가 이형교제보다 더 안정적이다. 사람들은 자신과 유사한 사람을 선호하는 경향이 있으며 자신과 다른 사람과 같이 있으면 불편해한다. 하지만 대부분의 문화에서 자신과 아주 유사한 형제나 자매끼리 짝을 이루는 것은 금기시한다.

### ❹ 상호양립성

상호양립성이란 두 사람이 서로 조화를 이루어 잘살 수 있겠는가를 의미한다. 상호양립성은 성격이나 가치, 욕구 등에 따라 평가될 수 있다. 짝을 결정하는 과정에서 커플들은 다양한 측면에서 자신과 상호양립할 수 있는 사람을 찾으려고 노력한다.

### ❺ 여과과정

일반적으로 사람들이 짝을 선별해내기 위해 취하는 여과과정은 물리적 거리, 매력, 동형 및 이형, 상호양립성의 순이다. 각각의 요인이 필터로서의 기능을 하고 각 여과과정을 거친 사람과 관계를 가진다. 때로 사람들에 따라 여과의 순서가 서로 바뀌는 경우도 있다. 예컨대 종교를 중요시하는 사람은 자신과 같은 종교를 가진 사람을 가장 먼저 여과해낸다. 각 개인이 무엇에 중요한 가치를 두는가에 따라 영향을 받는다. 사람에 따라 복잡한 여과과정을 거치지 않고 한 가지에 대해서만 여과과정을 거친 다음 결혼하는 경우도 있다. 예컨대 신체적 매력을 가치 있게 생각하는 사람은 그 요인만을 고려하여 자신의 짝을 결정한다.

## 2) 짝짓기에 영향을 미치는 가정적 배경

사람들은 자신이 어떤 가정에서 어떻게 자랐는가에 따라 각기 다른 성격과 가치, 태도를 갖는다. 개인의 가정배경과 관련되지 않은 삶의 영역은 없다. 사람들이 어떠한 결혼관을 갖고 있는지, 자신들의 아이를 어떻게 양육하기를 원하는지, 성역할과 관련된 선호도는 무엇인지 등 대부분은 가정배경에 따라 영향을 받는다. 이러한 이유로 짝짓기를 할 때 상대방의 가정배경에 대해 알아두는 것이 도움이 된다.

때로 어떤 사람은 "나는 그 사람이 좋아서 결혼하는 것이지 그 사람의 가정과 결혼하는 것은 아니다"라고 한다. 그러나 이는 전적으로 사실은 아니다. 사람들은 모두 가정의 부산물이다. 어떤 사람과 결혼을 할 때는 그 개인뿐만 아니라 그 가정과도 결혼을 하는 것이다. 그렇기 때문에 가정에 대해 아는 것은 그 가정에서 자란 사람을 이해하는 데 도움이 된다.

### (1) 사회경제적 지위

사람들은 자신과 유사한 사회경제적 지위를 갖고 있는 사람과 결혼할 때 결혼에 대한 만족도가 더 높아진다. 사회경제적 지위가 서로 다른 사람들이 결혼하는 경우 당사자들은 더 많은 스트레스를 경험한다. 더구나 자신보다 낮은 지위에 있는 사람과 결혼한 사람은 지위가 높은 사람과 결혼한 사람보다 더 많은 스트레스를 경험한다. 결혼 당사자 중 한 사람이 사회경제적 지위를 중시하는 사람이라면 배우자의 낮은 지위를 더 의식할 것이고 배우자에 대한 애정이 사라지거나 정서적으로 지지적이지 못하게 되고 서로 동의하지 않는 부분이 많아진다.

대개 여성들은 자신보다 사회경제적 지위가 낮은 남성과 결혼하는 것을 꺼려한다. 교육수준이 높거나 수입이 많은 남자와 여자들은 아이가 딸린 기혼자와 결혼하기를 꺼리며 사회경제적 지위가 낮은 사람과도 결혼하기를 꺼린다. 최근에는 남성들의 수입만으로는 가정을 꾸려가기가 힘들기 때문에 여성의 수입도 중요하게 고려하는 요인이 되고 있다. 남성들은 안정된 직업이 없는 여성보다는 안정된 직업을 갖고 있는 여성과 결혼하기를 선호하고 있다.

### (2) 교육수준과 지능

사람들은 자신과 교육수준이 비슷한 사람과 결혼하는 것을 선호한다. 대개 4년제 대학교를 졸업한 여자들은 자신과 같거나 더 높은 교육수준을 가진 남성과 결혼하려는 경향성이 있다. 그러나 반드시 그런 것은 아니다. 흑인여성의 경우, 자신보다 낮은 교육수준을 가진 남성과 결혼하는 경우가 백인여성보다 많다. 남성들의 경우, 4년제 대학교를 졸업한 사람은 자신보다 낮은 교육수준을 가진 여성과 결혼하는 경우가 많다.

결혼 당사자들이 서로 교육수준이 유사한 경우 상호양립성이 더 높아진다. 사실 결혼한 두 사람 간에 교육수준이 유사하지 않은 경우 이혼율이 가장 높다. 교육수준이 서로 다른 커플에서 보면, 여성이 남성보다 교육수준이 더 높은 경우 이혼율이 더 높았다.

교육수준은 짝짓기에 중요한 영향을 미치는 요인은 아니다. 교육수준과 영리하다는 것은 같은 말이 아니다. 교육수준은 낮지만 영리한 사람들은 교육수준이 높은 사람과의 결혼에 만족하는 경우가 많다. 교육수준이 아니라 지능수준에 따라 짝을 결정하는 것이 더 상호양립적인 결혼이 될 것이다.

## 5
## 대인관계에서의 결별

연인관계나 결혼 등과 같은 대인관계에서는 때로 사람들이 서로 갈라서는 경우가 있다. '갈라서는 것', '각자가 자신의 길을 가는 것' 그리고 '이혼하는 것'은 오히려 가까운 관계에서 빈번하게 발생한다. 어떤 결별은 사람들이 자신들의 관계를 돌아보는 노력을 통해 더 성숙하게 해준다. 그들은 결별을 통해 더 오랫동안 관계를 유지하는 것이 좋았을 것이라는 경험을 한다. 때로 그러한 관계들은 영원히 끝나버리기도 한다.

결혼한 부부들 사이에 이혼은 결별의 전형적인 예로서 가장 많이 연구되어져 왔다. 미국의 경우 결혼한 사람들의 약 50%가 이혼하고 있으며 재혼의 경우에는 그 비율이 더 높아지고 있다(Brody et al., 1988). 19세기의 후반에는 결혼한 사람들의 1% 만이 이혼한 것과 비교하면 오늘날의 이혼율은 상당히 높은 것이다. 이혼은 거의 반 이상이 결혼해서 처음 7년 내에 일어난다. 첫 2~3년은 특히 취약한 시기이다. 이혼의 실제적인 비율은 훨씬 높을 수도 있다. 법률상의 정리가 이루어지지 않고 별거상태에 있는 부부가 얼마나 되는지, 혹은 결혼한 부부가 아이들 때문에 혹은 더 만족스런 관계를 찾기 위한 동기부여가 부족하기 때문에 공허한 관계를 지속하는 부부가 얼마나 되는지 알 수 없다(Grosta & Kirchenbaum, 1986).

### 1) 결별이유

#### 1 지루함과 관심이 변함

한 연구에서, 200쌍의 연인들을 대상으로 2년간 조사를 했다(Hill, Rubin, & Pepau, 1976). 이 기간 동안, 그 연인들 중의 반이 결별을 했다. 남자와 여자의 78%가 결별이유로 지루함을 꼽았다. 로맨틱하고 열정적인 그들의 사랑은 식어 버렸고, 그들 사이에 남는 것은 거의 없었다고 하였다. 다른 연인들은 취미나 흥미, 종교, 지식, 교육 등에서의 차이를 이유로 들었다.

### ❷ 성적인 태도와 기대에서의 차이

결별한 연인들의 약 46%는 그들의 성적인 태도가 결별에 영향을 미쳤다고 느꼈다. 상호 성적인 행동의 빈도와 유형에 대한 서로의 견해 차이는 그들의 행복을 가로막는 큰 장애가 되었다. 결국 그들은 서로의 관계에 대해 생각을 달리하기 시작한다. 그들이 다른 사람과 데이트를 할 것인지, 결혼을 할 것인지에 따라 갈등이 증폭될 수도 있다.

### ❸ 역할 갈등

결혼한 부부와 오랫동안 관계를 가져온 연인들 사이에서, 상대 배우자의 역할에 대한 갈등은 사람들이 헤어지는 중요한 이유가 된다(Blumstein & Sohwartz, 1983). 예를 들면, 사람들은 상대방에게 전통적인 성역할을 기대한다. 그러한 기대가 이루어지지 않을 때 갈등을 경험한다. 여자들은 가정보다는 일을 더 중요하게 여기거나 다른 취미를 위해 더 많은 자유를 원하는데, 남자들은 여자들을 집에 남겨두려 할 때 갈등은 일어난다. 결혼한 여자들이 일을 하면서 집안일과 이아들을 돌보는 가사에 대해 더 많은 것을 하게 될 때 긴장이 발생한다.

### ❹ 대화의 부족

행복하거나 불행한 결혼생활을 하고 있는 부부들을 면접한 연구에 따르면 사람들이 서로 어떻게 의사소통하느냐가 중요하다고 한다. 이혼한 부부들은 서로에 대하여 매우 비판적이었다. 그들은 그들 사이의 중요한 문제에 대해 논의하는 것을 회피하거나 철회하였다(예를 들면, 참지 못하고, 화를 내고, 공격적인 행동을 하는 것). 이에 비해 행복한 결혼생활을 영위하는 부부들은 서로서로 이야기를 많이 하고, 개방된 의사소통을 하고 있다. 그들은 각자의 느낌과 요구에 민감하게 반응하며, 그들의 문제에 대해 상호협조적으로 동의할 수 있는 해결책을 찾는다.

### 5 애착유형

제6장의 앞에서 사람들은 각기 다른 애착유형을 갖고 있다고 하였다. 주디스 피니(Judith Feeney)와 패트리체 놀러(Patricia Noller, 1992)는 대인관계에서 서로 곤경에 처했을 때 애착유형에 따라 상황에 대처하는 행동이 다르다고 하였다. 안심형의 애착유형을 가진 사람들은 부정적인 느낌을 인정하고 다른 사람들에게 지원을 요청한다. 회피형의 사람들은 자기 혼자 문제를 끌어안고 있는 경향이 있으며, 가면형의 사람들은 상대방에게 문제를 전가시킨다. 가면형의 사람들은 그들이 상대방을 잃어버릴까 두려워하기 때문에 논쟁에 직면하는 것을 두려워한다. 결별이 이루어질 때 가면형의 사람들은 결별에 대해 준비가 덜 되어 있는 반면, 회피형의 사람들은 이제 끝났구나 하고 스스로 위안을 삼는다. 가면형의 사람들은 관계가 끝나버린 것에 대해 매우 놀라워하며, 이제 서로 헤어져야 한다는 데 대해 몹시 당황해 한다.

결별에 대해 다른 사람들보다 더 고통스러워하는 사람들이 있다. 그들은 절교가 쉽지 않고 그 결과로 스트레스 증후를 나타낸다. 서로 결별하여 이혼한 사람들은 육체적인 병과 심리적인 문제에 빠지기가 더 쉽다(Mastersoon, 1984; Mirowsky & Ross, 1989). 그 사람들은 그들이 필요로 하는 정서적인 지원을 잃게 되며 인생이 불확실하고 불안정한 것이라고 생각한다. 또한 이전의 상대방에 대한 분노와 '내가 무엇을 잘못했는가?'하는 걱정에 휩싸여 있다. 그들은 스스로 배우자로서 혹은 부모로서 실패했다고 믿는다.

# 집단에서의 인간심리 8

인간은 사회적 동물로서 홀로 살아가기보다는 다른 사람들과 어울려 집단을 이루어 살아간다. 즉 인간은 태어나면서부터 가족이라는 집단 속에서 생활을 시작하여 유치원, 학교 및 직장과 같은 집단에서 생활한다. 뿐만 아니라 개인 특유의 각종 동아리 및 단체 등 다양한 종류의 집단 속에서 다른 사람들과 상호작용하면서 생활한다. 따라서 그 집단이 어떤 집단이냐에 따라 대인관계의 특성과 질도 다를 것이므로, 대인관계를 보다 좀 더 깊이 이해하기 위해서는 대인관계가 이루어지는 집단에 대한 이해가 필요할 것이다. 제7장에서는 집단이란 무엇이며, 집단이 어떻게 형성·발달되고 또한 집단 속에서의 인간의 행동과 집단 내에서 이루어지는 의사결정의 특징을 알아보고자 한다.

# 1
# 집단의 정의

집단이란 단순히 사람이 여럿이 모여 있는 것, 즉 서로 영속적인 관계가 없이 우연히 같은 시간, 같은 장소에 있게 된 사람들의 모임이 아니라, 공통된 목표를 가지고, 안정된 관계를 가지며 어느 정도 상호의존적이고 그들 자신이 집단에 속한다고 지각하는 두 명 이상의 상호작용하는 사람들로 구성된다고 할 수 있다(이훈구, 1994).

구체적으로 이훈구(1994, p. 322)는 다음과 같은 기준에 해당하는 모임에 국한하여 집단이라고 한다. 첫째, 모여 있는 사람들이 직접적이건 간접적이건 서로서로 영향을 주어야만 하며, 그들은 어떠한 방식으로든 상호의존적이어야 한다. 둘째, 그들의 관계는 비교적 안정적이어서 그 모임이 상당 기간 지속되어야 하고, 셋째 그 모임에 소속된 사람들은 적어도 서너 개의 목표를 공유해야 하며, 넷째 그들의 상호작용은 어떤 방식으로든 구조화되어야 한다. 마지막으로, 집단에 소속된 사람들은 서로서로를 집단의 구성원으로 지각해야만 한다. 따라서, 앞에서 기술한 바와 같이 우연히 같은 시간, 같은 장소에 있을 뿐 실제적으로 아무런 상호작용이 없거나 아무런 관계가 없는 사람들을 집단이라고 하지는 않는다. 예를 들어, 버스나 지하철을 타기 위해 기다리고 있는 사람들이나 불이 난 현장이나 시장에서 물건을 사기 위해 모여든 사람들을 집단이라고 말할 수는 없는 것이다. 그렇다면 사람들은 왜 집단을 이루고, 집단에 가입하려 하는가? 다음에는 이것을 알아보기로 하자.

## 2
## 집단의 기능

만약 여러분이 항해 도중 폭풍우를 만나 기적적으로 무인도에 남게 되었다면 여러분에게 가장 필요한 것은 무엇일까? 아마도 그 무엇보다도 여러분 자신 이외의 또 다른 사람이 필요하다고 생각할 것이다. 혼자 있기보다는 다른 사람과 같이 있음으로 인해서 생존하는 데 더 도움이 될 것이다. 예를 들어, 혼자서는 못하는 일도 같이 하면 해결할 수도 있을 것이고 심리적으로도 더 안정될 것이기 때문이다. 무인도가 아니라 하더라도 혼자서 생활하기보다는 다른 사람들과 집단 생활을 하는 것이 여러 면에서 살아가는 데 도움이 될 것이다. 따라서 현재 여러분은 혼자서 살아가기 보다는 집단생활을 하고 있을 것이다. 그리고 여러분은 아마 하나의 집단에만 속해 있는 것이 아니라 여러 집단에 속해 있을 것이다. 여기서는 포사이스(Forsyth)가 제시한 다섯 가지를 중심으로 사람들이 집단생활을 하는 이유에 대해서 살펴보고자 한다.

사람들이 집단을 필요로 하는 이유는 첫째, 집단생활이 생존욕구를 충족시켜주기 때문이다. 즉 거친 환경의 도전을 물리치고 생존하는 데 도움이 되기 때문이다. 둘째, 심리적 욕구 때문이다. 사람들은 집단을 통해서 다른 사람들과 같이 있고 싶어하는 소속감 및 유친동기와 다른 사람들에게 영향력을 행사하고 통제하고 싶은 욕구인 권력욕구를 충족시킬 수 있다. 즉 어떤 사람이 소속감을 얻고 표현하려는 욕구가 강하다면, 혼자서 일하기보다는 집단으로 일하는 것이 더 좋을 것이다. 마찬가지로 다른 사람들을 통제하고자 한다면, 통제할 수 있는 집단의 일원이 되어야만 할 것이다. 일반적으로 사람들은 이와 같은 욕구가 강하면 강할수록 집단을 형성하려하거나 집단성원의 일원이 되려고 더 노력할 것이다

(Schutz, 1958).

사람들이 집단을 필요로 하는 세 번째 이유는 집단을 통해서 정보 욕구를 충족시킬 수 있기 때문이다. 페스팅어(Festinger, 1950)가 사회비교 이론에서 주장한 바와 같이 사람들은 특히 자기가 모르는 것이 있을 때, 즉 애매한 상황에서 자신의 능력이 어느 정도인지 평가해 보고자 하는 욕구로 인해 혼자 있기보다는 다른 사람들과 함께 있으려고 한다는 것이다. 다른 사람들로부터 정보를 얻고 또한 다른 사람들과의 비교를 통해서 어떻게 판단하고 행동해야 할지를 보다 잘 이해할 수 있다는 것이다. 네 번째 이유는 다른 사람들이 우리에게 중요한 사회적 지지(social support)를 제공해주기 때문이다. 연구에 의하면, 사람들이 타인들로부터 지지를 받을 수 있을 때가 그렇지 못할 때에 비해 스트레스를 덜 경험하였으며(Barrera, 1986), 고독으로부터 초래되는 슬픔이나 지루함을 덜 느꼈다(Stokes, 1985).

마지막으로 사람들은 혼자 일할 때보다 여러 사람들이 함께 일하면 원하는 목표를 더욱 성공적으로, 더욱 효율적으로, 또는 보다 즐겁게 성취할 수 있기 때문에 집단을 형성한다. 예를 들어, 작게는 동아리나 위원회에서부터 시민운동단체, 환경연합과 같은 단체, 나아가서 학교나 정당과 같은 집단은 집합적인 목표를 달성하기 위해 사람들의 노력과 힘을 모으려는 집단이다.

# 3
# 집단의 발달단계

여러분은 이미 형성되어 있는 집단에 새롭게 가입하는 것이 아니라 새롭게 집단을 만들어본 경험이 있다면, 집단도 단계를 거쳐 발달된다는 것을 느꼈을 것이다. 즉 인간이 영아기, 유아기로부터, 아동기, 청소년기, 청년기, 성인기 및 노인기로 성숙하는 것처럼 집단도 단계를 거쳐 발달된다는 것을 잘 알고 있을 것이다. 물론 집단의 발달단계에 대한 모형은 학자들에 따라 단계들의 수와 각 단계의 명칭에 차이가 있어 100여 개에 이르지만 여기서는 터크맨(Tuckman, 1965)의 모형을 따라, 형성, 혼란, 규범형성, 수행, 및 해체하는 다섯 단계로 구분하여 설명하고자 한다.

집단의 발달단계의 첫 단계는 형성(forming)단계로서, 집단구성원들은 서로를 알려고 노력하고 집단이 어떻게 기능하게 되는지를 파악하려 하며 자신들이 그 집단에 적합한지를 파악하려고 한다. 만약 성공적으로 이런 과정들이 이루어지고 나면, 각 구성원들은 자신을 집단의 성원으로 여기려 할 것이고, 집단을 자신의 일부로서 파악하려 할 것이다. 두 번째 단계는 혼란(storming)단계로서, 갈등이 분명히 나타나고, 집단성원들 간에 의견이 일치하지 않는 상황이 나타난다. 이런 상황에서, 집단성원들 서로서로를 알고는 있지만, 집단성원들 간의 상호의존적인 문제에 대해서 의견이 일치하지 않을 때 이를 해결할 수단이 아직은 확실하지 않다. 사실 의견이 불일치하는 것이 부정적으로 생각될 수도 있겠지만, 의견불일치는 집단이 형성되면 당연히 생기는 것으로서 긍정적인 측면도 있다. 즉 집단성원들 간의 의견불일치 또는 갈등이 집단의 통일성을 촉진시킬 수도 있으며, 집단 내에서 적개심이 표면화되어 해결되어야만 집단성원들 간의 상호의존성이 깊어지고 집단도 비로소 안정적으로 될 수 있는 것이다(Deutsch, 1969).

그리고 이 단계에서 집단성원들은 직책을 얻으려 하고 자신이 원하는 역할을 하려고 경쟁하게 되며, 그 집단에서 한 명 혹은 그 이상의 실제적 지도자가 나타나게 된다. 만약 혼란단계에서의 갈등이나 의견불일치가 효율적으로 처리되지 못한다면 그 집단은 집단으로서의 기능을 못하게 되고 분열되어버릴 것이다.

혼란단계에서의 갈등이 해결되면, 그 집단은 규범형성(norming)단계로 들어간다. 집단성원들은 집단의 규범을 내면화하기 때문에 갈등을 일으킬 수 있는 성원들 상호 간의 사회적 영향력은 행사할 필요가 없게 된다. 그리고 점차 집단성원들 간의 합의, 응집성, 및 긍정적인 집단정체감이 발달됨에 따라 집단성원들 간의 조화 및 집단의 통일성이 나타난다. 이 단계에서 집단성원들은 대부분 집단에 매우 만족하게 되며, 집단의 목적이 분명해지고 모든 성원들이 이 목적을 받아들인다. 또한 집단 내에서 개개 성원들의 권력과 책임감에 대해서도 의견이 일치된다.

집단의 규범이 정립됨에 따라, 집단은 수행(performing)단계로 나아간다. 이 단계에서는 집단의 목표를 달성하기 위해 노력하고 집단성원들은 과제지향적이 된다. 따라서 집단성원들은 문제를 풀고, 의사결정을 하며 과제를 성취하기 위해 협력한다. 집단성원들 간에 의견이 일치하지 않는 것도 생산적으로 잘 조정하며 집단의 목표를 달성하기 위해 사회적 영향력도 발휘된다. 집단이 비교적 과제수행 및 목표를 성공적으로 성취해가는 한 그 집단은 계속 존재할 것이다. 그러나 집단의 모든 목표가 달성되고 나면 그 집단은 마지막 단계인 해체단계로 간다. 한 집단이 해체단계로 들어가는 것은 집단이 형성될 때부터 계획된 것일 수도 있고, 자연발생적일 수도 있다. 계획된 해체는 이미 처음에 상정한 목표가 충분히 달성되거나 처음에 계획한 시간과 자원을 모두 써버린 경우에 발생한다. 또한 집단이 개인적인 욕구를 충분히 만족시켜주지 못하기 때문에 중요 구성원들이 집단을 떠나거나, 도저히 해결될 수 없는 갈등이 남아 있거나, 또는 집단성원들간에 장기적 목표가 일치하지 않을 때도 집단은 해체될 수도 있다. 이 해체단계는 집단의 구성원들에게 스트레스가 된다. 특히 집단의 해체가 사전에 계획된 것이 아닐 경우에는 스트레스가 강하며, 응집성이 높았을 때에도 역시 심리적 충격은 강하다. 이는 친밀한 관계가 깨졌다는 심리적 충격을 주어 비탄에 빠지고 심한 외로움을 느끼게 만들 수도 있다. 따라서 집단이 해체됨으로 인한 스트레스는 집단의 응집성을 줄이고 개인의 독립성을 강조하며 새로운 집단에 대한 탐색함으로써 집단해체에 스스로 준비할 수 있도록 해야 한다(Mayadas & Glasser, 1985).

요약하면, 앞에서 설명한 집단의 발달에 대한 모형은 집단이 형성되고 발달되는 과정을 잘 보여주고 있지만, 이를 모든 집단에 적용시킬 수는 없다. 어떤 집단은 다른 경로를 거쳐서 발달하기도 하고, 특정단계를 피하거나 통과하기도 하며 앞에서 설명한 단계로는 설명할 수 없는 독특한 방식으로 발달하는 것처럼 보이기도 한다(Seeger, 1983). 그러나 대부분 일반적으로는 이와 같은 방식으로 예측가능한 순서를 따르게 된다.

## 4
## 집단이 과제수행에 미치는 영향

### 1) 사회적 촉진

당신이 아침 일찍 일어나 한강변을 달리고 있다고 하자. 운동 삼아 천천히 강변을 달리고 있는데 어느 순간엔가 몇몇 사람들이 여러분의 뒤에서 같이 달리기 시작했다. 사실 그들은 서로 모르는 사람이었고 서로 이야기를 나누지도 않았다. 어느 정도를 달린 후에 여러분은 뒤에서 사람들이 달리는 것에 상관하지 않고 여전히 자신의 페이스를 유지하면서 천천히 달리기보다는 평소의 속도보다 더 빨리 달리고 있는 자신을 발견하게 되었을 것이다.

또한 어느 일요일 오후 식당에서 밥을 먹으면서 느긋하게 퀴즈프로그램을 시청하고 있다고 하자. 혼자 나름대로 답을 맞히며 퀴즈프로그램을 즐기고 있었다. 그런데 새로운 손님들이 오더니 옆자리에 앉아서 퀴즈를 풀기 시작했다. 혼자서 느긋하게 퀴즈를 풀다가 다른 손님들이 퀴즈를 푸는 것을 들으면서 자신도 모르게 퀴즈문제가 나오자마자 빨리 답을 생각해내는 자신을 발견하게 되었다.

이상의 예에서처럼 많은 경우에 사람들은 혼자서 어떤 일을 할 때보다는 다른 사람들과 같이하거나 다른 사람들이 있을 때 일을 더 잘 한다. 이런 현상을 사회적 촉진이라고 한다. 자전거 경주에 많은 관심을 가지고 있었던 트리플렛(Triplett, 1898)은 자전거 운동선수들이 혼자서 연습할 때보다는 여럿이 연습할 때 기록이 더 좋다는 것을 발견하였다. 그는 실험실에서 이 현상을 설명하기 위해 아이들에게 낚싯줄을 감도록 하였다. 이 때 혼자서 낚싯줄을 감았을 때보다 다른 사람들이 있을 때 낚싯줄을 감을 때에 더 빨리 줄을 감았다. 그리고 앞의 예에서처럼 달리기나 간단한 산수문제 푸는 것과 같은 수행에서도 혼자서 할 때보다는 다른 사람들이 존재할 때 수행정도가 더 높았다(Guerin, 1986). 그렇다면, 이와 같이 다른 사람이 주위에 존재하게 되면 항상 과제수행이 향상될 것인가? 여러분이 생각하기에도 다른 사람이 존재하는 것이 항상 과제수행에 도움이 되지 않을 것이다. 예를 들어, 어려운 수학문제를 풀거나 익숙하지 않은 일을 할 때는 누군가가 옆에서 지켜보면 더 잘 되지 않는 경험이 있을 것이다. 따라서 여기서는 다른 사람이 존재하는 것이 과제를 수행하는 데 언제 어떻게 도움이 되고 또 어떻게 방해가 되는지를 알아보고자 한다.

## 2) 사회적 촉진이 발생하는 이유

### (1) 각성유발

자종크(Zajonc, 1965)는 앞에서 설명한 바와 같이 다른 사람의 존재가 항상 수행을 향상시키는 것이 아니라 때로는 수행을 감소시키기도 한다고 주장하였다. 그는 이와 같이 서로 상반되는 결과를 다음과 같이 설명하고 있다. 즉 다른 사람들이 존재하는 것은 과제를 수행하고 있는 사람에게 각성수준을 증가시키는 데, 이 증가된 각성수준은 어떤 과제의 수행은 보다 쉽게 만들지만, 또 어떤 과제의 수행은 보다 어렵게 만든다는 것이다. 구체적으로 설명하면, 각성이 증가하게 되면 그 상황에서 강력하고 지배적인 반응을 수행하려는 경향이 증가한다. 다라서 어떤 한 상황에서 개인의 지배적 반응이 그 상황에서 옳은 것일 때, 다른 사람이 존재하는 것은 그 수행을 촉진시킬 것이나, 그 상황에서 그 사람의 지배적 반응이 적절하지 못하거나 옳지 않은 것일 때에는 그 수행을 억제시킬 것이다. 따라서 다른 사람의 존재로 인해 각성수준이 증가되면 아주 간단하던지, 잘 학습되어 있거나 또는 연습이 아주 잘 되어 있는 행동의 수행은 향상시키지만, 행동이 복잡하거나 새로워서 익숙하지 않을 때는 그 행동의 수행을 저해한다는 것이다.

달리기나 자전거타기 또는 간단한 산수문제를 푸는 것과 같이 아주 단순하여 쉽거나 잘 학습되어 있거나 또는 많은 연습을 통해 익숙한 행동의 수행은 향상되지만, 복잡한 수학문제를 풀거나 새로 배운 행동인 경우에는 수행정도가 떨어진다. 따라서 전문가와 초보자가 함께 과제를 수행하게 되면 전문가는 혼자 수행할 때보다 더 잘하는 반면, 초보자는 혼자 수행할 때보다 더 못하게 될 것이다. 예를 들어, 당구를 아주 잘 치는 사람과 당구를 배운 지 얼마 안 되는 초보가 당구를 치게 되면 당구를 잘 치는 사람은 혼자 할 때보다 더욱 잘하게 될 것인 반면, 초보자는 더욱 못하게 될 것이다. 실제로 한 연구에서 미국식 포켓당구를 치는 학생들을 관찰한 결과, 실력이 중급 이상인 사람들은 낯선 다른 사람들이 지켜볼 때는 정확성이 71% 에서 80%로 증가했으나 실력이 중급 이하로 치는 사람은 오히려 36% 에서 25%로 정확성이 떨어졌다(Michaels, Blommel, Brocato, Linkous, & Rowe, 1982; 한규석, 1995에서 재인용).

그렇다면 사회적 촉진은 단지 누군가가 옆에 있기만 해도 발생하는가? 아니면 지켜보는 사람이 자신을 평가하는 등 다른 요인에 의해서 발생하는가? 다음에는 이에 대해서 살펴보기로 하자.

### (2) 평가우려

우리는 다른 사람들이 자신을 가치 있게 생각해주고 좋아해 주기를 바란다. 사실 자기존중감(self-esteem)은 본인이 자신을 어떻게 생각하느냐 뿐만 아니라 다른 사람들이 자신을 어떻게 생각하느냐에 달려 있다. 따라서 사람들은 다른 사람들이 자신을 어떻게 판단하느냐에 대해 염려하고 있다. 예를 들어, 강변을 달리고 있는 사람들은 갑자기 다른 사람들이 자신을 어떻게 생각할까에 관심을 가지게 되고 속도를 높일 것이다.

또한 동일한 과제에서 간단하고 쉬운 부분은 평가우려 때문에 혼자

할 때에 비해 평가자가 있을 때 수행정도가 향상되었지만 어려운 부분은 오히려 수행정도가 더 떨어졌다. 최근의 연구에서는 자신을 판단할 수 있는 사람들이 존재하게 되면 평가에 대해 우려하게 만들고, 이 평가우려 때문에 수행을 사회적 촉진이론이 예측하는 바대로 변화시킨다는 것이 검증되었다(Bartis, Szymanski, & Harkins, 1988). 그들은 사람들에게 나이프를 다양한 방식으로 이용하도록 하였다. 단 똑같이 나이프의 사용에 대한 실험이었으나 몇몇 사람들에게는 보다 쉬운 과제로써 가능한 한 여러 가지 방식으로 사용하는 방안을 찾으라고 했고, 다른 몇몇에게는 보다 어려운 과제로써 가능한 한 창의적으로 나이프를 사용할 수 있는 방안을 찾으라고 하였다. 그리고 그 중 일부에게는 평가자가 개인적으로 평가할 것이라고 알려주었고, 다른 일부에게는 개인성적은 계산하지 않은 채 전체적으로 평가할 것이라고 알려주었다. 그 결과 평가자가 개인적으로 평가한다고 믿었던 사람들은 전체적으로 평가한다고 믿었던 사람들에 비해 간단한 과제에 대해서는 수행정도가 높았으나, 어려운 과제에 대해서는 수행정도가 오히려 더 나빴다. 이들 연구자들은 과제를 수행하는 데 단순히 다른 사람들이 존재하는 것이 과제수행 및 행동에 영향을 주는 것이 아니라 평가하는 사람 또는 평가하고 있다고 믿는 것이 과제수행이나 행동에 영향을 준다고 주장하였다. 예를 들어, 최근의 한 연구에서는 자신을 적극적으로 지지해주는 사람이 옆에 있는 것은 각성을 일으키지도 않고 수행을 저해하지도 않았다(Allen & Blascovich, Tomaka, & Kelsey, 1991).

또한 최근의 연구에서는 단순히 다른 사람들이 평가하고 있다고 생각하는 것보다는 평가가 어떻게 이루어질 것이라고 생각하는가가 과제수행정도에 중요하다는 것을 보여 준다(Sanna & Shotland, 1990). 이들의 연구에서 사람들이 여러 사람 앞에서 기억과제를 수행하는 데 이들이 그들로부터 좋은 평가가 있을 것이라고 생각한 상황에서만 혼자 과제를 수행했을 때보다 더 잘했을 뿐, 다른 사람들이 부정적으로 평가할 것이라고 생각했을 때에는 오히려 혼자 과제를 수행할 때보다 더 못했다.

### (3) 주의분산

과제를 수행하는 데 다른 사람들이 존재하게 되면 과제를 수행하는 사람들에게 주의를 분산시킴으로써 과제수행이나 행동에 영향을 줄 수 있다. 예를 들어, 혼자서 과제를 수행할 때에는 다른 것에 주의를 기울일 필요 없이 오직 과제에만 주의를 집중할 수 있다. 하지만 과제를 수행하는 데 누군가가 옆에 존재하면 사람들은 과제를 수행하면서 그 사람에 대해서도 생각할 것이고 그에게 반응도 보여야 할 것이고, 또는 그가 무엇을 하는지도 알아보려 할 것이므로 과제에 대해 집중하는 정도가 떨어질 것이다(Guerin, 1986; Baron, 1986). 결과적으로 다른 사람이 존재하면 과제수행의 능률도 떨어질 것이다.

그럼에도 불구하고, 다른 사람이 존재하더라도 쉬운 과제에서는 수행이 향상되지만 어려운 과제를 할 경우 수행능력이 떨어진다. 그렇다면 다른 사람의 존재는 어려운 과제에서는 주의력이 분산되어 수행이 떨어지는 데 왜 쉬운 과제에서는 수행을 방해하지 않는 것인가? 누군가가 존재하게 되면 과제에 집중해야 한다는 것과 다른 사람에게 관심을 가져야 한다는 것 간에 갈등이 일어나고 이에 따라 사람들은 마음이 약간 흔들리면서 각성된다(Geen, 1991). 이렇게 각성이 되면 평가우려에 의해서와 마찬가지로 쉬운 과제는 수행이 증가하게 되는 것이다. 그러나 어려운 과제는 과제에 대한 주의집중이 떨어져서 수행이 떨어지게 된다. 특히 다른 사람이 존재함으로써 주의분산이 되면 어떤 새로운 것을 학습하는 것이 가장 방해를 받는다. 왜냐하면 새로운 것을 학습하는 데에는 그것에 대한 주의집중을 필요로 하기 때문에 다른 사람의 존재는 주의집중을 방해한다. 따라서 서로 상호작용하지 않을 때조차 누군가가 존재하게 되면 주의를 분산시키게 되고 과제수행에 영향을 끼치게 되는 것이다.

### 3) 사회적 촉진 현상의 시사점

여러분은 일상생활 속에서 혼자서 과제를 수행하는 경우뿐만 아니라 다른 사람들이 존재하는 상황에서 과제를 수행해야 되는 상황도 많이 경험하게 될 것이다. 나아가 중요한 과제를 여러 사람이 지켜보는 상황에서 해야 되는 상황도 있을 것이다. 예를 들어, 여러 선생님 앞에서 구두로 시험을 보게 되는 상황이라든지 많은 사람들이 지켜보는 가운데 경쟁을 하거나 시험을 치르는 상황이 그것이다. 이러한 상황에서 앞에서 살펴본 바와 같이 다른 사람의 존재가 과제수행을 방해하는 것을 피하기 위해서는 그 과제를 반복적으로 연습하여 익숙하게 만들고 쉽게 수행할 수 있도록 만들어야 할 것이다. 그래야만 다른 사람이 존재함으로 인해 발생하는 각성이 과제수행에 도움이 될 것이기 때문이다. 물론 반복적인 연습은 자신감도 증가시켜주므로 다른 사람들이 평가하는 것에 대한 두려움도 해소시켜주는 이점도 있다. 그리고 반복적인 연습은 주의분산에 의한 방해도 감소시켜 줄 것이다.

### 4) 사회적 태만

여러분은 다른 사람들과 함께 힘을 합하여 일을 해야 하는 경우에도 사회적 촉진현상이 발생하여 혼자서 일을 할 때보다 더 힘을 쓸 것인가? 예를 들어, 줄다리기를 하는 상황에서 일대일로 경쟁을 할 때에 비해 10명이 한 팀을 이루어 경쟁을 할 때에 더 젖먹던 힘까지 다해서 줄을 당길 것인가? 또는 학교나 군대에서 단지 가능한 한 큰 소리로 노래를 불러야 하는 상황에서 혼자 노래를 부를 때에 비해서 여러 사람이 같이 줄다리기를 해야 하는 상황에 노래를 부를 때 더 목이 터져라 노래를 부를 것인가? 물론 어떤 사람들은 혼자가 아니라 여러 사람과 같이 노래를 불러야 하는 상황에서도 최선의 노력을 다해 줄을 당기거나 노래를 부를 것이지만 대부분의 사람들은 혼자 줄을 당기거나 노래를 부를 때보다 최선을 다하지 않을 것이며 심지어는 줄을 당기기는 하지만 시늉만 할 수도 있을 것이며 노래를 부르기는 하지만 최선을 다하지 않고 작은 소리로 부르거나 입만 벙긋벙긋하기도 할 것이다.

이와 같이 혼자서 일을 할 때 보다 여러 사람들과 함께 일을 할 때 최선의 노력을 기울이지 않는 현상을 사회적 태만(social loafing)이라고 한다. 이에 대한 최초의 연구는 프랑스의 농공학자인 랭글만(Ringelmann)에 의해 이루어졌다. 그는 학생들에게 밧줄을 혼자, 또는 여러 명이 함께 잡아당기도록 하였다. 사람들이 줄을 잡아당기는 힘을 측정하였더니, 혼자서 당길 때에는 평균 63kg, 두 명이 잡아당길 때에는 118kg, 세 명이 잡아당길 때에는 160kg이었고, 8명이 같이 잡아당길 때에는 248kg이었다. 즉 사람들이 많을수록 잡아당기는 힘의 강도는 커졌다. 하지만 사람의 수가 증가할수록 혼자서 할 때에 비례해서 증가하는 것이 아니라 두 명이 잡아당겼을 때에는 혼자서 할 때에 비해 2배 이상이 아니라 1.9배, 세 명이 할 때에는 3배 이상이 아니라 2.5배, 마지막으로 8명이 함께 할 때에는 혼자서 할 때에 비해 8배 이상을 당긴 것이 아니라 단지 3.9배에 불과하였다. 즉 같은 과제를 여러 명이 같이 하는 경우에 사람이 증가할수록 더 열심히 하기보다는 노력을 덜 기울였던 것이다(Forsyth, 1983).

또한 윌리엄 하킨즈(Williams, Harklns) 및 래테인(Latane, 1981)은 사람들에게 가능하면 큰 소리로 마이크로폰에 소리를 지르도록 하되, 혼자서 소리를 지르거나 2명 또는 6명이 함께 소리를 지르도록 하였다. 물론 이 경우에도 같이 소리를 지른 사람들의 수가 증가할수록 전체적인 소리의 정도는 커졌지만 각 개인이 지른 소리의 정도는 감소하였다. 즉 6명이 함께 소리를 지른 경우에 각 개인이 소리지를 정도는 혼자서 소리를 지를 때의 36%에 지나지 않았다(Latane, 1981). 소리를 지르는 경우에도 여럿이 함께 할 때는 최선을 다하기보다는 노력의 정도를 줄인 것이다.

이와 같이 사회적 태만은 줄다리기, 큰 소리로 고함지르기 및 손뼉치기 등 단순한 과제에서 잘 나타났을 뿐만 아니라 인지적인 과제에서도 나타났다. 최근에 한 연구에서 웰던(Weldon)과 가가노(Gargano, 1988)는 사람들에게 여러 종류의 시간제 일자리를 제시해주고 이를 몇 개의 주요 차원(예를 들면, 시간의 융통성, 협동작업의 친근감, 과업의 다양성)에서 평가하도록 하였다. 어떤 사람들에게는 그들이 이 일자리를 평가하는 유일한 사람이라고 알려준 반면, 다른 사람들에게는 그가 그 일자리를 평가하는 16명 중의 한 사람이라고 알려주었다. 이러한 상황에서 사람들이 일자리를 평가할 때, 그들이 이용할 수 있는 정보를 얼마나 많이 이용했는가, 즉 노력을 얼마나 기울였는가를 알아보았다. 다른 신체적 과제에서와 마찬가지로 사람들은 자신이 일자리를 평가하는 유일한 사람이라고 생각할 때에 평가에 대한 책임을 다른 15사람과 같이 공유한다고 생각할 때에 비해 더 열심히 노력하였다. 또한 사람들은 브레인스토밍(brainstorming)을 할 때에도 세 명이 함께 할 때는 혼자서 할 때에 비해 단지 75%의 방안만 제시하였다.

그렇다면 사회적 태만은 왜 일어나고 이를 줄일 수 있는 방안은 무엇일까? 기본적으로 사회적 태만을 일으키는 요인은 과제 자체의 특성이다. 대부분 줄다리기나 고함지르기, 손뼉치기 등 과제가 별로 흥미없는과제에서 사회적 태만이 많이 일어났고, 과제가 흥미있거나 몰입할 수 있는 과제에서는 사회적 태만이 덜 일어났다. 그리고 사람들이 최선의 노력을 기울이지 않는 과제는 자신의 개인적인 수행정도를 다른 사람들과 비교할 수 없을 뿐만 아니라 다른 사람들도 자신의 수행정도를 알지 못하는 과제였다. 윌리엄 하킨즈(Williams, Harklns) 및 래테인(Latane, 1981)의 연구에서도 사람들은 다른 사람들이 소리를 지르기 위해 얼마나 열심히 하는지를 알 수 없었다. 즉 사람들이 과제를 수행하면서 자신의 기여정도가 드러나지 않기 때문에 최선의 노력을 다하지 않는 것이다. 과제가 재미도 없고 중요하지도 않으며, 게다가 자신이 과제를 수행하는 데 어느 정도나 기여를 하는지 드러나지도 않기 때문에 열심히 일할 동기가 부족하게 된다. 따라서 사람들은 대가를 최소한으로 치를 수 있도록 행동할 것이다.

이와 같은 사회적 태만을 줄이기 위해서는 먼저 개인적으로 열심히 하는 것이 성공적으로 과제를 수행하는 데 중요하다는 것을 인식시키고(Weldon & Mustari, 1988), 몰입하게 하도록 해야 한다(Zaccaro, 1984). 아울러 개인적인 기여정도가 집단에 있는 다른 사람들에게 드러난다는 것을 알리는 것이 필요하다(Williams et al., 1981).

그리고 각 개인의 기여도나 또는 집단 전체의 기여도가 측정될 수 있는 명확한 기준이 있고, 이를 다른 집단과 상대적으로 비교평가하는 기회를 주게 되면 사회적 태만을 상당히 줄일 수 있다(Harkins & Szymanski, 1989). 개인적인 수행정도에 따라 다른 사람들로부터 칭찬을 받을 수 있거나 비난을 받을 수도 있는 상황에서도 사회적인 태만은 줄어들 것이다.

다시 말해서, 과제가 재미있고 중요하여 몰입해야 하고, 자신이 기여하는 정도가 드러나고 명백한 기준이 있게 되면, 즉 열심히 일하도록 동기를 높여주면 사람들은 다른 사람들과 같이 일을 하거나 과제를 수행하면서 게으름을 피우거나 자신의 노력을 최소화하지 않을 것이다.

## 5 집단이 의사결정에 미치는 영향

일상생활에서 중요한 결정을 혼자서 하는 경우는 거의 없다. 특히 중대한 결정을 하는 경우에는 대부분 여러 사람들로 이루어진 집단에서 토의를 거친다. 역사 이래 아무리 많은 권력을 가졌던 왕이나 독재자라 하더라도 중요한 결정을 하기 전에는 참모들의 의견을 들었다. 가족회의에서부터 국가정책을 결정하는 회의에 이르기까지 대부분의 중요한 결정은 집단에서의 토의를 거쳐 이루어지는 것이다. 그와 같이 혼자서 결정하기보다는 집단의사결정을 하는 근거로는 개인보다는 집단이 중대한 실수를 덜 할 것이고, 또한 개인 혼자서는 모르는 문제를 집단에서 토의를 거치게 되면 해결할 수 있을 것이라고 생각하기 때문이다. 즉 많은 사람들이 의견을 모으면 보다 합리적이고 올바른 결정을 할 수 있다고 생각하고 있다.

그렇다면 이 생각은 과연 사실인가? 실제적으로 항상 집단이 개인보다 더 합리적이고 옳은 결정을 하게 되는가?

### 1) 집단극화

집단 속에서 사람들은 혼자 있을 때와는 달리 행동한다. 이런 경향은 의사결정을 하는데 있어서도 마찬가지이다. 즉 집단을 구성하는 사람들이 개별적으로 의사결정을 할 때보다 집단으로 토의를 하면서 결정을 할 때에 더 극단적으로 결정하는 경향이 있다. 스토너(Stoner, 1961)는 이를 모험성의 이행(risk shift)이라고 했다. 그는 이 현상을 선택의 딜레마에 빠졌을 때를 상정하여 실험으로 증명하였다. 예를 들어, 지금 다니고 있는 직장을 그만두고 새로운 직장으로 옮길 것인가 또는 농구에서 2점 슛을 할 것인가 아니면 3점 슛을 할 것인가를 결정해야 하는 상황을 제시해주고 개인적으로 선택하게 하거나 집단적으로 선택하도록 하였다. 이런 상황은 일반적으로 모험 또는 위험이 포함된 선택상황이다. 구체적으로 살펴보면, 안정된 옛 직장을 그만두고 불확실한 새 직장을 구하려는 것은 대성공의 가능성과 완전한 실패에 대한 위험을 모두 가지고 있다. 또한 농구시합의 예에서, 쉽게 성공할 수 있지만 성공해도 동점이 되는 상황과 쉽게 성공할 수는 없지만 성공하면 시합을 이기는 상황이라고 생각해 보자. 이런 문제를 혼자서 결정할 때와 비교해서 집단으로 결정을 하는 경우에는 대부분의 경우에 성공했을 때 성과는 크지만 성공가능성은 낮은 대안을 선택하는 경향이 높았다. 더욱 놀라운 것은 대부분의 사람들이 선택하는 것이 위험성을 지각하는 것과 관련이 없다는 것이다.

그 이후의 연구에서는 사람들이 항상 위험스런 쪽으로 결정을 하는 것이 아니라는 결과가 나왔다. 즉 어떤 경우에는 오히려 더 조심스러운 쪽으로 이해하는 경우가 있었다. 집단에서 대부분의 사람들이 처음에 조심스런 입장을 더 선호했다면, 집단토론은 보다 조심스런 방향으로 결정되었다. 그리고 어떤 경우에는 만약 대부분의 집단성원들이 처음에 인종편견을 가지고 있었다면, 집단성원들 간의 상호작용이나 집단토론을 한 다음에는 그들의 인종편견이 더 강화되는 결과를 낳았다. 하지만 대부분의 집단성원들이 인종편견을 갖지 않은 경우에는 오히려 집단토론을 하고 난 후에는 집단의사결정이 더욱 평등주의적인 관점쪽으로 이행되는 결과를 낳았다(Myers & Bishop, 1971). 다시 말해서, 집단토론을 하게 되면 무조건 모험적으로 결정을 하는 것이 아니라 대부분의 집단성원들이 처음에 가지고 있던 관점이나 의견을 더욱 강화시키는 방향으로 집단의사결정이 이루어지는 것이다. 따라서 대부분의 집단성원들이 처음에 보수적인 입장을 견지했다면 집단을 토론을 거치면 더욱 보수적인 입장쪽으로 이행되는 반면, 처음에 진보적인 입장을 견지했다면 토론이후에는 더욱 진보적인 입장쪽으로 의견이 이행되는 것이다. 또한 집단 속에서 대다수의 집단성원들이 특정 의견에 약하게 반대했다면 집단토론 이후에는 그 의견에 대해서 강하게 반대하게 될 것이고, 대다수의 성원들이 약하게 찬성했다면 집단토론 이후에는 더욱 강하게 찬성하는 결과가 나올 것이다. 이처럼 집단의사결정과정에서 의견의 이행이 무조건 모험적인 방향으로 흐르는 것이 아니라 어느 방향이든 극단적으로 이행하는 현상을 집단 극화(group polarization)라고 한다.

그렇다면 왜 집단은 개인에 비해 모험적인 선택을 하게 되는 것인가? 이 의문에 대해 몇 가지 설명이 제시되고 검증되었다. 첫째, 설득적인 주장을 통해 집단이 극화된다는 것이다. 이 설명에 따르면, 집단토론을 하게 되면 의례 많은 의견이 제시되는 데, 이 의견들은 이미 집단성원들이 선호하는 안을 지지하는 것들일 수 있다. 만약 이런 주장이 자신이 가지고 있던 의견과 일치하게 되면 자신의 의견을 보다 굳건하게 만들려고 노력하게 된다. 또한 여러 의견이 자신이 전에는 미처 생각하지 못했던 면을 지적하게 되면 의견은 보다 극단적이 된다. 둘째, 사회적 비교에 의해 극화된다는 것이다. 이 설명은 사람들은 자신의 견해를 다른 사람들의 견해와 비교하여 자신의 견해를 평가하고자 하는 욕구가 있다는 페스팅거(Festinger, 1954)의 사회비교이론에 그 근거를 두고 있다. 사람들은 다른 자기 자신에 대해서 긍정적인 이미지를 가지고 싶어 할 뿐만 아니라 다른 사람들에게 긍정적으로 지각되기를 원한다. 따라서 집단토론을 하는 도중에, 사람들은 다른 사람들이 보다 가치있게 평가되는 견해를 가지고 있다는 것을 발견하게 되면 자신을 다른 사람들보다 더 긍정적으로 보이도록 극단적으로 주장을 하게 된다.

### 2) 집단사고

플로리다의 날씨가 여느 날과는 달리 쌀쌀했던 1986년 1월 28일, 우주왕복선 챌린저호는 처음으로 학교선생님을 태우고 전세계인이 TV를 통해 지켜보는 가운데 발사되었다. 하지만 추진로켓엔진에서의 문제로 발사 후 1분 13초 만에 연료폭발로 인하여 승무원 전원이 사망하고 미국의 우주 계획을 몇 년 동안 중단시킨 대형참사가 발생하였다. 사고 원인에 대한 조사를 통해서 사고가 전혀 예측할 수 없는 사건은 아니었다는 것이 밝혀졌다. 즉, 발사하기 불과 몇 시간 전에 추진로켓을 제조한 회사에서 우주항공국(NASA) 의사결정팀에 날씨가 너무 추워서 O형 모양의 고리가 작동을 하지 않을 수도 있다는 긴급경고를 보냈다. 하지만 NASA는 우주왕복선의 발사를 감행했고 결국 대형참사가 발생하고 말았다.

또한 1961년 4월 17일 미국은 케네디 대통령을 비롯한 각계의 엘리트들로 구성된 자문회의에서 결정된 쿠바의 피그만 침공작전이 참담한 실패를 보았다. 미국 중앙정보부에서 수립된 피그만 침공계획에 따르면, 미국에 망명중인 반카스트로 쿠바인들을 쿠바의 피그만으로 침투시켜 미국에 위협이 되고 있는 쿠바의 공산정권을 무너뜨리려 하였다. 이 계획에 따른 침공에 대한 최종결정과정에는 하바드대학 출신에다 합리적 의사결정연구로 유명했던 학자출신의 국방장관을 비롯한 미국의 내로라 하는 엘리트들이 참여하였다. 이 결정과정에 참여한 인사들 모두는 능력이 뛰어난 사람들이었기 때문에 이들 모두는 이들이 선택하고 결정한 방안은 잘못될 가능성이 없다는 확신에 차 있었다. 따라서 쿠바를 침공하는 것에 대한 결정에 대해서 어느 누구도 문제점이나 부정적 정보를 제시하지 않았고 반대의견도 개진하지 않았다. 하지만 이 유능한 엘리트들에 의해 이루어진 이 결정은 결국 미국의 정책결정 역사상 최악의 결정 중의 하나로 기록될 만큼 참담한 실패로 끝나고 말았다. 즉 쿠바의 망명군인들은 제대로 공격도 하지 못하고 육지에 상륙하기도 전에 죽거나 포로로 잡히고 말았다.

재니스(Janis, 1972)는 앞에서 든 이 예뿐만 아니라, 일본의 진주만 공습전의 루스벨트 대통령과 그의 참모들, 워터게이트 도청사건에 대한 닉슨 대통령과 그의 참모들과 같이 뛰어난 참모들과 엘리트들이 의사결정을 했음에도 불구하고 왜 이와 같이 최악의 결정을 하게 되었는지 그리고 결정안에 문제점이 있었음에도 불구하고 그런 문제점이 무시되거나 검토되지 못하게 된 이유가 무엇인지를 밝히려 하였다.

사실 우리나라에서도 1997년의 외환위기, 삼풍백화점 안전사고대책, 및 최근의 의약분업정책 등이 모두 유능한 참모들의 집단에 의해서 이루어진 결정이었음도 불구하고 잘못된 판단이었음이 드러났다.

여기서는 유능한 사람들의 집단에서 왜 이렇게 잘못된 결정을 하게 되는지 그리고 이를 막기 위해서는 어떻게 해야 되는지를 살펴보려고 한다. 재니스(1972)는 앞에서의 예와 같이 집단에서의 잘못된 결정을 하는 것은 집단사고(groupthink)에서 비롯된다고 주장하였다.

### (1) 집단사고의 발생원인

그렇다면 집단사고는 어떻게 작용하는가? 첫째, 보다 나은 결정을 하는 데 이용될 수 있는 모든 정보를 고려하지 않고 합의가 이루어지기 때문이다. 즉 동의에 대한 압력이 너무 강하여 최선의 합리적인 방안을 찾으려고 하기보다는 합의에 이르는 것 자체가 목적이 되기 때문에 집단성원들은 동의할 수 없는 정보를 제시하지 못하도록 여러 가지 방법을 동원한다. 예를 들어, 동의에 대한 압력이 너무 강하여 집단에서의 이의(異義) 제기는 용납되지 않기 때문에 다른 의견을 제시하지 않게 된다. 또한 집단성원들은 다른 성원들로부터 직접적인 압력이 없더라도 비판적인 의견을 제시했을 때 받을 불편감을 피하기 위해서 스스로 비판적이거나 부정적인 의견을 개진하지 않으려 한다. 때때로는 합의안에 대한 확신을 훼손시킬 수 있는 정보를 제시하는 집단성원에게 더 이상 비판을 하지 못하도록 압력을 가하거나 더 이상 발언 기회를 주지 않는 역할을 하는 사람들이 나타나기도 한다. 심지어 이들은 집단의 합의안에 반대되거나 비판적인 의견을 가진 사람에게는 정보를 왜곡하기도 한다. 그리고 합의안을 지지하는 증거와 생각만을 받아들이고 그렇지 않은 의견은 받아들이지 않거나 무시해 버리는 집단적 합리화(collective rationalization)가 일어난다. 챌린저호 참사의 사례에서 추운 날씨에는 O형 모양의 고리가 작동하지 않을 수 있다는 사실에 관심을 가졌던 공학자들은 그런 자신들의 미심쩍음을 윗선에 제시할 수가 없었다. 그 공학자들은 그와 같은 미심쩍음을 절대적으로 증명하도록 요구받았으나 사실상 그것을 증명하기란 불가능한 일이었다.

둘째, 집단성원들이 대부분 비슷한 사람들로 구성되는 경우에 합의가 잘못될 가능성이 높아진다. 즉 집단성원들이 비슷한 배경과 비슷한 관점을 가진 사람들로 구성되었을 때에는 집단사고에 빠지기 쉽다. 왜냐하면, 그와 같은 집단에서는 자신들을 외부의 영향과 외부의 다른 관점으로부터 격리시키기 때문에 편파된 시각을 공유하게 되면 의사결정이 잘못될 가능성이 높아지는 것이다. 재니스가 지적한 바와 같이 각 구성원들 스스로 자신의 비판적이거나 부정적인 의견을 개진하지 않으며 자신의 불만족으로 억누르고 자신이 속하는 집단성원들이 모두 비슷하다고 생각한다. 챌린저호 발사결정과정에서 고위직에 있던 한 관리도 공학자의 관점으로 그 문제를 고려하기보다는 관리자로서만 생각하고 결정해 버렸다.

셋째, 집단의 합의가 개인적으로 받아들여지는 것이 아니라 많은 사람들에 의한 동조로 이루어지기 때문이다. 집단사고가 작용할 때는 보통 동조압력이 매우 강하다. 즉 집단성원들은 어떠한 종류의 이의(異義) 제기도 잘 참으려 하지 않으며, 동의하지 않는 사람들에게는 부정적인 압력이 가해진다. 재니스가 지적한 바에 따르면, 잘못된 합의는 종종 성원들 간의 구두투표로 시작되는 데, 그 투표는 강력하고 존경받는 성원들이 토의가 이루어지기 전에 먼저 자신들의 의견을 진술하면서 이루어진다. 따라서 집단의 대다수의 어떤 하나의 입장을 따르게 된다면, 대부분의 반대의견자들은 애슈(Asch)의 선문실험에서와 비슷한 입장에 처하게 되는 것이다. 실제로, 미국 우주항공국의 의사결정 팀들은 최종발사결정에 대해 공개적인 투표를 하였으며, 대부분의 참석자들이 발사를 주장하게 되면서 공학자들의 의견을 알고 있었던 사람마저 분명하게 반대의견을 제시하지 못하고 최종적으로 발사가 결정되었던 것이다.

이와 같이 작용하는 집단사고과정은 진정한 합의보다는 만장일치에 대한 환상을 초래한다. 즉 집단성원 모두는 자신 이외에 나머지 모든 사람들이 집단의 입장을 받아들인다고 생각하게 된다. 따라서 모든 사람들이 합의했기 때문에 집단의 결정이 옳다고 받아들이게 되고, 집단은 스스로 자신의 집단은 틀림 없이 항상 옳다고 생각하고 또한 윤리적으로도 보다 우월하다고 생각하게 된다.

### (2) 집단사고의 방지책

그렇다면, 집단사고를 방지하기 위해서는 어떻게 해야 할까? 집단사고를 방지하기 위한 방안으로 재니스(1982)는 다음과 같은 방법을 제시하였다.

첫째, 여러 가지 방안을 적절히 고려하기 위해 개방된 토의와 반대 의견 제시에 대해 적극적으로 격려하도록 해야 한다. 즉 집단이 선호하는 입장의 단점도 스스럼없이 제시할 수 있도록 하고, 반대의견을 들을 준비도 갖추어야 한다는 것이다.

둘째, 대다수의 집단성원들이 공유하고 있는 편견이나 선입견이 널리 퍼지지 않도록 하기 위해서 집단에 속하지 않는 사람이 집단결정을 옳고 그름을 판단할 수 있도록 해야 한다. 즉 외부 전문가를 초빙하여 집단 결정에 대한 의견을 제시하도록 할 필요가 있다. 또한 소집단을 활용하는 것이 집단사고를 방지하는 데 도움이 된다. 즉 상이한 구성원들로 이루어진 여러 집단이 같은 문제를 동시에 고려하도록 하여 상이한 관점들이 모두 제시되도록 하는 것이다.

셋째, 동조압력을 피하기 위해서, 공개적인 투표는 될 수 있으면 피하여야 하고 집단의 리더는 토의의 전반부에 자신의 생각과 입장을 표명하기보다는 구성원들이 견해를 충분히 표명한 다음에 제시하는 것이 필요하다. 즉 리더의 역할을 최소화하고 의심나는 점이나 반대의견을 표명하는 것이 고무되어야 한다.

마지막으로 집단결정이 이루어졌다 하더라도 최종결정을 하기에 앞서서 마지막으로 의문나는 사항과 문제를 전체적으로 다시 한 번 재고할 수 있는 기회를 마련하는 것이 필요하다. 즉 최종결정에 앞서 그러한 회의를 몇 차례 더 가져서 여러 가지 방안으로 예상할 수 있는 결과를 고려해 볼 수 있는 것이 필요하다.

집단사고를 방지하기 위한 방안을 적용한 예를 스미스(Smith)와 매키(Mackie, 1995)는 다음과 같이 제시하고 있다. 케네디 대통령은 피그만의 침공이 대실패로 끝난 후에 집단사고에 의한 잘못된 결정을 하는 것을 막기 위해서 자신의 참모들이 정책을 조언하는 방식을 변화시켰다. 첫째, 어떤 안에 대한 의문나는 점과 부정적인 측면을 거리낌 없이 제시하는 것을 고무시켰다. 사실, 그는 비공식적으로 자신의 형제인 로버트 케네디를 회의론을 조장하는 사람(devil's advocate)으로 지명하여 집단의 결정에 반대하도록 하여, 집단결정안의 단점이나 실수를 찾도록 하였다. 둘째, 집단성원들이 공유하고 있는 편견이나 선입견이 퍼지지 않도록 하기 위해 참모들을 두 개의 소집단으로 나누어 토의하도록 하였다. 따라서 그 두 집단 간에 의견이 불일치하게 되면 그 결정 안이 잘못되었거나 문제가 있다는 신호로 받아들일 수 있게 된다. 셋째, 케네디 대통령은 회의의 전반부에 자신의 의견이나 입장을 제시하기보다는 다른 성원들의 의견이 모두 개진되고 나서야 자신의 입장을 표명하였다. 따라서 다중의 동조압력에 의한 만장일치의 환상을 제거할 수 있었다. 마지막으로, 많은 대안을 심사숙고 하거나 거부하고, 또 전문가들의 자문을 구하며 최종선택 전에 몇 번의 회의를 거친 후에야 비로소 최종선택을 하게 되었다.

# 대인 간 갈등 9

인간은 살아가면서 다양한 형태의 갈등을 경험한다. 한 개인이 스스로 느끼는 갈등으로부터 개인 간의 갈등, 집단 간의 갈등, 나아가서 조직 간의 갈등까지 다양한 갈등을 경험하며 살아간다. 집안에서는 형제간, 부모와 자식 간 그리고 부부 간의 갈등을 겪게 된다. 조직에서는 동료 간 및 상사와 부하 간의 갈등을 피할 수 없다. 그리고 일반사회에서는 이웃 간 그리고 친구 간의 갈등을 겪게 된다. 갈등은 회피의 대상이 아니다. 우리는 갈등의 속성을 이해하고 갈등과정에서 발생하는 여러 가지 문제를 지혜롭게 대처할 수 있는 역량을 키워야 한다. 갈등은 우리의 삶을 '위기'로 몰아갈 수 있다. 하지만 위기라고 하는 글자를 통해 알 수 있듯이 갈등은 위험과 기회가 같이 공존하는 상황이다. 우리가 직면한 문제는 우리 삶 속에 상존하는 갈등을 어떻게 극복하여 발전과 성숙의 기회로 활용하느냐 하는 것이다. 이를 위해 제8장에서는 우선 일반적인 갈등에 대한 시각을 살펴보고, 갈등이 갖고 있는 속성을 분석해 보고자 한다. 다음으로 사람들은 어떻게 갈등에 대처하는가 하는 갈등의 대처유형과 패턴을 살펴본다. 마지막으로 갈등이 가지는 파괴적 속성을 어떻게 극복하고 이를 생산적으로 활용하여 성장할 수 있는 배움의 기회로 전환할 수 있을까 하는 문제를 이야기해보고자 한다.

## 1
## 갈등의 개념

대개 사람들은 갈등이라 하면 부정적인 의미로 받아들인다. 사람들에게 갈등은 다양한 의미로 해석될 수 있다. 각 개인들은 성장과정과 처해 있는 환경적 요인의 영향을 받아 갈등에 대해 각기 다른 인식과 태도를 가지고 있기 때문이다. 한 개인이 갈등을 바라보는 시각에 영향을 미치는 요인은 여러 가지일 수 있다. 그 중에 우선 생각할 수 있는 중요한 요인은 개인이 자라 온 가정환경이다. 어떤 가정에서는 가족구성원 간에 감정을 쉽게 노출시키고 서로 간에 난폭한 언행을 단지 문제해결수단으로 인식하는 경우가 있다. 따라서 항상 소란하고, 부부 간, 형제간 그리고 부모자식 간에 큰 소리가 오가고 때로는 폭력을 사용하는 형태가 일상화된다. 그러한 가정에서 성장한 사람에게 갈등은 당연한 것으로 받아들일 수 있다. 반면, 어떤 가정에서는 갈등은 절대적으로 허용될 수 없다는 사고를 가지고 있다. 따라서 구성원은 설사 스스로의 감정이 상하더라도 혼자 삭혀야 하고, 또한 갈등적 상황이 벌어져도 숨어서 큰 소리 내지 않고 해결해야 한다. 이러한 가정에서 성장한 사람은 갈등을 단지 회피의 대상, 제거의 대상으로만 받아들인다.

갈등에 대한 시각에 영향을 줄 수 있는 다른 요소는 각 개인이 가지고 있는 가치관, 태도, 철학 그리고 삶에 대한 자세 등이다. 어떤 사람은 개인긍정과 타인긍정의 자세를 가지고 있으므로 인간 사이에 일어나는 인식의 차이나 갈등은 해결 가능한 것이며 인간은 본질적으로 협조적이며 신뢰의 기반을 가지고 있다고 본다. 반면 어떤 사람은 자기긍정과 타인부정의 시각을 가지고 있으므로 다른 사람을 불신하며, 모든 문제의 근원으로 보고, 문제가 발생하면 그것에 대한 책임을 상대에 떠넘기려는 자세를 가지고 있다. 따라서 이들에게 갈등은 늘 일상적이며 영원히 해결할 수 없는 것으로 인식한다.

마지막으로 개인의 갈등에 대한 시각은 그들이 일을 하는 분위기 또는 풍토에 영향을 받을 수 있다. 어떤 조직에서는 문제해결을 위해서는 어떻게든 큰 소리를 내야하고 달려들어야 하며 그렇지 않은 사람들은 항상 불이익을 면하기 힘들다. 이러한 조직에 속한 구성원들은 갈등을 문제해결을 위해 중요한 수단으로 인식한다. 반면 안정된 분위기와 협조적인 분위기가 일반화되어 있고, 서로 간에 의사소통의 통로가 활성화되어 있어 갈등이 지극히 비정상적으로 받아들여지는 분위기에서 일하는 사람들에게 갈등에 대한 시각은 부정적이고 비문화적인 행태로 인식될 수 있다.

인간의 갈등은 당사자 간의 단순한 의견차이에서부터 대립관계 그리고 쌍방의 격한 의견 충돌, 나아가서 물리적인 충돌까지 그 범위가 다양하다. 또 어떤 사람은 특정한 상대에게 갈등을 느끼고 있지만 상대방은 전혀 갈등을 느끼지 않을 수 있다. 따라서 어떤 시점에서 관련 당사자 간에 갈등이 발생했다고 정확히 정의하기는 쉽지 않다. 우선 갈등은 관련된 당사자 간에 '상반되는 행동'을 전제로 한다. 다시 말해 당사자들이 상대방이 추구하는 목표에 도달하지 못하도록 개입, 방해 그리고 지연시키는 행위가 있을 때 우리는 두 당사자 간에 갈등이 있다고 이야기할 수 있다. 여기서 개입과 방해는 파괴적이고 상대에게 피해를 주는 행위를 의미하며, 희소한 자원으로 인해 한 당사자의 이익은 다른 당사자의 불이익을 초래하므로 상대의 개입이 갈등유발요인으로 작용한다. 이렇게 당사자들 간의 서로 다른 입장과 그로 인해 발생하는 파괴적 행위에 초점을 맞추어 갈등을 이해하려는 경향이 짙었다. 하지만 점차 갈등을 당사자 간의 상호의존성 중심으로 이해하려는 경향이 주를 이루고 있다. 이러한 경향을 바탕으로 도노휴와 콜트(Donohue & Kolt, 1992)는 갈등을 "상호의존적인 두 사람 이상의 당사자들이 그들의 목표와 욕구를 충족시키려는 과정에서 서로 간의 입장 차이로 인해 방해를 받게 될 때 당사자들 간에 가해적 행위를 주고받는 것이다"라고 정의하고 있다.

갈등을 어떻게 정의하든 아래와 같은 몇 가지 중요한 요소를 내포하고 있을 때 갈등이라고 말 할 수 있다. 첫째는 상호의존적이고, 둘째는 상반되는 목표이며, 셋째는 한정된 자원이고, 넷째는 상대의 목표성취과정에 개입하는 것 그리고 마지막 다섯째로는 표출된 대립관계이다. 따라서 갈등이란, 상호의존적 관계에 있는 당사자들이 한정된 자원을 가지고 서로 다른 목표를 성취하고자 하는 과정에서 발생하는 대립적인 상호작용이라고 정의할 수 있다. 이러한 갈등을 구성하는 주요 요소를 정리하면 아래와 같다.

### (1) 가치의 차이

가치란 사람들의 행동에 깔려 있는 중요하고 확고한 신념을 말한다. 사람들은 미(美)나 독립성, 절제, 평등, 또 다른 것을 가치 있다고 생각할 수 있다. 그것들은 이상적이고 바람직한 특성을 나타내기 때문에 대부분의 사람들이 가치있는 것으로 보이는 행동을 하려고 노력한다.

서로 비슷한 가치를 갖고 있다는 것은 사람들이 관계를 형성하게 만드는 요인들 중의 하나이다. 그러나 가치가 서로 다르면, 갈등이 일어날 수 있다. 토머스 고든(Thomas Gordon, 1976)은 사람들 간의 서로 다른 가치들이 인간관계에서 긴장, 좌절, 또는 분노를 발생시키는 데 이를 가치충돌이라고 설명하였다. 예를 들어 10대 청소년들은 스스로 독립적이고 자율적으로 행동하고 싶어한다. 그러나 그의 부모는 행동을 통제하고 지시하려고 한다. 이러한 갈등은 외출시의 허락이나 언제 숙제를 다 할 것인지에 대한 논쟁으로 표출될 수 있다.

### (2) 기대가 어긋나는 것

사람들은 다른 사람이 어떻게 행동해야 하는지에 대한 기대를 갖고 있다. 이 같은 기대가 어긋났을 때 갈등이 발생한다. 한 친구가 그의 여자친구와 다투었다고 말했다. 그들이 다툰 이유는 친구가 그녀에게 말하지 않고 미팅을 했기 때문이었다. 사람들은 그들이 상대방에 대해 기대하는 바를 말하지 않는 경우가 많다. 그래서 어떻게 행동해야 하는지에 대한 암묵적인 가정이 어긋날 때가 많다. 이런 경우 사람들은 갈등과 분노를 느끼고 자신이 이용당했다거나 배신을 당했다고 느낀다. 그들은 "내 친구가 내가 원하는 것을 알아야 하고 어떤 일에 대해 내가 어떻게 생각하는지 알아야 한다"고 말한다.

### (3) 힘, 통제 그리고 권위를 더 가지려고 하는 것

인간관계에서 누가 지배적이고 높은 위치에 있는지에 대하여 가끔 의견의 불일치가 발생한다. 이때 사람들은 '지배서열'을 유지하거나 새로운 순서를 만들려고 노력한다. 어떤 부부는 집안의 쓰레기를 누가 밖으로 갖다 버려야 하는지에 대해 다투었다. 그들은 격주제로 순번을 정하거나 동전을 던져 정하는 것 등으로 문제를 해결하려고 했다. 그러나 그러한 방법은 문제를 해결해 주지 않는다. 그들은 자신이 쓰레기를 버리는 사람이 되는 것을 원치 않았다. 각자는 그 일을 자신의 품위를 떨어뜨리는 것으로 보았다. 이러한 갈등은 부부 중 누구도 내려서려고 하지 않는 결혼생활에서의 주도권 다툼 같은 것이다. 쓰레기를 처리하는 일은 신분이 낮은 사람이 하는 일이라고 생각하는 것이다.

목표의 불일치, 목표를 달성하기 위한 방법 그리고 어떻게 자원을 할당할 것인가?

전형적으로 이것이 발생되는 세 가지 상황들이 있다.

① 사람들이 어떤 목표를 추구할 것인가에 대해 항상 일치하는 것은 아니다. 한 사람은 가능한 빨리 결혼식을 준비하려 하고 반면 다른 사람은 단순히 동거를 계속하려 한다. 사업 동반자들은 어떤 신제품과 서비스를 개발해야 하는가에 대해 의견이 불일치할 수 있다.

② 목표를 달성하기 위한 방법에서 의견이 일치하지 않을 수 있다. 두 명의 이사가 신상품을 광고하는 방법에 대해 논쟁하였다. 한 사람은 TV광고를 원했고, 반면 다른 사람은 라디오나 신문광고를 선호했다. 교수와 대학원생은 아동학대에 관한 연구에서 정보수집방법에 대한 의견이 달랐다. 학생은 질문지를 선호하고, 교수는 인터뷰가 더욱 좋을 것이라고 생각했다.

③ 어떻게 자원을 할당할 것인가에 대해 의견이 불일치할 수 있다. 예를 들어 결혼한 부부들은 다른 어떤 문제보다 돈 문제로 자주 다툰다. 그 논쟁은 대개 각자 얼마나 돈을 가져야 하는가 보다 돈이 어떻게 쓰여야 하는가에 관한 것이다.

### (4) 역할의 차이

사람들은 일상생활에서 여러 가지 역할을 맡고 있다. 이를 테면, 대학교의 교수는 남편과 아버지, 선생, 테니스클럽의 회장 등의 역할을 수행하고 있다. 이 역할들은 다른 사람과의 관계를 구성하고 어떻게 행동할 것인가에 대한 지침을 제시하여준다. 특정 상황에서 자신이 어떤 역할을 해야 할지 불확실한 상태에서 결정을 해야 하는 경우 역할갈등이 발생한다. 역할갈등은 주로 세 가지 상황에서 나타난다.

① 사람들은 한 가지이상의 역할을 가지고 있다. 회사에서 늦게까지 남아 일을 열심히 하면 집에 가서 아이들과 놀아줄 시간이 없다. 직장에 더 많은 시간을 투자할 것인지 혹은 가정에 보다 충실할 것인지에 고민하게 되면 역할갈등이 발생한다.

② 다른 사람들이 자신에게 어떻게 행동해야 하는지에 대해 의견이 불일치하는 경우가 있다. 10살 난 소년이 밖에서 친구와 싸우고 집에 왔다. 그의 아버지는 친구와 사이좋게 지내라고 말하면서 서로 화해하라고 했다. 그의 어머니는 당장 가서 그 친구와 잘잘못을 따지라고 했다. 옆에 있던 그의 삼촌은 화해하기 전에 얼마간 서로 냉각기를 가지라고 했다. 이 경우 그 소년은 역할갈등을 겪게 된다.

③ 어떤 사람들은 자신에게 주어진 역할대로 행동을 하지 않는다. 그들은 사람들이 통상적으로 생각하는 방식대로 역할을 정의하지 않는다. 학생이 교수에게 기말시험을 어떤 방식으로 보자고 이야기하거나 또는 축구선수가 감독에게 공격의 형태에 관해 조언을 한다면 교수와 감독은 역할갈등이 발생한다. 학생과 선수

는 그들의 역할을 교수나 감독과는 다르게 정의하기 때문에 이러한 현상이 발생하는 것이다.

(5) 경계와 영역의 침범

지구상의 모든 생명체는 자신의 경계나 영역을 방어하려고 한다. 그러한 경계는 심리적인 것일 수 있다. 사람들은 자신들의 사적이고 개인적인 공간영역을 침범하려는 사람에게 화를 낸다. 어머니가 아들의 책상을 정리하거나 남편이 자신의 물건을 부엌에 갖다 놓으면 사람들 간에 서로 갈등이 발생한다.

(6) 상호의존성

갈등이라고 하는 것은 인간관계의 한 단면이다. 인간관계는 다면성을 가지고 있다고 할 수 있다. 사랑하는 관계, 존경하는 관계 또는 미워하는 관계 등 다양하다. 사람들 사이에 관계성이 성립한다고 하는 것은 서로가 영향을 주고받는다는 것이다. 영향을 주고받는다고 하는 의미는 한 사람의 행위가 상대방에게 영향을 주고 또한 그 상대방의 행위로 인해 당사자도 영향을 받는다는 것을 말한다. 이 영향을 주고받는 것은 순차적이고 단계적이라고 하기보다는 동시적이며 역동적이라고 말할 수 있다. 즉 상대방에게 영향을 주고 있으면서 동시에 영향을 받고 있다. 그 영향의 정도와 방향은 아무도 예측할 수 없다. 이렇게 갈등은 서로에게 영향을 주고받는 교환관계가 동시적이며 역동적으로 이루어질 때 성립한다고 할 수 있다. 예를 들면 여러 사람들이 한 배를 타고 노를 저어 가는 모습을 상상해 보면 알 수 있다. 다른 배를 타고 있는 사람들은 상호의존적이라고 할 수 없다. 따라서 서로 간에 갈등이 발생할 수 없다. 하지만 같은 배에 타고 있는 사람들의 행위나 의견은 곧 그 배를 타고 있는 사람들에게 직간접적으로 영향을 미친다. 이렇게 상호의존적 상황에서 갈등은 발생한다. 여기서 우리가 주의 깊게 생각해 보아야 할 사실은 같은 배를 타고 있다고 하는 점이다. 이 같은 배에서 갈등의 당사자 간에는 경쟁관계에 있을 수도 있고 또한 협력관계에 있을 수도 있다는 점이다. 다시 말해 상호의존적 관계라고 하는 의미는 갈등의 당사자 서로 간에는 협력의 여지를 내포하고 있다는 의미이다.

### (7) 한정된 자원

설사 서로가 상호의존적이고 그 당사자들이 서로 다른 목표를 추구한다고 하더라도 만약 충분한 자원이 있다고 하면 사실 서로 간에 마찰과 갈등을 겪어야 할 이유가 없다. 하지만 상대방이 자신에게 필요한 자원을 점유할 경우 당사자는 추구하는 목표를 성취할 수 없다고 하는 강박관념에서 상대와 마찰을 일으키게 된다. 여기서 자원이란 단지 물질적인 것만을 의미하지 않는다. 시간, 관심, 사랑, 권력 등 무형의 요소가 특히 인간관계에서 유한한 자원으로 인식되는 경우가 많다. 예를 들면 학생들은 선생님으로부터 더 많은 관심의 대상이 되기 위해 서로 대립할 수 있다. 문제는 부족할 것이라고 가정한 자원이 정말 부족한가 하는 것이다. 사랑과 관심은 누구든 서로 나누어 쓸 수 있는 무한한 자원이다. 나누면 나눌수록 커지는 것이 사랑이요 관심이다. 하지만 이것을 유한한 자원으로 보고 서로 간에 독점하려는 과정에 갈등이 발생할 수 있다. 이렇게 보면 자원의 유한성은 우리 인식이 만들어낸 결과물일 수도 있다. 그리고 스스로 유한하다고 하는 인식의 틀에 묶여 그 자원을 독점하려는 과정에 갈등이 발생한다. 즉 자원은 무궁무진하며 새롭게 창조될 수 있고 노력을 통해 늘 새롭게 만들 수 있다는 인식의 전환은 자원의 한정성을 극복하는 한 방법이 될 것이다.

### (8) 개입에 의한 좌절

인간의 공격성이 표출되는 가장 큰 이유 중에 하나가 욕구의 좌절 때문이다. 인간은 자신이 추구하는 목표를 향해 노력하는 과정에 상대방이 개입하여 방해하게 되면 분노와 좌절감을 느끼고 이것은 곧 그 사람의 공격성을 자극하는 계기가 된다. 설사 서로가 다른 목표를 가지고 있고 한정된 자원을 가지고 경쟁하더라도, 직접적으로 상대가 자신이 하고자 하는 일에 개입하여 자신의 길을 막고 있다고 하는 인식이 없으면 서로 간의 충돌이 발생할 이유가 없다. 서로 간의 충돌은 서로 다른 목표를 유한한 자원을 바탕으로 추구하는 과정에 상대가 개입하여 방해하고 자신의 이익만을 고집할 때 발생한다. 만약 서로가 공생의 논리를 가지고 서로에게 유익한 대안에 눈을 돌린다고 하면 개입에 의한 좌절의 가능성을 최소화할 수 있을 것이다.

### (9) 행동화된 충돌

인간관계에서 발생하는 갈등에는 인식적 측면, 감정적 측면 그리고 행동적 측면이 있다. 여기서 인식적 측면의 갈등은 관심대상문제에 대해 이견을 보이는 것을 의미한다. 대상문제에 대해 당사자들은 서로 다른 견해를 가지고 있다. 그러한 견해를 바탕으로 그들은 자신의 주장을 편다. 이렇게 문제에 대한 다른 시각을 바탕으로 형성된 견해 차이를 인식적 측면의 갈등이라고 할 수 있다. 다음으로 상대에게 가지는 감정적인 측면이다. 이것은 각 개인에 대한 서로 간의 느낌을 의미한다. 상대가 나에게 아무리 친절하게 해도 상대에게 호감을 가질 수 없는 경우가 있다. 이는 감정적 측면에서 상대와 갈등관계에 있는 것이다. 문제는 이렇게 인식적인 차원에서 어떤 문제에 의견을 달리하고 상대에 대해 비호의적인 감정을 가지고 있다고 해도 두 당사자 간에 갈등이 있다고 볼 수 없다. 왜냐하면 이러한 인식적이고 감정적인 갈등이 행동으로 나타나 있지 않기 때문이다. 이는 잠재적인 갈등관계라고 할 수 있다. 서로 간에 갈등이 존재하기 위해서는 필수적으로 서로 간의 좋지 않은 감정이 의사전달과정이나 여타 행위를 통해 표출됨으로써 행동화된 충돌이 발생했을 때 우리는 갈등이 발생했다고 할 수 있다. 여기서 행동화되었다고 하는 의미는 구체적으로 의사소통과정의 충돌뿐만 아니라 상대방을 의도적으로 피하는 행동도 포함된다.

## 2
## 갈등의 진행

갈등은 역동적인 사이클 형태를 띠면서 진행하게 된다. 먼저 갈등의 당사자들은 서로 간의 의견에 대한 불일치를 경험하게 되고 이때 자신의 생각이 옳고 상대방이 틀렸을 것이라고 가정하면서 자신의 입장을 지지하는 증거나 세력을 확보하고자 한다. 어느 정도 자신의 견해에 대한 합리화가 이루어지고 증거가 수집되면 상대방에 대해 공격적인 행동을 시도하고 자신의 감정을 폭발시킨다. 일단 감정이 폭발하면 상대방에 대한 적대적인 행위가 이루어지고 이후 감정이 가라앉으면서 갈등은 소강상태로 들어간다. 대부분의 갈등은 다음과 같은 진행과정을 따른다.

① 의견불일치 과정
② 대립단계
③ 격화단계
④ 진정단계
⑤ 해소단계

때로는 약간 다른 갈등진행과정을 보이기도 한다. 서로 간에 인식적인 측면이나 감정적인 측면의 갈등관계에 있는 당사자들은 잠정적인 갈등관계를 유지하게 된다. 하지만 이 표출되지 않은 잠재된 갈등관계는 특정한 사건 또는 문제로 인해 행동화된 갈등으로 표출된다. 따라서 두 당사자는 서로 충돌하거나 또는 충돌을 회피하면서 의식적으로 멀리하는 행동을 보인다. 이러한 갈등행위는 어느 정도 시간이 지나면서 다시 잠잠해져 소강상태를 보인다. 서로 소강상태를 유지하다가 특정한 사건에 의해 또 다른 충돌이 발생한다. 이렇게 갈등은 행위로 표출되었다가 소강상태를 보이다가 하는 반복적 양상을 보이면서 진행한다. 그 진행과정은 점차 그 갈등의 정도가 고조되어 서로 간에 극단적인 파괴행위를 보이기도 하고 때로는 갈등상황이 서서히 약화되어 소멸되어 갈 수도 있다.

이와 같이 인간관계의 갈등은 즉흥적으로 나타나는 행위라고 하기보다는 그 갈등이 발생할 만한 이유가 축적되어 오다가 특정한 사건이 계기가 되어 서로 충돌하게 되거나 점차적으로 진행되어 표출되는 경우가 대부분이다. 일반적으로 인간관계에서 서로 간에 감정적으로 비호의적 관계에 있고 인식적인 차원에서 의견을 달리하고 있다고 하더라도 갈등이 발생하지 않는 이유는 갈등발생을 저지하는 요인이 작용하고 있기 때문이다. 갈등을 저지하는 인간 내적 요인으로 가치관, 성격, 태도, 욕구, 두려움, 걱정 또는 습관적으로 타협하려는 성향 등이 있다. 환경적인 요인으로 집단의 규범, 외부에 알려지는 것에 대한 두려움, 시간적인 제약, 자신의 사회적 위치, 상대방이 갈등으로 인해 받을 충격에 대한 우려 등을 들 수 있다. 하지만 이러한 갈등을 저지하는 요인이 지속적으로 작용하고 있음에도 불구하고 특정 사건을 계기로 갈등적 행위가 나타나고 갈등은 점차 진행된다. 실질적 갈등의 출발점이 되는 사건(triggering event)은 본격적인 갈등의 사이클이 진행되도록 하는 기점이 된다. 이 출발점으로 사소한 의견의 대립이나, 상대방을 자극하는 말 또는 행동 그리고 문제 해결을 위한 상호작용 등을 들 수 있다. 갈등의 출발점은 대개 갈등을 저지하는 요인이 약화되었을 때라든지 아니면 갈등문제가 명백하여 서로 간의 대립을 피할 수 없을 때가 된다.

한 갈등행위의 표출은 단지 빙산의 일각일 수도 있다. 그 동안 축적된 갈등을 촉진하는 요소와 갈등을 저지하는 요소의 상호작용과정에서 갈등을 저지하는 요소의 힘이 강했기 때문에 갈등이 잠복된 상황에서 지속되어 왔다고 볼 수 있다. 따라서 갈등 자극요인이 무엇이며 또한 어떠한 요인에 의해 갈등이 표면화되지 않았는지 구체적으로 분석하고 이해하는 것은 갈등을 관리하는 데 중요한 열쇠가 될 수 있다. 이러한 요인들에 대한 구체적인 분석은 갈등이 발생할 수밖에 없었던 원천적인 이유를 밝히는 데도 도움이 된다.

또한 어떠한 요인이 진행 중인 갈등을 점차 약화시켜서 해결점을 찾을 수 있도록 하며, 어떤 요인이 당사자들을 자극함으로써 더욱 갈등 상황을 심화시켜 서로 돌이킬 수 없는 문제에 직면하도록 하는지 알 수 있다. 갈등의 출발점으로 작용하는 요인에 대한 이해는 곧 미래의 당사자 간의 충돌을 미연에 방지할 수 있도록 하는 역할도 한다.

갈등이 한 사건으로 인해 진행되기 시작하면 그 갈등은 점차 다른 문제와 얽혀서 복잡하게 되어가는 경향이 있다. 예를 들어 감정적인 측면에서 출발한 갈등은 궁극적으로 특정 문제에 이견을 보임으로써 그 문제 해결에 강한 견해의 차이를 보여 인식적인 갈등으로 발전할 수 있다. 한편 특정한 문제를 당사자의 감정표현수단으로 활용할 수도 있다. 이렇게 되면 감정적인 문제와 당사자 간의 견해차이가 뒤엉켜 더욱 복잡해진다. 그러므로 어떤 문제에 다른 견해를 가진 두 당사자는 상대방과 대립되는 의견을 개진하는 과정에서 서로 감정적으로 불편한 관계를 가지게 되어 궁극적으로 인식적인 측면의 갈등은 감정싸움으로 진행될 수도 있다. 중요한 것은 그 갈등의 출발점이 무엇이고 이 갈등은 어떻게 진행되어가고 있는지에 대한 정확한 이해다. 만약 문제 자체가 서로 간의 견해 차이에서 출발하였다고 하면, 그 문제의 해결은 타협이나 협상을 통해 가능하다고 볼 수 있다. 만약 문제의 출발점이 감정적인 측면에서 출발하였다고 하면 서로 간의 오해를 풀고 화해하는 작업이 선행되어야 한다.

### 1) 파괴적 갈등과 생산적 갈등

#### (1) 파괴적 갈등

파괴적 갈등은 기본적으로 승패의 논리에서 벗어나지 못하고 어떤 수단과 방법을 통해서라도 상대방을 이겨야겠다는 집착에 얽매인 경우에 발생한다. 또한 서로가 감정적인 측면에서 상대에게 강한 분노와 증오심을 가지게 되고, 관련된 문제해결에 중심을 두기보다 상대의 약점을 발견하고 상대를 공격하는 데 역점을 둔다. 이런 경우 점차 갈등은 증폭되고 서로 간의 감정은 악화되어간다. 이때 갈등의 당사자들이 해결수단으로 동원하는 것은 상대방을 속이거나 위협하고, 때로는 은밀하게 상대를 제압하는 방법이다. 이러한 과정을 통해 서로 간의 감정은 더욱 상하게 되고 상처를 받게 되어 불신, 오해 그리고 파괴적인 행위가 지속된다. 따라서 갈등은 더욱 증폭되고, 궁극적으로 상대방으로부터 상처를 받은 당사자들은 또 다른 상처를 상대에게 줄 기회를 기다린다. 서로 자신의 주장이 절대적으로 옳고 상대방은 도덕적으로 잘못되었으므로 어떠한 방법으로든지 상대를 거꾸러뜨려야 한다는 생각에서 벗어나지 못한다. 또 다른 파괴적 갈등행위의 하나로 회피(avoidance)현상을 들 수 있다. 앞으로 갈등의 스타일에서 좀 더 구체적으로 다루겠지만 갈등의 회피는 서로 간의 상호작용 기회를 차단하고, 당사자들이 혼자서 자신의 문제를 처리함으로써 서로는 서로에게 기대감을 갖지 않게 한다. 또한 상대에 대한 감정을 감추고 자신의 의견을 드러내지 않으며, 소극적으로 문제에 대처함으로써 서로 간에 관계는 점차 소원해진다. 이렇게 서로 간의 충돌을 회피하면서 음성적으로 부정적 감정이 축적되면 두 사람에 얽혀 있는 문제를 서로 부딪치면서 해결할 수 있는 기회를 가지지 못한다. 따라서 서로 간의 관계는 점차 악화될 수밖에 없다. 또한 갈등은 상호의존적인 관계에서 발생하므로 문제의 해결도 상호작용과정을 통해 함께 해결해야 한다. 하지만 갈등을 회피하게 되면 해결해야 할 문제가 제대로 해결되지 않고 지연됨으로써 당사자들은 그 문제로 인한 부정적 영향을 피할 수 없다. 예를 들면 부부가 서로 간의 갈등을 회피한 채 자신의 감정을 숨기고 함께 풀어야 할 문제를 덮어 두고 독단적인 행동을 지속하면서 주위사람들에게 상대에 대한 비판만 한다고 하면 그 관계는 궁극적으로 파국으로 치달을 수밖에 없다.

마지막으로 파괴적인 갈등의 한 유형은 다른 사람과의 갈등을 자신의 우월성을 내세우는 기회로 착각하는 경우이다. 다른 사람들과의 충돌

자체를 원칙을 고수하기 위한 노력인 양 표현하고 자신에게 용기가 있기 때문에 그것이 가능했다고 하는 식의 자기중심적 사고에 빠지는 경우이다. 그리고 그 갈등과정을 이야기 삼아 자신의 영웅적 행위를 자랑하고 다른 사람들과 은밀한 대화의 소재로 삼아 대립을 조장하면서 진정으로 문제해결을 위한 노력은 하지 않는 경우이다. 이것은 갈등을 활용하여 자신을 내세울 뿐 문제 해결점을 찾는 것과는 거리가 멀어 서로 간의 불협화음만을 조장할 수 있다.

어떠한 유형의 갈등이든 파괴적 갈등에는 몇 가지 공통점이 있다. 우선 당사자들의 비유연성과 경직성이다. 그들의 머릿속에는 자신의 주장이 옳기 때문에 양보와 타협은 비겁한 행위로 일축하고 원칙대로 해결하는 것이 유일한 길이라고 믿고 있다. 따라서 법적인 판단에 의뢰하려 한다든지 아니면, 서로 간의 관계를 종결하려 한다. 규칙에 따라 상대방을 고발하고 처리함으로써 상대에게 곤란을 초래하고 상대는 이에 맞대응한다. 다른 한 가지는 상대에게 보복하겠다는 생각에 빠져 있는 것이다. 내가 갈등을 통해 받은 상처만큼 또는 그 몇 배의 고통을 상대도 맛보아야 한다는 보복적 심리이다. 설사 현재는 큰 문제없이 조용히 지내고 있지만 이는 미래의 보복을 위한 준비과정이라고 생각한다. 그리고 머릿속으로는 어떻게 하면 괴롭히고 상대를 궁지에 몰아넣어 피해를 줄 수 있을까만을 강구한다.

마지막으로 파괴적 갈등은 힘의 논리에 의해 움직인다. 힘의 지배가 일반화되어 있는 경우 약육강식의 생존경쟁체제가 지속된다. 그리고 일시적인 갈등상황의 부재는 강한 힘을 가진 자가 약자를 제압하고 있기 때문이라고 생각한다. 이러한 힘의 불균형은 항상 약한 자의 소외감을 자극하고 그들에게 힘이 축적되는 한 언제든지 강자를 넘어뜨리고 그들을 지배하면서 자신의 논리에 따라 관계를 재정립하기를 기다린다. 또한 언어의 선택에 있어서 파괴적인 갈등에서는 상대방을 자극하고 무시하는 표현을 많이 사용한다. 특히 서로 간의 의사소통과정에서 상대방을 인간 이하의 사람으로 또는 상대할 수 없는 저질의 인간으로 표현함으로써 상대방을 자극한다. 특히 상대방의 행위를 부정적으로 평가하여 문제의 책임을 상대에게 전가시키는 표현을 함으로써 자신의 입장을 방어하고 상대방의 행위를 비판공격하는 공방이 계속된다.

### (2) 생산적 갈등

갈등에 대한 논의의 궁극적 목적은 갈등의 파괴적인 측면보다는 생산적인 측면을 강화시킴으로써 문제해결을 위한 새로운 해결점을 도출해내고 당사자들이 좀 더 발전적인 관계로 성장할 수 있도록 하느냐 하는 데 있다. 그러면 갈등이 생산적으로 발전하기 위해 필요한 요건들은 무엇일까? 우선 생산성이 있는 갈등이 되기 위해서는 자기의 입장이나 견해를 고집하지 않고, 필요하다고 하면 자신의 갈등에 대한 접근방법이나 목표를 기꺼이 바꾸겠다는 입장을 취해야 한다. 당사자들은 서로에게 도움이 될 수 있는 대안이 있으면 기꺼이 받아들이겠다는 열린 마음을 가져야 한다. 그렇게 할 경우, 갈등과정에서 당사자들은 다른 대안이 없는지 모색하고 더 나은 방향을 위해 노력하게 된다. 이런 노력을 할 때 갈등은 당사자들에게 성장할 수 있는 기회를 제공한다.

두 번째로, 생산적 갈등을 위해서 서로 자신의 주장이나 입장을 보호하고 관철시키려고 하는 자세를 지양하고 상대방의 견해를 이해하고 배우겠다는 입장을 취해야 한다. 갈등과정에서 서로 이해가 안 되는 부분에 대해 서로에게 질문하고, 자신의 의견을 조정하고, 수용하며, 배우려는 자세를 가져야 한다.

셋째, 당사자들은 갈등을 자신들이 잘못 알고 있는 것이나, 잘못하고 있는 것을 수정하는 기회로 활용하려는 자세를 가져야 한다. 서로 간의 의견대립이 있을 경우, 왜 그러한 이견이 있을 수밖에 없었는지 이해함으로써 서로를 깊이 있게 알 수 있는 기회로 삼는다. 이 때 갈등과정은 그들 사이에 축적된 감정을 확인하고 그것을 풀 수 있도록 하는 대화의 기회가 된다. 또한 관계의 재정립이 필요할 경우, 갈등은 그들 간에 관계를 되짚어 보면서 잘못된 관행을 같이 짚어 보고 깨우치는 변화의 계기를 제공하게 된다.

넷째, 갈등은 서로가 노력하면 어떠한 장벽도 뛰어넘을 수 있다는 자신감과 승리감 또는 성취감을 맛볼 수 있는 기회로서 활용되어야 한다. 따라서 갈등과정을 통해 관련된 문제뿐만 아니라 다른 문제도 새롭게 논의하고 함께 해결할 수 있는 유대관계를 형성할 수 있게 된다.

생산적인 갈등은 서로 다른 벌통에 꿀벌이 한 식구가 되는 과정을 통해 설명할 수 있다. 다른 두 통에 있는 벌들을 한 통에 같이 합치려고 하면, 다른 두 집단의 벌들 사이에 종이를 끼워 둔다고 한다. 그러면 벌들은 양측 면에서 그 종이를 갉아 낸다. 종이라고 하는 공동의 문제를 놓고 서로 제거하려고 노력하는 과정에 그 벌들은 한 집단으로 변화하게 된다는 것이다. 생산적인 갈등은 이와 같은 것이다. 즉 서로를 가로막는 감정적인 문제나 견해를 달리하는 주제를 놓고 같이 고민하고 해결하려고 노력하는 사이에 서로의 관계는 개선되고, 협력의 관계로 전환된다.

# 3
## 갈등해소유형

사람들은 갈등상황에서 다른 사람들을 다룰 때 각자 선호하는 방식이 있다. 이를 갈등해소방식이라고 한다. 이러한 갈등해소방식을 남용하거나 부적절하게 사용하게 되면 대인 간의 갈등만 해소하기가 어려워진다. 이는 서로 간의 논쟁을 계속하게 만들며 갈등을 부추긴다. 각각의 갈등해소방식은 다음과 같다.

### ❶ 회피형

이는 문제를 회피하고 사라져 버리기를 바라는 것이다. 이 방식을 사용하는 사람들은 일상적으로 자신의 욕구를 충족하려 하지 않고 또한 다른 사람들을 돕는 데 협조하지 않는다. 그러나 때로 자신의 부주의로 인해 상황이 더욱 악화된다. 시간을 벌고, 사건에 대하여 생각하며, 다음 할 일을 해결하기 위한 순간적인 수단으로 잘 활용한다.

### ❷ 타협형

이는 "좋소, 당신의 방식대로 하겠소"와 같은 방식이다. 이 방식은 다른 사람이 방해가 되지 않도록 할 수는 있지만 기본적인 관심을 전달하지 못할 수도 있다. 타협하는 사람은 "언제 나의 욕구를 충족시킬 것인가?"라고 생각하면서 좌절할 수 있다. 문제가 시간이나 힘을 들일 필요가 없거나, 자신과 지속적인 관계가 없는 사람으로부터 방해를 받고 싶지 않을 때 가장 잘 활용한다.

### ❸ 경쟁형

한쪽이 해결책을 제시하거나 다른 상대방을 압도하려고 노력하는 것이다. 성공적인 경쟁자는 다른 사람들의 욕구가 충족되도록 허락하지 않는다. 이 때문에 상당한 양의 긴장과 좌절이 발생한다. 이 방식의 사용은 여러 가지 부작용이 따른다. 다른 대안이 소멸되었을 때에만 간혹 활용된다. 경쟁에서의 승자는 지시된 해결책이 유지될 수 있도록 그리고 이탈하지 못하도록 강력해야 한다.

## 4
## 갈등관계의 패턴

갈등의 이해를 위해 새롭게 제기되는 견해의 하나는 갈등의 대처방법은 개인적 유형으로만 이해할 수 없다는 것이다. 이미 갈등의 본질에서 언급한 바와 같이 갈등은 상호의존적이다. 따라서 한 사람의 갈등대처유형에 의해 갈등의 성격이 결정되는 것이 아니라, 서로 다른 갈등의 대처유형을 가진 당사자들이 상호작용하는 과정에서 그 관계적 특성이 결정된다는 것이다. 갈등관계의 특성은 따라서 관련당사자의 개인적 특성을 통해 이해하기보다는 서로 간에 상호작용과정에 형성된 갈등의 패턴이라고 하는 관계적 측면에서 이해해야 한다는 것이다. 또한 서로 간의 관계적 패턴은 당사자들의 다른 갈등대처유형의 합에 의해 결정된다기보다 그들이 가지는 특성과 주위환경과의 상호작용과정의 화학적 융합을 통해 형성된다는 것이다.

그 동안 이 갈등관계의 패턴에 대한 연구는 주로 부부 간의 갈등중심으로 진행되었다. 쿠버와 하로프(Cuber & Haroff, 1955)는 부부 간의 갈등의 패턴을 아래와 같이 다섯 가지 패턴으로 구분하고 있다.

### 1) 갈등의 습관화관계

이 패턴에 있어서 부부 간의 갈등은 거의 일상화되어 있다. 갈등을 통해 해결하고자 하는 특별한 주제도 없다. 하지만 아주 사소한 문제에도 지속적으로 서로 다툰다. 이 경우 갈등이 생활의 일부가 되어 서로 다투는 자체를 대수롭지 않게 생각할 수 있으나, 지속적인 갈등은 서로 간의 에너지 낭비를 가져올 뿐, 그 갈등을 성장하는 또는 새로운 해결점을 찾는 기회로 활용하지 못한다.

### 2) 침체된 관계

당사자는 점차 상대에 대한 관심을 끊게 되고, 각자는 자신의 관심영역을 구축하면서 가능한 서로 부딪히려 하지 않는다. 서로 간의 대화는 지극히 거래적 측면에서 이루어지며, 상대에 대한 관심과 정은 식어 간다. 서로 간에 특별히 부딪힐 일이 없어 갈등은 없지만 일단 한번 갈등이 발생하면 파국에 이를 수 있다.

### 3) 수동적 적응관계

이는 단지 전통적이고 관습적인 측면에서 서로 간의 관계를 유지하는 경우이다. 서로 간의 갈등은 가족구성원들에게 부정적인 영향을 주기 때문에 무조건 회피해야 한다고 생각한다. 좋든 싫든 서로 참으면서 사는 것이 최선이라고 생각한다. 비교적 조용하고 질서화된 관계가 유지되지만 지극히 관례적일 뿐 역동성을 엿볼 수 없다.

### 4) 활력적 관계

중요한 문제는 항상 서로 간의 대화를 통해 결정한다. 서로는 기꺼이 자기의 주장을 펴고 서로 다른 주장을 통해 좀 더 나은 대안을 모색한다. 때로는 의견충돌로 인해 갈등을 겪지만, 이는 궁극적으로 서로 화해의 기회가 되어 상대의 마음을 이해하게 되는 전환점으로 작용한다.

### 5) 동체적 관계

부부 간에 서로를 이해하고, 모든 것을 숨김없이 말하면서 강한 신뢰가 축적되어 있다. 설사 말로 하지 않더라도 상대가 무엇을 원하는지 알 수 있다. 서로에 대한 강한 믿음을 가지고 있으므로 상대방이 진심에서 하는 요청은 특별한 문제가 없는 한 수용한다.

한편 랜드스와 그의 동료(Rands et at., 1981)는 부부관계를 네 가지 유형으로 구분하여 아래와 같이 설명하고 있다.

#### 1 유형 I

낮은 친밀도에 공격적인 관계이다. 이러한 타입의 부부는 서로 간에 해결점을 찾지 못하면서 사사건건 지속적으로 충돌한다. 그리고 그 충돌은 자꾸 확대되어 극단적으로 치닫는 경우가 자주 있다. 한동안 잠잠하지만 사소한 일에 의견충돌을 보인다. 부부 관계는 늘 불만에 차 있다.

### ❷ 유형 II

낮은 친밀도에 비공격적인 관계이다. 서로 간의 관계에 활력, 친밀함 그리고 심한 갈등도 없다. 상대방에게 특별한 관심을 갖지 않은 상태에서 그냥 관계를 지속한다. 서로 간에 고조되는 충돌이 없기 때문에 평온하고 별 문제가 없다. 하지만 한 번의 충돌은 관계를 심각한 곳으로 몰고 갈 수 있다. 따라서 이러한 관계에서는 가능한 갈등을 회피하는 것이 상호 간에 만족도를 높일 수 있다.

### ❸ 유형 III

높은 친밀도에 공격적인 관계이다. 서로 매우 친밀하고 애정 어린 관심을 가지고 있지만 자주 충돌한다. 충돌이 있을 경우 자신의 주장을 굽히지 않고 지속적으로 공격과 방어적 행태를 보인다. 하지만 서로 화해의 실마리를 찾아 다시 정상적인 친밀한 관계를 유지한다. 상호관계의 만족도는 갈등을 서로 간에 친화력을 강화시킬 수 있는 기회로 활용할 수 있느냐에 달려 있다.

### ❹ 유형 IV

높은 친밀도에 비공격적인 관계이다. 서로가 마음의 상처를 주지 않으려고 노력한다. 서로 의견의 대립을 보이더라도 한쪽에서 화해할 수 있는 기회를 만든다. 서로 화합하면서 친밀도를 가꾸어 가는 관계이다.

# 5
# 갈등해소전략

## 1) 예방: 적당한 때의 바느질 한 땀은 아홉 땀을 절약한다

자동차 안전관리 프로그램은 자동차의 오일이나 냉각수, 타이어 압력, 그리고 다른 부분을 정기적으로 점검하고 유지하게 하여 큰 문제가 발생하지 않도록 해 준다. 이와 유사한 논리가 사람 간의 논쟁에도 적용될 수 있다. 진 브렛(Jeanne Brett, 1990) 등은, 간과되는 경우가 많긴 하지만 갈등해소전략으로 예방이 중요하다고 하였다. 그녀는 문제를 발생시키는 조건을 구분하고 그것들이 중요한 문제로 폭발하기 전에 관리하는 것이 좋다고 한다. 그녀는, 사전에 분쟁을 일으킬 수 있는 문제를 토론하고, 발생한 분쟁으로부터 배우라고 충고한다. 미래에 자신에게 도움이 될 수 있는 일련의 '학습된 교훈'은 갈등으로부터 얻어질 수 있다.

첫째, ACBD(Always Consult Before Deciding 결정하기 전에 항상 조언을 구하라). '시간을 절약하기 위해' 혹은 '아무도 관심을 갖지 않을 것이기' 때문에 자신만이 문제를 다루어야 한다고 생각하는 유혹을 피하라.

둘째, 문제를 제한하고 남을 비난하지 말라. 누군가와 일할 때, 일이 어느 정도 잘못될 수 있다. 이 때 다른 사람과 논쟁하려고 하지 말고 발생한 문제를 해결하려고 노력하라.

셋째, 방어적인 행동을 피하고 자신에게 비판적인 사람에게 무엇이 옳은가에 대해 물어보라. 다른 사람이 자신을 칭찬하지 않을 때 사람들은 방어적이기 쉽다. 또한 다른 사람이 말하는 것을 깎아내리거나 무시하기 쉽다. 그렇게 되면 미래에 도움이 될 수 있는 어떤 것을 놓치기 쉽다. 문제가 자신의 손 안에 있을 때 이를 날려 보내지 말고 무엇인가를 배울 수 있는 기회를 만들어라.

넷째, 열까지 혹은 천까지 세어라. 가능하다면, 논쟁이 발생할 때 즉각 반응하지 마라. 먼저 기본적인 자신의 충동이나 감정으로부터 한 걸음 물러서라. 그 문제에 관해 생각할 시간을 갖기 위해 그 상황으로부터 심리적으로나 물리적으로 자신을 물러나게 하라. 이 시간을 자책하는 것으로 보내지 말고 건설적으로 반응을 준비하는 시간이 되도록 하라.

다섯째, 다른 사람과 함께 일하는 시간을 가져라. 어떻게 하면 과제를 완성하고, 무엇이 잘되게 하며, 무엇이 잘못되게 하는지 그리고 미래에 자신이 달라지는 데 필요한 것은 무엇인가를 다른 사람과 이야기하라. 주의를 기울인다면, 이 같은 토론을 통해 자신이 다룰 수 있는 논점을 규명할 수 있을 것이다.

여섯째, 당황하지 마라. 자신이 하고자 하는 것에 초점을 맞추어라. 이 상황에서 자신이 진정으로 원하는 것이 무엇인가? 그리고 내가 그것을 하기 위해 가장 건설적인 방향은 무엇인가하고 자신에게 물어라.

### 2) 초기에 행동을 취하라: "갈등의 싹을 없애라"

논쟁이 발생하는 것을 미리 예방하는 것은 항상 가능한 것은 아니다. 그러나 논쟁이 발생하면 의학적 질병의 경우처럼 빨리 탐지하고 관리하면, 논쟁을 다루는 것이 더 용이해진다. 사람들은 때때로, 갈등을 인식하면서도 논쟁은 폭발하도록 허용한다. 주전자의 물이 끓듯이 논쟁이 시작되면 계속적으로 뜨겁게 달아오른다. 시간이 흐르면서 논쟁의 초점은 단순한 행동차이에서 원리 혹은 가치의 문제가 되는 특정 상황으로 옮겨간다. 자신들의 가치가 개입되고 원리를 따지게 되면 갈등해결은 더욱 어려워진다.

### 3) 힘을 사용하라: "골목에서 누가 가장 힘이 센가를 결정하라"

이것은 힘에 근거해서 승패를 가려 논쟁을 해결하려는 것이다. 이 전략에서는 강한 사람이 다른 사람에게 자신의 해결책을 지시한다. 표면적으로는 이 같은 전략을 구사하면 논쟁을 빠르고 쉽게 해결한 것처럼 보인다. 그렇지만 실제는 그렇지 않다. 대개 한쪽이 우위를 차지하려고 하면 다른 한쪽은 그에 대해 저항한다. 언어적이고 신체적인 싸움이 일어날 수도 있으며 한쪽이 이길 때까지 갈등은 계속된다.

한쪽이 해결할 수 있는 위치 혹은 결과적으로 힘의 우위를 차지하는 위치 혹은 기진맥진한 위치에 있다고 하더라도, 논쟁이 완전히 해결되는 것은 아니다. 힘의 우위를 차지하지 못한 사람들이 승복하지 않을 수도 있다. 그들은 "다음 기회를 기다린다"고 하거나, "네가 나에게 어떻게 했는가 잊지 않겠다고"라고 한다. 얼마동안 그들은 자기들에게 일어났던 일을 후회하고 승자가 견디지 못하게 하려고 수동적인 공격적 행동을 보인다. 이 같은 전략을 받게 되는 쪽에서는 상대가 갈등을 다룰 만한 능력이 없다고 보게 된다(Canary & Spitzberg, 1990). 따라서 그들은 부적절하거나 비효과적이라고 생각되는 행동을 쉽게 포기하지 못한다.

갈등에 대해 승패적 전략을 사용하는 것은 부분적으로 정보의 부족 때문이며 문제를 해결할 수 있는 다른 방식을 모르기 때문이다. 또한 그것은 어떤 차이를 해소하는 데 경쟁적 방법을 선호하는 문화적 요인 때문이다(Kohn, 1986). 대부분의 사람들은 상대편을 이겨 쓰러뜨리는 것이 목표가 되는 게임을 점점 더 즐기고 있다. 새로운 매체들은 전쟁, 스트라이크, 비우호적으로 협동을 깨는 일들에 대한 보고와 갈등 차이를 줄이는 데 승패적 접근을 사용한 다른 예들로 가득 차 있다. 이 같은 분위기 속에서는 다른 방식으로 논쟁자와 문제를 접근하려는 경험도 없으며 다른 방식을 거의 갖지 못한다.

### 4) 화해: "약간의 진정한 용기를 보여라"

찰스 오스굿(Charles Osgood, 1980)은 보복적이기보다는 화해적인 방법으로 갈등을 다루는 접근법을 제안하였다. 그는 이 접근법이 서로를 이용당한다는 생각을 감소시키고, 갈등해소의 길을 선언하고 나아갈 만큼 좋은 전략이라고 했다. (그는 그것을 GRIT/긴장의 점진적 해소책 — Graduated and Reciprocated Initiatives in Tension reduction — 이라고 했다) 이 과정은 대인 간 혹은 집단 간의 다양한 갈등에 적용되어왔다.

GRIT과정을 적용하기 위해선 한쪽이 먼저 행동을 취하고 자신들의 의도가 긴장을 완화시키기 위한 것임을 알려야 한다. 그러면 상대 쪽에서도 호의적인 행위로 화답을 한다. 이런 겸손한 시작은 상대방에게 상호작용을 위한 새로운 장을 열게 만든다. 따라서 이 과정을 선도하는 쪽에서는 호의적인 행위를 하는 것이 중요하다. GRIT는 본질적으로 "나는 당신의 가려운 곳을 긁어주었다. 이제는 당신이 긁어줄 차례다"라는 전략이다. 일반적으로 다른 사람의 가려운 곳을 긁어주게 되면 사람들이나 집단은 상대방에 대한 그들의 부정적 태도와 감정을 누그러뜨린다. GRIT방식은 한쪽이 다른 상대방에 대해 우호적인 생각을 갖고 있을 때 크게 효과가 나타난다. 또한 양쪽 모두 '이제 싸움은 그만두고 우리의 상반된 입장을 풀어나갈 때다'라고 생각할 때 효과가 가장 좋다.

이러한 기술은 긴장상승과 적대감의 지속이 갈등해결을 방해한다는 전제를 기본으로 한다. 또한 이것은 무조건적인 협력은 너무나 어리석고 한쪽이 다른 쪽을 이용하도록 할 수도 있다는 것을 가정한다. GRIT 전략의 사용은 각자 갖고 있는 적대감의 수준과 부정적 감정을 줄이고,

서로에 대해 신뢰감을 갖게 하며, 궁극적으로 그 감정을 거꾸로 돌려놓는다.

### 5) 각자의 권리를 확인할 것: "게임의 규칙에 의해 경기할 것"

'권리에 기초한 전략'은 공유된 기대, 정책, 규칙, 표준운용절차, 선례와 같은 것에 의존한다. 예를 들어 판사는 이혼하려는 부부가 각자 얼마만큼의 재산분할권을 갖고 있는가를 판단하기 위해 법적 판례와 법 조항을 사용한다. 또한 어떤 운동경기에서 심판은 코치 또는 선수들 간의 분쟁을 조정하기 위해 운동경기의 공식적인 규칙을 적용한다.

권리에 기초한 전략이 공식적인 방법으로만 사용되어야 할 필요는 없다. 일상의 많은 인간관계에서 이전에 합의된 기대는 분쟁해결을 돕는 한 기준으로 이용될 수 있다. 두 사람이 누가 방청소를 할 것인가로 다투는 경우 그들이 이전에 합의한 순번제를 상기시키면서 갈등을 해결할 수 있다. 이러한 기대가 분쟁을 해결하는 데 적용되기 위해서는 몇 가지 조건이 지켜져야 한다.

첫째, 각 당사자들이 반드시 기대와 정책, 절차, 선례 그리고 분쟁에 적용할 수 있는 규칙을 알고 있어야 한다.

둘째, 누군가가 예전에 그런 기준이 사용되었다고 주장해야 한다. 분쟁에 관계된 한 개 또는 그 이상의 당사자가 그런 주장을 받아들여야 하고 또는 결정권을 갖고 있는 사람이 적용가능한 기준을 사용하도록 명령 또는 지시를 내려야 한다.

셋째, 그 기준은 한쪽으로 치우치지 않게 그리고 공정하게 문제에 적용되어야 한다.

### 6) 타협: "서로가 한 발자국씩 물러서자"

타협을 하기 위해서는 극단적 상황 사이에 어느 정도 수용할 수 있는 완충적 토대가 될 때까지 각 당사자가 함께 노력해야 한다. 이것은 두 당사자가 양쪽의 중간에서 만난다는 것 또는 두 가지 상황 가운데 서로가 받아들일 수 있는 또 다른 점에서 만난다는 것을 의미한다(Pruitt & Rubin, 1986). 일반적으로 이것은 돈, 모든 종류의 자원, 또는 어떤 방법에 대한 시비 등과 관련된 분쟁에 잘 적용된다. 이러한 경우 양쪽 모두 교착상태를 피하거나 종지부를 찍기 위해 서로가 수용할 수 있는 양보점을 내놓는다.

타협안은 어떤 사람이 바랐던 만큼 좋지는 않더라도 그들이 받았던 만큼의 나쁜 것은 아닌 해결책이어야 한다. 어떤 사람들은 타협하는 것이 '포기하는 것' 또는 '체면깎이는 것'으로 비춰진다고 생각한다. 사람들은 '실패'라는 강박관념에 매여있기 때문에 보다 창의적인 해결책을 제시하지 못하고 타협하는 방법을 택한다. 즉, 그들은 문제에 매달리는 데 염증을 내게 되고, 이에 따라 해결을 위한 시간은 부족해지며 그들의 열망은 줄어든다. 또 그들은 분쟁악화를 두려워한다.

### 7) 상호이득을 찾아라: "하나를 위한 모두 그리고 모두를 위한 하나"

이는 양쪽이 그들의 욕구를 충족시키고 이익을 가져다주는 해결책을 찾기 위해 함께 노력하는 것을 말한다. 이것은 마찰해소의 상호이득전략 또는 'Win-Win' 접근법이라 불린다. 두 딸이 냉장고에 들어 있는 레몬 한 개로 다투고 있었다. 서로 레몬을 차지하기 위해 말다툼이 벌어졌다. 이러한 말다툼이 계속된다면 두 딸은 자기의 입장을 고수하고 'Win-lose'

방법(한 명은 레몬을 갖고, 한 명은 레몬을 갖지 못하는)으로 말다툼을 해결하려 할 것이다. 이 방법은 서로에게 나쁜 감정을 갖게 만들며 경쟁으로 인한 부작용을 초래할 것이다. 이 문제는 한 사람이 매우 간단하지만 결정적인 질문을 던짐으로써 해결되었다. 즉, “도대체 왜 너는 레몬을 가지려 하지?” 다른 한 사람이 그 이유를 말했을 때 그들은 서로 다른 욕구를 지니고 있음을 확인했다. 한 명은 디저트 용도의 껍질을 원하고 있는 반면에 다른 한 명은 아이스티 용도의 즙이 필요했었다. 그들의 욕구를 충족시키는 해결책은 대화가 그들의 입장을 방어하는 데에서 상대방의 관심을 알아보는 것으로 옮겨갔을 때 제시될 수 있었다.

상호이득전략에서는 상대방의 이득과 자신의 이득을 통합하기 위해 노력하는 것이 중요하다. 이것은 타협하는 것과는 조금 다르다. 타협은 레몬을 반으로 나누는 것과 유사하다. 즉, 한사람은 문제를 해결하기 위해 레몬의 반을 상대방에게 포기해야 한다. 상호이득법은 레몬을 나누지 않고도 사람들이 해결책을 발견하도록 도와준다.

상호이득전략이 일어날 수 있는 네 가지 방법이 있다.

첫째, 양쪽이 모두 원하는 것을 얻을 수 있는 방법을 찾을 것. 결과적으로 이것은 위의 레몬 문제에서 일어났던 것과 같다. 두 사람은 그들 각각의 목적에 부합되는 레몬의 전체를 가질 수 있었다.

둘째, 파이의 크기를 늘릴 것. 즉 시간, 돈, 사람 그리고 다른 자원들은 때로 공급부족의 상태에 있다. 이 경우 현재의 자원을 나누려하는 대신에 그것을 증가시키려는 시도로써 창의적 해결책이 도출될 수 있다. 대학원에서 1박2일간 캠핑을 가기로 하였다. 어떤 사람들은 바다로 가자고 했고 다른 사람들은 산으로 가자고 했다. 그들은 캠핑기간을 2박3일로 하여 하루는 산에서 그 다음날은 바다에서 보내기로 하였다.

셋째, 또 다른 이득을 얻기 위해 하나의 이득을 양보할 것. 즉, 다른 것을 얻기 위해 하나의 이득을 양보하는 것을 말한다. 한 남자가 자신의 출퇴근용 차를 바꾸려고 하였다. 그의 아내는 차를 바꾸는 데 동의하는 대신 세탁기도 바꾸어 달라고 하였다.

넷째, 자신의 이익과 상대편의 이익 사이에 절충안을 마련할 것. 즉, 서로에게 모두 이익을 가져다주는 대안을 찾는 것이다. 어떤 부부가 비디오가게에서 다투고 있었다. 한 사람은 로맨틱한 드라마를 원하는 반면 다른 한사람은 코미디를 원하였다. 이 경우 로맨틱-코미디물을 선택하면 된다.

### 8) 거시적인 목표를 개발하라: "함께 할 수 있는 것을 하자"

분쟁을 해결하는 데에는 공동목표 혹은 거시적인 목표가 도움이 되는 경우가 있다. 공동의 목표를 위해 일하는 것은 협동심과 상호이해를 구축한다. 이러한 이점은 다른 문제해결에도 옮겨갈 수 있다. 거시적인 목표는 주로 부부 간에 그리고 회사의 이사들 간에 견해차를 해결하는 데 적용되어 왔고, 교실에서 인종 간의 조화를 증진시키는 데에도 적용되어 왔다. 거시적인 목표를 설정하여 서로 함께 일하다 보면 '우리'와 '그들'이라는 구분이 사라지고 '우리'라는 개념만이 남게 된다. 그러나 갈등의 당사자들 간에 힘의 불균형이 있을 때 혹은 부정적 감정이나 적대감이 내면에 깊게 자리 잡고 있을 때 거시적인 목표는 큰 효과를 발휘하지 못한다.

갈등을 해결하는 데 공동의 목표가 얼마나 효과적인가는 뮤어퍼 셰리프(Muafer Sherif, 1966)와 동료들의 연구에 잘 나타나 있다. 셰리프 등은 여름캠프에 참가한 소년들을 11살과 12살의 집단으로 나누었다. 각각의 집단은 식사준비, 야영생활, 수영을 위한 장소준비에 독립적으로 활동했다. 또한 그들은 각각 이름을 달리했는데, 한 집단은 '방울뱀'으로 다른 집단은 '독수리'로 하였다. 감독관들은 두 집단끼리 야구시합, 줄다리기, 보물찾기 등의 경기를 통해 두 집단을 갈등의 상태로 몰았다. 이런 경쟁적 분위기는 경기가 아닌 삶의 다른 부분까지 옮아갔다. 두 집단 간 개인적인 마찰이 나타나기 시작했다. 소년들은 서로를 욕했고, 주먹싸움까지 일어났으며, 집단의 오두막은 털리기 시작했다. 또한 적대적 분위기가 팽배해졌다. 셰리프가 공동의 목표를 제시하자 이런 혼란 상태에서 질서가 잡히기 시작했다. 그는 각각의 집단이 원하는 무엇인가를 달성하기 위해 협력할 수밖에 없는 문제(두 집단이 공동으로 사용하는 캠프장의 급수시설을 망가뜨린 것)를 일으켰다. 이렇게 해서 소년들은 캠프급수시설을 고치고, 캠프장의 고장 난 트럭을 치우고, 각각이 원하는 영화를 빌려 보기 위해 돈을 모으면서 서로 일해 나갔다. 집단 간의 긴장은 줄어들었고 이전에 서로에게 적대적이었던 사람들도 긴밀한 유대를 만들어갔다.

공동의 목표추구가 인간관계에서 모든 문제에 만병통치약은 아니다. 사람들은 그들의 차이를 일단 제쳐둘 지는 모르나 나중에라도 갖고 있던 차이를 꺼내놓을 것이다. 결혼한 부부의 경우, 그들은 자신들이 서로 다투거나 사이가 좋지 않을 때 이를 해결하기 위한 한 방법으로 아이를 갖기로 결정하거나 집을 옮기기로 결정할 수 있다. 그것은 올바른 결정이 아니다. 아이를 양육하고 새 집을 찾고 또 그것을 수리하는 것은 협동적 활동이지만 그들은 마음속에 내재한 어려움을 잠시 숨긴 것뿐이다.

### 9) 제3자를 이용하라: "네 친구들로부터 약간의 도움을 받아라"

자신의 힘으로 분쟁을 해결하는 일은 가끔씩 어려울 때가 있다. 상대방이 협조적이지 않을 수도 있고, 문제가 너무도 많은 긴장을 초래했을 수도 있다. 또한 양쪽 모두 자신들의 분노를 이겨낼 수 없을 수도 있다. 그러면 다른 사람들이 분쟁에 개입하게 되고 갈등영역이 확장되기 때문에 분쟁해결은 더 어려워진다. 그러나 분쟁에 개입하는 제3자를 잘 이용하면 효과가 있을 수도 있다. 제3자가 갈등을 해결하기 위해서는 견해차를 중재할 수 있는 기술을 가지고 있는 서로의 친구, 상담자, 정신치료자, 혹은 전문적 중재자이어야 한다. 그들은 논의를 위한 협상테이블의 규칙을 정하는 데 도움이 되고, 양쪽이 원하는 요구를 듣고 그것을 전달해줄 수 있다. 분쟁조정을 위해 제3자를 끌어들이는 것은 자신들이 약하다는 신호가 아니다. 오히려 강하다는 것을 나타내는 신호이다. 그리고 제3자가 분쟁조정에 개입할 때는 양쪽 모두 그 사람들이 공정하고, 결과로 인해 이익을 받는 일이 없을 것이라 생각해야 한다.

### 10) 최선의 해결전략 결정

윌리엄 유리(William Ury) 등은 갈등해결의 어떠한 방법도 일정한 손실과 이득이 있다고 하였다. 이것은 힘에 기초하고 권리에 기초한 선택 그리고 상호이득방법을 고려했을 때 맞는 이야기이다. 사람들은 주어진 상황에서 가장 효과적인 결론을 이끌어내는 전략을 선택하기를 원한다. 이때 고려해야 할 네 가지 질문은 다음과 같다.

첫째, 주어진 해결전략의 거래비용은 무엇인가? 분쟁은 언제라도 어느정도의 희생이 따른다. 분쟁은 시간과 돈을 요하고, 감정적 에너지를 낭비하게 한다. 또한 여러 자원을 소비하고 다른 생산적 활동에 전념할 수 있는 기회를 잃게 한다. 그런 희생을 자초하기 전에 다음 질문을 당신 자신에게 하라.

둘째, 상대방에 의해 제시된 분쟁해결대안에 만족하는가? 그렇지 않다면, 당신이 원하는 것을 얻는 데 도움이 되고 제8장에서 개략적으로 설명된 전략 중 한 가지를 이용하라.

셋째, 내가 택한 방법이 양쪽 모두에게 만족한 결과를 가져다 줄 수 있는가? 만족의 수준은 주로 결과가 두 당사자의 이익에 부합되는 정도와 해결책이 정당하다고 평가되는 정도에 따라 달라진다.

넷째, 자신이 택한 접근방법이 상대편과의 관계에 어떤 영향을 끼칠 것인가? 자신이 선택한 방법을 통해 갈등이 해결되었을 때 이후 갈등이 다시 일어났을 그때도 해결할 수 있는지, 갈등이 해결되고 난 후 서로의 감정 및 사이는 어떻게 될지를 고려해야 한다.

갈등해소전략에 관한 연구를 살펴보면, 상호이득방법이 당사자들 간의 가장 확실한 수용을 가져오고 질적으로 나은 해결책을 제시한다고 한다(Pruitt & Rubin, 1988; Ury et al., 1988; Thomas, 1992). 이 방법을 사용할 때 당사자들은 처리과정의 조정에 대해 보다 많은 이해를 나타냈고, 상대방과의 유대관계는 전보다 부정적이지 않았다. 이 방법으로부터 얻어진 해결책은 보다 오래 지속되는 경향이 있었다. 힘에 근거한, 또는 경쟁에 근거한 전략은 이런 관점에서 보다 적은 효과를 발휘하는 것으로 나타났고, 권리에 근거한 접근법의 효과는 상호이득방법보다는 효과가 적으나 힘 혹은 경쟁에 근거한 전략보다는 효과가 있었다.

그러나 상호이득방법은 전체적으로 시간이 보다 많이 들고, 사람들의 협력을 얻을 수 있는 좋은 방법이지만 익숙지 않은 의사전달과 관계유지의 기술을 사용하므로 추가적인 비용이 든다. 앨파이 콘(Alphie Kohn, 1986)은 협력적 방법은 경쟁적이고 보다 적대적인 방법으로 견해차이를 다루는 문화적 풍토에 사는 사람들에게는 잘 알려져 있지 않다고 한다. 따라서 협력적 전략이 그러한 풍토에서 유지되기는 어렵고 좋지 않은 방법이라고 하였다.

# 사회적 영향 10

사람들은 사회 속에서 다른 사람들의 행동에 따라 다양한 영향을 받는다. 어떤 한 식당의 음식이 맛있다는 소문이 나고 많은 사람들이 몰려들면 손님이 많아 서비스도 잘 받을 수 없고 불편한 점이 많지만 사람들은 그 집을 방문해 보고자 한다. 또한 케이블 방송에서 어떤 제품의 판매량이 많다거나, 주문전화가 밀리고 있다거나, 제품이 조기 품절될 것이라는 것이 방영되면 사람들의 구매의욕이 증가하는 것을 볼 수 있다. 제9장에서는 사람들이 사회적 상호작용에서 받는 다양한 사회적 영향에 대해 살펴볼 것이다.

## 1
## 동 조

동조란 실제 또는 가상의 인물이나 집단으로부터 압력을 받아 자신의 행동과 의견을 바꾸는 것이라고 할 수 있다. 동조현상이 우리 행동에 얼마나 영향을 미치는지는 실험을 통해 알 수 있다. 동조현상을 설명하는 가장 고전적인 실험의 예는 애슈(Asch, 1951)의 실험이다. 이 실험의 진행과정을 살펴보면 7명의 학생들씩 실험에 참여하게 된다. 학생들은 이 실험의 목적이 시각변별에 대한 것으로써 학생들이 할 과제는 매우 간단하다고 듣게 된다. 학생들이 탁자에 앉게 되면 실험자가 두 장의 카드를 보여주는 데, 첫 번째 카드에는 표준자극으로서 하나의 선분이 그려져 있고, 두 번째 카드에는 길이가 다른 세 개의 선분이 그려져 있다. 실험참가자들이 할 일은 두 번째 카드에 있는 세 개의 선분 중에서 첫 번째 카드에 있는 표준자극의 길이와 동일한 것을 선택하는 것이다. 모두 18번을 하게 되는데 어떤 시행이든지 아래의 그림에서 보는 바와 같이, 하나의 표준자극과 길이가 동일한 선분은 한 개이고, 다른 두 개는 분명히 매우 다르게 구성되어 있다. 단 어떤 시행은 비교자극이 표준자극보다 모두 길거나 모두 짧은 시행도 있다. 어쨌든 이 과제는 분명히 매우 쉬운 과제이다.

두 개의 카드가 제시되고 나면 학생들은 좌석에 앉아 있는 순서대로 큰 소리로 자신이 선택한 것을 발표해야 한다. 단 앞의 여섯 명의 학생들은 실험자를 도와주는 실험협조자들로써 실험을 하기 전에 미리 짜인 각본에 따라 답을 하게 되고 한 명만이 실험협조자가 아닌 진짜 실험참여학생이었다. 그 학생은 항상 마지막에서 두 번째에 앉게 되며, 다른 학생들이 실험협조자라는 사실을 모르고 이들도 자신과 똑같이 자발적으로 실험에 참여한 학생들이라고 믿는다. 실험이 진행되는 동안 처음 두 번의 시행과 몇 번의 시행에서는 실험협조자들도 모두 정확하게 대답을 하게 된다. 이는 진짜 실험참여자가 실험에 대해서 의심하지 못하게 만들고 실험협조자들의 눈이 나쁘다고 생각하지 않게 하기 위해서이다. 하지만 세 번째 시행부터 첫 번째 학생이 선분을 유심히 살펴보는 듯하다가 확신에 찬 목소리로 정답이 아닌 다른 선분(예를 들어 정답이 B인 시행에서 선분 A)을 선택하게 된다. 마지막에서 두 번째에 앉아 있는 학생이 보기에는 분명히 B가 정답인데 A라고 답을 하는 것을 보게 되면 이 학생은 첫 번째 학생이 아마도 잘못 보았거나 눈이 이상하다고 생각하게 될 것이다. 하지만 두 번째 학생도 유심히 선분을 주시하다가 첫 번째 학생과 똑같이 선분 A라고 대답을 하게 된다. 진짜 실험참여학생은 고개를 갸우뚱하면서 보다 자세히 선분을 보게 된다. 그런데 세 번째, 네 번째, 다섯 번째 학생들도 모두 앞의 학생들과 똑같이 선분 A라고 틀린 답을 한다. 진짜 실험참여학생은 이리저리 선분을 살피게 되고 점점 더 당황하게 된다. 이제 자신이 답할 차례가 되었을 때 이 학생은 자신이 생각하기에는 분명히 앞의 학생들의 답은 틀린 것 같은데 어떻게 답을 해야 할지 망설이게 된다.

이러한 상황에서 여섯 번째 앉은 진짜 실험대상학생의 대부분이 앞서 대답한 학생들의 틀린 답에 동조하였다. 자신이 생각하기에는 분명히 앞의 학생들의 답이 잘못되었다고 생각하면서도 그 학생들의 의견을 따랐다. 시각적으로 분명한 자극이 사용되었고, 학생들 또한 지적인 대학생들이었음에도 불구하고 다른 학생들의 의견에 동조한 것이다. 전체적으로 평균 세 명 중에 한 명 정도가 자신보다 앞서 답한 학생들의 틀린 답을 따랐다. 물론 앞서 설명한 바와 같이 이 연구의 상황은 미리 계획된 것으로서, 실제 실험대상이 된 학생에 앞서서 답한 학생들은 실험자의 협조자였으며 각본에 따라 답하였다. 그러나 실제 실험대상 학생들은 이 사실을 모른 채 실험협조자의 잘못된 답에 동의하지 않기보다는 잘못되었음에도 불구하고 틀린 답을 따랐다.

애슈 실험이 흥미로운 것 중의 하나는 이 실험상황에서 집단은 우연히 그리고 일시적으로 형성되었기 때문에 실험대상이 된 학생들은 자신과 같이 참여한 다른 학생들에게 동조하지 않아도 어떠한 불이익이나 제재를 당할 이유가 없는 상황이라는 점이다. 따라서 자신의 의견을 아무런 부담 없이 표현할 수 있는 상황이라는 점이다. 그럼에도 불구하고 많은 학생들이 다른 학생들의 틀린 답에 동조했다.

왜 이러한 현상이 일어났을까? 왜 똑똑하고 올바른 사고를 할 수 있는 학생들이 자기가 옳다고 믿는 바를 버리고 잘못된 판단에 비판 없이 동조하였을까? 여기에 대한 답은 두 가지로 생각해 볼 수 있다. 그 한 가지는 그 학생들 역시 A가 맞는 답이라고 확신하였을 가능성이다. 즉 앞의 학생들의 말을 듣고 보니 자기가 생각했던 것이 틀렸다고 순간적으로 생각했을 가능성이다. 다른 한 가지는 비록 다른 학생들이 틀리다는 것을 알고 있지만, 만일 자기가 집단의 전체 학생들과 동의하지 않으면 그 학생들로부터 소외되고 따돌림의 대상이 될지도 모른다는 두려움 때문이었을 것이다.

### 1) 동조하는 이유

사람들은 어떤 사실에 대한 판단을 여러 사람들이 존재하는 상황에서 표현할 때는 크게 두 가지를 중요하게 생각하게 된다. 즉 옳게 판단하고 싶다는 것과 다른 사람들에게 좋은 인상을 주고 싶다는 것이다. 옳게 판단하기 위해서는 두 가지 정보를 가지고 있어야 한다. 어떤 대상에 대한 자신의 인식과 다른 사람들이 말하는 것이 무엇인지에 대한 정보가 그것이다. 일생을 통해 사람들은 이 두 가지 정보가 어떤 가치를 갖게 되는가를 배우게 되며, 자기 자신의 관점으로 판단하고 행동하는 것이 살아가는 데 얼마나 도움이 되는가를 경험하게 된다. 또 한편으로 어떤 대상에 대해 배우는 것의 많은 부분은 다른 사람들이 제공하는 정보에 기초하고 있고, 다른 사람들의 판단에 의존하는 경험 역시 살아가는 데 도움이 된다는 것을 배우게 된다. 특히 자신의 판단과 다른 사람들의 판단이 같을 때는 환경에 대해서 보다 확실하고 자신 있게 판단할 수 있게 된다. 그러나 자신의 판단과 다른 사람들의 판단이 다를 때에는 선택하는 데 갈등이 있게 되는데 이때에는 보다 믿을 수 있는 정보를 기초로 판단해야 한다. 이러한 상황에서 사람들은 자기 자신만의 판단보다는 많은 사람들의 판단을 더 믿게 되기 때문에 다른 사람들의 판단을 따르게 될 수 있다. 이를 정보적 영향이라고 한다.

이와는 달리 사람들이 집단의 영향을 받는 또 다른 이유가 있다. 즉 사람들은 다양한 욕구의 충족을 위해서는 다른 사람들에게 의존해야 되기 때문에 자신에 대한 호감도를 최대화시키는 것이 중요하다. 따라서 다른 사람들의 의견을 따르지 않는 것은 자신을 싫어하게 만들 뿐만 아니라 거부하게 만들고, 다른 사람들의 의견에 동의하는 것은 자신에게 보다 긍정적으로 평가하게 만들고 또한 집단의 한 성원으로 계속 남아 있게 한다. 이와 같은 규범적 영향 때문에 다른 사람들의 의견에 동조하게 된다.

정보적 영향과 규범적 영향은 집단이 그 집단의 성원들에게 영향을 주는 주요한 기제이다. 물론 이들 두 기제의 상대적 비중은 상황에 따라 다르다. 어떤 경우에는 사람들은 다른 사람들이 제공해주는 정보 때문에 더욱 동조하게 되고, 어떤 경우에는 다른 사람들에게 좋은 인상을 주기 위해서 더 동조하게 된다. 게다가 이와 같은 정보적 영향과 규범적 영향은 효과가 다르다. 만약 다른 사람들이 자신을 어떻게 생각하는가에 의해서 동조하게 된다면 그 사람은 자신의 이전 생각은 계속 가지고 있으면서 겉으로 드러나는 행동만을 변화시킬 것이다. 그러나 다른 사람들이 제공해 주는 정보를 믿기 때문에 동조하게 된다면 자신의 개인적인 의견 역시 변화될 것이다.

대부분의 경우에는 옳은 판단을 하고자 하는 욕구와 다른 사람들에게 좋은 인상을 주고 좋은 관계를 유지하고자 하는 욕구는 동시에 충족된다. 하지만 애슈 실험에서처럼 올바른 답이라고 생각하는 것을 말하는 것과 자신이 속해 있는 집단의 다수의견이 일치되지 않는 상황이 있다. 이 경우에 대부분의 사람들은 자신이 불이익을 받는 한이 있더라도 자신이 옳다고 생각하는 바를 꿋꿋하게 말해야 한다고 생각한다. 하지만 애슈의 실험에서 보았듯이 옳은 것이 너무도 분명하고 확실하다고 할지라도 1/3 정도는 자신의 의견을 굽히고 자신과 의견이 다른 다수의 의견을 따른다는 사실이다. 즉 옳은 판단을 하고자 하는 욕구보다는 다른 많은 사람들로부터 소외와 따돌림을 당하지 않으려는 욕구가 더 큰 경우가 많다는 사실이다. 그렇다면 어떠한 요소가 과연 사회적 영향력에 무조건 순응하고 동조하도록 만드는가? 동조에 영향을 주는 요인에는 어떠한 것이 있는가?

### 2) 동조에 영향을 주는 요인

#### (1) 만장일치

동조에 영향을 주는 중요한 요인 중의 하나는 그 사람이 속해 있는 집단의 특성이다. 먼저 특히 자신을 제외한 집단의 성원들 모두가 만장일치로 결정을 하게 되느냐의 여부가 중요한 요인이다. 만일 어떤 사람이 자신은 동의하지 않지만 나머지 성원들 모두가 만장일치로 집단결정을 하는 상황에 직면하면 매우 커다란 동조의 압력을 받게 된다. 하지만 집단 성원들 중 한 사람이라도 나머지 성원들과 다른 의견을 제시하여 만장일치가 안 될 때에는 동조량이 급격히 떨어지게 된다. 심지어 이런 결과는 집단의 다수와 의견이 다른 사람이 정답이 아니라 역시 틀린 답을 할 때조차도 일어났다. 예를 들어, 애슈의 실험에서 정답이 B인 경우 집단의 대다수가 A라고 답하고 단 한 사람이 C라고 대답을 하여 만장일치가 되지 않는 경우에도 그 뒤에 대답하는 많은 사람들이 집단의 다수의견에 동조하기보다는 자신이 옳다고 생각하는 답을 제시하였다(Allen & Levin, 1977). 집단의 성원들 가운데 집단의 다수의 의견과 다른 의견을 가지고 있는 사람이 단순히 존재하기만 하여도 그리고 그 사람이 자신의 의견과 일치하지 않음에도 불구하고 사람들에게 자신의 의견을 표현하는 것을 더 쉽게 만든다.

또한 다수의 의견에 동의하지 않는 사람이 그 사람에 대한 감정과 상관없이 자기 자신의 의견을 더 쉽게 표현하도록 만든다. 예를 들어, 한 연구(Malof & Lott, 1962)에서 백인학생들은 집단 다수의 의견을 따르지 않는 학생이 자신들이 좋아하지 않는 흑인학생일 때조차 동조량은 감소되었다. 즉 집단의견의 만장일치를 깨는 사람이 자신이 싫어하거나 부정적인 편견을 가지고 있는 사람일 때조차 집단의 만장일치를 깨는 사람이 단순히 존재한다는 사실만으로도 자기 자신의 의견을 더 쉽게 표명하는 것이다.

### (2) 집단의 크기

동조에 영향을 주는 요인 중 두 번째 요인은 집단의 크기이다. 예를 들어, 애슈의 실험에서 두 사람이 실험에 참여하고 있는데, 그 중 한 사람이 틀린 답을 했다면, 두 번째 사람은 자신이 생각하기에 다른 사람의 답이 틀렸다고 생각하면 그 사람의 의견을 따르기보다는 자신의 생각을 표명할 것이다. 그러나 애슈의 실험에서처럼 자신이 대답하기에 앞서서 네 명 또는 다섯 명이 한결같이 틀린 답을 하는 경우에는 많은 사람들이 다수의 의견을 따르게 된다. 애슈(1951)는 다수의 크기를 1~16명에 이르기까지 다양하게 구성하여 실험을 하였다. 그 결과는 앞서 설명한 바와 같이 한 사람과 답이 달랐을 때는 아무런 효과가 없었으나 두 사람과 답이 달랐을 때에는 13% 정도의 동조를 보였다. 세 사람이 한 목소리를 내었을 때는 1/3 정도가 동조를 하였고, 네 사람인 경우에는 세 사람일 때보다 조금 더 동조를 보였을 뿐 그 이상에서는 동조량을 증가시키지 않았다. 즉 동조를 가장 많이 일으키기 위한 최적의 수는 3~4명으로서 그 이상 추가하는 것은 동조량을 증가시키는 것에 아무런 효과가 없었다.

사람들이 추가됨에도 불구하고 동조에 대한 영향이 더 커지지 않는 이유 중의 하나는 단순히 사람의 수가 동조의 차이를 일으키는 것이 아니라 독립적인 의견의 수가 동조량의 차이를 일으키는 데 중요하기 때문이다. 와일더(Wilder, 1977)는 이를 증명하는 실험을 하였다. 그는 실험참여자들에게 어떤 소송사례를 제시해주고 죄를 판단하도록 하였다. 판단을 하기에 앞서 그들은 1~6명에 이르기까지 극단적으로 주장하는 사람들의 판단을 테이프를 통해서 듣게 되었다. 그런데 이들은 어떠한 집단에도 속하지 않는 6명이거나 3명씩 두 집단에 속하는 6명이거나 또는 모두 하나의 집단에 속하는 6명이라고 알려 주었다. 이 경우에 실험협조자가 6명씩 모두 동일했음에도 불구하고, 이들이 어느 집단에도 속하지 않는 6명일 때가 3명씩 두 집단에서 온 6명이었을 때보다 실험참여자들은 동조를 더 많이 하였다. 아울러 3명씩 두 집단에서 온 6명이었을 때에 모두 하나의 집단에 속하는 6명일 때보다 동조를 더 많이 하였다. 즉 동조를 일으키는 데 중요한 것은 절대적인 수가 아니라 별개의 집단이나 개인들에서 나온 독립적인 의견의 수인 것이다. 그 집단이 하나의 단위로 의견을 표명하거나 행동하고 있는 것으로 간주되면 그 집단 내에 있는 사람 수를 증가시키는 것은 동조를 일으키는 데 중요하지 않은 것이다.

동조를 증가시키는 데 중요한 것은 별개의 집단에 속하는 사람들의 의견이나 행동을 증가시키는 것이 중요한 것이다.

### (3) 성 별

사회적인 영향을 받아 다른 사람들의 의견에 동조할지의 여부는 개인의 특성에 따라 다르다. 즉 어떤 사람들은 다른 사람들의 의견에 상관없이 자신의 의견을 꿋꿋이 표명하는 반면 어떤 사람들은 다른 사람들의 의견에 쉽게 동조한다.

동조에 대한 개인의 특성과 관련하여 많은 주목을 받은 것 중의 하나는 성이다. 전통적으로 여자가 남자보다 더 수동적이라는 고정관념이 있어서, 사람들은 여자가 남자보다 사회적인 영향을 더 받을 것이라고 생각한다. 초기의 조사연구(McGuire, 1969)에서는 이를 지지하였다. 하지만 그 이후의 연구(Eagly, 1978, 1983)에서는 남자와 여자 간에 동조에 별 차이가 없었다. 시스트렁크(Sistrunk)와 맥데이비드(McDavid, 1971)는 남자 또는 여자 어느 한쪽이 더 많이 알고 있는 문항을 조사하여, 여자가 많이 알고 있는 항목, 남자가 많이 알고 있는 항목 및 남자와 여자 간에 차이가 없는 항목으로 나누어서 동조의 정도를 알아보았다. 그 결과, 여자가 많이 알고 있는 항목에서는 여자보다 남자가 더 많이 동조하였고, 남자가 많이 알고 있는 항목에서는 남자보다 여자가 더 많이 동조하였다. 하지만 남자와 여자 간에 알고 있는 정도에서 차이가 없는 항목에서는 남자와 여자가 동조하는 정도에 차이가 없었다. 이글리(Eagly, 1983)는 실험실의 많은 동조연구에서 여자들은 남자보다 사회적인 화목을 더 유지하려 하기 때문에 남자보다 더 동조했다고 주장했지만 보다 완전한 변화(내면화)의 정도는 남자와 별 차이가 없었다.

### (4) 문 화

문화에 따라서도 동조의 정도에 차이가 나서, 미국학생들보다 일본학생들이 다수의 의견에 동조하지 않았다(Frager, 1970). 심지어 대다수의 사람들이 정답을 표명하여 갈등이 전혀 없는 상황에서조차 많은 일본학생들은 다수에 동조하지 않으려고 오히려 다르게 대답하였다. 비록 이 학생들이 왜 이런 식으로 대답을 하였는지 확실하지는 않지만 한 가지 가능한 설명은 반발(reactance)이라는 개념으로 설명할 수 있다. 즉 사람들은 누군가가 자신을 통제하려 한다고 느낄 때는 반발하게 된다는 것이다(Brehm & Brehm, 1981). 예를 들어, 화장실에 낙서하지 말라고 좋은 말로 할 때에 비해 낙서하지 말라고 명령하듯이 말을 하면 오히려 더 낙서를 많이 하게 된다. 일본학생들도 자신의 자유의지가 도전받고 있다고 느껴서 자신의 자유를 주장하기 위해 오히려 다른 답을 했을 수 있다는 것이다.

밀그램(Milgram, 1961)은 노르웨이와 프랑스에서 여러 번에 걸쳐 애슈의 실험을 수행하였다. 노르웨이의 문화는 결속력과 집단의 화합을 중시하는 데 반해, 프랑스 문화는 자신의 의견에 대해서는 개인주의적인 성향을 띤다고 알려져 있는 문화이다. 프랑스에서는 자신의 의사를 유지하려는 경향이 강하여 집단의 압력에 저항하는 학생들이 많았던 반면, 노르웨이에서는 많은 학생들이 다수의 의견과 다른 의견을 표명하는 것을 피하고 다수의 의견에 동조하였다.

### (5) 자신에 대한 평가

개인적인 특성 중 동조에 가장 중요하게 영향을 미치는 요인은 자기 자신을 어떻게 평가하느냐이다. 만약 자신이 어떤 특정한 일에 대한 사전

지식이 전혀 없거나, 사전지식이 있다 하더라도 자신이 없다고 생각되면 사전지식이 있고 자신이 있는 사람보다 다른 사람의 의견을 무조건 따르게 될 가능성이 높다. 일반적으로 사람들은 자기 자신의 능력을 믿고 자신을 높이 평가하는 사람들이 그렇지 않은 사람들보다 집단의 영향력으로부터 훨씬 독립적일 수 있다. 하지만, 자신 또는 자신의 능력에 대해 스스로를 비하하는 사람들은 집단의 영향력에 쉽게 굴복하여 동조를 더 하게 된다는 것이다.

이것은 실증적인 실험의 결과에서도 잘 나타나 있다. 디테스(Dittes)와 켈리(Kelly, 1956)는 실험을 통해 자신에 대한 스스로의 평가가 그 사람이 속한 집단에 동조하는 데 미치는 영향을 알아보았다. 그들은 학생들이 가입하고 싶어하고 또한 인기 있는 대학의 한 동아리에서 몇몇 학생들을 새로운 신입회원으로 초청을 했다. 하지만 새로운 회원들의 동아리 가입에는 하나의 조건이 있는데 그것은 동아리 성원들의 요청이 있으면 언제라도 제명될 수 있다는 점이다. 그런 후 그 새롭게 초청된 회원들은 청소년 범죄에 관한 토론에 참여하였다. 그 토론과정에서 가끔씩 회원들은 신입회원들을 어떻게 생각하는지 평가하는 시간을 갖고 무선적으로 일부 신입회원들에게는 모든 회원들이 입회를 적극 환영하고 있다는 인상을 받을 수 있는 피드백을 주고, 일부 신입회원들에게는 회원들이 별로 탐탁하게 생각하고 있지 않다는 인상을 갖도록 유도하는 피드백을 주었다. 그리고 그들이 그 토론에서 어떻게 대처하는지 알아보았다. 이 토론과정에서 회원들로부터 자신이 높이 평가받지 못하고 있다는 피드백을 받아서 자신은 제명당할지도 모른다고 생각하여 별로 자신감이 없는 학생들은 집단의견에 적극 동조하는 경향을 보였다. 하지만 자신은 회원들로부터 높은 평가를 받고 있다고 스스로 생각하여 자신감을 가지고 있는 학생들은 꿋꿋하게 집단의 의견과 다른 의견을 제시하면서 집단의 의견에 덜 동조하는 모습을 보였다.

크러치필드(Crutchfield, 1955)는 동조와 성격 간의 관계를 연구하였다. 그는 가장 동조를 많이 한 사람은 자신에 대한 평가가 낮고, 책임감이 낮으며, 소극적이고 편견이 많으며 권위주의적인 태도를 가진 사람이었음을 밝혔다. 비록 자아존중감이 높은 사람들이 자신의 견해를 더 고수한다 하더라도(Stang, 1972), 동조는 개인의 특성만으로 발생하기보다는 개인의 특성과 상황적 요인이 복합적으로 작용하여 발생한다고 보아야 할 것이다. 예를 들어, 권위주의적인 사람은 마음이 닫혀 있으며, 엄격하여 사회적 영향을 잘 따르지 않지만 권위 있고 힘 있는 사람에게는 쉽게 따른다. 따라서 어떤 사람이 동조를 할 것인가 아니면 동조하지 않을 것인가를 예측하기 위해서는 그 사람이 권위주의적인 성격을 가지고 있는 사람인가를 알아야 할 뿐만 아니라 사회적 영향력을 행사하는 사람의 지위도 알아야만 하는 것이다. 영향력을 행사하는 사람이 그 권위주의적인 사람에 비해서 상대적으로 지위가 높다면 분명히 영향을 받아 의견을 따를 것이지만, 영향력을 행사하는 사람의 지위가 낮다면 그 사람의 영향을 받지 않을 것이다. 그러므로 개인의 성격만이 동조의 정도에 영향을 주는 것이 아니라 개인의 성격과 상황이 상호작용하여 동조에 영향을 주는 것이다.

### 3) 비동조의 욕구

지금까지 동조에 대한 설명을 통해서 동조에 대한 압력을 받으면 우리는 그 압력에 저항하지 못하고 다수의 의견에 따르게 될 것이라는 인상을 받았을 것이다. 하지만 그와 같은 사회적 압력이 강력하다 하더라도 아예 저항하지 못하는 것은 아니다. 많은 사람들이 그와 같은 사회적 압력하에서도 자신의 의견을 굽히지 않고 꿋꿋하게 자신의 의견을 피력한다. 애슈의 실험에서도 사회적 압력에 굴복하여 자신의 의견을 버리고 다수의 의견을 따라 동조한 사람들은 세 사람 중에 한 사람 정도일 뿐 대다수의 사람들은 자신의 의견을 고수하였다. 이와 같이 다수의 강렬한 사회적 압력을 받는 상황에서 집단압력에 저항하며 자신의 의견을 고수할 수 있도록 만드는 힘은 무엇일까? 여기에는 두 가지 요인을 고려해 볼 수 있다.

첫째, 대부분의 사람들은 자신만의 고유한 개성을 발휘하고 독자성을 확보하려는 강렬한 욕구를 가지고 있다(이훈구, 1995). 사람들은 특히 다른 사람들이 있는 상황에서 옳게 판단해야 한다는 욕구와 다른 사람들로부터 호감을 얻고자 하는 욕구를 가지고 있는 동시에 다른 사람들과 달리 자신만의 독특성을 살리려는 욕구도 가지고 있다. 즉 다른 사람들의 의견을 무조건 따르는 것은 자신의 주체성을 상실하게 만들므로 가끔은 다른 사람들과 의견을 달리하거나 자기만의 독자적인 방식으로 행동하고 싶어한다. 사람들이 다른 사람들과 의견을 같이하고 비슷하게 행동하여 다른 사람들의 호감을 얻고 싶어하기는 하지만 자신의 개인적인 주체성이나 정체성마저 잃을 정도로 무조건 따라 하지는 않는다. 따라서 그와 같이 자신만의 개성을 살리면서 독자적인 행동을 하는 것이 다른 사람들로부터 호감을 얻는 데는 도움이 되지 못한다 하더라도 자신만의 주체성을 유지하겠다는 욕구 역시 강하다고 할 수 있다.

둘째, 사람들이 집단의 압력에 저항하고 자신의 의견이나 행동을 고수하는 것은 그들의 생활 속에서 일어나는 사건을 스스로 통제하려는 욕구와 자신의 자유를 유지하려는 욕구가 있기 때문이다. 대부분의 사람들은 다른 사람들의 영향이나 압력을 받지 않고 자신의 일을 스스로 결정하기를 바라고 자유롭게 의견을 표명하고 행동하기를 바란다. 따라서 사회적 압력에 굴복하여 다른 사람들의 의견을 따르는 것은 통제에 대한 욕구와 자유를 지키려는 욕구에 대한 제한으로 여겨지게 되기 때문에 자신의 의견이나 행동을 고수하려 한다. 이에 대한 증거는 버거(Burger, 1987)의 연구에서 밝혀졌다.

한 실험에서 남녀 대학생들에게 10편의 만화영화를 보여주고 각 만화영화가 얼마나 재미있는지를 평가하도록 하였다. 실험에 참여한 학생들의 반에게는 혼자 있는 동안에 이 만화영화를 평가하게 하였고, 나머지 반의 학생들에게는 여러 명의 다른 사람들이 평가하는 것을 들은 다음에 평가하도록 하였다. 이 경우에, '다른 사람들'은 애슈의 연구에서처럼 실험 전에 실험자와 미리 공모를 한 실험협조자들이었다. 이 실험협조자들은 이미 다른 사람들이 재미없다고 평가한 만화영화조차도 매우 재미있다고 평가하였다. 만화영화를 평가하기에 앞서 모든 실험참여자들은 개인적인 통제력에 대한 욕구를 측정하였다. 이 연구에서 실험자들은 개인적인 통제력에 대한 욕구가 높은 사람들이 낮은 사람들보다 실험협조자들의 영향을 덜 받으리라고 예측하였다. 실험결과, 예측한 대로 실험협조자들의 평가를 듣지 않은 경우에는 통제력의 욕구가 높거나 낮은 것에 관계없이 만화영화를 재미없다고 비슷하게 평가하였다. 하지만 실험협조자들의 평가를 들음으로써 이들의 영향을 받은 경우에는 개인적 통제력에 대한 욕구가 높은 실험참여자들보다 낮은 실험참여자들이 그 만화영화를 더 재미있다고 평가하였다.

또한 앞에서도 밝힌 바와 같이 심지어 대다수의 사람들이 정답을 표명하여 갈등이 전혀 없는 상황에서조차 많은 일본학생들은 다수에 동조하지 않으려고 오히려 다르게 대답하는 경우가 많았다. 즉, 사람들은 누군가가 자신을 통제하려 한다고 느낄 때는 반발하게 된다. 일본학생들도 자신의 자유의지가 도전받고 있다고 느껴서 자신의 자유를 주장하기 위해 오히려 틀린 답임에도 불구하고 다수의 의견과 다른 의견을 표명했을 수 있는 것이다.

# 2
# 권위의 복종

동조는 일반적으로 지위가 동등한 집단의 성원들 사이에서 발생되는 사회적 영향이다. 또한 사회적인 압력이 분명하게 가해지기보다는 암묵적이고 겉으로 드러나지 않게 이루어진다. 아울러 집단성원들은 직접적으로 통제하려 하거나 제재하려 하지도 않는다. 복종은 동조와 달리 공식적인 지위가 동등하지 않는 사람들 사이에서 일어나는 과정이다. 예를 들어, 교사와 학생 또는 의사와 환자와 같이 합법적인 권위를 가지고 있는 사람과 그렇지 못한 사람들 사이에서 발생하는 영향이다. 여기서 권위라는 의미는 그 권위를 받아들이는 사람의 입장에서 스스로 상대방은 자신에게 명령할 수 있는 권한을 가지고 있다고 생각하며 강제적인 힘을 빌리지 않아도 그 사람이 지시하는 바대로 행동하는 것을 의미한다. 여기서는 일반적으로 사람들이 권위에 대해 무조건적으로 복종하는지를 알아보고, 또한 어떠한 요인이 권위에 대한 무조건적인 복종에 영향을 미치는지를 살펴보고자 한다.

## 1) 밀그램의 복종연구

밀그램(Milgram)의 복종실험은 심리학에서 가장 유명한 실험 중의 하나로서 인간이 권위에 얼마나 무력한지를 잘 보여주고 있다. 즉 그는 겉으로 보기에 권력이 있어 보이는 사람이 아무런 죄도 짓지 않은 낯선 사람에게 고통을 가하라고 요청하는 경우에 사람들이 이에 복종하게 될 것인지를 밝히려 하였다. 그는 한 지방신문에 '인간의 학습과 기억에 대한 연구'에 참여할 자원자들을 모집하는 광고를 냈다. 연구참여의 대가로는 4달러를 준다고 하였다. 이 실험에 자원한 사람들은 일반직장인들로부터, 전문직, 노동자, 일반상인 등 평범한 일반 시민들로서 20~40대로 광범위했다. 실험에 참여하려는 사람들이 실험장소에 도착하면 먼저 실험자와 만나게 되고, 다음에 또 다른 참여자를 만나게 되는데 이 사람은 실제로는 실험협조자였다. 실험자는 그들에게 그 실험은 '처벌이 인간의 학습에 미치는 영향'에 관한 실험이라고 설명하였다. 실제 실험참여자와 실험협조자가 한 명씩 짝이 되어 그 실험에서 무슨 역할을 할 것인가를 결정하였다. 그들이 맡게 될 역할은 교사 또는 학생역할 중 하나였다. 그들이 할 역할은 제비를 뽑아서 결정하는 듯이 보였지만 실제로는 실험협조자들은 항상 학생역할을 맡도록 되어 있었고, 정말 신문광고를 보고 온 일반 실험대상자들은 항상 교사역할을 하도록 되어 있었다.

교사역할은 학생들이 기억해야 할 단어의 쌍을 읽어 주고 그것을 잘 기억하고 있는지를 확인하는 것이다. 만약 학생이 틀리게 답하게 되면 교사는 학생에게 정답을 불러주고 처벌로 전기쇼크를 주게 되어 있었다. 교사 앞에 있는 책상에는 전기쇼크를 주는 기계가 있다. 그 전기쇼크 기계에는 30개의 스위치가 있는데, 제일 낮은 단계인 15볼트부터 제일 높은 단계인 450볼트까지 전압을 올릴 수 있도록 되어 있었다. 각 단계의 스위치 상단에는 쇼크의 강도를 나타내는 표찰이 붙어 있는데, 예를 들면 '약한 쇼크'로부터 전압의 정도가 높아질수록 '강력한 쇼크', '위험: 매우 위험한 쇼크'라는 표찰이 붙어 있었다. 마지막 두 개의 스위치(435볼트와 450볼트)는 위험수준을 넘어서는 쇼크수준으로서 XXX라는 표시만 있었다.

학생들은 전기쇼크 기계장치가 있는 방으로부터 좀 떨어진 곳에 위치해 있는 방으로 들어가게 되어 있다. 그 방에는 전기의자가 있고, 학생들이 일단 도착하면 그 의자에 앉게 하고 손을 끈으로 묶고 양쪽 팔에 전극을 연결시킨다. 교사는 그 학생의 얼굴을 볼 수 없으며 질문이나 답은 인터폰을 통해서만이 가능하도록 되어 있다. 일단 실험이 시작되면 교사와 학생은 실험담당자가 있는 방으로 들어가는 데, 학생역할을 맡은 실험협조자가 자신은 심장이 약하다고 이야기를 하나 실험담당자는 물론 통증을 느끼겠지만 쇼크가 그렇게 위험하지는 않으니 염려할 것이 없다고 말을 한다. 그 다음 실험담당자는 교사에게 학생이 앉을 전기의자를 보여주고 학생이 어느 정도의 전기쇼크를 받게 되는지를 직접 느낄 수 있도록 교사를 그 의자에 앉게 한 다음 45볼트의 전기쇼크를 준다. 그 교사가 직접 경험하게 되는 전기쇼크의 강도는 사실 꽤 강한 것으로 상당히 아팠으나, 실험담당자는 그 쇼크가 그다지 강하지 않고 약한 쇼크라고 설명을 해준다.

학습과제가 시작되면 처음에는 학생역할을 하는 실험협조자는 교사가 읽어주는 단어를 잘 기억했지만 서서히 실수를 하게 된다. 학생이 오답을 할 때마다 교사는 그에게 정답을 알려주고 전기쇼크를 준다. 처음에는 15볼트의 전기쇼크로서 약한 쇼크부터 시작하지만 실수가 반복됨에 따라 그 강도는 점점 강해져 간다. 학생은 전기쇼크를 받고는 투덜대기 시작하나 전기쇼크의 강도가 강해짐에 따라 학생은 신음소리를 내다 점차 비명을 지르기 시작한다. 쇼크의 강도가 강해질수록 고통을 심하게 느끼는 듯 학생이 지르는 비명의 강도는 점점 강해져서 급기야는 교사에게 나가게 해달라고 소리치고 고통을 더 이상 참을 수 없다고 사정한다. 학생은 고함을 지르고 탁자를 쾅쾅 치고 발로 벽을 차며 끝 무렵에는 대답하기를 중지하고 아예 아무런 반응도 하지 않는다. 그러나 '무응답은 오답'이기 때문에 교사는 계속 쇼크를 주어야만 한다. 이런 상황에서 교사역할을 맡은 사람은 실험을 계속 해야 할지 주저하거나 그만두려 한다. 그럴 때면 흰색의 가운을 입은 실험담당자는 교사에게 실험을 계속할 것을 재촉한다. "계속하십시오", "당신은 이 실험을 계속할 필요가 있습니다", "이 실험은 계속하는 것이 매우 중요합니다", "여러분은 선택의 여지가 없습니다. 실험은 계속되어야 합니다"라고 네 단계에 걸쳐서 재촉하였다. 실험자는 또한 실험의 모든 책임은 자신이 질 것이며 교사에게는 책임이 없다는 말을 하였다. 이 실험은 실험자의 독촉에도 불구하고 실험에 참여한 사람들이 더 이상 실험을 계속하는 것을 중지하거나 가장 높은 강도의 쇼크까지 시행하게 되면 끝나게 된다.

이와 같은 상황하에서, 실험에 참가한 40명은 실험실에서 나가게 해달라는 비명소리와 더 이상 고통을 참을 수 없다는 울부짖는 소리에도 불구하고 300볼트까지는 모두가 쇼크를 주었고, 65%에 가까운 사람들은 위험하다는 표시를 넘어서는 최고치인 450볼트까지 전기쇼크를 주었다. 일반적으로 생각하기에 많은 사람들이 실험과정에서 고통으로 신음하고 울부짖는 학생의 비명소리를 듣고 중간에 실험을 그만두었을 것이라고 생각할 것이다. 또한 만약 우리 스스로가 이 실험에 참가하여 교사역할을 했다면 자신은 분명히 전기쇼크를 끝까지 주지 않고 도중에 실험을 그만두었을 것이라고 생각할 것이다.

물론 여기서 학생은 앞에서 밝힌 바와 같이 실제로는 실험협조자였고, 아무 쇼크도 받지는 않았다. 실수를 하거나 불평하고 신음하며 비명지르는 학생들의 모든 반응은 실제로는 동일하게 들리도록 조심스럽게 연습된 녹음소리였다. 교사역할을 한 사람들은 이 상황이 꾸며진 것이라는 사실을 전혀 모르고 실험에 임하였다. 실험담당자 역시 흰 가운을 입어 권위있는 전문가처럼 행동했지만 단지 실험협조자였을 뿐이다.

교사역할을 한 사람들은 왜 상대방이 그처럼 고통에 몸부림침에도 불구하고 실험담당자의 말을 충실히 따랐을까? 과연 그들은 우리 일반인과 달리 피도 눈물도 감정도 없는 그야말로 잔인성을 타고난 별종의 인간이란 말인가?

실제적으로 많은 사람들은 상대방의 신음소리에 진땀을 흘리고, 고통에 갈등을 느꼈으며 실험을 계속해가는 것이 부당하다고 항의하였다. 그리고 앞에서 밝힌 바와 같이 실험에 참가한 사람들은 평범한 일반인들이었다. 실제로 도중에 실험을 지속할 것을 거부한 사람들과 그렇지 않은 사람들이 과연 어떠한 차이가 있는지 알아본 엘름즈(Elms)와 밀그램(Milgram, 1966)의 연구에서도, 성격검사나 다른 적성검사를 통해 그들을 분석해 본 결과 끝까지 실험담당자의 요구에 복종한 사람과 그렇지 않고 거절한 사람 사이에 특별한 차이점을 도저히 발견할 수 없었다. 즉 상대방의 고통에도 아랑곳없이 실험을 진행했다고 해서 우리가 생각하는 것처럼 절대잔인성을 타고났다거나 남의 고통을 즐기는 사람이 아니라는 것이다. 실험이 끝난 후 그들에게 왜 상대방의 고통에도 불구하고 실험을 계속했는지를 물었더니 대부분의 사람들은 들은 "나는 그만 두려고 했지만, 실험담당자 선생님이 계속 하라고 해서 계속했습니다"라고 답했다. 즉 보통의 일반인들이 강력한 권위를 갖고 있는 사람에게는 복종하기가 쉬우며, 설사 이 실험에서처럼 복종을 하는 것이 자신의 신념과 어긋나거나 잔인하고 잔혹한 일일지라도 벗어나기가 쉽지 않다는 것이다.

다음에는 어떠한 요인이 인간의 권위에 대한 복종을 유도하는가를 좀 더 구체적으로 이해하기 위해 권위에 대한 복종에 영향을 주는 요인에 대해서 알아보자.

## 2) 복종에 영향을 주는 요인

### (1) 합법적인 권위

밀그램(Milgram, 1965)의 실험에서 사람들이 폭력에 의해서 어쩔 수 없이 복종한 것이 아니라 실험자의 강력한 권위의 압력에 의해 자발적으로 복종을 하였다. 밀그램(1965)의 실험에서는 권위를 좀 더 높여 줄 수 있는 여러 가지 요인이 있었다. 예를 들어, 실험이 이루어진 예일대학 및 소속 학자, 중요한 과학적인 문제를 연구한다는 실험설명서 그리고 실험자가 입은 흰 가운 등이 그것이다. 밀그램(1965)은 이렇게 권위를 상징적인 요인이 복종에 어떠한 영향을 미치는지 알아보고자, 앞에서 설명한 바와 같은 똑같은 실험을 도심의 상가지역에 있는 허물어져 가는 건물의 한 사무실에서 실시해 보았다. 이 경우에 예일대학 내에서 실시했던 실험에서는 65%가 끝까지 복종했으나 시중상가에서는 48% 정도만이 끝까지 복종하였다. 물론 여전히 48% 정도가 복종하였다는 사실 자체가 놀랍기는 하지만, 예일대학이라는 권위가 사라지면 복종의 정도가 약간 줄어드는 것이다.

또한 밀그램의 실험에서 복종에 영향을 준 요인은 실험을 실시하는 사람이 과학자이거나 합법적으로 권위 있는 인물이라는 점이다. 예를 들어, 실험담당자가 누구냐에 따라 복종의 정도가 어떻게 달라지는가를 밝힌 밀그램의 한 실험에서, 과학적인 실험자가 마지막 순간에 권위가 없는 다른 사람으로 대체되었을 때는 복종의 정도가 떨어졌다. 즉 앞에서 자세히 설명한 밀그램의 실험에서, 권위가 있어 보이는 실험자가 실험을 기다리는 사람들이 지켜보는 앞에서 전화를 받고 나가면서 실험자의 조수에게 실험을 책임지게 했다. 이런 상황에서 실험자의 조수가 교사역할을 하는 사람에게 쇼크수준을 높여가라는 지시를 했을 때 교사역할을 하는 사람들의 20% 정도만이 복종하였던 것이다.

사람들은 어떤 사람에게나 복종하는 것이 아니라 스스로 권위가 있을 것이라고 인정하는 합법적인 권위가 있는 사람에게만 복종한다는 것을 알 수 있다.

복종의 정도에 영향을 주는 또 다른 요인은 권위를 가진 명령자가 그 자리에 함께 있느냐의 여부이다. 밀그램이 수행한 한 실험에서 실험자가 교사역할을 하는 사람과 같은 방에 있는 것이 아니라 옆방에서 전화로 지시를 내렸을 때에는 끝까지 복종하는 비율이 25%로 감소하였다. 더구나 몇몇 사람들은 실험절차를 어겨가면서 순서대로 전기쇼크 수준을 높이기보다는 오히려 더 낮은 쇼크를 자기들 마음대로 주기도 하였다. 그리고 이와 같이 실험절차를 어겼다는 사실을 보고조차 하지 않았다.

### (2) 피해자의 고통을 느낄 수 있는 정도

사람들의 복종의 정도에 영향을 주는 또 다른 요인은 실험자의 지시에 따라 다른 사람들에게 고통을 가할 때 피해자의 고통을 느낄 수 있는 정도이다. 그 예로서 자신이 쇼크를 가함으로써 고통을 받고 있는 피해자를 직접 볼 수 있게 되면 피해자에 대한 걱정이 직접적으로 와 닿기 때문에 피해자를 직접 볼 수 없을 때보다 복종의 정도가 감소할 것이다. 실제적으로 밀그램(1965)의 한 실험에서 교사역할을 하는 사람이 학생역할을 하는 사람을 듣기만 하고 볼 수는 없는 경우에 비해 학생역할을 하는 사람의 모습을 볼 수 있도록 만들면 복종의 정도는 40%로 감소하였다. 또한 티서(Tither, 1970)의 실험에서도 피해를 입고 있는 상대방과의 거리를 가까이 하면 할수록 복종의 정도는 감소하였으며, 피해자를 극단적으로 가까이에 있었을 때에는 복종의 강도는 급감하였다. 그리고 전기쇼크를 주는 교사역할을 하는 사람에게 학생역할을 하는 사람의 팔을 강제로 전기쇼크기계에 끌어서 전기쇼크 스위치를 작동시키게 했을 때는 복종률이 30% 정도로 떨어졌다. 즉 타인의 고통을 생생하게 직접 목격하게 되면 그들에게 고통을 가하기가 더 어려워지는 것이다. 이를 근거로, 오늘날의 전쟁을 생각해보면 예전에 비해 살상무기를 마구 동원하는 것이 그렇게 어렵지 않을 수 있음을 알 수 있다. 즉 잠재적인 무고한 희생자들을 볼 수도 없을 뿐만 아니라 피해자의 고통을 전혀 느낄 수 없는 매우 먼 거리에서 미사일 조작 등으로 전쟁이 이루어지기 때문에 명령에 대한 복종의 정도는 매우 높을 것이다. 물론 전쟁이라는 상황을 고려한다 해도 그 어느 때보다 죄 없는 무고한 사람들의 희생률은 매우 높을 것이다.

### (3) 책임의식

앞에서 자세히 설명한 밀그램(1965)의 실험에서 전기쇼크를 준 사람들은 강요에 의해서 실험에 참여한 것이 아니라 광고를 보고 자발적으로 참여한 사람들이다. 또한 이들은 학생역할을 하는 사람들 역시 자원자들이라고 믿고 있었다. 따라서 그들은 중요한 실험을 망치지 않기 위해서는 연구에 자발적으로 참여한 참여자로서의 책임을 다 해야 한다고 생각했을 수 있다. 더욱이 그 실험이 예일대학이라는 유명한 대학에서 실시되고 그런 대학에 속하는 학자들이 사람들을 죽이거나 상해를 입힐 정도로 지시를 하지는 않을 것이라고 믿게 된다. 또한 실험에 앞서 교사역할을 한 사람들은 피해자의 안전책임은 오로지 실험자(권위자)에게만 있다는 말을 들었다. 따라서 전기쇼크가 무고한 사람에게 고통을 가한다 하더라도 책임을 지지 않는다고 믿기 때문에 갈등을 느끼면서도 복종하게 된다.

즉, 제2차 세계대전시에 수백만 명의 무고한 유대인을 죽인 아이히만 역시 전쟁이 끝난 후, 자신은 나치정권의 명령에 따랐을 뿐이라고 주장하는 등 죄 없는 많은 사람들을 죽인 후에는 너나 할 것 없이 명령에 따랐을 뿐이라며 책임을 전가하였다. 따라서 권위자의 명령을 받은 사람들은 그 명령이행을 통한 책임은 권위자가 아닌 자신에게 있다는 점을 중시한다면 파괴적이고 잔인한 복종경향은 감소될 것이다. 실제로 해밀턴(Hamilton, 1974)의 연구에서도 자신에 대한 책임의식을 강조하게 되면 가혹한 명령에 대한 복종경향성은 감소되었다.

### 3) 복종과 대인관계

밀그램의 권위에의 복종실험이 대인관계에 시사하는 것은 무고한 많은 사람들에게 가혹하게 고통을 주거나 이들을 살해하는 사람들이 보통의 우리 일반인과는 달리 잔인성을 타고난 별종의 인간이 아니라 우리 역시 그와 같은 상황에 처하게 된다면 권위에 복종하게 될 것이라는 점이다. 즉 실험을 하기에 앞서서 밀그램은 40명의 정신의학자들에게 실험상황을 설명해 주고 교사의 역할을 하는 사람들이 어느 정도까지 전기쇼크를 주게 될지를 예측하게 하였다. 대부분의 정신의학자들은 실험에 참가한 대부분의 사람들이 150볼트 이상은 주지 않을 것이고, 300볼트까지는 기껏해야 4% 미만일 것이라고 예측하였다. 또한 일반사회에도 잔인한 극소수의 사람들이 있기 때문에 0.1%의 사람들만이 450볼트까지 줄 것이라고 예측하였다. 하지만 앞에서 살펴본 바와 같이 모든 사람이 300볼트까지는 전기쇼크를 주었고, 65% 정도는 위험표시의 한계를 넘어서는 최고치인 450볼트까지도 전기쇼크를 주었다.

앞의 실험에서 볼 수 있는 바와 같이 교사역할을 하는 사람들은 실험자의 지시를 따르지 않았다고 해서 어떠한 제재를 받거나 처벌을 받는 상황이 아님에도 불구하고 단지 실험자의 권위를 인정하고 받아들였기 때문에 실험자의 지시를 따랐다. 더욱이 그들은 상대에게 전기쇼크를 가하는 행동에 갈등을 느끼면서도 낯선 사람들에게 고통을 가하였다. 즉 일반적으로 타인에 대해 권위를 인정하고 그 권위를 받아들이게 되면 이성적으로는 이해할 수도 없고 생각할 수도 없는 행동조차도 거림낌없이 하게 되는 것이다. 1980년 광주에서 무고한 시민들을 죽인 군인들이 일반인들과 달리 잔인성을 타고 났기 때문이 아니라는 것이다. 밀그램의 실험이 주는 가장 중요한 시사점은 보통의 일반인들이 권위를 받아들이는 상황에서는 이성적으로는 하지 못하는 잔인하고 가혹한 일을 스스럼없이 할 수 있다는 것이다.

## 3
## 욕구의 호소

광고주와 판매사원들은 항상 이 기술을 사용한다. 남녀배우가 나와서 사람들이 '대한사교클럽'의 회원이 된다면, 고독으로부터 당신을 구하여 편안함을 약속한다는 광고는 이 전술을 사용한 것이다. 대부분 상품과 그것이 자극하는 욕구 사이에는 직간접적인 상관관계가 있다. 식품은 대개 맛있고 그것은 사람들의 허기와 갈증을 해소하는 것과 관련이 있다. 어떤 경우에는 사람들에게 영향력을 미치기 위해 사람들의 우정과 애정에 대한 욕구나 자아상을 유지하려는 욕구, 다른 사람으로부터 인정을 받으려는 욕구에 호소하기도 한다. "오늘 정말 멋져 보입니다" "아주 현명한 결정을 하셨습니다"와 같은 말은 우리의 인정에 대한 욕구에 호소하는 것이다. 또한 우리가 갖고 있는 견해를 자신들도 공유하고 있다는 것을 알림으로서 영향력을 미치려고도 한다. "나 또한 수강신청 제도에 대한 당신의 입장에 동의합니다" "당신은 내가 막 하려던 말을 하네요" 영향력을 발휘하려는 그런 시도를 '아부'라고 한다. 아부는 때로 좋은 효과를 나타내지만 좋은 결과를 얻지 못할 때도 있다. 아부는 긍정적인 자아상을 갖고 있는 사람에게 사용하면 가장 좋은 효과를 얻을 수 있다 (Andrew Colman, 1980). 그들은 자신을 기분 좋게 해주는 말이나 칭찬하는 말을 더 잘 믿는다. 그것이 그들의 자아상과 일치하기 때문이다. 반대로 자아상이 나쁜 사람에게 아부로 영향력을 미치려고 하면 그들은 그러한 시도에 저항한다.

## 4
## 상호성

사회적 의무는 매우 강력한 동기유발제이다. 우리 대부분은 다른 사람이 우리에게 준 만큼 되돌려줘야 한다고 배워왔다. 다른 사람이 우리에게 준 호의나 선물, 집들이 초대, 상냥한 말 그리고 다른 많은 것은 되돌려 주어야 하는 의무감을 가진다. 이전에 우리에게 호의를 베풀어준 사람에게는 '아니오'라고 말하기 어렵다. 화장품회사에서 화장품의 견본을 사람들에게 무료로 나누어 주는 것은 이런 원리를 이용한 것이다. 견본을 받은 사람은 뭔가를 구입해야 된다는 감정을 느낀다. 사람들은 인간관계에서 다른 사람으로부터 무언가를 받았다면 다른 사람이 뭔가를 필요로 할 때 그것을 자발적으로 제공하는 경향이 있다.

한 연구결과에 따르면 사람들이 친구에게 도움을 준 것만큼 되돌려

받았다고 믿을 때 친구관계에 대해 큰 행복감을 느낀다고 한다. 받은 것보다 더 많은 도움을 준 사람이나 그들이 준 것보다 좀 적게 되돌려 받은 사람은 그들 관계에 아주 불만족해하였다(Clark et al., 1986, 1989; Rook, 1987). 이는 '주고받기'의 균형을 맞추고 우호적 인간관계를 유지하기 위해서는 자신이 진정으로 원하지 않더라도 다른 사람을 위해 받은 호의를 반드시 되돌려 주는 것이 바람직하다는 것을 의미한다.

## 5
## 동의와 관여를 이끌어내는 것

일단 우리가 어떤 것에 동의하고, 그것을 자신이 스스로 결정한 것이라고 생각하면 바꾸기는 쉽지 않다. 부모와 선생님 그리고 다른 사람들은 우리에게 "네가 시작한 것은 네가 끝내라" "포기하지 말고 계속해라" 또는 "자신이 한 말은 너의 인격과 같다"라고 가르친다. 또한 사람들은 자신이 한 어떤 것을 옳은 것, 또는 현명한 것으로 정당화하는 경향이 있다. 이러한 이유로 사람들은 자신이 뭔가를 하기로 했다면 그 결정에 맞게 일관적으로 행동해야 한다는 의무감을 느낀다. 사람들은 자신들이 다른 사람에게 우스꽝스러운 사람으로 비춰지는 것을 원하지 않는다. 따라서 사람들은 판단에 일관되게 행동하려고 한다.

사람들은 대개 충동에 의존하여 뭔가에 성급히 매달리거나 동의하지는 않는다. 대부분의 사람들은 첫 데이트 후에 어떤 사람과의 결혼에 동의를 하지는 않는다. 그들은 많은 시간 서로를 겪어본 후에 결혼을 결심할 것이다. 사람들은 어떤 결정을 할 때 자신을 조금씩 관여시킴으로써 궁극적으로 결정에 도달한다. 대개 주요한 합의는 먼저 작은 합의가 이루어지면서 되는 것이다. 사람들에게 영향을 끼치려 하는 사람들은 대부분 사람들에게 영향을 미칠 수 있는 작은 부분에서부터 시작한다.

## 6
## 합의와 관여획득에 사용되는 전략

### 1 공개적인 합의나 관여를 얻는 것

공공장소에서 자발적으로 도출된 합의는 대부분의 사람들이 잘 따른다. 서류나 계약서에 서명하였을 때, 다른 사람들이 우리가 말한 것 또는 한 것을 알거나 기억할 때, 어떤 결정을 일관되게 지켜야 한다는 의무감은 더 커진다(Cialdini, 1993). 사람들은 남들에게 바보처럼 보이는 것, 또는 다른 사람들 앞에서 말한 것을 뒤엎는 것, 문서화된 합의에 반대하는 것을 원치 않는다.

### 2 관련 없는 부분에서 먼저 동의를 얻는 것

보험설계사나 옷가게 점원은 "참 날씨가 좋은 날이네요?" "요즘 물가가 많이 올랐죠"라는 말로 손님을 대한다. 이런 말은 다른 사람들로부터 쉽게 동의를 얻을 수 있는 말이다. 만약 보험판매원이 다가와서 곧바로 보험판매를 하려고 한다면 당신은 쉽게 동의하지 않을 것이다. 그러나 보험과 관련 없는 것으로 동의를 이끌어 낸 판매원에게는 보험계약서에 서명해 주기가 더 쉽다.

### 3 먼저 작은 요구를 하는 것

사람들은 어떤 사람이 그들에게 쉽게 할 수 있는 작은 부탁을 해오면 잘 거절하지 못한다. 어떤 사람이 작은 부탁에 응하도록 할 수 있다면 그 사람에게서 더 큰 부탁을 하기가 쉽다. 만약 당신이 어떤 사람에게 몇 가지 질문을 하도록 몇 분간을 할애했거나, 같이 차를 마시거나 담배를 피웠다면, 아니면 당신 전화를 쓰게 했다면 다른 것에 대한 그들의 부탁을 거절하는 것은 훨씬 더 어려워진다.

### 4 유사한 것에 동의를 얻는 것

윌리엄 맥가이어(William McGuire, 1961)는 비슷한 논리를 담고 있는 또 다른 문제에 대해서 사람들로부터 동의를 얻는다면 그들의 신념을 바꾸고 행동을 취하도록 할 가능성은 높아진다고 하였다. 어떤 주부가 비행기정비가 직업인 남편에게 건강진단을 받아보라고 권유하였다. 남편은 귀찮아하며 자신은 젊고 건강하니 걱정 말라고 한다. 주부는 남편의 과식과 과음을 항상 걱정하고 있었다. 그 주부는 남편의 친구에게 남편을 설득해 달라고 요청하였다. 그 친구분은 그녀의 남편을 만나 "저 비행기는 얼마 되지 않았는데 주기적으로 검사를 해야 하니"라고 물었다. 그러자 그녀의 남편은 "비록 비행기의 엔진은 외관상 아무런 이상이 없어 보이고, 소리도 좋지만 마모가 시작된 부분을 찾기 위해 주기적으로 검사를 해야 해"라고 하였다. 그러고 나서 그 친구분은 비행기 엔진과 신체가 유사한 점이 많다는 이야기를 했고 남편을 설득할 수 있었다.

### 5 반발심리를 이용하는 것

사람들은 자신들이 설득당하고 있다고 생각하면 그에 반발하여 스스로 개인적인 선택의 자유를 찾으려고 노력한다(Brehm & Brehm, 1981). 어떤 집단에서 한 구성원이 무엇인가를 하도록 집단으로부터 강요받고 있다고 느낀다면 그 구성원은 집단을 이탈하거나 집단모임에 잘 참석하지 않을 것이다. 사람들이 설득적인 영향에서 자신의 개인적인 자유를 유지하기 위해 그리고 스스로 결정을 하기 위해 어떤 행동을 취하는 것을 반발심리라고 한다. 사람들의 반발심을 역으로 이용하면 그 사람의 사고나 행동을 변화시키기가 더 쉬울 때가 있다. 독서를 하지 않는 사람에게 한 친구가 "독서는 시간낭비이고 그런 시시한 일에 사람들이 왜 매달리는지 모르겠어"라고 말했다고 하자. 그 사람은 친구의 말이 일리가 없다고 생각하고 그것에 동의하지 않을 것이다. 그 사람은 친구에게 "독서로 시간을 보내는 것은 재미있는 것이고 지식을 습득하기에 좋은 방법이다"라고 말하면서 자신의 의견을 나타낸다. 그 과정에서 그 사람은 독서에 대한 자신의 태도를 분명하게 하고 행동도 변화시킬 것이다.

## 7
## 태도의 일관성

사람들이 환경적인 현상을 지각하고 그것을 행동으로 옮기는 과정에서 가장 영향을 미치는 요인으로 태도를 들 수 있다. 태도는 어떤 대상이나 상황에 대한 비교적 지속적인 신념의 조직으로서 개인의 반응양태의 미리 갖고 있는 선입견이라고 할 수 있다. 이 정의를 구체적으로 살펴보면, 태도는 첫째로 어떠한 대상에 대한 심리적인 반응이며, 둘째로 지속적인 경향이 있어 쉽게 변화하지 않으며, 셋째로 경험을 통해 행동 이전의 조직화된 심리적 상태를 나타낸다는 것이다. 즉 태도는 행동을 하기 전에 마음 속에 형성된 심리적인 준비상태를 의미한다. 따라서 행동은 그 대상에 대해 어떠한 태도를 가지고 있느냐에 따라 커다란 영향을 받는다.

태도의 구조 속에는 다양한 요소가 얽혀 있다. 그 하나는 태도에는 특정사항이나 상대방에 대해 그 동안의 경험 및 여러 가지 통로를 통해 알고 있는 사실과 관련된 측면이 있다. 이것은 상대방의 성격, 학력, 나이, 취미, 외모, 일처리 능력 등의 사실적인 자료에 대해 나름대로 가지고 있는 정리된 생각이다. 즉, 이것은 상대방에 관한 수많은 일반정보를 나름대로 조직화하여 형성된, 상대방은 이러이러한 사람이다 하는 믿음의 체계이다. 이것이 태도의 인지적인 요소(cognitive component)이다. 태도의 다른 한 측면은 상대방에 대해 좋다든지 또는 싫다든지 하는 감정적인 평가이다. 즉 그 사람은 여러 가지 상황으로 보아 좋은 사람이라든지, 믿을 만한 사람이라든지, 게으른 사람이라든지 아니면 사귈 만한 상대가 된다든지, 안 된다든지 하는 다분히 감정적인 측면에서 단순화시켜 정리한 상대방에 대한 감정이다. 이것을 태도의 감정적인 요소(affective component)라고 한다. 마지막으로 이러한 나름대로 가지고 있는 상대방에 대한 정보와 감정으로 인해 그 상대방을 만나 함께 일을 할 때, 그를 조금 경계해야겠다든지, 친절하게 그를 감싸주어야겠다든지, 아니면 애를 먹여야겠다든지 하는 행동의 경향을 나타내는 행동적인 요소(behavioral component)이다. 만약 A라는 남학생이 B라는 여학생을 만나보니, 키도 크고, 예쁘고, 독서 및 음악감상 등 고상한 취미를 가지고 있지만, 남자 친구들이 많다는 것을 알았다면, 이것은 그 여학생에 대한 A라는 남학생 태도의 인지적인 측면이다. 그리고 별로 맘에 들어 하지 않게 되거나, 또는 호감을 가지고 있으므로 앞으로 계속 만나보았으면 하고 생각하게 된다면, 그것은 그 여학생에 대한 남학생의 태도의 감정적인 측면이다. 끝으로 그 여학생을 만날 때마다 아주 친절하게 대해 주고 그 여자로부터 호감을 사려고 노력한다면 그것은 태도의 행동적인 측면이다. 따라서 어떠한 행동을 하기 전에 그 동안의 경험을 통해 후천적으로 축적된 대상에 대한 조직화된 정보, 그것을 바탕으로 한 자신의 감정 및 이것을 통해 나타나는 행동경향을 종합해, 우리는 그것을 그 대상에 대한 우리의 태도라고 한다.

### 1) 태도와 행동

태도와 행동은 밀접한 관련성이 있다. 태도의 인지적 요소와 감정적인 요소는 행동으로 실천되는 데 영향을 미친다. 예를 들면 A라는 컴퓨터에 대한 광고를 통해 많은 긍정적인 정보를 얻어 다른 컴퓨터와 비교해 보니 가격 및 기능면에서 월등하게 나아서 그 상표의 컴퓨터에 항상 호감을 가지고 있었는데, 결국 컴퓨터가 필요하게 되어 그 컴퓨터를 구입하기에 이르렀다고 하면, 이 경우는 그 컴퓨터에 대한 인지적인 요소, 감정적인 요소 그리고 행동적인 요소가 일치해서 행동으로 옮겨졌다고 할 수 있다. 하지만 어떤 대상에 대한 긍정적인 태도가 반드시 행동으로 옮겨지는 것만은 아니다. 예를 들어 건강유지를 위해 정기적인 운동의 중요성에 대해 많은 이야기를 들어 알고 있고, 자신도 운동하는 것을 매우 좋아한다고 해서 꼭, 매일 정기적으로 운동을 한다고 할 수는 없다. 따라서 태도와 행동 간의 관계는 좀 더 구체적인 이해가 필요하다.

태도가 행동에 미치는 영향력의 정도에 관한 연구로 라피에르(Lapiere, 1934)의 연구를 들 수 있다. 그는 중국인을 대하는 미국인의 태도가 매우 부정적이었던 1930년대 당시 중국인 학생부부를 데리고 미국 각 지역으로 여행을 떠났다. 그들은 66개의 호텔에서 투숙하고 184개의 식당에 들러 식사를 했으나 한 번도 거절당하지 않았다. 그 뒤 그들이 들렀던 호텔과 식당에 설문을 통해 중국사람이 손님으로 올 경우 어떻게 하겠는가 물어보았다. 그 식당과 호텔의 92%가 중국사람들은 손님으로 받지 않겠다는 답변을 했다. 즉 중국 학생부부는 실제적으로 중국사람들을 받지 않겠다는 업소로부터 완전한 서비스를 받았으나, 설문조사에 나타난 중국사람을 대하는 그들의 태도는 매우 부정적이었다. 이 경우 태도와 행동에는 괴리가 있으며 옳다고 믿는 것이 행동으로 옮겨지지 않는다는 사실을 잘 보여주고 있다. 실질적으로 태도와 행동 간의 관계는 그렇게 단순한 관계가 아니다. 물론 우리가 인식하듯이 태도에 따라 행동이 변하는 것은 부인할 수 없다. 즉 자기들이 좋아하는 후보에게 투표를 하고, 싫어하는 식당보다는 자기가 좋아하는 식당을 자주 찾는 것은 부인할 수 없다. 하지만 태도와 행동의 연계과정은 간단하지만은 않으며, 다른 많은 요소가 그 과정에 영향을 미친다.

우리는 담배가 우리 몸에 해롭다는 사실을 알면서도 담배를 피우고, 시험에서 부정행위를 해서는 안 된다는 것을 알면서도 부정행위를 하는 경우도 있으며, 부모에게 강한 애정을 느끼면서 효도를 해야 하겠다고 결심하고도 실행하지 못하는 경우가 많다. 또 어떤 경우에는 술을 마시기 싫지만 또는, 노는 데 정말 참여하고 싶지 않지만 거절할 수 없어 할 수 없이 노는 경우도 있다. 태도는 반드시 행동과 일치하지 않는 경우가 많다. 그렇다면 태도가 행동으로 옮겨지는 조건은 무엇인가? 어떤 경우 태도와 행동이 일치하는가? 첫째로 중요한 것은 태도의 강도이다. 태도의 강도는 감정적으로 그 대상을 싫어한다든지 또는 좋아한다든지 하는 정도를 말한다. 특정대상을 아주 좋아할 경우 우리는 태도의 강도가 높다고 할 수 있다. 어떠한 경우에는 어떤 대상에 대해 싫은지 좋은지 자신도 잘 모를 때가 있다. 이 경우 그 대상에 대한 태도의 강도는 매우 약하다고 할 수 있으며, 이 약한 강도의 태도가 특정한 행동의 원인이 된다고 생각하기는 힘들다. 예를 들어 학과에서 M.T.를 가는 경우, M.T.를 가고 싶기도 하고 싫기도 하면 실질적으로 그 학생의 M.T. 참석여부를 추측하기 힘들다.

반면 자신의 대상에 대한 태도가 명확하고 강할 경우 그 사람이 어떻게 행동할 것인가 우리는 쉽게 알 수 있다.

둘째로는 태도의 특출성을 들 수 있다. 태도의 특출성이란 어떠한 행동을 취해야 할 경우 그 행동과 관련된 태도는 여러 가지가 있을 수 있다. 예를 들면, 학생들이 시험을 볼 때 정정당당하게 시험을 치러야 하겠다는 태도, 꼭 좋은 점수를 받아 장학금을 타야겠다는 태도, 또는 개인사정으로 인해 전혀 시험 준비를 못한 친구를 도와주어야겠다는 태도 등 여러 가지 사항이 관련되어 있다. 이 때 그 학생이 부정행위를 할 것인지 아닌지는 그 중에 어떤 태도를 가장 중요시하는가 하는, 당시 여러 태도 중 특출하게 사고를 지배하는 태도가 행동으로 연결될 것이라는 것이다. 만일 자신의 시험도 중요하지만 친구가 학점을 이수하는 것이 중요하다고 여겨지면 계속적으로 그 친구에게 자신의 답안지를 보여주기 위해 여러 가지 행동을 할 것이다. 이 때 그 학생의 행동과 관련된 특출하게 사고를 지배하는 태도는 친구를 돕겠다는 것과 관련된 태도이다. 따라서 태도의 특출성은 태도와 행동관계를 설명하는 중요한 변수이다.

셋째로는 특정행동을 취하기 직전 행동과 관련된 상황적인 압력이다. 인간의 행동은 인간 내적인 욕구와 환경적인 요인의 상호작용에 의해 결정된다. 만약 주위의 모든 사람들이 시험을 볼 때 부정행위를 해도 괜찮다는 인식을 가지고 있고, 시험을 치르는 동안 서로 돕는 것이 좋다고 생각하면, 특별한 도덕적인 부담 없이 부정행위를 하게 될 것이다. 그 반대도 마찬가지이다. 10대 청소년들이 흡연을 하거나 마약을 복용하게 되는 것도 비록 담배나 마약의 악영향에 대해 충분히 알고 있고 그러한 행위가 좋지 않다고 생각하고 있어도, 주위친구들의 권유와 호기심으로 시작하는 경우가 대부분인 것도, 상황적인 요소의 압력이 태도가 행동으로 옮겨지는 과정에서 얼마나 강한 영향을 미치는지 알 수 있다. 상황적인 압력은 같이 활동하고 있는 사람들이 함께 공유하고 있는 가치관이라든지 문화적인 요인 및 주위사람들의 자신의 행동에 대한 기대 등 다양할 수 있다. 따라서 태도가 행동화되기 위해서는 태도가 분명하며, 여러 태도 중 당시 사고를 지배하는 특출성 및 주위의 여러 가지 환경적인 요소에 의해 영향을 받아 행동으로 연결된다.

# 성차이의 심리 11

남녀 간의 성(性)차이의 문제를 연구하기는 쉽지 않다. 누구에게나 남녀에 대한 고정관념이 있다. 물론 연구자들도 그러한 고정관념을 갖고 있다. 만약 연구자가 여자보다 남자가 더 독립적이라는 편견을 갖고 있다고 가정하자. 어떤 연구에서는 피험자들과의 직접적인 인터뷰를 통해 연구가 이루어지는 데 연구자가 미리 어떤 선입견을 갖고 있고 그에 따라 가설이 설정되었다면 그 가설을 지지하는 쪽으로 연구결과를 이끌어 가고 싶을 것이다. 따라서 연구자의 기대가 결과에 영향을 미칠 수 있다. 행동을 직접 관찰하는 연구도 있다. 연구자들은 남녀아동의 행동차이를 비교하기 위해 집이나 학교 등 실제상황에서 행동을 관찰하면서 연구를 한다. 이 경우에도 문제는 있다. 아동들이 어떤 행동을 나타낼 때 그 행동이 무엇을 의미하는지에 대한 해석은 연구자가 내릴 수밖에 없다. 이 경우 아동들이 개인적으로 싫어하여 행동을 하지 않을 때도 수동적이라고 결론을 내릴 수 있다. 수동적인 것은 주장적인 것에 반대되는 것으로 하기 싫어하는 행위와는 다르다. 행위 자체에 다른 의미를 부여하는 것 이외에 어떤 행동을 간과하는 경우도 있다. 가정주부가 수동적이고 복종적이라고 믿는 사람은 다른 상황, 즉 아이들을 돌볼 때나 집안 일을 할 때 주부가 적극적이고 활동적으로 행동하는 것을 간과하기 쉽다.

# 1
# 성차의 이론적 접근

## 1) 생물학적 해석

남녀 간의 성차이가 자연적이며 필연적인 것이라고 믿는 사람들은 여성과 남성의 기본적인 특징이 태어날 때부터 비롯된 것이라고 생각한다. 그들은 여성의 열등함은 신이 내린 것이고 본능적인 것이라고 주장하면서 남녀 간의 불평등을 합리화시켜왔다. 또한 그들은 외부로부터의 약물투여가 의식과 행동을 변경시킬 수 있듯이 내적인 호르몬의 차이가 동일한 작용을 할 것이라고 생각한다. 남녀 간의 기본적인 차이가 생물학적으로 결정되어진 것이라고 믿는 사람들은 정치적으로 보수적인 성향을 갖고 있는 경우가 많으며 성역할 간의 형평을 반대한다. 반면 여성운동가들은 생물학에 기초한 모든 가정을 거부하며 성차이는 사회적 학습의 결과라고 말한다(Tavris, 1973).

생물학적 결정론을 지지하는 사람들은 '그것은 유전적인 것이다' '호르몬이 그 이유이다'라고 주장한다. 이는 맥주회사가 '그것은 물의 차이이다' 라고 말하는 것과 같다. 남녀 간의 생물학적인 차이를 확대해석하는 것은 무리가 있지만 생물학적인 연구에 기초해 나타난 결과를 객관적으로 살펴보는 것은 남녀 간의 행동을 이해하는 데 도움이 된다.

### 2) 정신분석학적 해석

프로이트는 해부학적인 것은 운명이다(anatomy is destiny)라고 하였다. 이는 심리성욕 발달이 여성호르몬과 같은 생물학적 영향을 받는다는 것을 의미하는 것은 아니다. 성역할 발달은 아이들이 자신들의 해부학적 신체 차이에 반응함으로써 시작된다. 한 성은 갖고 있지만 다른 성은 갖고 있지 않다는 충격적인 경험에 대해 남성과 여성의 반응이 달라지며 그에 따라 성격 및 행동도 영향을 받게 된다. 즉 이는 해부학적 차이가 심리적인 결과를 가져온다는 것을 의미한다. 여성에게 있어 자신이 갖기를 바라는 남근을 결코 가질 수 없을 것이라는 것은 남성과는 다른 효과를 가져온다. 프로이트는 남성과 여성을 반대되는 성으로 간주하지 않았다. 두 성을 이분법적으로 구분하기보다는 한 연속선상에 놓고 남성과 여성 구별없이 모두 연속선상의 한 곳에 위치하게 된다고 하였다. 인간에게 순수한 남성성과 여성성은 심리적으로나 생물학적인 의미에서는 찾아볼 수 없으며 개인마다 정도의 차이는 있지만 인간은 두 성의 특질을 모두 소유하고 있다고 하였다.

### 3) 사회학습적 해석

남자아이가 남성이 되고 여자아이가 여성이 되는 과정에 대해서 사회학습이론은 아이들이 그들 자신과 유사한 사람－같은 성의 부모와 친구－을 모방하기 때문이라고 가정한다. 사회학습이론에서는 모든 연령층의 아이들이 강화와 모델링을 통해 동일한 방식으로 사건을 학습을 한다고 본다. 그러나 인지이론은 모든 아이들이 특정한 발달단계를 거쳐가며 그들이 학습하는 방식은 아이가 어느 발달단계에 있는가에 달려 있다고 말한다. 아이들은 성숙해 감에 따라 논리적으로 사고하고, 사건을 해석하고 이해하는 능력이 변화한다. 이러한 변화는 아이들이 성에 대한 정보를 어떻게 처리할 것인지에 영향을 미친다.

두 살 정도된 아이는 사람들을 볼 때 성별을 구분하여 '저 사람은 남자다' '이 사람은 여자다' 라고 할 수 있다. 이 시기에 아이들은 주로 옷이나 의복과 같은 신체적 특징에 기초하여 성별을 구분한다. 여자는 긴 머리를 하고 있는 사람이고 남자는 치마를 입지 않는다고 생각한다. 아이들의 사고는 매우 완고해서 자신들이 생각하는 맞지 않는 사건에 당황해한다. 예컨대, 어머니가 아버지의 운동복을 입거나 아버지가 슈퍼에 장을 보러 가는 것을 보면 두 성 간의 구분에 혼동이 생긴다.

6~7세쯤 되면 아이들은 성은 영원한 것이라고 믿는다. 컵의 모양이 다르더라도 물의 양은 변하지 않듯이 자신은 남자 혹은 여자일 수밖에 없다고 생각한다. 이제 아이들은 자신의 성에 맞는 행동이 무엇인지를 찾아보려고 한다. 사회학습이론에서는 소녀는 여성적인 행동을 하고 소년은 남성적인 행동을 하는 것은 그것이 보상을 가져다주기 때문이라고 말한다. 그러나 인지발달이론에서는 다른 입장을 취한다. 이 이론에서는 아이들이 남녀의 행동에 관계없이 나름대로 자신의 생각과 일치하는 행동을 학습한다고 가정한다. 성은 영원하다는 지식은 아이들에게 어떻게 하면 유능한 소년 혹은 소녀가 되는지를 발견하도록 동기화시키고, 그 결과 여성적인 행동 혹은 남성적인 행동이 더 보상적이라는 것을 알게 된다. 이러한 과정으로 아이들은 사회화되어간다.

#### 4) 사회학적 해석

사회학적 접근에서는 개인의 자존심과 만족에 영향에 미치는 역할에 대해 관심을 갖는다. 결혼과 일의 세계에서 남성들에게는 성취지향적이고 공격적인 역할을 강조한다. 가정을 위해 빵을 가져와야 하기 때문에 가족들과 많은 시간을 보낼 수가 없다. 반면 여성들은 아이들이 성장할 때까지 취업을 보류하거나 제한받는다.

예전에는 행복한 가정주부와 곤경에 빠진 남편을 묘사하는 경우가 많았다. 그러나 이제 더 이상 그런 말은 통하지 않는다. 결혼은 여성에게는 부담이 되고 모든 남성들에게는 선물이 되고 있다. 결혼으로 인해 남성들이 받는 압력은 여성들에 비해 단순하다. 여성들은 두 가지 역할을 수행하여야 한다. 그들은 가정과 직장 모두에서 역할을 잘 수행하여야 한다. 가정과 일 중 어느 한쪽만 갖고 있는 여성보다는 둘 다 있는 여성이 더 행복해하고 정신건강도 좋다. 현대생활은 어느 하나의 역할에 전적으로 몰입하는 것을 요구하지는 않는다. 사람들은 자신이 많은 역할을 수행할 때 가장 행복해한다. 한 바구니에 계란을 담은 사람은 바구니가 부서지면 무기력과 우울을 경험하게 된다. 어느 한 역할만 하는 사람은 자식이 품을 떠나거나 실직 혹은 은퇴로 인해 직장을 잃는 경우 더욱더 괴로워한다.

사회학적 접근에서는 남성과 여성이 기회에서 동등한 기회를 보장받기 위해서는 일의 세계와 가정이 더 통합되어야 하고 성분화가 이루어지지 않아야 한다고 말한다. 이러한 변화가 일어나기 위해서는 제도와 법이 변해야 한다. 그래야 사람들의 마음도 따라서 변하게 된다. 그러나 이것이 현실적으로 단순하지가 않다. 여러 가지 제약이 남아 있다. 여성들은 가정을 끊임없이 돌보아야 하는데 직장때문에 그렇게 할 수 없다고 생각한다. 남성들은 수입과 성공이 남성적인 정체감에서 가장 중요한 요인이라고 생각한다. 이러한 신념은 어릴 때 강화받으며 성장하게 되고 사람들의 삶에 초석역할을 하기 때문에 변하는 것이 쉽지 않다.

### 5) 문화인류학적 해석

어떤 부족의 경제적인 측면과 성적인 관습관계는 일률적으로 해석하기는 어렵다. 식량의 가용성, 인구억제, 전쟁에 대한 요구, 일 및 가정역할의 구조 등 여러 가지 매개요인이 영향을 미친다. 특정사회가 이러한 요인을 어떻게 다루는가에 따라 성적 관습 및 의식, 남녀에 대한 태도가 달라진다. 미셸 로잘도(Michelle Rosaldo, 1974)는 가정일과 공적인 일을 남녀 간에 불평등하게 할당하는 것이 남녀 간의 불평등을 야기했다고 주장한다. 남녀가 가장 평등한 사회는 남편과 아내가 가정활동과 중요한 공적인 일을 같이 하는 사회이다. 여자들이 가정에만 머무르면 다른 여성 및 외부와 접촉하는 것이 차단되고 그들은 억압당하며 가치가 하락하게 된다. 여자가 지위를 얻는 방법은 그들이 가정이라는 울타리를 벗어나는 것이다.

인류학적인 연구는 주로 경험적인 자료에 기초하여 이루어졌다. 남성의 우세성은 남과 여 두 성(性)이 있었기 때문에 지속되었고 어떤 체제나 관습이 없어지지 않고 존재한 것은 그것이 효과가 있고 좋은 것이었기 때문이라고 설명한다. 만약 체제나 관습이 부작용을 일으키고 잘못된 것이었다면 사라졌을 것이라고 한다.

## 2
## 남녀 간의 성차

심리학에서는 남녀차이를 살펴보려는 과학적인 연구들이 시도되어 왔다. 이 중 가장 주목할 만한 것은 1974년에 메코비와 재클린이 내놓은

〈표 1〉 남녀 간의 성차이와 유사점

| | | |
|---|---|---|
| 능력 | 일반적인 | 지능차이 없음 |
| | 언어적 능력 | 10살부터 여자가 우수함 |
| | 양적 분석능력 | 청소년기부터 남자가 우수함 |
| | 창의성 | 언어적 창의성에서만 여자가 우수함 |
| | 인지스타일 | 차이 없음 |
| | 시각·공간적 능력 | 청소년기부터 남자가 우수함 |
| | 육체적 능력 | 근육은 남자가 우수하지만 질병에 걸릴 확률이 높다. 반복적인 수동조작에는 여자가 속도면에서 우수함 |
| 성격 특성 | 사회성 및 사랑 | 전반적인 차이가 없음, 남자들은 큰 집단에서 놀기를 좋아함, 남자들은 쉽게 사랑에 빠지고 벗어나는 것을 어려워 함 |
| | 감정이입 | 서로 상반된 결과가 있음 |
| | 정서성 | 자기보고와 관찰의 방식에 따라 다름 |
| | 의존성 | 상반된 결과(의존성의 정의가 어렵다) |
| | 양육성 | 자료부족 |
| | 공격성 | 유치원부터 남자가 더 공격적임 |

연구자료이다. 이들은 『성차이의 심리학』이라는 제목의 책에서 남자와 여자의 서로 다른 측면에 대해 설명하고 있다. 그들은 특정능력에 있어서 한 성의 모든 구성원들이 다른 성의 구성원들보다 뛰어나다고 할 수 있는 것은 아니고, 같은 성끼리도 특정능력에서 서로 차이가 있을 수 있지만, 남녀를 비교하였을 때 평균적으로 차이가 나는 몇 가지 능력이 있다는 것을 밝혀냈다.

### 1) 능력의 성차

모든 사람들이 알고 있듯이 여자들은 예술이나 과학, 전문직에서 남자들만큼 성공한 사례가 드물다. 마담 퀴리(Madame Curies)나 마가리트 미즈(Margaret Meads)가 그 예외로서 두드러진 인물이었다. 사람들이 이렇게 생각하는 것은 많은 저명 여성인사들이 역사 속에 감추어지고 그들의 성취를 인정받지 못하였기 때문이다. 그럼에도 불구하고 사회에서 인정받는 사람 중 여자가 상대적으로 적은 것에 대해 사람들은 여자가 남자보다 현명하지 못하기 때문이라고 해석한다. 학교에서 소녀가 소년보다 더 좋은 성적을 받았다 하더라도 사람들은 머리가 우수하였다고 생각하기보다는 노력을 많이 한 것으로 가정한다.

남녀는 신체적 발달에 있어서 분명한 차이가 있다. 남녀의 신체적인 성차이는 개인의 인지발달과정에서 태도적인 요인과 상호작용한다. 남녀 간의 유전적인 성차이는 성장과정에서의 경험과 학습에서의 차이를 가져오고 이는 남녀 간의 적성 차에 기여한다. 대개 소녀들은 소년들보다 더 빨리 성숙기에 접어든다. 소녀들의 키나 몸무게, 근육 등은 소년들보다 일찍 성인의 모습을 갖춘다. 이러한 신체적 발달은 언어획득을 촉발시키며 언어적 능력이 더 일찍 발달하도록 만든다. 섬세한 손동작이나 정교한 움직임에서 소녀들이 소년들보다 뛰어난 것은 이러한 빠른 신체적 성숙과 관련이 있다. 초기에 신체적으로 결정된 성차이는 성장과정에서 기술이나 흥미를 갖는 데 영향을 미치게 만든다.

일반적인 지능검사에서 지능지수(IQ)는 남녀 간에 차이가 나타나지 않았다. 이는 지능검사가 제작될 때 남녀차이를 최소화하도록 고안되었기 때문에 당연한 것인지 모른다. 남녀 간의 능력차이를 살펴보기 위해서는 보다 구체적인 능력에서의 성차를 비교해 보아야 한다.

### (1) 언어적 능력

대개 여자들은 수다쟁이이고 쓸데없는 말이 많다는 고정관념이 있다. 이 고정관념에 기초하여 여자들은 남의 얘기를 다루는 가십을 좋아하고 서로 재잘거리는 것을 좋아한다고 말한다. 언어적 능력에는 말을 많이 하는 것뿐만 아니라 다양한 능력이 포함되어 있다. 심리학자들은 언어적 능력을 측정할 때 심리검사에 문법이나 철자법, 문장의 복잡성, 어휘력, 유창성, 대상에 이름붙이기, 독해력, 추론에서의 어휘사용 등을 포함시킨다.

이전의 연구에서 보면 여자아이가 남자아이 말하는 시기가 빠르고 말을 더 유창하게 하는 것으로 간주하여 왔다. 그러나 반드시 그렇다는 증거는 부족하다. 2~10세의 아동을 비교하면 남자아이들은 읽기능력에 여자아이들보다 문제가 많다. 하지만 전반적인 어휘유창성에는 차이가 나지 않는다. 그러나 10세 혹은 11세 때부터 여자가 앞서간다. 모든 연구에서 다 그런 것은 아니지만, 소녀들이 소년들보다 언어과제에서 우수하였다는 결과가 많이 제시되고 있다. 소녀들의 이러한 우수성은 고등학교 때까지 계속 유지된다. 어떤 연구자료에 따르면 단순한 언어과제에서는 여자아이들이 우수하지만 복잡한 언어과제에서는 여자아이들이 남자아이들보다 열등하다는 결과도 제시되고 있다. 그러나 결론적으로 보면 10~11세 때부터 언어능력에서 여자들이 남자들보다 우수해지는 것 같다.

### (2) 양적 능력

우리 문화에서는 여자들은 사실이나 수 개념에 대해 크게 관심을 두지 않는 것으로 받아들여지고 있다. 반면에 남자들에게 어울리는 것으로 생각하는 경향이 있다. 아주 어린 시기(2~3세경)에는 양적 능력에 있어서 성차가 나타나지 않는다. 어린 여자아이도 남자아이들처럼 셈을 하거나 수적 개념을 익힐 수 있다. 그러나 사춘기에 들어서면 달라진다. 10세경부터 남자들은 수학능력에 있어서 여자들보다 우수하며 청소년기에 들어서면 그 차이가 확연히 들어난다. 남자들은 과목 중에서 수학 과목을 좋아하며 그 과목을 많이 선택함으로써 수학 능력이 더 향상되는 결과를 가져오기도 한다. 이러한 수학 능력에서의 성차는 성인이 되어서도 나타난다.

대부분의 사람들은 수학능력에서 성차가 나타나는 것에 대해 태어날 때부터 남자가 능력이 우수하다기보다는 문화적 규범 때문이라고 믿는다. 여자아이들은 일찍부터 수학은 남자들의 일이고 자신이 수학을 잘한다면 사람들이 좋아하지 않을 것이라고 생각한다. 수학은 공부하다가 한번 어려움에 빠지면 수학을 멀리하게 되는데(수학공포) 여성들이 이러한 어려움에 봉착하였을 때 더 쉽게 포기한다. 여자들은 수학공포뿐만 아니라 수학을 잘하게 되면 자신이 여성적이지 못하게 된다는 두려움도 갖게 된다. 이러한 설명은 평균적으로 보았을 때 남자가 여자보다 수학능력에서 우수한 이유를 설명하는 데 효과적이다. 그러나 개인적인 측면에서 보면 수학에 뛰어난 능력을 갖고 있는 아이들은 아주 어린 시기부터 눈에 띄며 유전적인 요소가 내포되어 있는 것으로 해석하는 학자들도 있다.

### (3) 창의성

여자들은 정서적으로 민감하고 심미적이고 직관적이라는 고정관념이 지배적이다. 고정관념대로라면 여자들은 뛰어난 예술가나 음악가, 소설가,

시인 그리고 창의적인 과학자가 많아야 한다. 그럼에도 불구하고 실제로 현실상황에서 보면 창의적인 면에서 여자보다 뛰어난 남자들이 많으며, 이에 따라 남자들이 여자들보다 창의적이라고 말하는 사람이 많다. 남자들은 태어나면서부터 환경을 바꾸려는 충동을 갖고 있으며 여자들보다 더 어려운 목표를 설정하고 그것을 달성하기 위해 노력한다고 한다. 따라서 남자들이 여자들보다 더 창의적이라고 말한다. 그러나 이는 사실이 아니다.

대부분의 심리학자들은 창의성을 희귀하고 새로운 아이디어를 만들어내는 능력으로 정의한다. 심리학자들이 창의성을 검사하기 위해 사용하는 하나의 검사로 대안사용검사(Alternate Uses Test)가 있다. 이는 사람들에게 숟가락같은 물건을 하나 제시해주고 그것으로 사용할 수 있는 것을 가능한 많이 제시하도록 하는 것이다. 이 검사는 기존의 IQ검사로 측정되는 지적인 능력과는 다른 능력을 측정한다. 이외 창의성을 측정하는 검사로 단어연합검사(Remote Associates Test)가 있다. 이는 사람들에게 세 개의 단어를 제시해주고 세 개의 단어에 공통적으로 어울리는 단어를 찾는 것이다. 이 검사의 결과는 IQ 검사의 결과와 밀접한 관련이 있다.

메코비와 재클린이 이 검사를 사용하여 7세 이상의 아동을 대상으로 측정한 결과 언어성 검사유형에서는 남자보다 여자가 창의적인 것으로 나타났다. 그러나 비언어적 검사유형에서는 창의성에 있어서 성차가 나타나지 않았다. 이는 가설을 설정하고 새로운 아이디어를 만들어내는데 있어서 여자들이 남자들보다 우수하다는 것을 의미한다.

### (4) 인지양식과 공간능력

남자와 여자는 서로 행동에 있어서 차이가 나타날 뿐만 아니라 생각하는 방식도 다르다고 말한다. 그러나 구체적으로 어떻게 다른지를 설명하기는 어렵다. 어떤 심리학자들은 여자들이 문제를 지각하고 해결하는 방식에 있어서보다 더 일반적인 반면, 남자들은 더 구체적이라고 말한다. 이는 남자들이 문제해결과 관련 없는 요소는 쉽게 잊어버리고 문제를 다시 구성하는 능력이 우수하다는 것을 의미한다. 그들은 여자들이 정확하고 반복적인 반응을 요구하는 지각-운동과제에서는 남자들보다 우수하다고 한다. 반면 남자들은 새로운 과제나 상황이 주어질 때 해결하는 능력이 여자들보다 우수하다고 한다.

프릴리(Freely)의 연구에서도 여자들은 빨리 읽기, 빨리 쓰기, 타자치기, 단순계산하기, 걷기 등에서 남자들보다 우수하였다. 사람들에게 어떤 대상의 그림을 제시해 주고 그 그림을 정신적으로 조작하는 과제에서는 남자들이 우수한 능력을 보였다. 이러한 결과에 기초하여 남자들이 여자들보다 분석적인 능력이 뛰어나다고 말할 수는 없다. 단지 남자들은 공간-지각능력에 있어서 여자들보다 우수하다고 결론내릴 수는 있다. 청소년기부터 공간파악 능력에 있어서 남자들이 우수하지만 장기를 두는 것과 같은 문제해결과제에서는 남자들이보다 우수하다고 결론내릴 수 없다. 일부 학자들은 여자들은 문제를 해결할 때 충동적이 되고 그 충동이 오류를 이끌어낸다고 말하기도 한다. 그러나 이에 관한 연구결과는 일치하지 않는 측면이 많기 때문에 성차를 가정하기 어렵다. 단지 남자들은 여자들보다 공간-지각능력에 있어서 우수하다고 말할 수 있다. 이는 경험의 차이에서 오는 것이라고 해석될 수도 있으며 유전적으로 결정된 남녀 간의 두뇌차이와도 관련이 있을 수 있다.

## 2) 성격에서의 성차

### (1) 사회성과 사랑

심리학자들은 소녀들이 소년들보다 사회적이라고 생각해 왔다. 아주 어린 시절부터 심리적 발달에서 남자아이는 대상이나 조작에 이러한 흥미를 가지는 반면, 여자아이는 사람이나 대인관계를 형성하는 데 더 큰 관심을 보이기 때문이다. 여자들의 사람에 대한 더 큰 관심은 자신이 선택한 남자와의 친밀한 관계를 통해 인생에서 만족을 추구하도록 미리 준비시킨다.

사회성에 관한 대부분의 연구는 학습이나 환경에 의해 아직 영향을 받지 않은 어린 유아를 대상으로 연구가 이루어져 왔다. 심리학자들은 사람의 얼굴을 그린 그림이나 사진 등과 같은 사회적 자극을 유아들에게 제시해주고 그것을 얼마나 오랫동안 쳐다보는지를 측정한다. 때로는 유아들이 얼굴사진을 바라보는 시간과 다른 자극(예: 지도)을 쳐다보는 시간을 비교하기도 한다. 이러한 연구결과에 따르면 6개월 정도 된 유아의 경우 여자아이가 남자아이들보다 얼굴을 더 오래 쳐다보며 2세쯤 된 유아의 경우 여자아이들이 다른 사람에 대해 더 큰 관심을 나타냈다. 이러한 결과는 아동들을 대상으로 한 연구에서도 일치하는 데 이는 소녀들이 사회적 자극에 더 큰 민감성을 갖고 있다는 것을 의미한다.

많은 사람들은 어린 소녀들이 소년들보다 더 친절하고 친구와 어울리는 데 더 관심이 많다고 말한다. 그러나 이는 사실이 아니다. 소년들도 다른 사람과 어울리려는 군집경향성을 갖고 있다. 소년들은 소녀들보다 같은 성의 또래들과 더 많은 상호작용을 하는 것으로 나타났다. 소년들은보다 큰 무리를 만들어 노는 것을 선호하는 반면 소녀들은 짝을 짓거나 적은 수의 집단을 이루어 노는 경우가 많다. 또한 소년들은 또래들로부터 받는 사회적 압력에 소녀들보다 더 민감하게 반응한다. 소년들에게 부모의 요구와 또래 친구의 요구사이에서 선택하게 하면 친구-지향적인 반응을 더 많이 보인다.

성인의 경우 사회성에 있어서 남녀 간의 성차가 나타날까? 심리학자들은 다른 사람에 대한 관심의 정도를 유친욕구라고 말한다. 그들은 사람들의 환상, 즉 꿈이나 야망 혹은 '당신을 행복하게 만드는 것이 무엇입니까?'라는 질문에 대한 답을 분석함으로써 유친욕구의 강도를 측정한다. 이러한 연구에 의해 밝혀진 바에 따르면 여자들은 인생에서 중요한 측면으로 일보다 사랑과 가족을 택하는 비율이 남자보다 높았다. 여자들은 사랑 혹은 유친과 관련된 환상을 더 많이 하는 것으로 나타났다.

유친의 개념을 어떻게 해석하는가에 따라 다른 해석을 할 수도 있다. 남자들은 그들과 같은 성의 사람들과 더 밀접한 관계를 가지며 여자들 간의 관계의 질은 피상적인 경우가 많다. 물론 문화에 따라 여자들끼리 더 깊은 관계를 맺는 사회도 있지만 사업이나 스포츠, 정치 및 사교클럽 등에서 나타난 것을 보면 남자들끼리의 관계가 더 유대가 깊다고 해석할 수 있다.

전통적으로 사랑과 삶의 충족에 있어서 남자가 여자에게 의존하는 것보다 여자가 남자에게 더 많이 의존한다고 생각한다. 심리학자인 지크 루빈(Zick Rubin)은 이를 살펴보기 위해 231쌍의 대학생 커플들을 대상으로 포괄적인 조사를 해보았다. 그 결과 남자들은 여자들보다 더 쉽게 그리고 더 빨리 사랑에 빠지는 경향이 있었다. 또한 남자들은 여자들과 만나는 중요한 이유로 사랑하기 위해서라고 응답하는 비율이 여자의 경우보다 높았다. 루빈의 연구 이후 약 3년 뒤 처음 연구에 참여했던 커플 중 103 쌍(45%)이 헤어졌다. 루빈은 이들을 대상으로 그들이 헤어진 주된 이유가 무엇인지를 조사하였다. 헤어질 때 서로 동의하는 경우도 있었고, 한쪽이 상대방에게 헤어지자고 말한 경우도 있었는데 여자들이 관계를 정리하기 위해 먼저 말하는 경우가 많았다. 남자들은 헤어진 후 여자들보다 더 큰 우울감, 고독, 불행을 경험하였다고 보고하였다. 이러한 결과를 여자들이 연인관계에서 정서적인 투자를 덜하는 것으로 해석할 수는 없다. 남자들은 자신이 더 깊이 관여되지 않은 관계에서는 더 쉽게 관계를 끊었다. 그러나 여자들은 서로 깊이 관여된 경우에도 관계를 정리하는 경우가 많았다. 여자들은 자신이 관계에 깊이 관여되었다 하더라도 관계의 질을 우선적으로 생각하고 사랑을 할 때 경제적인 측면을 고려하기 때문에 관계를 쉽게 정리하는 것으로 해석할 수 있다.

### (2) 감정이입

감정이입이란 다른 사람이 느끼는 것과 동일한 감정을 느끼는 것을 말한다. 만약 당신이 감정이입적이라고 한다면, 예를 들면 기차에서 서로 이별하기 위해 포옹하는 커플을 보았을 때 상실감과 고독, 우울 같은 감정을 느낄 수 있어야 한다. 감정이입은 두 가지 요소를 포함하는데, 첫째는 어떤 사람이 느끼는 정서가 무엇인지를 깨닫는 것이고, 둘째는 똑같은 정서를 스스로 느끼는 것이다. 여자들은 남자들보다 사람들의 감정이나 행동에 더 민감하다는 고정관념이 있다. 이러한 가정은 틀린 것이다. 남자나 여자 모두 정서적 반응을 이해하는 데는 거의 차이가 없다. 여자들이 남자들보다 본질적으로 더 감정이입적인 것은 아니라 하더라도 우리 사회에서 감정이입은 여성의 전통적인 성역할과 관련되어 있고 여성들에게 그렇게 행동하도록 요구한다. 마르티냐(Martyna)와 긴즈버그(Ginsberg)는 피험자들에게 다른 사람이 대화하는 것을 들려주었다. 대화를 하는 사람은 실험공모자로 어떤 개인적인 문제에 대해 이야기하였고, 연구자들은 피험자들이 실험공모자의 대화에 얼마나 고개를 끄덕이며 공감을 나타내는가를 측정하였다. 그 결과 여성성이 강한 여자들은 남자 혹은 여성성이 약한 여자들보다 대화에 더 많은 관심을 나타냈다.

여자들은 다른 사람의 감정을 비언어적인 단서로 해석하는 데 탁월한 능력을 갖고 있다. 로젠탈(Rosenthal)은 PONS(profile of nonverbal sensitivity)라는 검사를 개발해냈는데 이 검사는 목소리의 억양이나 얼굴 및 신체의 움직임에 대한 민감성을 측정하는 검사이다. 검사는 다른 정서를 나타내는 여성을 보여주는 45분짜리 영화였다. 영화 속에 나오는 여성은 억양이나 얼굴표정을 다양하게 나타내면서 행동한다. 이 검사를 받는 사람은 영화를 보면서 그 여성이 어떤 정서상태인지 응답하면 된다. 남녀를 대상으로 어린 시기에 PONS를 사용하여 그들의 정서적 민감성을 측정하고 이후 성장과정에서 두세 번의 측정을 더 해보았다. 사람들은 대개 표현된 정서를 인지하는 능력이 우수하다. 그러나 여자들은 성장하면서 그러한 능력이 남자들보다 점차 더 우수해지는 것으로 나타났다. 이러한 결과는 이 검사에 등장하는 사람이 여자이기 때문이라고 해석할 수도 있다. 그러나 로젠탈이 영화 속의 등장인물을 남자로 교체한 연구에서도 여자들이 남자들보다 더 우수한 민감성을 나타냈다.

이러한 결과에 대해서는 여러 가지 해석이 가능하다. 어머니는 비언어적 단서에 민감해야 한다. 아이들은 그들이 원하는 것을 말할 수 없다. 어머니는 아이의 비언어적 단서로 아이가 원하는 바를 해석할 수 있어야만 한다. 여자들은 진화의 과정에서 혹은 성장과정에서의 학습으로 비언어적 단서를 해석하는 능력을 얻었을 수 있다. 어린 아이를 키우는 엄마들은 웅얼거리는 말을 다른 사람들보다 더 잘 해석한다. 다른 가능성은 다른 사람의 감정에 대한 민감성은 지위와 관련이 있다는 것이다.

예컨대 애완용 개는 주인의 정서를 나타내는 신호와 표시를 읽을 수 있어야만 한다. 힘이 없으면 복종을 해야 한다. 여성처럼 억압된 집단은 위로 올라가기 위해 혹은 생존하기 위해 다른 사람의 표현을 정확하게 읽을 줄 알아야만 한다. 주부를 말하는 속담 중 하나는 남편의 정서를 잘 파악해야 한다는 것들이 있다.

다른 사람에 대한 민감성은 사람들이 집이나 바깥에서 자신이 하는 일이 무엇인가에 따라 달라진다. 직업적으로 남을 보살피거나 표현력, 예술적 기질 등을 요구하는 직업훈련을 받은 남자들은 PONS 검사에서 우수한 성적을 나타냈다. 이러한 남자들은 배우나 예술가, 디자이너, 정신분석가, 사회사업가, 교사 등의 직업을 갖는 것이 유리하다. 그러한 일이 민감성을 증진시키는지 혹은 민감성이 높은 사람이 그러한 직업을 택하는지에 대해서는 결론을 내리기 어렵다. 남자들의 경우 조직에서의 서열에 따라 민감성의 정도가 달라질 수도 있다.

여성의 정서성에 관한 고정관념에는 여자들은 남자들보다 더 예민하고 고민을 많이 한다는 것이 포함되어 있다. 아동들의 행동을 직접 관찰하여 연구한 바에 따르면 소녀들이 더 두려움을 많이 느끼지는 않았다. 남자아동과 여자아동은 부모가 방을 떠날 때 거의 동시에 울음을 터뜨리며 유사하게 반응하였다. 그들은 자라면서 유치원과 초중학교를 거치고 그 과정에서 새로운 경험을 한다. 소녀와 여성은 정서검사에서 남자들보다 두려움과 긴장의 감정을 더 잘 보고한다. 선생님들은 학급에서 소녀들이 소년들보다 더 예민하고 고민을 많이 한다고 보고한다.

감정이입과 관련된 남녀 간의 성차를 해석할 때 주의해야 할 것이 있다. 정서의 민감성을 측정하는 검사가 왜곡된 것은 아닌가 하는 것이다. 실제로 검사문항을 보면 "당신은 밤에 혼자서 집으로 걸어갈 때 두려움을 느끼는가? 당신이 집에 혼자 있을 때 누군가 문을 두드리면 긴장하는가?" 등이다. 이 문항은 여자들이 두려움을 더 잘 유발시킬 수 있는 문항이다.

### (3) 의존성

의존성이 무엇인가에 대해 한마디로 정의하기는 어렵다. 의존성을 연구할 때 주로 사용하는 기준은 어머니와 아이 사이의 신체접촉 및 눈접촉의 양이나 아이들이 어머니의 주목을 끌기 위해 하는 행동의 양, 아이들이 다른 사람이 원하는 것을 하는 정도, 아이들이 요청하는 도움의 정도 등이다. 이 기준 간에는 서로 상관이 없다. 따라서 대부분의 연구자들은 의존성을 따로 분리하여 연구할 수 있는 특질인가에 대해 회의를 갖고 있다. 나이가 든 성인을 대상으로 의존성을 연구하기는 매우 어렵다. 사랑에서 여자들이 남자들에게 의존하는 것은 남자들이 여자들에게 의존하는 것보다 크지 않다.

의존성을 다른 사람의 보호를 필요로 하는 욕구로 정의할 수 있다. 어린 아이는 하루종일 엄마에게 매달려 산다. 그들은 항상 어머니가 곁에 있어 주기를 바란다. 사람들은 그런 아이에게 의존성이 강하다고 표현한다. 이러한 애착의존을 연구하기 위해 심리학자들은 방에 아이와 어머니가 있게 하고 그 둘 사이의 행동을 관찰하였다. 이때 어머니와 아이의 근접정도, 접촉의 양, 따로 떨어져 있을 때 불안해하는 정도 등을 측정하였다. 이러한 연구에서 밝혀진 바에 따르면 소녀들이 더 의존적인 것으로 나타났다. 그러나 어떤 상황에서는 소년이 더 의존적이었고 성차가 나타나지 않은 연구도 있다.

독립적인 사람은 인생의 어떤 크고작은 좌절에서 능동적으로 그리고 의욕적으로 상황에 대처한다. 의존적인 사람은 그대로 서서 운을 믿거나 무사히 지나가기만을 바란다. 한 연구자는 13개월 된 아이에게 거실에서 돌아다니면서 놀게 한 다음 그들의 행동을 관찰하였다. 아이가 돌아다니는 동안 어머니는 의자에 앉아 있었다. 그 결과 남자아이는 어머니와 더 멀리 떨어져 놀았으며 어머니에게 돌아가려는 의사를 덜 나타냈다. 또한 오랫동안 어머니와 떨어져 놀았고 어머니와 접촉하고 말하는 비율도 낮았다. 5분 정도가 흐른 다음 연구자는 어머니와 아이 사이에 울타리를 설치해 보았다. 그 결과 남자아이들은 울타리를 치우려는 시도를 더 많이 하였고, 여자아이들은 방 중앙에 주저앉아 우는 경우가 더 많았다.

아이들을 대하는 어머니의 행동을 비교해 보면 어머니들은 남자아이와 여자아이를 같이 대하지 않는다. 3개월 정도 된 여아의 어머니는 남아의 어머니보다 아이들을 더 많이 바라보며 말을 건다. 남자이이에게는 더 많이 접촉해주고 껴안아 준다. 아이가 성장하여 6개월쯤 되면 상황은 변한다. 소녀들은 더 많은 시각적 언어적 주목을 받을 뿐만 아니라 신체적 접촉도 더 많아진다. 어머니들은 3개월이 지나면 남자아이를 다르게 대우하고 그들이 독립적이고 탐색적으로 자라도록 요구한다. 부모와 아이의 신체적 접촉이 많아지면 아이들은 무엇인가를 탐색하려는 욕구가 줄어들고 의존적이게 된다. 남자아이들은 어려서부터 자율적으로 행동하는 것을 배운다.

### (4) 양육성

여성들에게 귀인시키는 가장 긍정적인 자질은 다른 사람을 따뜻하고 상냥하게 대하는 것, 남을 도와주는 것이다. 이는 여성들이 아내나 어머니, 간호사, 자원봉사자와 같은 사회적 역할을 하기에 적합한 특질이다. 그러나 양육성(nurturance)이 남을 도와주려는 기질이라고 볼 때 여자들이 남자들보다 더 양육적이라고 할 만한 증거는 거의 없다. 6개 문화를 표집하여 연구한 바에 따르면 3~6세에는 양육성에서 남녀 간에 차이가 나타나지 않았다. 그러나 7세에서 11세에 속하는 아이들을 대상으로 한 연구에서는 소녀들이 소년들보다 다른 사람을 더 잘 도와주었고 정서적인 지지를 보내주었다. 아이들의 양육성은 문화에 따라 달랐는데 개인주의 문화에서는 남녀 간에 양육성에서 차이가 나타나지 않았고 오키나와(Okinawa)족의 경우 남자아이의 양육성이 여자아이보다 더 높았다.

양육성은 사회가 아이들에게 할당하는 과제와 관련된 것일 수 있다. 대부분의 문화에서 남자아이보다는 여자아이들에게 자기보다 어린 아이를 돌보는 일을 시키는 경우가 많다. 남자아이에게 어린 아이를 돌보도록 하는 동아프리카 문화권에서는 양육성에서 남녀 간의 성차가 나타나지 않았다. 뉴잉글랜드 문화권에서는 11세 미만의 소녀들에게 아이 돌보는 것을 시키지 않는데 그 소녀들의 양육성 정도는 어릴 때부터 아이를 돌보게 하는 문화권 소녀들의 양육성 정도보다 낮았다.

일반적으로 여자들이 남자들보다 더 양육적이지는 않다. 그러나 어린 아동들이나 동물에 대해서는 확실히 여자들이 남자들보다 더 양육적이다. 한 연구자가 어린 원숭이를 대학생들에게 보여주었는데 대학생들이 모두 여자였을 때는 "어머나 너무 귀여워!" 하는 감탄사가 나왔지만 대학생들이 모두 남자였을 때는 아무런 반응도 나타나지 않았다. 여자들은 아이를 낳기 때문에 양육성을 가지도록 요구받으며 양육성은 어머니가 되도록 준비시킨다.

사람들이 어떤 대상에 대해 어떻게 반응하느냐는 그 상황에 달려 있다. 한 연구에서 대학생들에게 어린원숭이와 성인원숭이를 보여준 다음 각 원숭이에 대한 느낌을 표현하도록 해보았다. 어떤 학생들에게는 자신의 반응을 공개적으로 나타내게 하였고, 다른 학생들에게는 개별적으로 반응을 나타내도록 하였다. 그 결과 자신의 반응을 공개적으로 나타내게 했을 때 어린원숭이에 대한 반응에 있어서 남녀 간에 차이가 나타났다. 공개적으로 나타난 여자들의 반응은 개별적인 반응이었을 때보다 더 긍정적이었다. 그러나 남자들은 개별적으로 반응하였을 때가 공개적이었을 때보다 긍정적이었다. 남자들은 어린원숭이에 대해 귀여움을 느끼지만 공개적으로 드러내는 것을 억압하는 것 같다.

인간을 대상으로 양육성을 비교한 연구는 많지 않다. 이는 대부분의 연구자들이 뻔한 결과라고 생각하였기 때문일 수 있다. 성역할에서 남성성이 강한 남자들은 여성적인 일에 속하는 양육행동을 잘하지 않으려 한다. 그러나 전형적인 남성에 속하지 않는 남자들은 여자들보다 양육성이 낮지 않다. 양육성은 타고난 특성이라기보다는 성역할과 밀접한 관련이 있는 것이다. 일상생활에서 남녀는 서로에 대해 양육적으로 행동한다. 아이를 돌보고 가정과 배우자를 위하는 일은 전통적으로 아내들의 몫이다. 그들을 보호하는 것이 남편들의 일이다. 남자들은 아이들이 다칠만한 것은 없는지 위험한 것은 없는지 신경 쓴다. 이렇게 볼 때 남녀 중 어떤 한 성이 더 양육적이라고 말하기는 어렵다.

### (5) 친사회적 행동

친사회적 행동이란 다른 사람으로부터 무엇인가 대가를 바라지 않고 도움을 주는 행위를 말한다. 친사회적 행동을 하는 상황은 두 가지로 구분되는데, 하나는 도움을 필요로 하는 사람이 직접적으로 도움을 요청할 수 없는 상황이다. 이 상황에서는 도와주는 사람이 적극적으로 행동을 취해야 하는데 남자들이 이 상황에서 여자들보다 도움을 더 잘 주는 것으로 나타났다. 운전 도중 자동차 고장으로 힘들어하는 사람이 있을 때 여자들보다 남자들이 더 잘 도와준다. 그러나 이에 대한 해석에는 이의가 제기될 수 있다. 고장 난 자동차 수리와 같은 일은 여자들보다 남자들이 더 쉽게 할 수 있는 일이고, 여자가 더 도움이 되는 다른 상황에서는 달라질 수도 있다. 친사회적 행동의 두 번째 유형은 도움을 직접적으로 요청받는 경우이다. 이 경우 여자들이 남자들보다 도움요청을 더 잘 받아들인다. 예컨대, 어떤 장소에서 줄을 양보해 달라고 하거나 심리학 실험을 한번 마친 사람에게 또 한 번 실험에 참가해 달라고 요청하였을 때 여자들이 남자들보다 더 잘 양보하거나 더 오랫동안 도움을 주었다. 친사회적 행동에서 나타나는 남녀 간의 성차는 일률적으로 말하기는 어렵고 상황이나 과제에 따라 차이가 나타나는 것 같다.

### (6) 공격성

공격성은 다른 사람에 대한 의도적인 상해행위를 말한다. 공격적인 행동은 두 가지로 구분되는데, 다른 사람에 대해 별생각없이 충동적으로 다른 사람을 공격하는 행위가 있고, 곰곰이 생각한 다음에 다른 사람을 공격하는 경우도 있다. 공격성은 성차가 가장 잘 드러나는 사회적 행동이라고 할 수 있다. 대부분의 사회적 상황에서는 남자들이 여자들보다 더 공격적이다. 연령에 관계없이 남자들은 여자들보다 신체적으로 혹은 언어적으로 더 공격적인 활동에 개입한다. 이러한 차이는 2~3세쯤부터 시작되어 성인까지 계속된다.

남자들이 여자들보다 공격적이라는 것은 여자들이 더 복종적이라는 것을 의미하는 것은 아니다. 여자들은 대개 공격의 대상이 될 가능성이 적다. 아동들 중에서 남자들의 공격성에 대한 희생자는 주로 남자들이다. 남자들이 공격자도 되고 동시에 희생자도 되는 이유가 있다. 대체로 소년들과 소녀들은 서로 어울려 놀지 않는다. 이는 그들이 서로 다투거나 상호작용할 가능성을 줄여준다. 또한 소년들은 어린 소녀들을 때려서는 안 된다는 것을 배운다. 소년들은 소녀들이 "너는 나를 때릴 수 없어. 나는 여자야"라고 말하는 것에 약하다. 소녀들은 공격성에 죄책감을 갖도록 하고 동정심을 야기시키는 방법을 잘 사용한다. 그리고 아동들에게 있어서 공격성은 자신이 지배력을 갖기 위한 노력과 관련이 있다. 지배성은 여자 집단보다는 남자집단에서 더 중요한 문제가 된다.

어떤 학자들은 여자들도 남자들보다 공격적이라고 주장하기도 한다. 그러나 이는 달리 해석되어야 한다. 한 연구에서 소녀들은 자신의 집단에 들어오는 소녀를 처음 만났을 때 그들에 대해 불친절하고 퉁명스럽게 대하였다. 소녀들은 새로운 가입자를 무시하고 따돌리며 직접적으로 싫다는 의사를 나타냈다. 반면 소년들은 자신의 집단에 들어오는 새로운 소년에게 친절하게 대해주었다. 그러나 소녀들의 새로운 멤버에 대한 적대심은 오래 가지 않는다. 몇 분이 지나면 남녀 간에 차이는 나타나지 않는다. 소녀들이 첫 대면에서 공격성을 나타내는 것은 자신들만의 소집단을 중요하게 생각하기 때문으로 해석할 수 있다.

어린 소년들의 공격성은 높은 에너지수준과 관련이 있다. 유아 때 남녀 간에 활동수준에서 차이가 나타난다는 확실한 증거는 없다. 남녀 간의 차이는 유치원 때쯤 나타나기 시작하며 남자들이 더 활동적이다. 소년들에게 보보인형을 갖고 놀게 하면 소년들은 인형을 반복적으로 때리면서 논다. 소녀들이 한 번의 놀이에서 보보인형을 평균 4.8회를 치는 것에 반해 소년들은 평균 28회 정도 인형을 때렸다. 인형을 치는 것은 에너지를 발산하는 좋은 방법일 수 있다.

우리 사회에서는 공격성을 폭력과 동일하게 파악하는 경우가 있지만 공격성은 다른 사람을 공격하는 것에서부터 자신의 권리를 찾기 위해 투쟁하는 것까지 그 범위가 넓다. 어떤 형태이던 남자들은 여자들보다 폭력적이고 반사회적인 행동에 더 많이 개입한다. 남자들은 더 많은 범죄를 유발하고 치명적인 자동차사고를 더 많이 일으키며 싸움에 더 잘 끼어든다. 이러한 공격성은 생물학적인 것에 기초하여 설명될 수 있는 현상이다. 그러나 다른 사람에게 자신의 의사를 나타내는 주장성은 공격성의 일종이지만 전혀 다른 기반에서 나오는 것이다. 어떤 상황에서 여자들은 남자들보다 덜 주장적이다. 예컨대, 두 사람이 대화하는 상황에서는 남자들이 더 많이 이야기하는 경향이 있다. 그러나 주장성과 관련된 공격성은 시대에 따라, 문화권에 따라 달라질 수 있는 것으로 보아야 한다.

일반적으로 남녀 간의 차이는 대부분의 사람들이 생각하는 것만큼 크지는 않다. 그들 중 일부는 실제 차이는 없지만 남녀의 성고정관념에 의해 나타나는 것도 있고 전혀 사실이 아닌 것도 있다. 그렇다고 남자가 여자와 전혀 다르지 않다고 말하는 것은 아니다. 심리학적인 연구는 주로 분명하고 겉으로 들어나는 행동과 성격에 기초하여 이루어진다. 그러나 사람의 주관적인 경험은 심리검사나 실험실 상황에서 살펴보기 어렵다. 여자들은 남자들과는 달리 세상을 바라본다. 그들은 다른 계획을 갖고 있고 다른 경험을 한다. 특히 여자들은 남자들과 생각하는 방식이 다르다. 이러한 자기충족적 예언이 개인행동에 영향을 미칠 수 있다. 여자들은 자신들이 남자들과 다르다고 생각하기 때문에 달리 행동할 수 있다. 이는 남녀 간의 성적인 행동차이에서 두드러지게 나타나는 것이다.

# 의사소통과정 12

사람들은 서로 간에 주고받는 언어와 비언어적인 의사소통과정을 통해 만남의 성격을 규정짓는다. 아무리 서로 장시간 만남의 기회를 가졌다고 해도 서로가 대화와 의사전달과정을 통해 이해하고 공유하는 부분을 만들어내지 못한다면, 그 만남은 아무런 의미가 없다. 따라서 커뮤니케이션은 우리 일상생활에 지속적으로 이어지고 있는 만남의 특성을 결정짓고 그 만남을 우리 삶의 일부분으로 변화시키는 과정이다.

우리는 이 중요한 의사소통과정에 그 동안 관심을 기울이지 않았다. 무조건 자연스럽게, 생각나는 대로, 어려서부터 배운 대로, 우리의 생각, 느낌 및 감정 등을 주고받으면 되는 것으로만 생각해 왔다. 하지만 이 과정은 우리의 생각만큼 간단하지도 않으며, 단순하게 우리 삶의 일부로 여겨질 대상도 아니다. 어쩌면 우리의 인생을 엮어나가는 가장 중요한 요소인지도 모른다. 제11장을 통해 우리는 이 의사소통을 구체적으로 이해해 보고, 바람직한 인간관계를 형성하기 위한 중요한 방편으로 좀 더 나은 의사소통 방법을 모색해 보고자 한다.

## 1
## 의사소통의 개념

의사전달, 정보전달, 의사소통이라는 의사소통(communication)은 사람들 사이에 정보를 전달하는 과정을 말한다. 의사소통은 원래 라틴어 'communis'에서 유래된 것으로 'common(공동의)'이란 뜻을 가지고 있는 것이다. 그런데 일반적으로 의사소통은 메시지를 보내고(송신자) 하고 받는 사람(수신자) 사이의 정보의 교환으로 개인 간 혹은 개인과 집단 그리고 집단과 집단 간의 의미전달이라고 정의되기도 한다. 또는 일반적인 상징을 통한 정보나 의사전달이라고 정의되기도 한다. 여기에서 상징이란 언어적인 것과 비언어적인 것을 모두 포함한다. 의사소통은 의사나 정보를 가지고 있는 자가 이것을 받아들여 타인에게 전달하고 해석되는 것을 말하므로 단순히 정보를 전달하는 데 그치지 않고, 그 결과 전달하고 받는 사람 간의 어떤 공통적인 부분이 생기면서 비로소 발생된다. 이같이 서로의 공유하는 부분이 잘 형성되는 경우 우리는 효과적인 의사소통이라고 한다.

많은 학자들이 나름대로 의사소통을 정의하고 있다. 스토너(Stoner)와 프리먼(Freeman)은 의사소통이란 사람들이 상징적인 메시지의 전달을 통해 의미를 공유하려고 노력하는 과정이라고 보았다. 이에 반해 이반세비치(Invancevich)와 매티슨(Matteson)은 의사소통을 언어적이거나 비언어적인 보통의 상징을 통한 정보와 이해의 운송과정으로 보고 있다. 뤼시에(Lussier)는 매우 단순하게 의사소통을 송신자가 수신자에게 상호이해를 지닌 메시지를 전달하는 과정으로 보고 있다. 그린버그(Greenberg)와 배런(Baron)은 의사소통을 송신자가 수신자에게 어떤 유형의 정보를 전달하는 과정으로 보고 있다. 이 같은 정의를 종합해 보면, 의사소통이란 어떤 목표를 위해 사람들 사이에 언어적이거나 비언적인 다양한 수단을 통해 자기들이 가지고 있는 생각, 감정, 정보 등의 의미를 전달하고 피드백을 받는 상호작용과정이라고 볼 수 있다.

## 2
## 의사소통과정의 의의

베니스와 그의 동료 나누스(Bennis & Nanus, 1985)는 미국에서 가장 영향력을 가지고 있다고 인정을 받고, 주위사람들로부터 존경의 대상이 되는 60명의 저명인사들을 직접 찾아가 그들과 함께 생활도 해보고 그 사람들과 가까이 지내는 사람들을 인터뷰도 해보면서 그들이 공통적으로 가지고 있는 특징은 무엇인가 연구조사를 했다. 그 연구결과에 의하면 그들의 가장 중요한 공통적인 특징들 중 한 가지로 커뮤니케이션의 능력을 꼽고 있다. 그들의 커뮤니케이션 방법은 아주 다양하게 그들 나름대로 자신이 가지고 있는 비전을 주위사람들에게 전하는 귀재들이었다고 밝히고 있다. 이처럼 커뮤니케이션은 성공적인 삶을 위한 필수적인 요소이며, 우리의 삶에서 발생하는 인간과 인간 사이의 여러 가지 문제를 해결하기 위한 열쇠이다.

하지만 잘못된 의사전달은 우리의 삶에 치명적인 결과를 가져올 수도 있다. 예를 들어 제2차 세계대전 종료 직전 일본 핵 투하의 경우를 들 수 있다. 연합군은 일본에 핵폭탄을 투하하기 전에 항복할 것을 요구하는 전문을 보냈다. 1945년 7월 일본천황은 더 이상 전쟁은 승산이 없다고 판단, 전쟁을 중단하고 항복할 의사를 가지고 있었으며, 전쟁종결의 결정권도 가지고 있었다. 또한 당시 일본정부 각료들은 연합군의 요구대로 항복을 하고 전쟁을 종결시키기 위한 준비를 하고 있었다. 하지만 전쟁을 종결하고 항복하기 위한 준비시간이 필요했다. 이러한 상황을 일본 신문은 특별한 상황설명 없이 '모쿠사쓰 정책(MOKUSATSU Policy)'이라는 표현으로 발표했다. 이 일본단어의 '모쿠사쓰'라는 단어 속에는 두 가지 의미가 들어 있는데 그 한 가지는 '무시한다'는 것이고 다른 한 가지는 '언급을 보류한다'는 것이다. 이 모쿠사쓰 정책이 발표되자, 외국언론은 그것을 일제히 연합군의 제의를 무시한다는 의미로 받아들여 보도했고, 이는 곧 연합군의 일본에 핵폭탄 투하라는 결정으로 연결되었다. 만약 그 의미가 제대로 전달되어 잠시 언급을 보류하겠다는 의미로 이해되었다면, 아마 히로시마와 나가사키에 원탄이 투하되지 않았을 것이고, 소련군은 구태여 만주 쪽으로 진입하지 않아도 되었을 것이다. 즉 올바른 의미의 전달과 이해가 있었다면, 핵폭탄의 희생물이 된 수천만 명의 목숨을 구할 수 있었을 것이며, 다가올 한국전쟁의 씨앗이 된 러시아 남하의 기회를 제공하지 않아도 되었을 것이다.

이 예에서 알 수 있듯이 커뮤니케이션은 정보전달 이상의 의미를 가지고 있다. 종래에는 커뮤니케이션하면 무조건 기계적인 정보전달만으로 이해했다. 다시 말해 한 지점에서 다른 지점에 필요한 정보를 전달하면 그것을 곧 커뮤니케이션으로 인식했다. 하지만 커뮤니케이션은 정보 전달 이상의 것이다. 우리가 남들에게 일방적으로 언어를 통해 우리의 의사를 전하는 것은 엄격한 의미에서 말하는 것(talking)이지 커뮤니케이션이라고 할 수 없다. 커뮤니케이션이란 서로 다른 이해, 사고, 경험, 선호 및 교육적인 배경을 가지고 있는 두 사람 이상 상호 간의 어떤 특정한 사항에 대해 유사한 의미와 이해를 만들어내기 위한 과정이다. 인간은 똑같은 상황이라도 다르게 이해하며 다른 의미를 부여한다. 커뮤니케이션이란 이렇게 다른 이해와 의미를 가지고 있는 사람들이, 공통적으로 공유할 수 있는 의미와 이해를 만들어내기 위해 서로 언어 또는 비언어적인 수단을 통해 상호 노력하는 과정이라고 할 수 있다. 그럼 이 커뮤니케이션 과정을 좀 더 구체적으로 알아보자.

팩스 또는 전자메일 등 다양한 전자매체를 통해 전할 수도 있다. 일단 메시지가 상대방에게 전달되면 수신자는 그것을 여러 가지 감각기관을 통해 수신한다. 그 수신통로는 눈이 될 수도 있고, 귀가 될 수도 있고 또는 육체적인 느낌이 될 수도 있다. 메시지를 수신자의 인식기관을 통해 받아들이면 그것은 수신자가 원하는 대로 택하는 방법에 따라 해독되며, 또한 해독된 메시지는 수신자의 경험에 비추어, 자신의 지식을 바탕으로 의미를 부여하고 이해하게 된다. 이것이 메시지가 전해지는 일반적인 과정이다.

여기서 우리가 주의를 기울여야 할 부분은 전하고자 하는 생각이나 아이디어가 전달가능한 부호로 전환하는 과정, 수신자가 인식기관을 통해 받아들인 메시지를 이해가능하도록 해독하는 과정이다. 전달자는 부호화과정에서 상대방을 생각해서 상대방이 이해하기 쉽도록 부호화하는 것이 아니라, 자신의 경험에 따라 자신이 하기 쉬운 대로 또는 하고 싶은 대로 부호화한다. 이때 전달자의 생각이 그대로 전달되기 위해서는 수신자는 정확하게 전달자의 부호화과정을 이해하고 있어야 한다. 하지만 인간은 서로 다르기 때문에 다른 생각을 가지고 있고 자신만의 독특한 방법에 익숙해 있어 다른 사람의 심리적 과정을 정확하게 이해할 수가 없다. 따라서 수신자는 전달자의 부호화과정에서 일어나는 모든 사항을 이해할 수가 없다. 결론적으로 수신자 역시 받아들이는 메시지를 자신의 경험에 비추어 자신의 가치관에 맞추어 자기식대로 해독할 수밖에 없다. 그러므로 전달자와 수신자 간에 정확한 의사전달이란 거의 불가능하다. 또한 해독된 메시지가 이해되는 과정도 수신자의 입장에서 자신의 경험과 상황에 맞게 이해하고 의미를 부여하게 되어, 전달자의 의도와는 완전히 다른 의미로 이해될 수 있는 여지가 크다.

이러한 과정을 기초로 커뮤니케이션 과정에서 일어나는 현상의 몇 가지 가정을 해보면 다음과 같다. 첫째, 상대방에게 전하고자 하는 바를 있는 그대로 정확히 전달하기는 불가능하므로 수신자로부터 기대하는 반응을 얻기 힘들다. 두 번째로는 일단 수신자가 메시지를 받아들이면 그 메시지의 해독과 의미의 결정은 수신자에 달려 있다. 세 번째로는 수신자가 어떻게 그 전달된 메시지를 해독하고 이해할 것인가는 수신자의 태도, 경험, 동기 및 처해 있는 상황 등 여러 가지 요소에 의해 영향을 받는다.

따라서 우리가 타인과 커뮤니케이션을 하고 있다고 함은 곧 우리의 생각을 부호화하여 전달하고 우리에게 전달되는 수많은 메시지를 해독하고 이해하고 또 그것에 나름대로 반응을 보이며 자신의 생각을 부호화해 다시 전하는 반복적인 과정이라고 할 수 있다. 여기서 피드백은 수신자가 전달받은 메시지를 어떻게 해독했으며, 어떻게 이해했는지 또는 전달받은 메시지에 의해 자신에 어떠한 변화가 왔는지의 여부를 알려주는 작업이다. 만약 피드백이 없으면 수신자는 자신이 전한 메시지가 어떻게 전달되었는지 확인할 길이 없어 지속적인 커뮤니케이션이 불가능해진다. 이렇게 메시지가 부호화되어 전해져서 해독되고 이해되며, 이것이 다시 피드백과정을 통해 수신자에게 전달되고, 또 수신자는 전달된 메시지에 다시 반응을 보이면서 반복적으로 서로가 이해하는 범위를 넓혀가는 과정이 커뮤니케이션이다.

우리가 궁극적으로 다른 사람과 커뮤니케이션을 하는 이유는 상대방에게 전하고자 하는 정보를 전하고, 자신이 원하는 대로 상대방이 행동해 주기를 바라고, 또 다른 사람이 전하는 메시지를 이해하기 위해서이다. 우리가 커뮤니케이션을 시작하는 것은 우리 속에 전하고자 하는 욕구와 특별히 의사소통을 통해 얻고자 하는 결과가 있어서이다. 때때로 우리는 커뮤니케이션을 시작하고, 엉뚱하게 자신의 의사표현에 급급한 나머지 그 목표를 잃고 기대하지 않은 방향으로 나아가는 경우가 허다하다. 이는 다음에 좀 더 구체적으로 논의하기로 하고, 한 가지 우리가 커뮤니케이션에서 간과하지 말아야 할 사실은 커뮤니케이션 방법의 다양성이다. 우리는 흔히 언어라는 수단을 통해서만 남들과 의사를 주고받는 것으로 이해하지만, 실제 우리는 의사소통과정에 많은 다른 방법을 동원한다. 즉, 얼굴표정이라든지, 몸짓이라든지, 또는 자세 자체가 실제 표현된 언어보다도 더 중요할 수가 있다. 다시 말해 언어로는 싫다고 하고도 표정과 몸짓으로는 좋아함을 표현하는 경우가 다반사이다. 따라서 효과적인 커뮤니케이션을 위해 다양한 의사전달방법의 이해도 중요하다. 그 커뮤니케이션 방법에 대해 알아보기로 하자.

## 3 의사소통 방법

### 1) 말하기와 쓰기

의사소통채널은 메시지가 전달되는 통로이다. 우리가 의사소통을 하는 양식에 따라 어떤 채널은 더 많이 사용되고 어떤 채널은 덜 사용되는 경향이 있다. 하우스(House)와 데이비스(Davis, 1977)의 연구에 의하면 면대면 채널은 사람들 사이에서 메시지를 더 정확하게 전달할 수 있으며 만족을 더 높게 하는 것으로 나타났다. 이같이 되는 중요한 이유는 언어적이고 비언어적인 메시지가 동시에 제시되기 때문이다. 이것은 사람들에게 들은 것을 더 쉽게 해석하게 하여 왜곡이 일어나기 어렵게 하기 때문이다.

쓰기가 전적으로 불만족스러운 것은 아니지만, 전화가 다음으로 선호되는 의사소통채널이다. 전화회사가 그들의 광고에서 제시하는 것처럼, "전화야말로 거기에 있다는 것(being there)을 느끼게 하는 차선책이다" 하워드 뮤슨(Howard Muson)은 전화가 면대면 의사소통에 비해 장점이 있다고 보고하였다(muson, 1982). 누군가에 있어서는 사람에 비해 전화가 복잡한 문제를 해결하거나 정보를 처리할 때 더 효과적이다. 결국 전화가 많은 비용과 시간을 절약하게 해준다. 협상을 할 때, 강자가 약자에게 무엇인가를 부과할 때 더 효과적이다.

사람들은 역시 전화를 사용할 때 훨씬 더 속이거나 조작을 하기가 쉽지 않다. 마지막으로 사람들은 대면에 비해 전화상으로 더 거절하기 쉽다. 사람들은 상대방을 보지 않을 때 더 불편함 없이 거절할 수 있다.

### 2) 신체언어

신체언어(body language)란 우리가 메시지를 전달할 때 사용하는 다양한 팔과 손동작, 얼굴표정, 목소리의 톤, 자세 그리고 신체의 움직임을 말한다. 어빙 고프먼(Irving Goffman, 1959)에 따르면, 신체언어는 우리가 다른 사람과 대화할 때 내보는 것으로서, 일반적으로 우리의 의지대로 되기 어렵다고 지적하였다. 우리의 언어적 능력과 달리, 우리가 말하는 동안 보여주는 특정 신체언어 혹은 표현을 의식적으로 통제하는 경우는 드물다. 우리가 무대에서 행동을 하는 것이 아니거나 의식적으로 어떤 효과를 일으키려는 것이 아니라면, 신체언어는 어떤 의식적 사고 없이 자동적으로 이루어지는 것이다.

마이클 아가일(Michael Argyle, 1972)은 신체언어는 어떤 정서, 태도 그리고 선호도를 표현하는 데 도움이 된다고 한다. 우리를 크게 껴안는 사람에게서 그가 우리를 반긴다는 것을 알 수 있다. 우리가 알고 있는 어떤 사람이 지나가며 우호적인 손짓을 하거나 웃는 것으로 그가 우리를 인식했다는 것을 알 수 있다. 입이 떨리는 것으로 우리는 그가 화가 났다는 것을 알 수 있다. 우리는 다양한 신체 몸짓과 표현의 의미에 아주 민감하다. 이 같은 민감성은 놀랄 만하다. 다양한 정서를 표현하는 사람들의 영화를 볼 때, 그 영화가 1/24초의 속도로 제시되었지만 사람들이 66% 정도를 정확하게 맞추었다(Rosenthal, 1974). 신체언어는 언어적 의사소통을 돕는다. 시간, 피치, 강도 그리고 다양한 몸짓 등의 언어적 신호가 우리의 언어적 표현에 의미를 더해 준다. 우리는 언어적 조직을 가지고 말한다. 그러나 우리는 우리 몸 전체를 가지고 이것을 전달한다. 신체언어는 우리가 언제 말을 중단하고 말에 끼어들며, 주제를 전환할 것인가 하는 것을 결정하는 데 도움을 준다.

### (1) 몸의 접촉(body contact)

우리가 다른 사람에게 접촉하는 방식, 부위 그리고 누가 누구와 접촉하는가 하는 것은 보통 애정, 친밀감, 편안함 그리고 어떤 경우에는 지배성과 힘과 권력을 나타낸다. 예를 들어: 좋은 친구사이에는 애정을 보여주기 위해서 손을 잡거나 어깨동무를 하고, 연인들은 키스를 하고 서로의 성감대를 만지는 것 등이다. 더 많은 힘과 높은 지위를 가진 사람들은 접촉을 덜 하는 경향이 있다. 의사와 간호사들은 종종 접촉을 통해서 환자를 안심시킨다. 남자들은 성과 무관한 상호작용에서 여자들과 더 많이 접촉하고, 왕이나 왕비 그리고 신앙요법사들과 같이 상당한 지배력을 가진 개인들에 의한 접촉은 다른 사람들과의 접촉에 비해 종종 소중하게 여겨진다. 악수는 덜 지배적임을 암시하는 한편, 손을 잡는 것은 격식을 차리지 않는다는 것과 친밀감을 나타낸다.

### (2) 몸의 방향(body orientation)

다른 사람들과의 관계에서 우리가 어디에 앉는가 또는 서는가 하는 것은 대체로 우리가 협동하고자 하는가, 경쟁적이고자 하는가, 지배하고자 하는가 그리고 친구가 되고자 하는가 하는 등의 마음가짐과 우리의 상대적인 지위를 알 수 있게 한다. 예를 들어: 일반적으로 훨씬 지배적이거나 지위가 높은 사람들은 다른 사람들보다 높은 위치에 앉거나 선다. 다른 사람의 옆에 같은 높이로 앉는 것은 기꺼이 협조할 마음 또는 친구와 같은 태도로 행동할 마음을 나타낸다.

### (3) 몸의 자세(body posture)

걷고, 앉고, 서는 방식은 종종 정서적인 상태, 지위, 다른 사람을 좋아하는 정도, 우호적인가 적대적인가의 여부 그리고 우리의 상대적인 지배력을 알려준다. 예를 들어: 사람들은 낙담했을 때 마치 명상에 잠긴 듯한 자세를 취하거나, 고개를 떨어뜨리며, 뒷짐을 지거나 빠르게 팔을 흔들면서 걷는 것은 보통 의기양양하다는 것을 암시하고, 바르고 편안한 자세와 따뜻한 눈 맞춤을 하는 것은 종종 당신이 다른 사람에게 관심이 있고 좋아함을 암시한다. 두 사람의 지위가 동등할 때는 둘 다 느슨한 자세로 앉거나 또는 함께 서 있을 것이고, 지위가 다를 때는 지위가 낮은 사람이 서 있거나, 만약 앉는다면 훨씬 덜 느슨한 자세를 취하는 것과 같은 것이다.

### (4) 몸짓(gesture)

손과 발 그리고 몸의 다른 부분의 다양한 움직임은 정서상태를 나타내고, 우리가 언어로서 표현한 것의 의미를 완성할 수 있게 해주며 연설을 대체하기도 한다. 예를 들어: 주먹을 꽉 쥐는 것은 공격성의 표시일 수 있고, 계속해서 얼굴을 만지는 것은 근심이 있음을 나타내는 것일 수 있으며, 이마를 쓸어내는 것은 피곤하다는 것을 나타내고, 손을 얼굴에 가져가는 것, 손바닥으로 턱을 받치는 것 그리고 집게손가락으로 볼을 만지는 것은 뭔가의 가치를 판단하고 있음을 뜻한다. 팔짱을 끼는 것은 방어적이거나 또는 방해받기를 원하지 않는다는 뜻이며, 누군가를 향해 팔을 벌리는 것은 우정을 표현한다. 문장의 끝을 가리키는 것은 방금 말한 것을 강조하는 데 도움이 된다. 누군가가 다가올 때 그 사람에게 손을 흔드는 것은 안녕이라고 말하고 그가 떠날 때 손을 흔들면 잘가라고 말하는 것이 된다.

### (5) 고개 끄떡임(head nods)

이것은 특별한 몸짓으로서 다른 사람들에게 흥미가 있음을 보여주고 그들을 강화시켜주며 연설을 계속하게 하는데 도움이 된다. 예를 들어: 누군가가 이야기하고 있을 때 고개를 끄덕이는 것은 이야기에 흥미가 있음을 보여주며 또한 “그것은 좋은 지적이군요. 나도 동의합니다”라는 의사를 전달해 줄 수 있다. 끄덕이기를 멈추는 것은 우리가 말하고 싶다는 것을 암시하는 것일 수 있다. 우리가 더 많이 끄덕일수록 다른 사람은 더 오래 이야기하기 쉽다.

(6) 얼굴표정(facial expression)

눈, 눈썹, 입 그리고 다른 얼굴의 요소에서의 변화는 종종 우리의 정서적 상태와 연결된다. 예를 들어: 언짢음이나 혼돈은 얼굴을 찌푸리는 것으로 나타난다. 부러움이나 못미더움은 치켜올려진 눈썹에 의해서, 적개심은 턱근육의 경직과 눈 흘김에 의해서, 행복함은 종종 만면의 미소에 의해서 전달되는 한편, 입술을 다문 채 살짝 미소 짓는 것은 우리가 무엇인가에 의해 적당히 즐겁다는 것을 암시한다.

(7) 눈의 움직임(eye movement)

응시하는 위치나 길이는 우리의 흥미나 정서를 암시하고 다른 사람들과 함께 토의를 진행시키는 것을 돕는다. 예를 들어: 좋아하는 사람을 오래 응시하는 것은 관심과 애정을 전달하는 한편, 싫어하는 누군가에게 위와 같이 비슷하게 응시하는 것은 불쾌감이나 적의를 전달할 수도 있다. 학생들은 뭔가에 관심이 있거나 정적으로 들떴을 때 전형적으로 눈을 크게 뜬다. 종종 누군가와 이야기할 때의 눈 맞춤은 상대방이 어떻게 반응하는가에 대한 피드백을 얻을 수 있게 해 준다. 오랜 응시를 끝내는 것은 다른 사람이 이야기할 차례라는 것을 나타낸다.

(8) 목소리의 표현(vocal expression)

목소리의 크기, 높이, 속도 그리고 음질과 연설의 부드러움은 정서와 관련되어 있다. 이것은 토의를 지속시키고 지배성과 힘의 지표가 된다. 예를 들어: 걱정이 있는 사람은 평상시보다 더 빨리 더 높은 음으로 이야기하는 경향이 있다. 실망한 사람은 천천히 그리고 보통 더 낮은 음으로 이야기한다. 화가 나고 공격적일 때 우리는 보통 더 크게 이야기한다. 연설을 하다 잠시 멈추는 것은 구두점을 제공하고, 강세와 억양은 질문이 될 것인지의 여부와 강조한다는 것을 나타낸다. 지배적인 사람들은 이야기할 때 훨씬 더 자신감 있고 치밀하다. 힘이 적은 사람은 그들의 표현에 있어서 더 많이 머뭇거리고 자기 회의를 가지는 경향이 있다. 권력이 많고 지위가 높은 사람은 전형적으로 힘이 적은 사람들이 말하는 것을 훨씬 자주 방해한다.

### (9) 외모(appearance)

우리가 옷을 입고 자신을 치장하는 것은 자기를 표현하기 위한 것이다. 그것은 전형적으로 자신의 이미지와 다른 사람들에게 영향을 주고자 하는 욕구를 나타낸다. 예를 들어: 너저분하게 옷을 입고 자신을 더럽게 하고 있는 것은 자신을 돌보지 않는다는 것을 암시하는 것일 수 있다. 격식을 차리지 않고 옷을 입는 것은 느슨해져 있음을 암시한다. 반면에 정장을 입는 것은 우리가 "진지하게 사업에 대한 준비가 되어 있다"는 이미지를 전달하는 데 도움이 된다. 다른 사람들보다 더 옷을 잘 입는 것은 지위에 대한 욕구와 사람들에 대해 영향력을 가지려는 욕구를 나타낸다.

#### 1 하나 이상의 비언어적 단서에 초점을 맞추라

몇 개의 비언어적 단서는 종종 함께 일어난다. 각각의 몸짓은 언어에 있어서 한 단어와 같다. 메시지를 이해하기 위해 완전한 생각을 표현하는 문장으로 단어를 조직화하여야 한다. 다양한 몸짓은 서로서로 조화되어야 한다. 여러분은 사람들이 웃거나 미소 짓는 것을 볼 수 있다. 이것이 그들이 행복하다는 것을 의미하는가? 그들의 입술과 손이 떨리고 이마에 땀이 맺히며 그들이 자세를 계속해서 바꾼다면 어떻게 볼 것인가? 그때 당신은 그들이 초조한 웃음 또는 미소를 보이는 것이라고 결론지을 수 있을 것이다.

### ❷ 사람들이 말하는 것과 행동하는 것 모두에 초점을 맞추어라

상대방의 신발을 바라보면서 "나는 정말 너를 좋아해"라고 말하는 사람은 별로 미덥지가 못하다. 이처럼 말이 몸의 언어와 조화되지 않을 때 사람들은 기분이 나빠지고 이야기의 내용을 잘못 해석하게 된다. 해리 트리언디스(Harry Triandis, 1994)는 이 같은 불일치 때문에 해석을 다르게 한 비극적인 예를 제시하였다. 그에 따르면, 아랍인들은 진실한 사람은 미지근하고 애매하게 이야기하지 않고 오히려 약간의 과장과 함께 강하게 생각을 표현한다고 한다. 1991년 1월, 제네바에서 미국무장관인 제임스 베커가 중동평화회담을 했을 때, 그는 이라크의 대통령 사담 후세인의 대리인에게 매우 명확히 그리고 조용하게 "만일 이라크가 쿠웨이트에서 철수하지 않는다면 미국은 이라크를 공격할 것이다"라고 말했다. 이 같은 응답에 대해 이라크 대표는 후세인에 다음과 같이 보고하였다. "미국은 공격하지 않을 것이다. 그들은 약하고 조용하며 화나지 않았다. 그들은 오직 말만 하고 있다" 트리언디스는 베이커가 자신의 의견을 강조하기 위해 테이블을 주먹으로 세게 치며 더 화가 난 음색으로 그의 메시지를 전달했어야 했다고 말한다. 그가 그렇게 했더라면 아마도 사막의 폭풍 작전(Operation Desert Storm)에서의 죽음과 파괴는 피할 수 있었을 것이다.

### ❸ 사람들이 말하는 것과 행동하는 것이 다르면 비언어적 단서에 초점을 맞추어라

언어적 메시지와 비언어적 메시지가 서로 조화를 이루면 우리의 의사소통은 더욱 원활하게 이루어진다. 그러나 사람들은 때때로 무엇인가를 말하면서 비언어적 행동으로는 그것과 모순되는 행동을 한다. 이것은 바로 부조화적으로 행동하고 있는 것이다. 한 지역의 정치후보가 연설에서 “나는 젊은 사람들과 대화하는 것에 정말 관심이 있습니다”라고 말하면서 그의 주먹과 손가락을 청중을 향해 흔들고 거만하고 폭력적인 몸짓을 했다면, 그의 진심은 무엇이라고 해야 할까? 전형적으로, 우리는 비언어적 메시지들에 대한 통제력을 덜 가지고 있다. 그래서 그것들은 어떤 사람이 생각하고 느끼는 방식에 더 좋은 척도가 된다.

### ❹ 비언어적 메시지를 해석할 때 문맥에 초점을 맞추어라

때때로 비언어적 단서는 특정 환경이나 상황에 의해서 그 의미가 바뀐다. 록 콘서트가 막 끝났을 때의 큰 박수와 비명은 콘서트의 시작이 한 시간 지연되었을 때 발생하는 비명과 그 의미가 다르다. 데스먼드 모리스(Desmond Morris, 1977)는 한 손의 엄지와 집게손가락을 가지고 만든 원이 문화에 따라서 다른 의미를 가진다는 것을 관찰한다. 그것은 미국인이나 영국인에게는 상대방이 웃고 있거나 아니거나 간에 상관없이 오케이를 의미한다. 프랑스에서는 오직 그 사람이 웃고 있을 때만 오케이를 의미하고 그렇지 않을 때는 그것은 제로를 의미한다. 일본인에게는 같은 표시가 돈을 상징한다.

## 4
## 효율적인 의사소통의 장애요인

의사소통과정에는 많은 장애요인이 있을 수 있다. 부적합하게 표현된 메시지, 단어의 누락, 상대방의 불신, 어의의 왜곡, 주위에서 일어나는 여러 가지 잡음 등 이루 헤아릴 수 없을 정도로 많은 장애요인이 있다. 따라서 우리는 전달자와 수신자가 의사소통을 하고 있는 동안 쌍방의 인식과정에서 일어날 수 있는 대표적인 장애요소 몇 가지를 구체적으로 살펴보고자 한다.

### 1) 인식과정

먼저 의사소통과정에서 우리 인간 내적으로 거치게 되는 심리적인 과정을 좀 더 구체적으로 알아보고 그 과정에서 일어날 수 있는 굴절과 왜곡의 가능성에 대해 살펴보고자 한다. 예를 들면 A라는 남학생이 B라는 여학생에게 관심이 있어 사귀고 싶은 마음이 있다고 가정을 해보자. 그 남학생은 직접적으로 자신의 감정을 상대방에게 말하기가 쑥스럽고 자신도 없어 자신의 상대 여학생에게 관심을 표명하기 위한 의도로서 그 여학생만 만나면 자꾸 놀리고 농담을 걸고 때로는 성가시게 군다고 하자. 이에 B여학생은 남학생 A의 행동이나 그의 의사전달 메시지를 인식하고 받아들인다. 그리고 그 남학생이 자기에게 하는 행동을 접할 때마다 기분이 나쁘고 싫은 느낌이 마음에 그득하다. 그러면서 B는 상대방이 자기에게 왜 그러는지 그 의도를 나름대로 생각하고 해석한다. 아무리 생각해도 A남학생을 자신을 여자라고 깔보고 무시하는 것 같다고 생각한다. 마지막으로 B는 A남학생을 행동이 거칠고 예의도 없는 사람이라고 평가한다. 이 과정에서 A라는 남학생은 진정으로 자신의 좋아하는 감정을 상대방 여학생 B에게 전하고자 자기 딴에는 최선의 방법이라고 생각하는 메시지 전달수단을 택해 상대방에게 좋아하고 있다는 메시지를 보내고 있다.

하지만 상대방이 받아들이는 과정에서는 전혀 원래 의도와는 다른 의미로 받아들이고 있다. 여기서 우리는 의사전달의 단계마다 심리적 과정에 이미 굴절과 왜곡의 가능성을 내포하고 있음을 알 수 있다. 첫째, 전달자가 자신의 감정을 상대방에게 전하고자 하는 의도로 자신의 의사표현방법을 선택함에 있어서 불분명하면서도 전달자 자신을 최대한 보호할 수 있는 방법을 택하다 보니 올바른 의사전달이 어려워지고, 두 번째로 그 메시지를 받아들이는 사람의 입장에서 전달자의 바른 의도를 보지 못함으로써 상대방으로부터 전달되는 메시지를 선별적으로 받아들이고, 세 번째로는 자신이 선별적으로 받아들인 메시지로부터 받은 느낌을 해석함에 있어서 상대방의 참된 의도가 무엇일까 하는 것에 초점을 맞추기보다는 자신의 입장에서 자신의 감정과 경험과 가치판단에 기준하여 해석하다 보니 원래 전달자의 의도와는 다른 방향으로 해석이 되고, 마지막으로 상대방을 평가함에 있어서도 자신이 해석한 바에 기초하여 상대방을 평가하니 완전히 왜곡된 평가가 나올 수밖에 없다. 따라서 이 그림을 통해 우리가 알 수 있는 바는 전달자가 자신의 느낌을 전하는 과정에서부터 수신자가 그 메시지를 인식해서 이해평가하는 과정까지 각 단계에 올바른 의사전달의 장애요인이 숨어 있음을 알 수 있다.

### 2) 실체와 상징의 혼돈

우리가 상대방으로부터 메시지를 전달받을 때, 우리는 흔히 표현되는 언어 속에 그 언어가 지칭하고 있는 실체가 있다고 생각한다. 예를 들어 '나쁜 놈'이라는 표현은 그 단어가 지칭하는 상대방으로부터 정말 사회에서 사람들이 보편적으로 나쁘다고 생각하는 행동이나 성격이 발견되었을 때 그것을 반영하는 의미에서 쓰인 단어인 것으로 알고 있다. 하지만 나쁜 놈이라는 표현은 전달자가 실체를 보고 그것으로부터 받은 하나의 이미지에 불과하다. 이는 다시 말해 전달자가 실체 자체로부터 받은 느낌 그리고 그것을 바탕으로 만들어낸 이미지이다. 이 이미지는 만들어내는 사람에 따라 모두 다르다.

예를 들어 상대방의 사정을 전혀 모르는 상황에서 도둑질을 하는 사람을 보고 '그 사람은 나쁘다'라고 표현할 수 있다. 하지만 그 사람이 도둑질을 할 수밖에 없는 입장에 있다는 것을 이해하는 사람의 관점에서 보면, 그 행동을 정말 나쁘다고 표현할 수 없을 것이다. 따라서 언어는 표현하는 사람의 입장에서 실체를 바탕으로 만들어낸 상징에 불과하다. 이 상징은 실상이 아니라 허상이다. 단순히 받아들이는 사람이 마음대로 만들어낸 상징일 뿐이지 실체가 아니라는 것이다. 따라서 언어와 실체는 다르다. 언어는 언어로써 존재하고 있는 것이지 그것이 곧 실체를 반영한 어떤 의미를 가지고 있는 것이 아니다.

그러한 상징인 언어로 전달된 메시지는 수신자의 머릿속에서 다시 새로운 의미가 부여된다. 언어를 통해 전해 온 메시지를 있는 그대로 받아들여 소화해서 이해하는 것이 아니라 그것을 받아들이는 사람의 입장에서 그것을 재해석해서 의미를 부여한다. 그러므로 전달된 언어는 받아들이는 사람이 처한 시간과 장소에 따라 다르게 해석되고, 또 시간과 장소가 바뀌면 재해석된다. 따라서 언어를 통한 올바른 의사소통에 한계성이 있다. 우리는 언어적 수준의 의사소통에서 이러한 한계성을 깊이 있게 이해해야 한다. 그래서 내가 전달자로부터 받아들인 메시지에 부여한 의미가, 전달자가 전하고자 하는 그러한 메시지가 아닐 수 있다는 것을 항상 염두에 두어야 한다.

### 3) 개인의 특성

전달받고 전달하는 모든 메시지를 자기입장에서 이해하게 되는 이유는 의사소통에 임하는 개개인이 각기 다른 경험, 기대, 태도 및 가치관을 가지고 있기 때문이다. 이러한 개개인의 특징은 사회현상과 상대방이 전해주는 메시지를 받아들이고 해석하고, 상대방에 대해 평가하는 데 영향을 미친다. '개인의 마음은 화가와 같다'는 말이 있다. 이는 이미 지각(perception)을 설명하는 과정에서 자세히 설명한 바와 같이, 전해 오는 메시지를 자신의 경험에 비추어 해석하고 이해하고 그것에 의미를 부여함을 뜻한다.

앞의 남학생 A와 여학생 B의 예를 통해 알아보자. 남학생 A의 행동은 그것을 받아들이는 여학생이 그 동안 어떠한 경험을 가지고 있느냐에 따라 다르게 받아들여 해석하고 이해했을 것이다. 만약 여학생 B가 경험을 통해서 그 동안 남학생들이 농담을 하고 성가시게 구는 것 자체가 그들의 진정한 관심과 호감을 표시하는 것임을 잘 알고 있으면, 여학생 B는 남학생 A의 메시지에 포함된 의도를 옳게 해석해서 이해했을 것이다.

개인이 가지고 있는 기대감 또한 전해 오는 메시지를 해석 · 이해하는 데 많은 영향을 미친다. 예를 들면 그 남학생은 항상 다른 사람들에게도 농담을 하고 짓궂은 데가 많은 편이라는 것을 알고 있어 당연히 그렇게 하리라고 생각하고 있었는데, 그 남학생이 진지하게 자신의 속에 있는 이야기를 그 여학생에게 했다고 해보자. 그 여학생은 과연 그 남학생의 진지한 태도를 어떻게 이해하겠는가. 적어도 당분간은 또 다른 형태의 장난으로 받아들일 가능성도 높을 것이다. 이는 돈에 관한 문장에서 영어단어 chack을 check으로 읽는 현상과 유사하다.

다른 한 가지는 사람이 가지고 있는 태도이다. 다시 B라는 여학생이 남학생 A에 대해 매우 호감을 가지고 있으며 그에 대한 긍정적인 태도를 가지고 있었다면, 그 남학생이 짓궂은 행동을 통해 전하는 메시지를 아주 긍정적인 것으로 받아들이고 해석하고 이해했을 것이다. 그러므로 이러한 개인마다 가지고 있는 다른 경험, 기대, 태도 등은 우리가 서로 간에 전하고자 하는 메시지를 이해 · 해석하는 데 많은 영향을 미치고, 전달자와 수신자 간에 주고받는 메시지를 바르게 받아들여 이해하는 데 장애요인으로 작용한다.

### 4) 상황적인 요인

앞에서는 주로 의사소통의 과정에서 일어나는 장애적인 요소로서 심리적인 요인을 지적해 보았다. 이 밖에도 많은 장애요인이 있는데 그 중에 주로 상황적인 장애요인의 몇 가지를 들어보자. 첫째로 정보의 과중성을 들 수 있다. 우리에게는 일정한 시간에 소화해서 반응을 보일 수 있는 정보량이 한정되어 있다. 그 이상의 정보가 전해지면 그 정보를 해석 · 이해하는 한계성에 부딪혀 효과적인 의사소통이 불가능해진다. 예를 들어 부모가 자식을 질책하기 위해 수도 없는 말을 마구 퍼부어댄다고 해서 그 모든 정보가 전해져, 자식의 머리에서 해석되고 이해되는 것은 아니다.

자식의 입장에서는 어느 정도 들어본 다음, 마음에 담아두는 말은 몇 마디 안 될 것이다. 따라서 효과적인 정보전달을 위해서는 주어진 시간 내에 꼭 전해야 하는 정보가 무엇인지 선별하여 전하는 것도 중요하다. 현대와 같은 정보화시대에는 많은 정보전달수단을 통해 일시에 여러 종류의 정보가 대량으로 전달된다. 하지만 그것이 다 전달되고 소화되어 우리의 생활에 변화를 주는 요소로 작용하지는 못한다. 이러한 대량의 정보홍수 속에서 정말 중요한 정보를 놓쳐 버리고 엉뚱한 정보에 묻혀 버림으로써 효과적인 의사소통의 기회를 놓칠 수 있음을 인식해야 할 것이다.

둘째로는 시간의 압박을 들 수 있다. 때로 주어진 시간 내에 여러 사람들과 개별적으로 접촉하여 메시지를 전해야만 하는 경우가 있다. 또는 다양한 정보를 다양한 사람들에게 되도록이면 빠른 시간 안에 전해야 하는 경우도 있다. 이런 때는 시간의 압박으로 인해 상대방이 자신이 전하고자 하는 내용을 바르게 이해했는지 확인하며, 지속적인 상호작용을 통해 서로 공통적인 이해의 범위를 넓히기 위한 노력을 할 수 없게 된다. 따라서 메시지의 전달은 매우 피상적이 되고 서로 간의 신뢰성은 점차적으로 약화되어 효과적인 의사소통은 힘들어지고 서로 간의 신뢰에 금이 갈 수 있다.

셋째로는 의사소통이 이루어지고 있는 풍토를 들 수 있다. 만약 신뢰와 개방의 풍토가 형성된 분위기에서 서로 의사소통을 하게 되면, 전달자와 수신자는 자신의 느낌을 숨김없이 솔직하게 주고받음으로써 훨씬 효과적인 의사소통이 가능하다. 하지만 불신과 반목의 분위기가 팽배한 속에서의 의사소통은 아무리 진실된 자신의 감정과 사실을 전하더라도 상대방은 그것을 오해하여 왜곡되게 받아들이기 쉽다. 이러한 분위기에서는 진정한 의사소통이 힘들다. 따라서 신뢰와 개방의 분위기 형성은 의사소통의 대단히 중요한 요소로서 작용함을 인식할 필요가 있다.

넷째로는 비언어적인 의사전달 수단의 오용을 들 수 있다. 우리는 의사소통에서, 언어적 의사소통은 물론 비언어적 의사소통도 같이 신경을 쓰게 된다. 언어적 수준의 의사전달방법은 의사전달과정에서 의사소통의 효과성에 도움이 될 수 있지만 때로는 방해도 될 수 있다. 만일 시간이 많이 있으니 우리 탁 터놓고 같이 이야기해보자라고 말해 놓고 계속해서 시계를 보고 다른 곳에 신경 쓴다면, 상대방은 정말로 개방적으로 진실되게 대화에 임하기 힘들 것이다. 이때의 비언어적인 의사전달의 수단은 참된 의사전달을 위해 방해적인 요소로 작용할 것이다. 말과 행동의 일치가 신뢰성을 가져다주듯, 말하는 내용과 비언어적인 몸짓, 표정, 눈빛이 전하고자 하는 메시지와 일치해야 한다.

## 5
## 메시지 전달자에게 요구되는 기술

### 1) 명확한 목표설정

의사소통은 무조건 자신의 생각이나 느낌을 쏟아 붓는 작업이 아니다. 전하고자 하는 내용이 무엇인지, 그것을 전함으로써 무엇을 얻을 것인가에 대한 명확한 목표가 설정되어 있어야 한다. 만약 전하고자 하는 메시지를 상대방이 정확하게 이해하도록 하는 것이 그 커뮤니케이션의 목표라고 하면, 상대방이 쉽게 이해할 수 있도록 하는 데 필요한 도표라든지, 그림이라든지, 보조자료를 동원하면 된다. 하지만 의사소통을 통해서 상대방의 태도변화를 유도하는 것이 목표라고 하면, 상대방의 어떠한 행동이 어떻게 변화하여 어떠한 상태가 되기 원하는지에 대한 명확한 이해와 뚜렷한 결과에 대한 인식이 있어야 한다. 레보디(Laborde, 1987)는 의사소통목표와 명확성을 위해 적어도 커뮤니케이션 이전에, 의사소통의 과정을 통해 도달하고자 하는 상태가 어떠한지 느껴보고, 상상 속에서 그려

보고, 상대로부터 듣고 싶은 말이 있다면 직접적으로 마음속으로 그 음성을 들어보라고 주문하고 있다. 전하고자 하는 의미가 정확하다. 그리고 그 의사소통을 통해 얻고자 하는 목표가 명확하면, 우리는 의사소통 방법을 효율적으로 활용하여 바라는 결과를 위해 상대방과 함께 최선을 다해 노력할 수 있다. 그렇지 않으면 엉뚱한 주제에 얽매여 특별한 결론 없이 커뮤니케이션이 끝날 가능성이 높다.

### 2) 적절한 의사소통수단의 활용

전하고자 하는 내용과 의사소통을 통해 얻고자 하는 결론이 확실하면 다음으로 중요한 것은 의사소통의 방법의 선택이다. 전달하고자 하는 내용을 부호화하여 메시지를 전하는 방법은 여러 가지가 있다. 그림이나 몸짓을 통해서 전할 수도 있으며, 문자를 통해서 전할 수도 있다. 문제는 상대방이 얼마나 잘 이해할 수 있는 방법을 택하느냐 하는 것이다. 예를 들어 그림을 그려서 쉽게 짧은 시간에 전할 수 있는 것을 언어라는 수단을 통해서 전하게 되면, 엄청난 노력과 시간을 소비해도 어려울 수 있다. 따라서 효과적인 의사소통 방법의 선택은 매우 중요하다. 앞에서도 강조했지만 의사소통과정에서 주의해야 하는 것은 비언어적인 수단과 언어적인 수단을 일치시키는 문제이다. 나를 내보이는 위험성을 감수하지 않으려고 은근히 돌려서 이야기하며, 상대방이 알아서 이해해 주기를 기대하는 것은 과욕이다. 가장 상대방이 이해하기 쉬운 방법으로, 가능하면 직접적으로 자신의 의사를 표현해 주는 것이 중요하다.

### 3) 감정이입적인 의사소통

감정이입적 의사소통이란 전달자가 상대의 사고, 태도, 입장 속으로 한 번 들어가 보는 것이다. 그리고 상대방의 눈으로, 가치관으로, 시각으로 문제를 재조명해 보는 노력이다. 그래서 서로 논의하고 있는 문제에 대해 어떤 측면에서 다르게 바라보고 있으며 다르게 해석·이해하고 있는지를 알아보고, 상대방이 가능한 이해하기 쉽도록 그리고 받아들이기 쉽도록 자신의 메시지를 전하는 것이다. 이는 단순히 자신이 전하고자 하는 메시지를 전하고서 거기에서 오는 반응을 기다리는 소극적인 의사소통의 자세가 아니라 적극적으로 상대방의 입장에서 생각하면서 서로가 이해의 폭을 넓힐 수 있는 최선의 방법을 찾는 작업이다.

### 4) 피드백의 활용

전달자는 자신의 메시지가 수신자에게 잘 전해지고 있는지, 어느 정도 상대방이 이해하고 있는지 확인할 필요가 있다. 이것을 확인하는 좋은 방법은 상대방이 반응을 보일 수 있는 기회를 제공하는 것이다. 다시 말해 상대방에게 직접적으로 자신이 전하고자 하는 메시지를 어떻게 해석하고 이해하고 있는지 물어보는 것이다. 이렇게 피드백을 활용하는 것이 곧 쌍방 간에 서로 유사한 이미지를 같이 만들어낼 수 있는 유일한 방법이다. 피드백의 활용을 위해 비언어적인 수단을 통해 전해지는 메시지에 대한 민감성 또한 중요하다.

### 5) 상호 간의 공감적 관계형성

레보디는 상호 간에 공감적인 관계형성(rapport)이 없이 실질적인 의미의 커뮤니케이션은 불가능하다고 잘라 말하고 있다. 공감적인 관계는 서로 믿고 인정하는 관계를 의미한다. 내가 상대방의 문제해결능력을 의심하고 남도 나의 문제해결능력을 의심하는데 그 해결하고자 하는 문제에 대해 같이 이야기해 보아야 시간의 낭비라는 것이다. 따라서 상호 간의 신뢰관계를 형성하려거든 먼저 서로의 능력을 인정하고 그 사람 자체의 능력을 인정하라는 것이다. 앞에서 이미 지적한 방어적인 의사소통을 피하기 위한 방법도 궁극적으로는 서로 간의 공감적 관계를 형성하고자 하는데 그 주목적이 있다.

서로가 신뢰를 한다는 전제에 공감적인 관계를 형성하기 위한 방법으로 레보디는 서로가 상대방의 모습과 조화를 이루려는 반사적 작업(mirroring works)을 권하고 있다. 이 반사적 작업이란, 상대방의 행동에 자신의 행동을 함께 조화롭게 맞추는 것을 말한다. 다시 말해 만약 상대방이 의자에 기대어 앉아 있으면 그 상대방과 조화를 이루어 자신도 의자에 비슷한 포즈로 기대는 것을 반사적 작업이라고 한다. 이 반사적 작업으로 레볼디는 네 가지를 권하고 있다.

첫째는 상대방과 말하는 톤이나 속도를 같도록 조절하라는 것이다. 만약 상대방이 하이 톤으로 말하는데 자신은 그저 평범한 음성의 높이를 유지하고, 상대방이 빠른 속도로 자신의 논리를 펴 나가고 있는데 자신은 무관심하게 느릿느릿 이야기해서는 공감적인 관계형성이 어렵다는 것이다. 둘째는 숨쉬는 속도를 같이 조절하라는 것이다. 상대방의 호흡속도와 자신의 호흡의 속도가 비슷해지면 서로 간의 감정의 교감이 가능해진다는 것이다. 예를 들어 상대방이 격한 감정을 느끼고 있으면, 자연

호흡속도가 빨라질 것이다. 이때 그의 호흡속도와 자신의 호흡의 속도를 같이 해주는 것은 곧 그 사람과 깊은 감정의 교감을 갖는다는 의미이다. 셋째는 상대방의 움직임의 리듬을 잘 관찰해서 자신도 그와 상응할 수 있는 리듬으로 움직여주라는 것이다. 예를 들면 상대방의 동작을 잘 관찰해 보면 반복적으로 하는 동작이 있을 것이라는 것이다. 그러면 그 반복적인 동작의 리듬에 맞추어 자신도 유사한 동작을 함으로써 그 동작의 리듬에 조화를 이를 수 있도록 하는 것이다. 한 가지 예로서 상대방이 주기적으로 안경을 손끝으로 밀어 올리는 습관이 있는 것을 발견했다고 하자. 그러면 상대방이 안경을 올릴 때에 맞추어 자신의 손으로는 무릎을 살짝살짝 친다든지 하면 서로 간의 몸동작에 조화가 되어 공감적인 관계 형성에 도움이 된다는 것이다. 마지막으로 자세의 하모니를 이루는 것이다. 예를 들면 상대방이 한쪽 다리를 앞으로 내놓고 서 있으면 자신은 반대편 다리를 앞으로 내놓고 섬으로써 조화를 이루는 것이다. 이렇게 서로가 서로를 신뢰하면서 상호 간에 움직임이 조화롭게 하모니를 이루어 하나가 되면, 서로는 자신들이 의사소통을 통해 얻고자 하는 결과를 향해 같이 노력하게 될 것이다.

### 6) '나' 메시지(I-message) 사용

자신이 느끼는 감정을 밝히고, 상대방의 행동이나 의견에 대한 나의 반응을 전하고, 상대방에게 행동의 변화를 요구하는 효과적인 커뮤니케이션의 기술로서 '나'메시지를 들 수 있다. 이 방법은 자신의 느낌에 대해 왜 그러한 느낌을 가지게 되었으며 자신은 어떻게 생각하는가에 대한 문제를 자신이 본 사실과 그것으로 인한 자신의 감정의 변화에 초점을 두어 설명하는 방법이다. 내가 무엇을 원하는지 그리고 내가 어떻게 느끼는지 상대방이 다 알아서 해주기를 바라는 것은 과욕이다. 내 감정은 내가 가장 잘 알고 있으며, 내가 그것을 표현해 주지 않는다면 상대방은 내 감정을 알 수가 없다. 문제는 내 감정의 원인을 밝히는 과정에서 그것에 대한 책임의 전가를 상대방에게 하고, 상대방이 한 행동을 자기나름대로 평가해서 이야기할 경우 이것은 상대방에게 공격적인 행동이 된다는 것이다.

예를 들어 자신이 상대방에 대해 좋지 않은 감정을 가지고 있는데 그것은 순전히 상대방이 나를 무시했기 때문이라고 생각하고 "당신이 나를 무시해서 내 기분이 나쁘다"라고 표현을 하면, 이것은 상대방이 한 행동을 내 기준을 가지고 평가해서 자신의 기분이 나쁜 원인을 상대방의 행동에 돌리는 것이 된다. 이 이야기를 듣는 상대방은 자연 자기방어를 하게 되어 "내가 언제 그렇게 했는가"라는 공격적인 반문으로 이어져 이것은 서로 간의 또 다른 갈등의 원인이 될 수 있다.

이러한 문제를 피하고 자신이 그러한 감정을 갖게 된 원인을 잘 묘사하고 자신의 주장을 상대방에게 전함으로써 상대방이 다음 행동을 할 때 하나의 정보로서 활용할 수 있도록 하는 방법이 '나' 메시지이다. '나' 메시지를 통한 방법에서는 자신이 느끼고 있는 감정의 원인을 사실에 입각한 설명과 더불어 자신의 주장을 정확히 전달하는 것이다. 예를 들면 한 모임에서 남편이 부인이 하는 말에는 큰 관심을 보여주지 않고 다른 여자에게 자꾸 눈길을 주고 있었다고 가정할 때, 만약 부인이 남편에게 "당신은 그 모임에서 내가 거들떠보지도 않고 다른 젊은 여자들한테만 푹 빠져 있었지요"라고 하면 이것은 남편의 비언어적인 수준의 행동에 대한 순수한 평가이고 자신이 느끼는 불쾌한 감정의 원인을 남편에게 전가하는 것이다. 하지만, "내가 당신에게 이야기할 때 당신이 옆에 있는 여자에게 눈길을 자주 던지고 내 말에는 별로 관심이 없는 것 같아 나는 이제 남편의 관심 밖에 있는 사람이 되었구나 하는 느낌에 서글펐다"라고 표현하면 이것은 순수하게 당시의 상황을 사실에 입각한 묘사이고 또한 그로부터 받은 자신의 느낌에 대한 순수한 표현이지, 그 책임을 남편에게 전가하는 형태가 아니다. 또한 여기에 "앞으로는 그러한 모임이 있을 때 나는 잘 적응을 못하니 당신이 나를 좀 도와주었으면 좋겠다"라고 하면 무조건 자신의 감정의 묘사에 그치는 것이 아니라 긍정적인 대안을 제시하는 것이 된다.

'나' 메시지를 사용하는 방법은 우선 내 감정의 원인을 사실에 입각하여 구체적으로 묘사한다. 그 다음은 그러한 사실로 인해 내가 어떠한 감정을 가지게 되었는지를 밝힌다. 그리고 마지막으로 필요하다면 나의 주장 또는 바라는 바를 설명한다. 그 방법으로서는 "나는 당신이 ~했을 때 ~하는 느낌이었다. 앞으로 나는 당신이 ~게 해주었으면 좋겠다"라는 형태로 자신의 의견을 전하는 것이다.

만약 나의 솔직한 느낌을 표현하지 않고 상대방의 판단에 맡기게 되면, 상대방은 자신의 생각대로 판단해 내 문제에 접근할 것이다. 그렇게 되면 자신의 권리와 이익은 침해당하게 된다. 다른 사람이 나의 의견에 대해 '예' 또는 '아니오'라고 말할 수 있는 권리가 있는 것처럼 나 자신 또한 나의 느낌을 솔직하게 전달하고 나의 주장을 말할 수 있는 권리가 있다. 내가 나의 권리침해를 허용하지 않는 한 누구도 나의 권리를 침해할 수 없다. '나' 메시지의 활용은 곧 나의 감정과 행동을 명백히 전달함으로써 자신의 권리를 보호할 수 있는 좋은 기술의 하나이다.

## 6
## 효과적인 경청

커뮤니케이션과정에서 전달자가 아무리 효과적으로 메시지를 전한다고 해도 만약 수신자가 그것을 잘 듣지 않는다면 의사소통은 이루어질 수가 없다. 의사소통은 전달자와 수신자가 공통적인 노력을 통해 메시지를 주고받을 때 가능하다. 하지만 우리는 '듣기'에는 그렇게 많은 관심을 기울이지 않는다. 만약 우리가 말하는 데 신경을 쓰는 만큼 듣기에 신경을 쓴다면 우리의 의사소통은 좀 더 원활해질 것이다. 이제 우리는 듣기를 얼마나 효과적으로 하고 있는지 알아보고, 효과적인 경청(listening)을 위한 방해요인과 효과적인 듣기를 위한 방법에 대해 살펴보기로 하자.

### 1) 듣기에 대한 일반적인 경향

대부분의 사람들은 듣기에 아주 미숙하다. 한 연구조사에 의하면 일반적으로 사람들은 10분간의 연설을 듣고 나면 연설이 끝난 후 그 연설내용의 50% 정도밖에는 기억하지 못하고 있다고 한다. 그리고 48시간이 지나면, 기억하는 정도는 25%로 줄어든다는 것이다(Lewis, 1975). 다른 실증적인 연구에서도 일반적으로 위의 사실과 동일한 결과를 보이고 있다. 그렇게 볼 때 우리는 우리가 청각을 통해 받아들이고 있는 전체의 메시지 중에 25% 정도 또는 그 이하의 정보만을 기억하고 있다고 보아야 할 것이다. 따라서 다른 사람과의 의사소통에서 서로 간의 오해와 굴절의 많은 부분은 바로 듣기가 우리의 주의부족에서 기인한다고 보아야 할 것이다.

또한 사람들은 다른 사람의 이야기보다 자신의 생각에 취해 살고 자신의 문제에 얽매이다 보니 다른 사람들의 이야기에 귀를 기울일 수 없게 된다. 나 자신의 문제에 마음이 잡혀 있는데 다른 사람들이 전하는 메시지가 들릴 리가 없다. 어느 측면에서는 우리의 대부분은 너무 자기 사고에 묶여 있는 심리적인 청각장애인들인지 모른다. 이렇듯 우리는 듣기에 대한 연구나 훈련을 등한시해 왔다. 학교의 우리말 교육도 거의 읽기, 쓰기, 말하기에 집중되어 있지, 듣기에 대한 훈련은 안 하고 있는 실정이다.

### 2) 효과적인 듣기의 장애요인

듣기(listening)는 라틴어의 'lis(ear)'라는 단어와 'ten(attention)', 즉 주의를 기울인다는 의미가 합해진 단어라고 한다. 곧 듣기는 단순한 영어의 표현으로 'Hearing'과는 다른 의미이다. 다시 말해 그냥 주의를 기울이지 않고 들려오는 새소리를 듣는 것과 다른 사람들이 전하는 메시지를 듣는 것과는 다른 의미이다. 곧 듣기는 자신의 의도적인 노력을 요하는 작업이다. 여기서 어떠한 요인으로 인해 효과적인 듣기를 못하고 있는지 방해적인 요소를 알아보자.

첫째, 머릿속으로 듣는 동안 엉뚱한 생각(daydream)을 하는 것이다. 일반적으로 사람들이 1분에 생각할 수 있는 단어는 500단어 정도라고 한다. 하지만 우리가 입으로 말할 수 있는 단어는 1분에 125~150단어이고 아무리 말을 빨리 할 수 있는 사람이라도 200단어 이상을 말할 수 없다고 한다. 우리가 전달자의 메시지에 정말 관심을 가지고 듣지 않으면, 우리는 귀로 1분간 150단어 정도 듣고 있지만 나머지의 두뇌의 정보처리 용량은 다른 생각에 활용하게 된다. 그렇게 하다보면 자연히 다른 생각에 빠지게 되고 정말 들어야 하는 메시지는 놓치고 그 동안 엉뚱한 생각만 하다가 시간을 소비하게 된다.

둘째, 상대방의 이야기를 듣고 있는 동안 속으로 상대방의 이야기에 잘못된 점을 지적하고 무엇이 잘못 되었다고 생각하는지에 대해 열중한다. 이러한 현상은 주로 전체의 이야기를 다 듣기 전에 스스로 그 메시지에 대한 결론을 짓고 그것에 대한 반박의 논리를 머리로 생각하고 정리하는 것이다. 그렇게 되면 정말 전달자가 펴고 있는 논리와 주장을 듣지 못하게 되고, 그가 왜 그러한 주장을 하고 있는지에 대한 중요한 정보를 모두 놓치게 된다. 효과적인 듣기를 위해서는 성급한 결론과 평가는 금물이다. 적어도 그 사람의 이야기 전체를 다 들어 보고 자신의 생각을 정리하는 것이 바른 자세요, 효과적인 듣기를 위해 요구되는 자세다.

셋째, 듣기보다 말하기를 선호하는 경향이다. 사람들은 다른 사람의 이야기를 듣기보다는 말하기를 좋아한다. 따라서 다른 사람이 말하는 것에는 아무 관심이 없고 단지 자신이 해야 할 이야기에만 정신을 집중하다 보면, 다른 사람이 무슨 말을 하고 있으며 무엇이 중요한 메시지인지 전혀 모르게 된다. 우리는 의사소통과정에서 자신이 말하려고 하는 만큼 상대방의 이야기를 듣는 데도 관심을 쏟을 때 올바른 의사소통이 가능해진다.

넷째, 메시지 내용에 대한 무관심이다. 다 아는 이야기인데 무슨 들을 필요가 있는가라고 단정하고 전달자의 메시지에 관심을 보이지 않는다. 일단 전달자의 메시지에 관심을 두지 않게 되면 다시 그 전달자에게 관심을 보이면서 들으려는 태도로 전환하기가 거의 힘들다. 때로는 전달자의 메시지에 관심을 두는 것이 아니라 그 사람이 하는 몸짓이나, 입고 있는 옷, 반복적으로 쓰는 용어 등에 관심을 두고 정말 전하고자 하는 내용에는 관심을 보이지 않는 태도이다. 아무리 좋은 이야기라고 해도 그것을 들을 자세가 되어 있지 않고 마음의 준비가 되어 있지 않을 경우 그것은 한낱 무용지물이 될 뿐이다.

### 3) 효과적인 듣기를 위해 요구되는 방법

효과적인 듣기를 위해서는 주의를 기울이며 들어야 한다. 우리의 삶에서 노력없이 얻을 수 있는 것은 아무 것도 없듯이 상대방이 전하고자 하는 메시지를 듣기 위해서 또한 노력이 필요하다. 아래에 제시하는 열 가지는 바로 효과적으로 듣기 위해 어떻게 노력할 것인가 그 방법을 제시하는 것이다.

첫째, 말하지 말라. 말하려고 하면 들리지 않는다 말하는 동안 우리는 들을 수 없다.

둘째, 말하는 사람에게 동화되도록 노력하라 전달하는 사람의 입장에서 문제를 보려고 노력하며, 말하는 사람은 그 문제에 대해 어떻게 느낄 것인가를 생각하며, 그 사람과 공감대를 형성하려고 노력하라.

셋째, 질문하라 질문을 하는 것은 전달자에게 전하는 메시지에 관심이 있다는 표현을 하는 것이다. 그리고 질문을 함에 있어서는 전달자를 궁지에 몰아넣기 위한 질문이 아닌 정말 잘 모르기 때문에 이해를 돕기 위한 정보를 구하는 자세가 중요하다.

넷째, 전달자의 메시지에 관심을 집중시켜라 메시지의 내용, 관련 개념, 느낌 등에 관심을 두고 들으려해야지 전달자의 어떤 신체적인 조건이나 옷 등 다른 곳에 관심을 두어서는 안 된다는 것이다.

다섯째, 진정으로 듣기를 원하는 것을 보여주어라 가능한 한 눈을 전달자로부터 떼지 말고 주의를 집중시켜서 전달자가 느끼기에 정말 듣기를 원한다는 생각을 갖도록 한다. 그리고 전달자와 논쟁을 하려고 한다거나 전달자의 논리를 반박하는 데만 관심을 보이게 되면, 전달자 속에서 정말 전하고자 하는 내용이 죽어가는 경우가 있다. 따라서 전달자가 가장 편안한 상태에서 전할 수 있도록 도와주어야 한다.

여섯째, 인내심을 가질 것 자신의 감정을 가능한 억제하고 설사 전달자가 자신의 의견과 상반되는 이야기를 하더라도 끝까지 들으려는 자세가 중요하다.

일곱째, 산만해질 수 있는 요소를 제거하라 주위가 산만하게 되면 정말 전하고 싶은 이야기도 주위의 산만한 환경적인 요소 때문에 잊어버릴 수 가 있다. 따라서 가능한 한 전달자의 메시지의 효과적인 전달을 위한 방법과 관련되지 않는 행동은 자제하고 조용한 공간을 제공할 수 있어야 한다.

여덟째, 메시지의 내용 중에 가능한 동의할 수 있는 부분을 찾아보라 전달자 입장에서는 만약 수신자가 자신의 메시지 내용에 동의하지 않는다는 것을 확인하면 더 이상 이야기를 진행시키고자 하는 의욕을 잃게 된다. 따라서 수신자는 전달자의 내용에서 가능한 동의할 수 있는 부분을 찾고 상대방을 격려해 주어야 한다.

아홉째, 전달하는 메시지의 요점에 관심을 두어라 종종 사람들은 전달자가 전하고자 하는 메시지의 핵심에 관심이 없고 주로 그가 드는 예나 다른 부차적인 이야기에 관심을 두는 경우가 많다. 그렇게 되면 정말 전체 메시지의 핵심을 놓치게 되어 효과적인 의사소통이 불가능하다.

열째, 듣기 전에 말하지 말라 이는 중요하기 때문에 다시 한 번 반복한다. 미리 전하고자 하는 내용에 대해 나름대로 결론을 내리고 계속적으로 말하려 하는 경우가 많다. 그렇게 되면 중요한 메시지를 놓칠 수 있다. 그러므로 상대방이 결론을 내리면 그것을 경청하고 그것을 바탕으로 자신의 의견을 이야기해야 한다.

# 참고문헌

곽금주 · 윤진(1992). 「공격성의 사회인지적 매개과정에 관한 두 가지 기초연구: 공격영화장면의 효과와 개인의 공격성 수준에 따른 차이」, 한국심리학회지: 사회, 6, 1-10.

김민정 · 도현심(2001). 「부모의 양육행동, 부부갈등 및 아동의 형제자매 관계와 아동의 공격성 간의 관계」, 아동학회지, 22, 23-36.

김범준(1997). 「내집단 자존감과 차별경험이 내외집단에 대한 정보처리와 평가에 미치는 영향」, 연세대학교 대학원 박사학위 청구논문.

김봉섭(1998). 「PC통신에서의 언어폭력에 관한 연구」, 경희대학교 언론정보대학원 석사학위 청구논문.

김소영 (1996). 「가족체계의 유형과 청소년의 자아존중감과의 관계」, 연세대학교 교육대학원 석사학위 논문.

김애순 역(1996). 『남자가 겪는 인생의 사계절』(D. Levinson 저, *The season of a man's life*, 1978). 서울: 이화여자대학교 출판부.

김애순(1993a). 「중년기 위기감(1): 그 시기 확인 및 사회경제적 변인들이 중년기 위기감에 미치는 영향」, 한국 노년학, 13(1), 1-16.

김애순(1993b). 「중년기 위기감(3): 개방성향과 직업, 결혼, 자녀관계가 중년기 위기감에 미치는 영향」, 한국 노년학, 13(2), 1-14.

김재은(1974). 『한국 가족의 심리』, 서울: 이화여자대학교출판부.

김종범(1999). 「인터넷 중독 하위 집단의 특성 연구; 자존감, 우울, 외로움, 공격성을 중심으로」, 연세대학교 대학원 석사학위 청구논문.

김중술(1996). 『新 사랑의 의미』, 서울: 서울대학교출판부.

김진숙 · 유영주(1985). 「어머니와 청소년기 자녀와의 커뮤니케이션에 관한 연구」, 한국가정관리학회지, 3(1), 77-91.

박미경(2000). 「부부갈등 및 아동학대가 아동의 공격성에 미치는 영향; 어머니가 보고한 부부갈등을 중심으로」, 연세대학교 행정대학원. 석사학위 청구논문.
박지현(1998). 「아동학대와 아동의 공격성 연구」, 성신여자대학교. 석사학위 청구논문.
서울대 사회과학 연구소(1985). 「청소년 의식구조 조사연구」.
송관재(1992). 「지각적 특출성과 내외집단편파가 개인의 착각상관에 미치는 영향: 기억추론과 온라인추론과정의 비교」, 연세대학교 대학원 박사학위 청구논문.
연세대학교 학생상담소(1996). 「재학생의 사랑과 결혼에 대한 의식 및 태도 연구」, 미출판 논문.
윤선영(2000). 「책임성 지각과 기분이 대인 인상 판단에 미치는 영향」, 연세대학교 대학원 석사학위 청구논문.
윤진(1985). 『성인 · 노인 심리학』, 서울: 중앙적성출판사.
윤진 · 김인경 역(1988). 『아동기와 사회』(E. Erikson저, *Child and society*, 1963), 서울: 중앙적성 출판사.
이미림 역 (1993). 『1분 지혜』(A de Hello 저, One minute wisdom, 1586), 서울: 분도출판사.
이양순(1998). 「아동이 지각한 부모의 양육태도가 아동의 공격성에 미치는 영향에 관한 연구」, 연세대학교 교육대학원 석사학위 청구논문.
이재창, 최운실, 정영애, 최경선(1983). 『청소년 의식구조 및 형성배경』, 서울: 한국교육개발원.
이정구(1999). 「학교생활적응과 가족환경이 중학생의 공격성에 미치는 영향」, 연세대학교 교육대학원 석사학위 청구논문.
이춘재(1991). 「청소년이 지각하는 부모양육태도와 자아상」, 한국 심리학회 발달심리학회 심포지엄 발표논문.
이춘재 외(1988). 『청년 심리학』, 서울: 중앙적성출판사.
이혜성 역(1985). 『존재의 심리학』(A. Maslow 저, Toward a psychology of beiug, 1986), 서울: 이화여자대학교출판부.
이훈구(1995). 『사회심리학』, 서울: 법문사.
이훈구(2001a). 『교실 이야기 1: 왕따, 가해자와 피해자』, 서울: 법문사.
이훈구(2001b). 『교실 이야기 2: 때리는 아이들, 맞는 아이들』, 서울: 법문사.
임지현(1998). 「아동학대와 아동의 공격성에 관한 연구」, 성신여자대학교 교육대학원. 석사학위 청구논문.

장귀영(1998).「어머니의 양육태도와 유아의 공격성과의 관계」, 계명대학교 교육대학원 석사학위 청구논문.

조긍호(1982).「대인평가차원의 2원성에 관한 연구: 호오성과 친화성」, 서울대학교 박사학위 청구논문.

조동기(1997).『정보사회이론』, 서울: 사회비평사.

한국갤럽조사 연구소(1984).『한국청소년의 의식구조』.

한국일보 편집부(1991).『신세대 그들은 누구인가?』.

한규석(1995).『사회심리학』, 서울: 학지사.

홍대식(1994).『사회심리학』, 서울: (주)청암미디어.

홍성열(1993).「영호남인에 대한 타지역인의 인상형성」, 한국심리학회지: 사회, 7, 120-129.

황문수 역(1976).『사랑의 기술』(E. Fromm 저, *The art of loving*, 1962), 서울: 문예출판사.

Allen, K. M., Blascovich, J., Tomaka, J., & Kelsey, R. M.(1991). Presence of human friends and pet dogs as moderators of autonomic responses to sterss in women. *Journal of Personality and Social Psychology, 61*, 582-589.

Allen, V., & Levine, J.(1971). Social support and conformity: The role of independent assessment of reality. *Journal of Experimental Social Psychology,* 7, 48-58.

Anderson, N. (1965). Averaging versus adding as a stimulus combination rule in impression formation. *Journal of Experimental Psychology, 70*, 394-400.

Aronson, E. (1980). *The social animal.* San Francisco: W. H. Freeman.

Asch, S. E.(1946). Forming impression of personality. *Journal of Abnormal and Social Psychology, 41*, 258-290.

Asch, S.(1951). Effects of group pressure upon the modification and distortion of judgement. In M. HJ. Guetzkow(Ed.), *Groups. leadership and men*, (pp. 117-190). Pittsburgh: Carnegie.

Bandura, A. (1973). *Aggression: A social learning analysis*. Englewood Cliffs, NJ:

Prentice Hall.

Bandura, A.(1965). Influence of model's reinforcement contingencies on the acquisition of initiative response. *Journal of Personality and Social Psychology, 1*, 589-593.

Bandura, A., Ross, D., & Ross, S. A.(1963). Imitation of film-mediated aggression models. *Journal of Abnormal and Social Psychology, 66*, 3-11.

Baris, S., Szymanski, K., & Harkins, S. G.(1988). Evaluation and performance: A two-edged knife. *Personality and Social Psychological Bulletin, 14*, 242-251.

Baron, R. A. & Byrne, D.(1991). *Social psychology: Understanding human interaction*, 6th ed. Needham Heights, MA: Allyn and Bacon.

Baron, R. A.(1971) Exposure to an aggressive model and apparent probability of relation as determinants of adult aggressive behavior. *Journal of Experimental Social Psychology, 7*, 343-355.

Baron, R. A.(1974). The aggression-inhibition influence of heightened sexual arousal. *Journal of Personality and Social Psychology, 30*, 318-322.

Baron, R. A.(1979). *Human aggression*. New York: Plenum.

Bartlett, F. C.(1932). *Remembering*. Cambridge, Eng: Cambridge University Press.

Baumrind, D. (1967). Child care pratices anteceding three patterns of preschool behavior, *Genetic Psychology Monographs, 75*, 43-88.

Bengtson, V. L. (1975). Generation and family effects in value socialization. *American Socialogical Review,40*, 358-371.

Berkowitz, L.(1984). Some effects of thought on anti- and pro-social in influences of media events: A cognitive neoassociation analysis. *Psychological Bulletin*, 410-427.

Berkowitz, L., & LePage, A.(1967). Weapons as aggression-eliciting stimuli. *Journal of Personality and Social Psychology, 7*, 202-207.

Berscheid, E., Graziano, W., Monson, T., & Dermer, M.(1976). Outcome dependency, attention, attribution, and attraction. *Journal of Personality and Social Psychology, 34*, 978-989.

Boucher, J., & Osgood, E. E.(1969). The pollyanna hypothesis. *Journal of*

*Verbal Learning and Verbal Behavior, 8*, 1-8.

Brehm, S. S., & Brehm, J. W.(1981). *Psychological reactance: A theory of freedom and control*. New York: Academic Press.

Brewer, M. B.(1988). A dual process model of impression formation. In T. K. Srull & R. S. Wyer(Eds.), *Advances in social cognition(Vol. 1*, pp. 1-36). Hillsdale, NJ: Lawrence Erlbaum.

Bruner, J. S., & Tagiuri, R.(1954). The perception of people. In G. Linzney (Ed.). *Handbook of social psychology(Vol. 2)*. Reading, MA: Addison-Wesley.

Burgoon, J. K., & Walther, J. B. (1992). "Relational Communication in Computer-Mediated Interaction". *Human Communication Research, 19*, 50-88.

Cohen, C. E.(1981). Personal categories and social perception: Testing some boundaries of the processing effects of prior knowledge. *Journal of Personality and Social Psychology, 40*, 441-452.

Crocker, J., Fiske. S. T., & Taylor, S. E.(1984). Schematic bases of belief change. In J. R. Eiser(Ed.). *Attitudinal judgment*. New York: Springer Verlag.

Crutchfield, R. S.(1955). Conformity and character. *American Psychologist, 10*, 191-198.

Davis, K. E. (1985). Near and dear Friendship and love compared. *Psychology Today*, February, 22-31.

Dittes, J., & Kelley, H.(1956). Effects of differnet conditions of acceptance upon conformity to group norms. *Journal of Abnomanl and Social Psychology, 53*, 100-107.

Dollard, J., Doob, L., Miller, N.E., Mowrer, O.H., & Sears, R.(1939). *Frustration and aggression*. Ne Haven, CT: Yale University Press.

Donnerstein, M., & Donnerstein, E.(1978). Direct and vicarious censure in the control of interracial aggression. *Journal of Personality, 48*, 162-175.

Duncan, B. L.(1976). Differential social perception and attribution of inter-group violence: Testing the lower limits of stereotyping of blacks. *Journal of Personality and Social Psychology, 34*, 590-598.

Eagly, A. H. (1978). Sex differences in influenceability. *Psychological Bulletin,*

*85*, 86-116.

Eagly, A. H. (1983). Gender and social influence: A social psychological analysis, *American Psychologist, 38*, 971-981.

Elder, G. H., (1963). Parental power legitimation and its effect on the adolescent. *Sociometry, 25*, 50-65.

Elms, A. C., & Milgram, S. (1966). Personality characteristics associated wity obedience and defiance toward authoritative command. *Journal of Experimental Research in Personality, 1*, 282-289.

Erber, R., & Fiske, S. T.(1984). Outcome dependency and attention to inconsistent information. *Journal of Personality and Social Psychology, 47*, 709-726.

Eron, L. D.(1982). Parent-child interaction, television violence, and aggression of children. *American Psychologist, 37*, 197-211.

Fesinger, L.(1950). Informal social communication. *Psychological Review, 7,* 117-140.

Fiske, S. T.(1980). Attention and weight in person perception: The impact of negative and extreme behavior. *Journal of Personality and Social Psychology, 38*, 889-906.

Fiske, S. T., & Neuberg, S. L.(1990). A continuum of impression formation from category-based to individuation processes: Influences of interpretation. In M. P. Zanna (Ed.), *Advances in experimental social psychology(Vol. 23*, pp. 1-72). New York: Random House.

Frager, R.(1970). Conformity and anti-conformity in Japan. *Journal of Personality and Social Psychology, 15*, 203-210.

Geen, R. G.(1978). Some effects of observing violence upon th behavior of the observer. In B. A. Maher(Ed.). *Progress in experimental personality research(Vol. 8)*. New York: Academic Press.

Guerin, B.(1986). The effects of mere presence on a motor task. *Journal of Social Psychology, 126*, 399-401.

Haan, N., Smith, M. B., & Block, J. (1968) Moral reasoning of young adults: Political-social behavior, family background, and personality correlates.

*Journal of Personality and social Psyhology, 10*, 183-201,

Hamilton, D. L., & Zanna, M. P.(1972). Differential weighting of favorable and unfavorable attributions in impressions of personality. *Journal of Experimental Research in Personality, 6*, 204-212.

Hamilton, D. L., Katz, L., & Leirer, V.(1980). Cognitive representation of personality impression: Organizational processes in first impression formation. *Journal of Personality and Social Psychology, 39*, 1053-1063.

Harris, M. B.(1974). Mediators between frustration and aggression in a field experiment. *Journal of Experimental Social Psychology, 10*, 561-571.

Heider, F.(1958). *The psychology of interpersonal relations*. New York: Wiley.

Hendrick, C., & Hendrick, S. (1986). A theory and method of love. *Journal of Perrsonality and Social Psychology, 50(2)*, 392-402.

Herzberg, F. (1966). *Work and the nature of man*. New York.

Heusmann, L. R.(1982). Television violence and aggression behavior. In D. Pearly, L. Bouthilet, & J. Lazar(Eds.) *Television and behavior: Vol 2. Technical reviews*(pp. 220-256). Washington, DC: National Institute of Mental Health.

Hewstone, M. Bond, M. H., & Wan, K.(1983). Social facts and social attributions: The explanation of intergroup differences in Hong Kong. *Social Cognition, 2*, 142-157.

Hewstone, M., Jaspers, J., & Lalljee, M.(1982). Social representation, social attribution, and social identity: The intergroup images of "public" and “comprehensive” schoolboys. *European Journal of Social Psychology, 12*, 241-269.

Higgins, E. T., & Bargh, J. A.(1987). Social cognition and social perception. In M. R. Rosenweig, & L. W. Porter(Eds.), *Annual review of psychology(Vol, 38*, pp. 369-425). Palo Alto, CA: Annual Reviews.

Hokanson, J. E., Burgess, M., Cohen, M. E.(1963). Effects of displaced aggression on systolic blood pressure. *Journal of Abnormal and Social Psychology, 67*, 214-218.

Jones, E. E., & Davis, K. E.(1965). From acts to disposition: The attribution process in person perception. In L. Berkowitz(Ed.), *Advances in experimental social psychology*(Vol. 2. pp. 219-266). New York: Academic Press.

Josephson, W. D.(1987). Television violence and children's aggression: Testing the priming social script, and disinhibition prediction. *Journal of Personality and Social Psychology, 53*, 882-890.

Jussim, L., Nelson, T. E., Manis, M., & Soffin, S.(1995). Prejudice, stereotypes, and labeling effects: Sources of bias in person perception. *Journal of Personality and Social Psychology, 68*, 228-246.

Kamin, E. J., Davidson, K. R., & Scheck,5. R. (1970), A research note on male-female differentials in the experience of heterosexual love. *Journal of Sex research, 6(1)*, 64-72.

Kelly, H. H.(1950). The warm-cold variable in first impression of persons. *Journal of Personality, 18*, 431-439.

Kelly, H. H.(1967). Attribution theory in social psychology. In. D. L. Vine (Ed.), *Nebraska symposium on motivation*. Lincoln, Neb.: University of Nebraska Press.

Krueger, J., & Rothbart, M.(1988). Use of categorical and individuating information in making inferences about personality. *Journal of Personality and Social Psychology, 55*, 187-195.

Kuo, Zing Yang.(1930). The genesis of the cat's response to the rat. *Journal of Comparative Psychology, 11*, 1-35.

LaPiere, R. T.(1934). Attitude vs. actions. *Social Forces, 13*, 230-237.

Lau, R. R.(1982). Negativity in political perception. *Political Behavior, 4*, 353-378.

Lazarus, R. S.(1974). *The riddle of man*. Englewood Cliffs, NJ: Prentice Hall.

Lee, J. A.(1973). *The color of love .An exploration of the ways of loving*. Don Mills, Ontario: New Press.

Linz, D. G., Donnerstein, E., & Penrod, S.(1988). Effects of long-term exposure to violent and sexually degrading depictions of women. *Journal of*

*Personality and Social Psychology, 55*, 758-768.

Locke, E. A. (1976). The nature and cause of job satisfaction. *Handbook of industrial and organizational Psychology*. Rand.

Lorenz, K.(1968). *On aggression*. New York: Harcourt, Brace & World.

Mackie, D. M., & Hamilton, D. L.(1993). *Affect, cognition, and stereotyping: Interactive processes in group perception*. New York: AC.

Malamuth, N. M., Check, J., & Briere, J.(1986). Sexual arousal in response to aggression: Ideological, aggressive, and sexual correlates, *Journal of Personality and Social Psychology, 50*, 330-350.

Masters, W., & Jonhson, V. (1966). *Human sexual response*. Boston: Little Brown.

Mayadas, N., & Glasser, P.(1985). Termination: A neglected aspect of social group work. In M. Sundel, P. Galsser, R. Sarri, & R. Vinter (Eds.)., *Individual change through small groups* (2nd ed., pp.251-261). New York: Free Press.

McGuire, W. J.(1969). The nature of attitudes and attitude chage. In G. Lindzey & E. Aronson(Eds.), *Handbook of social psychology* (2nd ed., Vol. 3, pp.136-314). Reading, MA: Addison-Wesley.

Michaels, J. W., Blommel, J. M., Brocato, R. M., Linkous, R. A., Rowe, J. S.(1982). Social facilitation and inhibition in a natural setting. *Replications in Social Psychology, 2*, 21-24.

Milgram, S. 1965). Some conditins of obediece and disobedience to authority. *Human Relations, 18*. 57-76.

Milgram, S.(1961). Nationality and conformity. *Scientific American*, 205, 45-51.

Neuberg, S, L., & Fiske, S. T.(1987). Motivational influences on impression formation: Outcome dependency, accuracy-driven attention, and individuating processes. *Journal of Personality and Social Psychology, 53*, 431-444.

Olson, D. H. (1989), *Families*. Neubury Park: Sage Publication.

Osgood, C., Suci, G. J., & Tannenbaum, P. H.(1957). *The measurement of meaning*. Urbana, IL: University of Illinois Press.

Ramirez, J., Bryant, J., & Zillman, D.(1983). Effects of erotica on retaliatory behavior as a function of level of prior provocation. *Journal of Personality and Social Psychology, 51*, 195-211.

Sanna, L. J., & Shotland, R. L.(1990). Valence of anticipated evaluation and social facilitation. *Journal of Experimental Social Psychology, 36*, 82-92.

Sears, D.(1983). The person-positivity bias. *Journal of Personality and Social Psychology, 44*, 233-250.

Snyder, M., & Uranowitz, S. W.(1978). Reconstructing the past: Some cognitive consequences of person perception. *Journal of Personality and Social Psychology, 36*, 941-950.

Solomon, R., & Corbit, J. (1974). An opponent process theory of motivation :Temporal dynamics of affect. *Psychological Review, 81(2)*, 119-145

Sternberg, R. (1986), A triangular theory of love. *Psychological Review, 93(2)*, 119-135.

Tajfel H.(Ed.)(1982). *Social identity and intergroup relations*. Cambridge: Cambridge University Press.

Tajfel, H.(1970). Experiments in intergroup discrimination. *Scientific Amerian, 223*, 96-102.

Tedeschi, J., Lindskold, S., & Rosenfield, P.(1985). *Introduction to social psychology*. New York: West.

Thomas, A., & Chess, S.(1980). *The dynamic of Psychological development*. New York: Brunner /Mazel.

Triplett, N.(1898). The dynamogenic factors in pacemaking and competition. *American Journal of Psychology, 9*, 507-533.

Troll, L. E. & Fingerman, K, L.(1996). Connections between parents and their adult chiedren. In Magai, C. & McFadden, S. H, (Eds), *Handbook of emotion, adult development and aging*. San Diego: Academic press.

Tuckman, B. W.(1965). Developmental sequences in small groups, *Psychological Bulletin, 63*, 384-399.

Udry, R. (1971 ; 1974). *The social context of marriage*, New York: Lippincott.

Walter, W. (1938), *The family: A dynamic interpretation*, N.Y: Dryden.

Wilder, D. A.(1977). Perception of groups, size of opposition and social influence. *Journal of Experimental Social Psychology, 13*, 253-258.

Williams, K. D., Harkins, S., & Latane, B.(1981). Identifiability as a deterrent to social loafing: Two cheering experiments. *Journal of Personality and Social Psychology, 40*, 303-311.

Zajonc, R. B.(1965). Social facilitation. *Science, 149*, 269-274.

Zillmann, D.(1979). Excitation transfer in communication mediated aggressive behavior. *Journal of Experimental Social Psychology, 7*, 419-434.

Zimbardo, P.(1969). The human choice: Individuation, reason, and order versus deindividuation, impulse, and chaos, In W. J. Arnold and D. Levine(Eds.), *Nebraska symposium on motivation(vol. 17)*. Lincoln, Nebr: University of Nebraska Press.